공자를 찾아가는 인문학 여행

論語
人文學

# 공자를 찾아가는
# 인문학 여행

전용주 지음

문예출판사

인간의 삶이란 어찌 보면 끊임없는 도전의 과정인지도 모른다. 지금부터 6년 전 가을, 나는 인생의 새로운 도전을 위해 성균관대학교 대학원 유학과 박사과정에 입학하였다. 30여 년을 공인회계사로 활동한 내가 갑자기 유학儒學을 공부한다고 하니 주변의 반응은 다소 의아스럽다는 분위기였다. 하지만 나는 용기를 내서 공부를 시작하였다. 내가 유학에 대하여 관심을 갖게 된 것은 최인호 씨의 소설『유림』을 읽고 나서다. 소설을 읽은 후 유학에 대해 더 알고 싶은 호기심과 배움의 열정을 갖게 되었고, 급기야 대학원에 입학하여 박사학위까지 취득하게 되었다.

알다시피 유학은 공자에 의해서 집대성된 학문이다. 공자는 매우 드라마틱한 삶을 살았다. 기원전 551년 노나라에서 태어난 공자는 세 살 때 아버지를 여의고, 열일곱 살 때 어머니마저 잃었다. 가정형편이 어려웠지만 공자는 주周나라의 예법을 꾸준히 공부하여 30대에 이미 예禮 전문가로 명성을 얻었으며, 배우고자 하는 문하생들이 모였다. 공자는 당시 천하의 예가 무너진 것을 안타깝게 여기고 예를 회복하는 것을 이상으로 삼았다. 그러나 자신의 고향 노나라의 정치 상황 아래에서는 이를 실천할 수 없음을 깨닫고 55세 되던 해에 고향을 떠나 제후국들을 13년 동안 주유하였다. 공자는 어디에서도 자신의 정치적 이상을 실현시킬 군주를 찾지 못했고, 결국 68세가 되던 해에 고향 노나라로 돌아오게 된다. 비록 공자는 주유열국周遊列國에서 자신의 이상을 펼치지는 못했지만 그 기간에 겪은 온갖 고난과 경험은 오히려 자신의 사상을 원숙하게 하였다. 그리고 자신의 소임이 무엇인지를 깨닫고, 73세로 임종할 때까지 경전 정리와 제자 육성에 전념하여 훗날 만세사표萬世師表로 또한 성인聖人으로 존숭받게 되는데, 이러한 공자의 삶은 내게 큰 감동을 주었다.

오늘날 공자는 석가, 예수와 더불어 세계 3대 성인으로 추앙받는다. 그러나 공자는 생전에 석가나 예수와는 달리 지극히 인간적이었다. 석가나 예수처럼 현세에서 초인적인 기적을 보여주지는 못했다. 화낼 줄도 알았고, 제자인 자로나 안회의 죽음을 애통해하며 눈물을 흘리기도 하였다. 내세의 삶보다는 현실의 삶을 중시했다. 천명天命을 받아들였지만, 한편으로는 예의 회복과 덕의 함양, 그리고 올바른 정치를 통해서 현실의 혼란을 바로잡고 싶어 했다. 그래서 공자의 사상은 신의 계율에 의하지 않고도 인간 스스로 자기 수양과 배움을 통해 도덕적·윤리적 삶을 살 수 있다는 희망을 주었다. 이러한 인간 중심의 공자사상은 나에게 유학에 대한 학문적 호기심을 갖게 하였다.

내가 이와 같은 감동과 호기심을 갖고 유학을 공부한 지도 6년여의 시간이 흘렀다. 나는 그동안 유학을 공부하면서 시중에 나와 있는 유학과 관련된 책들을 살필 기회가 있었는데, 일부는 내용이 빈약하거나 진부하고, 또 일부는 일반 독자들이 접하기에는 다소 어렵다는 생각이 들었다.

공자사상, 특히 『논어』는 인문학이다. 인간의 삶의 흔적이 녹아있고, 역사와 문화, 정치와 윤리사상 등이 들어있는 인문학이다. 그런데 유학에 관한 많은 책들은 인문학 느낌이 부족하다는 생각이 들었고, 따라서 인문학처럼 접할 수 있는 책이 있으면 좋겠다 싶었다. 하지만 배움도 일천하고 재주도 변변하지 못한 내가 책을 써보겠다고는 감히 생각도 못하고 있었다. 그런데 때마침 대학 친구들이 저술에 대한 의욕과 함께 계기를 만들어주었다. 유학에 관심 있는 몇몇 친구들이 유학을 알기 쉽게 설명해 달라는 요청을 해왔던 것이다. 그것이 2016년 말 겨울이었다. 그래서 나는 매주 주제를 하나씩 선정해 1회 10쪽 이내의 분량으로 강의록을 써서 대학 친구들과 공유하는 밴드에 올렸다. 강의록이 쌓여가면서 출판해야겠다는 욕심이 들었고, 마침내 부끄러운 마음을 무릅쓰고 출간하기에 이르렀다. 다만, 배움의 기간이 짧기에 이 책의 많은 부분에 오류가 있거나 또는 견강부회의 논리로 글을 전개한 것은 아닐까 적이 걱정된다. 독자들의 준엄한 질책과 가르침을 기대한다.

내가 유학儒學을 공부하는 이유는 평생 공자를 마음속의 스승으로 삼고 그 가르침을 배우기 위함이다. 공자의 가르침은 내 양심을 이끌어 주는 북극성과 같다. 그래서 나는 일상의 삶에서 공자의 가르침을 실천하려고 노력한다. 내가 이 책을 출간하려고 용기를 갖게 된 것도 공자의 가르침을 독자들과 함께 공유하고 싶은 마음에서다. 따라서 이 책은 일반 독자들이 논어와 공자사상, 그리고 중국 고전 등에 쉽게 접근할 수 있도록 또한 이를 제대로 알도록 하는 데 목적이 있다. 이를 위해 나는 당초 강의록을 쓰면서 세 가지 사항에 중점을 두었다. 첫째, 내용은 가능한 한 평이하되 논리적 체계를 유지하려 하였고, 각각의 강의록을 순서에 관계없이 읽어도 이해할 수 있도록 편마다 주제와 메시지를 담았다. 둘째, 동서양의 사상과 서로 연관된 부분은 이를 비교·설명하고, 또한 각주를 최대한 자세히 달아서 이해를 높이려고 하였다. 셋째, 중국 고대의 역사와 고사를 사례로 인용하여 지적 흥미를 돋우려고 노력하였다.

대부분의 한국인들은 공자의 가르침에 대하여 몇 가지 선입견을 갖고 있다. 첫째, 공자사상은 고리타분하다. 둘째, 공자사상은 조선을 망친 사상이다. 셋째, 반상班常의 구별이나 남존여비 등을 가져온 봉건시대의 잔재이다. 그러나 이는 공자의 가르침에 대한 피상적인 지식에서 발생한 오해일 뿐이다. 이 책은 이러한 오해를 해소하는 데도 목적이 있다.

끝으로 나를 유학의 길로 안내하여주신 성균관대 이기동 교수님께 감사드린다. 또한 집필 계기를 마련해준 대학 친구들, 이 책이 나오기까지 물심양면으로 도움을 준 동학들, 그리고 출판을 기꺼이 허락해주신 문예출판사의 전병석 회장님과 임직원들께도 감사를 드린다.

무술년 이른 봄에
전용주 쓰다

**차
례**

# 제3장 정치의 근본은 백성임을 밝히다

## 제5장 위대한 스승에게는 훌륭한 제자가 있다

## 제6장 공자, 살아서 군자 죽어서 성인이 되다

## 제7장  맺는 말 : 인간의 미래를 위하여

### 부록

## 일러두기

1. 이 책에 인용된 『논어』를 비롯한 여러 경전의 번역은 이기동 교수의 『사서삼경강설』(성균관대학교출판부, 2010)을 따랐다. 또한 강설 내용도 많이 참조하였다. 다만, 필자와 의견이 다른 부분은 일일이 밝히지 않고 임의로 고쳐 실었다.

2. 이 책에 인용된 『논어』의 구절에 대한 한문 원문은 각주로 표시하지 않고, 『논어』 원문 전체를 별첨 부록으로 넣어 책을 읽으면서 바로 참고할 수 있도록 하였다. 따라서 본문 중에는 일례로 논어 11편인 「선진편」 제2절의 내용이면 해당 문장의 끝에 (11-2)로 표기하였다.

3. 이 책을 집필하면서 많은 문헌을 참고하였다. 참고문헌 중에서 문장을 직접 인용한 것은 각주로 출처를 표시했으나, 특정문장이 아닌 일부 내용을 참고한 것은 본문이나 각주에 책명만 표기했다. 또한 문장이나 내용을 인용하면서 일부는 문맥에 맞게 임의로 바꾸어서 실었다.

4. 중국 고전의 번역서에서 인용한 문장 중 필자와 의견이 다르거나 또는 필자가 압축하여 실은 부분은 이를 일일이 밝히지 않고 임의로 고치거나 압축해서 본문에 실었다.

5. 인명이나 지명 등 한문의 우리말 표기는 널리 사용되는 것으로 했다. 예를 들어 '孔父嘉'는 우리말 발음은 '공부가'이지만, 널리 사용되는 '공보가'로 표기했다.

공자의
발자취를 찾아서

# 공자의 가르침,
# 유교에 다가서기

유교儒敎는 종종 유학儒學이라는 용어와 혼용해서 사용된다. 하지만 엄격히 구분하면 다소의 차이가 있다. 유교라는 용어는 공자孔子의 가르침을 뜻하는 말로 종교적 측면을 강조한 것이고, 유학이라는 용어는 후한後漢 이후 경학 연구가 활발하게 진행되면서 유교의 학문적 측면을 강조하기 위해 사용한 것이다. 공자의 가르침을 지칭할 때는 유교라고 하는 것이 올바른 표현이다. 또한 유가儒家라는 말이 있는데, 이는 유교의 학설이나 학풍 등을 신봉하거나 연구하는 학자 또는 학파를 의미한다.

유교는 중국의 역사와 더불어 오랜 기간에 걸쳐서 완성되었는데, 그 기원에 대해서는 다양한 학설이 있다. 그 중 중국의 고대국가인 하·은·주夏·殷·周 삼대三代를 거치면서 축적된 사상과 문화, 제도와 문물 등을 기반으로 공자가 집대성하여 유교를 창시했다는 것이 일반적 학설이다.

유교는 학문적으로 보면 인문학이다. 거기에는 인간이 그려놓은 역사와 문화, 정치와 윤리 등에 대한 다양한 내용이 들어있다. 이에 유교는 가장 오래된 인문학이라고 할 수 있다.

유교를 공부하기 위해서는 먼저 학문의 전체 모습을 살펴보는 것이 무엇보다 중요하다. 이를 위해 유교의 창시자인 공자를 중심으로, 공자가 태어나기 전 중국의 고대국가에 대한 역사적 배경, 공자가 태어난 시대의 정치 상황, 그리고 유교에 관한 경전經典 등을 개관해볼 필요가 있다.

## 유교의 역사적 배경

어느 나라나 마찬가지겠지만 중국 고대국가의 성립 배경에는 신화와 역사가 한데 어우러져 있다. 보통 삼황三皇[1]과 오제五帝[2]의 이야기는 신화와 전설의 시대로 보고, 우임금이 세운 하夏나라를 역사 시대의 시작으로 보는 것이 통설이다. 사마천이 쓴 『사기史記』[3]에는 오제의 이야기에서부터 중국의 역사가 기술되어 있다.

---

1  일반적으로 삼황은 복희씨, 신농씨, 여와씨를 말한다. 복희씨는 사람들에게 물고기 잡는 법을 가르쳐주었고, 신농씨는 농사법을 가르쳐주었으며, 여와씨는 인간을 창조했다고 전해진다.
2  중국 전설상의 제왕으로 황제, 전욱, 제곡, 제요, 제순을 말한다. 사마천은 『사기』를 오제의 이야기에서 시작하여 신화와 전설을 역사에 편입시켜 기술하였다.
3  『사기(史記)』는 한 무제 때 사마천이 저술한 역사서이다. 『사기』는 중국 정사(正史)의 모범이 된 기전체(紀傳體) 역사서의 효시이며, 제왕의 연대기인 「본기(本紀)」 12편, 제후왕을 중심으로 한 「세가(世家)」 30편, 역대 제도와 문물의 연혁에 관한 「서(書)」 8편, 연표인 「표(表)」 10편 그리고 시대를 상징하는 인물을 다룬 「열전(列傳)」 70편 등으로 구성되어 있다.

## 하나라

최근의 고고학적 성과에 힘입어 기원전 2070년경에 우임금이 세운 하夏나라가 중국 최초의 고대국가였다는 주장이 설득력을 얻고 있다. 하나라는 우임금이 나라를 세운 때부터 17대 걸왕桀王에 이르기까지 472년간 중국을 지배했다는 기록이 있다. 하나라의 백성은 화하족華夏族[4]이었는데, 지금의 하남성과 섬서성 일대에 살던 농경민족이었다. 하나라 백성들은 비옥한 농토를 바탕으로 소박한 자연주의적 삶을 살았다. 천지일월과 조상을 신앙의 대상으로 삼았으며, 상하의 귀천과 차별이 없었다. 그러나 하나라 마지막 왕인 걸왕桀王이 말희妺姬라는 여인의 미색에 빠져 환락과 폭정을 일삼자 기원전 1600년경 난이 일어났다. 이에 동북지방에서 하나라를 섬기던 탕湯이 이윤伊尹 등의 도움을 받아 걸왕을 멸망시키고 중원을 장악하여 박亳에 도읍을 정하고 상商나라[5]를 세웠다.

## 상 또는 은나라

은殷나라(상나라) 민족은 동이족東夷族으로 원래는 유목민이었다. 이에 이동생활을 하면서 수렵을 하였는데, 미래의 삶에 대한 불안감으로 귀신을 섬기고 조상과 귀신에게 제사 지내는 것을 중히 여겼다. 은나라의 왕은 정치와 종교를 함께 맡아 다스렸고, 사람 간의 존귀尊貴와 비천卑賤이 구별되었다. 왕은 나라의 중요한 일이 있을 때마다 점

---

4 현재 중국의 대다수를 차지하는 한족의 원류이다.
5 탕(湯)이 상구(商丘)에서 일어났으므로 처음에는 상(商)이라 했으나 19대왕 반경이 도읍을 은허(殷墟)로 옮긴 후 은(殷)이라 불렀다.

을 쳐서 결정했는데, 점의 결과를 기록하는 데에 사용한 갑골문자는 한자의 기원이 되었다. 문화적으로 보면 하나라가 농경문화였다면, 은나라는 유목문화였다. 따라서 두 이질적인 문화의 만남은 더 풍부한 문화로 발전하여 오늘날 중국문화의 원류를 형성하였다고 볼 수 있다.

은나라는 500여 년간 30여 명의 왕이 다스렸으며, 마지막 주왕紂王에 이르러 멸망하였다. 주왕은 날마다 술과 달기妲己라는 여인에 빠져 주지육림酒池肉林 속에서 방탕한 생활을 하며 폭정을 일삼았다. 당시 국정을 보좌하던 삼공三公이 있었는데, 그 중에서 구후와 악후는 죽임을 당하고, 서백창西伯昌[6]은 감옥에 유폐되었다가 간신히 풀려났다. 서백창은 고향으로 돌아가서 대업을 이룰 목적으로 태공망 여상呂尙[7]을 스승으로 맞아들이고 선정을 베풀어서 가까이는 주변의 백성들로부터 멀리는 제후들에 이르기까지 그 마음을 얻었다. 그러나 서백창은 대업을 달성하기 전에 사망하였고, 그의 아들 희발姬發이 무왕武王이 되어 기원전 1046년 은을 멸망시키고 주周나라를 세웠다.

### 주나라

주周나라는 창업 초기에 점령한 영토를 효과적으로 관리하기 위해

---

6 서백창은 성이 희(姬)이고, 이름은 창(昌)이다. 아들 무왕이 주나라를 건국하는 데 기초를 닦았으며, 사후에 주 문왕으로 추존되었다. 본래 주(周)는 중국 서북부 황토고원 일대의 오래된 제후국으로 은나라의 속국이었다. 그래서 희창을 서쪽 지역 제후들의 수장이라 하여 서백(西伯)이라 불렀다.

7 본명은 강아(姜牙)이며, 보통 강태공 또는 태공망 여상이라 불렀다. 위수 강변에서 낚시를 하다가 주 문왕을 만나 발탁되었다. 문왕의 아들인 무왕을 도와 은나라를 토벌하는 데 크게 공헌하였으며, 그 공로로 후에 제나라의 제후로 봉해졌다.

왕의 친척이나 공신들을 일정 지역의 제후로 임명하여 토지를 분봉하여 주고 이를 다스리게 하는 봉건제를 실시하였다. 예를 들어, 주나라 공신인 태공망 여상에게는 제齊나라를, 무왕의 동생인 주공周公에게는 노魯나라를 봉토로 하사하였다. 주나라의 제후국은 초기에 71개로 시작하였으나 많을 때는 140여 개에 달했다.

주나라는 주공의 주도 아래 국가제도와 문물을 정비했다. 하지만 성왕, 강왕 등의 흥성기를 거쳐 12대 유왕幽王에 이르러 혼란에 빠지게 된다. 유왕은 미녀 포사褒姒에 빠져서 웃지 않는 그녀의 웃는 모습을 보기 위해 시도 때도 없이 봉화를 올려 제후와 병사를 불러 들었다. 이러한 일이 반복되자 정작 견융족이 침입했을 때는 구원하러 오는 제후나 병사가 없었다. 결국 기원전 771년 유왕은 여산 기슭에서 견융족에게 살해되었고, 새롭게 왕위에 오른 평왕은 수도를 호경(지금의 서안 부근)에서 낙읍(지금의 낙양 부근)으로 옮겼는데, 이때부터 동주東周라 부르고, 그 이전을 서주西周라고 한다. 동주 시대로 접어들면서 왕의 권한이 급격히 약화되어 명분만 있을 뿐 실질적인 권한은 제후들이 휘둘렀다.


## 유교의 시대적 상황


동주東周 시대는 기원전 256년 주나라 마지막 왕인 난왕이 사망할 때까지 계속되었다. 이 시기에는 제후들이 자신의 세력과 영토를 확장하기 위해서 다른 제후국을 침략하는 전쟁을 끊임없이 일으켰다. 흔히 이 시기를 역사에서는 춘추전국 시대春秋戰國時代라고 부르는데, 춘추

전국 시대는 춘추 시대[8]와 전국 시대[9]로 구분된다. 춘추春秋는 공자가
저술한 역사서인『춘추春秋』에서 유래된 말이고, 전국戰國은 유향의
저작인『전국책戰國策』[10]에서 유래된 말이다.

유교를 창시한 공자는 이러한 혼란의 시대였던 춘추 시대 중기인
기원전 551년 노魯나라에서 태어났다. 노나라는 주나라의 문물제도
를 정비한 주공周公과 그 후손들이 다스리던 제후국이었다. 이로 인해
주나라의 제도, 풍습 및 문물 등이 그대로 노나라에 전해졌다. 따라서
노나라는 주나라에서 형성된 예禮를 숭상하는 풍습, 효孝를 중시하는
제사의식, 인간 존중과 평등사상 등의 영향을 크게 받았다. 이로 인하
여 노나라에서 태어난 공자는 주나라에서 계승된 문화와 문물, 그리
고 사상과 인문정신을 자연스럽게 접할 수 있었다.

결국 공자는 이러한 시대적·문화적 배경을 바탕으로 하여서 유교
를 창시하였다고 볼 수 있다.

---

**8** 춘추 시대는 주 왕조가 도읍을 낙읍으로 옮긴 기원전 770년부터 진(晉)나라의 대부였
던 한(韓), 위(魏), 조(趙) 삼씨가 진나라를 분할하여 제후국으로 독립한 기원전 403년
까지를 말한다. 일부 학자들은 한, 위, 조 삼씨가 진나라를 실질적으로 분할하여 독립
한 기원전 453년까지를 춘추 시대로 보기도 한다. 다만 명분상으로는 한, 위, 조가 주
황실로부터 제후국으로 승인받은 것은 그로부터 50년 후인 기원전 403년이므로 이
때까지를 춘추 시대라고 한다.

**9** 전국 시대는 기원전 403년부터 진(秦)나라가 중국을 통일한 기원전 221년까지를 말
하며, 여러 제후들이 패권을 다투었던 동란기이다. 춘추 시대와 전국 시대의 차이는
춘추 시대에는 주 황실에 의해서 제정된 천자, 제후, 경대부로 이어지던 위계질서가
그런대로 유지되었으나, 전국 시대에는 이러한 위계질서가 무너지고 신하라 하더라
도 실력이 있으면 제후가 되는 하극상이 성행하고, 강대국이 약소국을 침략하여 병탄
하는 전쟁이 일상화되었다.

**10** 『전국책』은 중국 전한 시대 유향이 편집하였으며, 전국 시대 수많은 제후국의 전략
가들의 책략을 모은 책이다. 책사들의 논쟁과 정치 주장, 고사, 일화 등이 들어있는
방대한 저작이다.

## 유교에 관한 경전

유교의 주요 경전으로는 4서 3경, 또는 4서 5경이 있다. 『논어』, 『맹자』, 『대학』, 『중용』이 4서四書이고, 『시경』, 『서경』, 『주역』이 3경三經이며, 여기에 『예기』와 『춘추』를 더해서 5경五經이라고 부른다. 이밖에 『주례』나 『효경』 등도 유교 경전에 포함된다. 이러한 경전들의 특징은 언제 저술되었는지 또 누가 저술했는지 명확하지 않다는 점이다. 대부분의 경전은 오랜 세월에 걸쳐서 완성된 것이기 때문에 저작 시기와 저작자를 명확하게 특정할 수가 없다. 각 경전의 내용을 간략히 살펴보면 다음과 같다.

### 논어

『논어論語』는 공자의 언행을 기록한 책이다. 공자의 말씀을 의논하여 편찬한 책이라는 뜻의 "논찬공자지어論纂孔子之語"의 준말이다. 『논어』는 총 20편으로 구성되어 있다. 주로 공자의 말씀, 공자와 제자들의 문답, 공자와 제후들의 대화 등으로 이루어져 있다. 유교에서 가장 중요한 경전이며, 공자의 윤리와 도덕, 정치와 경제 및 교육 등에 관한 사상이 들어 있다.

### 맹자

『맹자孟子』는 맹자의 사상과 언행을 기록한 책이다. 맹자 자신이 직접 지은 것인지 아니면 문인들에 의해 편집된 것인지에 대하여 여러 견해가 있다. 사마천은 『사기』에서 "맹자는 추나라 사람이다. 자사의 문인에게서 배웠다……. 정치에서 물러나 제자 만장萬丈 등과 함께

『맹자』7편을 지었다"고 하면서 직접 지었다는 설을 주장하였다. 맹자는 『맹자』에서, 첫째 인간의 본성은 본래 선하다는 성선설을 주장하였고, 둘째 호연지기를 밝혔으며, 셋째 극단적 이기주의[爲我說]를 주장한 양주[11]와 극단적 이타주의[兼愛說]를 주장한 묵적[12]을 논변을 통해 배척하였고, 넷째 왕도정치王道政治와 민본주의民本主義를 주장하였다.

### 대학

『대학大學』은 본래 오경의 하나인 『예기禮記』에 수록되어 있던 것을 송나라 주희朱熹가 독립시켜서 사서四書로 삼았다. 『대학』은 경經 1장과 전傳 10장으로 구성되어 있는데, 경은 공자의 사상을 제자인 증자가 기술한 것이고, 전은 공자의 손자인 자사子思가 지었다는 견해가 통설이다. 『대학』은 학문의 목적과 방법, 그리고 정무政務의 근본을 논한 경전이다. 『대학』은 3강령과 8조목으로 구성되었다. 3강령은 명명덕明明德, 신민新民, 지어지선至於至善이고, 8조목은 격물格物, 치지致知, 성의誠意, 정심正心, 수신修身, 제가齊家, 치국治國, 평천하平天下이다. 흔히 말하는 수신제가치국평천하는 『대학』에서 유래된 말이다.

---

**11** 양주는 전국 시대 초기 위나라 사람이며, 기원전 440년에서 360년 사이에 생존한 것으로 추정된다. 맹자가 "양주와 묵적의 말이 천하에 가득하다"면서 이단이라 배척한 것으로 보아 당시에는 양묵의 사상이 매우 성행했던 것으로 보인다. 자신을 중시하고, 목숨을 귀하게 여기라고 하면서 터럭 하나를 뽑아 천하가 이롭더라도 하지 말라고 하였다.

**12** 묵적은 춘추전국 시대 노나라 사상가이며, 기원전 480년에서 390년 사이에 생존한 것으로 보인다. 묵적은 자기 자신을 사랑하듯이 타인도 사랑하라는 겸애설(兼愛說), 사치를 삼가고 생산에 힘쓰라는 절용론(節用論), 아랫사람은 윗사람에게 순종하라는 상동론(尙同論) 등을 주장하였다.

## 중용

『중용中庸』은 오경의 하나인 『예기禮記』에 수록되어 있던 것을 송나라 주희朱熹가 독립시켜서 사서로 삼았다. 『중용』은 공자의 손자인 자사가 지었다는 설이 있으나 유력하지는 않다. 『중용』은 33장으로 구성되어 있다. 전반부는 주로 중화사상인 중용中庸을 말하고, 후반부는 우주만물의 운행원리인 성誠에 대하여 설명하고 있다. 『중용』의 첫 장은 "하늘이 명한 것을 성性이라 하고, 성을 따르는 것을 도道라 하며, 도를 닦는 것을 교敎라고 한다"는 말로 시작한다.

## 시경

『시경詩經』은 주나라부터 춘추 시대 초기까지의 시가를 모아 엮은 경전이다. 그 내용은 궁중의 향연 등에서 불리던 노래와 민간에서 불리던 민요의 가사로, 본래 3,000편이었으나 공자에 의하여 305편으로 간추려졌다고 한다. 공자는 "시 삼백 편은 한마디로 말하면 생각에 사특함이 없다"(2-2)고 하면서, 『시경』을 높게 평가했다. 공자는 만년에 제자들을 가르치면서 시를 으뜸으로 삼았는데, 이는 공자가 시를 인간의 가장 순수한 감정에서 우러나온 것으로 정서를 순화시키는 데 그 만한 전범이 없다고 생각했기 때문이다.

## 서경

『서경書經』은 흔히 『상서尙書』라고도 하며, 중국 상고 시대의 정치를 기록한 책이다. 한나라 이전에는 '서書'라고 불렀으며, 유교가 국교로 되면서 소중한 책이라는 뜻으로 『상서』라 하였고, 송대에 이르러서는 『서경』이라 불렀다. 고대에는 사관史官이라는 직책이 있어서 나라

안에서 일어나는 모든 정치적 상황이나 사회변동, 문물제도 등을 기록하여 이를 '서書'라고 하였는데, 공자가 이를 대단히 중히 여겨 다시 정리해서 편찬했다고 한다. 『서경』에는 요임금·순임금·우임금·탕왕·문왕과 무왕 등에 대한 정치 상황이 담겨있다. 한자 문화권에서 오랫동안 국가통치의 거울이 되어 온 책이다.

### 주역

『주역周易』은 『역경易經』이라고도 하는데, 동양에서 가장 오래된 경전이며, 가장 난해한 글로 알려져 있다. 『주역』은 흔히 점을 보는 책으로 알려져 있지만, 그 속에 내포된 심오한 진리와 예지능력은 인간에게 준비된 삶, 조화로운 삶을 살 수 있는 방향과 지혜를 제시해준다. 『주역』을 누가 지었느냐에 대해서는 여러 설이 있다. 팔괘는 복희씨가 만들고, 문왕이 64괘로 나누어 괘사卦辭를 붙여서 『주역』이 이루어진 뒤에, 그의 아들 주공周公이 효사爻辭[13]를 지어 완성하였으며, 공자가 계사전繫辭傳 등 십익十翼[14]을 붙였다는 것이 통설이다.

---

**13** 괘사는 64괘의 내용을 설명하는 설명문이고, 육십사괘의 각 괘는 여섯 획(효)으로 이루어져 있는데, 효사는 효에 대한 설명문이다.

**14** 십익이란 『주역』의 경문(經文)을 해설한 책이다. 단전(彖傳: 상·하 2편으로 64괘에 대한 통괄적인 설명), 상전(象傳: 상·하 2편으로 64괘의 효사, 효상에 대한 설명), 문언전(文言傳: 건괘와 곤괘에 대한 윤리적 해설), 계사전(繫辭傳: 종합적인 괘사나 효사에 연관 지어 설명한 철학적 해석), 설괘전(說卦傳: 괘의 능력과 형상 등을 개괄적으로 설명), 서괘전(序卦傳: 64괘의 배열순서 설명), 잡괘전(雜卦傳: 64괘의 착종관계 설명)의 7전 10편으로 구성되어 있다. 십익은 공자가 지었다고 하나 전국 시대부터 한나라 초에 유학자들에 의해 저작되었다는 설도 있다.

## 예기

『예기禮記』는 예禮에 대한 기록이다. 공자는 하·은·주 삼대 이래의 문물제도와 의례·예절 등을 집대성하여 제자들에게 가르쳤는데, 공자 사후 제자들이 스승에게서 들은 예에 관한 이야기 등을 문자로 정착시켰다. 세월이 흐르면서 제자의 제자 또는 그 후학들에 의해 기록된 예설禮說이 늘어나서 한나라 때 이르러서는 200여 편이 되었다. 그때 예학禮學을 연구하던 학자인 대덕과 대성[15]이 흩어져 있던 예에 관한 예설들을 수집·정리하여 책으로 편찬하였으며, 그 중 대성이 간추려 쓴 『소대례기小戴禮記』가 지금 전해지는 『예기』이다.

## 춘추

『춘추春秋』는 최초의 편년체 역사서이다. 춘추 시대 노나라 은공에서부터 애공에 이르기까지 242년간의 기록을 담고 있다. 『춘추』는 본래 노나라 사관이 기록한 궁정연대기였는데, 공자가 독자적인 역사의식과 가치관을 가지고 필삭하여 연대기 이상의 의미를 부여했다. 사마천은 『사기』에서 "공자가 말하기를, '군자는 죽은 다음에도 이름이 일컬어지지 않는 것을 근심한다. 나의 도가 행해지지 않았으니 나는 무엇으로 후세에 스스로를 드러내겠는가?'[16]라고 하면서, 역사기록에 의거하여 『춘추』를 지었다"고 했다. 또 맹자는 "세상이 쇠퇴하고 인간의 도리가 미약해져서 삐뚤어진 학설과 포악한 행동이 일어나 신하로서

---

**15** 대덕은 한나라 시대의 학자로 진한(秦漢) 이전의 각종 예에 관한 문헌을 정리하여 『대대례기(大戴禮記)』를 편찬하였고, 그의 조카인 대성은 대덕이 쓴 『대대례기』를 간추려서 『소대례기』를 지었는데, 이것이 현재 전해지는 『예기』이다.

**16** 『사기』 「공자세가」, "君子病沒世而名不稱焉 吾道不行矣 吾何以自見於後世哉"

그 임금을 시해하는 자가 있으며 어버이를 시해하는 자가 있었다. 공자께서 이를 크게 두려워하여 『춘추』를 지었다"[17]고 하며 높게 평가했다. 『춘추』는 사건에 의탁하여 대의명분을 피력한 책으로 공자의 필법으로 아주 간결하게 서술되어 있어서, 이를 해석한 책에 의하지 않고는 전체적인 뜻을 파악하기 어렵다. 이를 해석한 책으로는 『춘추좌씨전春秋左氏傳』,[18] 『춘추공양전春秋公羊傳』[19] 및 『춘추곡량전春秋穀梁傳』[20]이 있다.

---

**17** 『맹자』「등문공 하」, "世衰道微 邪說暴行 有作 臣弑其君者 有之 子弑其父者 有之 孔子懼作春秋"

**18** 공자가 편찬한 역사서인 『춘추』의 대표적인 주석서이며, 노나라 문인 좌구명이 지었다고 한다. 풍부한 자료를 바탕으로 『춘추』의 내용을 상세하게 설명하고 있으며, 춘추 시대의 상황을 이해하는 데 중요한 자료로 알려져 있다.

**19** 『춘추』의 해석서의 하나로 전국 시대 제나라 사람인 공양고가 저술한 것으로 전해지며, 문답형식으로 『춘추』의 경문(經文)의 의미를 설명하고 있어 경문에 숨겨져 있는 공자의 뜻을 밝히는 중요한 서적으로 간주되고 있다.

**20** 전국 시대 노나라 사람인 곡량숙이 지은 것으로 전해지며, 경문을 해석하는 형식은 『춘추공양전』과 거의 비슷하여 대화체와 어록체로 경문의 의미를 풀이하였다. 주관적 해석이 많으나 유가적 명분론을 『춘추공양전』보다 엄정하게 다루었다는 평가가 있다.

# 공자와 논어

공자는 유교의 창시자이며, 세계 3대 성인 중의 한 사람이다. 공자의 유교사상은 중국 및 동아시아의 문화와 가치관 등의 형성에 큰 영향을 미쳤다. 『논어』는 공자의 말씀이 기록된 책으로 유교의 가장 중요한 경전이며, 공자사상이 집약되어 있다.

## 공자의 생애

공자의 이야기가 전해지는 『논어』, 『사기』, 『공자가어孔子家語』[21] 및

---

[21] 『공자가어』는 진한(秦漢) 이래 여러 전적에서 공자에 관한 일문(逸文), 일화(逸話) 등을 모은 것으로, 내용은 주로 고대의 혼인, 상례, 제례 등 여러 제도와 공자의 언행, 공자의 가계, 공자와 당시 군주들과의 대화, 제자와의 토론 문답 등 다양한 내용이 들어 있다. 위나라 왕숙이 위조한 것이라는 설 또는 공자의 22세손에서 얻었다는 설이 있지만, 송나라 때에 이르러 공자의 삶을 이해하고 공자 당시의 문물을 연구하는 데 중요한 자료로 인정받았다.

기타 공자에 관한 전기傳記 등에 따르면 공자의 생애는 다음과 같다.

### 탄생 및 유년기

공자는 기원전 551년 노魯나라에서 태어났다. 노나라는 주周나라의 제후국으로, 지금의 산동성 곡부曲阜 일대에 위치했던 나라이다. 그당시는 동주東周 시대였으며, 왕은 명분만 있을 뿐이었고, 실권은 제후국의 제후들이 행사하고 있었다. 제후들은 자신의 세력과 영토를넓히기 위해 전쟁을 벌였는데, 이 시기를 흔히 춘추 시대라 부른다.

공자의 아버지는 이름이 공흘孔紇이고, 자字가 숙량淑梁이었는데, 보통 숙량흘이라 불렀다. 숙량흘은 무사 출신으로, 키가 10척(2미터 정도로 추정)이나 되고, 무예와 힘이 뛰어났다고 한다. 첫 번째 부인에게서는 딸만 아홉을 두었고, 두 번째 부인에게서는 장애인인 아들이 있었다. 그래서 숙량흘은 똑똑한 아들을 하나 갖고 싶어 동료무사인 안양에게 부탁하여 그 막내딸인 안징재顔徵在를 얻었다. 그때 숙량흘의나이는 60을 넘었고(66세였다는 설이 있음), 안징재의 나이는 16세였다.두 사람은 정식 혼인관계가 아닌 상태에서 아들을 낳았는데,[22] 그가바로 공자이다.

안징재는 니구산尼丘山에서 기도를 드리고 공자를 낳았는데, 그래서 공자의 이름을 공구孔丘라 하고, 자를 중니仲尼로 했다는 설이 있다. 공자는 나면서부터 용모가 비범하였고, 장성해서는 아버지를 닮아키가 9척 6촌이나 되었으며, 체력도 강했다고 한다. 공자의 선조는 송

---

**22** 사마천은 『사기』에서 이를 야합(野合)이라고 표현했는데, 야합이란 들판에서 동침을했다는 얘기가 아니고 적절한 혼인관계가 아니라는 말이다.

나라 왕족이었는데, 5대조 때 노나라로 이주하였고, 아버지 숙량흘에 이르러서는 가세가 기울어 가난하게 살았다. 공자 나이 3세 때 아버지가 돌아가시자 집안은 더욱 어려워졌으며, 17세 때는 어머니마저 사망하였다(24세 때 사망했다는 설도 있음). 공자는 그때서야 사람들에게 물어 아버지 무덤을 찾아 합장하였을 정도로 가정형편이 어려웠다.

### 청소년기

공자는 어려서부터 제기祭器를 늘어놓고 예禮를 갖추는 소꿉놀이를 즐겨하였는데, 일정한 스승은 없었지만 배우기를 좋아하였다.

공자는 19세 때 올관씨兀官氏[23]라는 송나라 처녀와 결혼하였고, 그 다음해에 아들 리鯉를 낳았다. 공자는 결혼한 다음해에 위리委吏라는 벼슬을 시작하였는데, 이는 노나라 대부인 계손씨季孫氏의 창고지기였다. 21세 때는 가축을 관리하는 관직인 승전리乘田吏라는 벼슬을 하였다. 다행히 공자는 계손씨 밑에서 일하면서 그 집에 있던 많은 책을 빌려볼 수 있었다.

### 장년기

공자는 30대로 접어들면서 예禮 전문가로 명성을 얻었다. 이 무렵 그의 문하에는 배우고자 하는 제자들이 모여들기 시작했다. 그리고 이때부터 공자는 개인 문제보다는 어지러운 세상을 바로잡는 일에 관심을 가졌다. 당시 노나라의 정치는 매우 혼란스러웠다. 임금은 소공昭公이었지만, 권력은 삼환씨三桓氏가 전횡하였다. 삼환씨는 맹손씨

---

**23** 기관씨(丌官氏) 또는 계관씨(笄官氏)라는 설도 있다.

孟孫氏·숙손씨叔孫氏·계손씨季孫氏를 말하며, 노나라 15대 임금인 환공의 세 아들의 후손들로, 이들 가문이 대대로 권력을 쥐고 흔들었다. 이들은 군대를 사병화하고, 많은 가신을 두고, 나라의 재물을 제멋대로 전용하였다. 이에 위협을 느낀 소공은 그 중 계평자를 제거하기 위해 군대를 동원했다. 그러나 삼환씨가 공동으로 대응해오는 바람에 패배하고 제나라로 도주하였다. 공자 나이 35세 때 일이다.

이 사건으로 공자는 삼환씨가 전횡하는 노나라 정치에 실망을 느끼고 소공의 뒤를 따라 제나라로 갔다. 제나라 경공景公을 만난 공자는 경공이 정치에 대해서 묻자, "임금은 임금다워야 하고 신하는 신하다워야 하며 아버지는 아버지다워야 하고 자식은 자식다워야 합니다"(12-11)라고 했다. 공자에게 크게 감동한 경공은 공자를 중용하려 했으나 위협을 느낀 제나라 대신들의 반대로 등용되지 못하였다. 결국 공자는 37세가 되던 해 겨울 노나라로 돌아왔다.

공자가 노나라로 돌아온 이후에도 정치는 어지러웠다. 임금은 아무런 실권이 없었고, 계손씨가 권력을 장악했지만 계손씨의 가신인 양화가 공산불뉴와 합심하여 반란을 일으키기도 했다. 공자는 세상이 어지러울수록 자신의 학문 연구와 제자 육성에 더욱 힘을 쏟았다.

공자는 51세 때 계평자의 뒤를 이은 계환자의 천거로 중도재中都宰라는 벼슬을 하게 되었다. 그리고 공자가 중도를 다스린 지 1년 만에 중도는 다른 고을이 모두 본받을 정도로 질서가 잡히고, 예의와 윤리의 기틀이 마련되었다.

공자 나이 52세가 되던 해 노나라 정공과 제나라 경공은 화평을 위해 협곡에서 회맹을 하였는데, 이때 공자가 정공을 수행하였다. 회맹에서 제나라 경공이 재상 여서의 계략에 따라 노나라 정공을 무력으로 위협하자, 공자는 경공의 행동이 예에 어긋나는 행동이라고 꾸짖었다.[24] 이에 경공은 사과의 뜻으로 이전에 빼앗았던 세 고을을 노나라에 돌려주었다.

이러한 공로를 인정받아 공자는 53세 때 육경六卿의 하나인 사공(司工: 조선 시대 공조판서와 유사한 직책)에 임명되었고, 그 다음해에는 사구司寇에 이어 대사구(大司寇: 조선 시대의 병조판서와 유사한 직책)에 임명되었다. 공자는 대사구에 임명되자 삼환씨의 권한을 약화시키고 임금의 권위를 회복시키기 위해 삼환씨 세력의 본거지인 세 도성을 허물기로 하고, 숙손씨와 계손씨의 성을 허물었다.

또한 공자는 55세 때 나라의 정치를 어지럽히던 대부 소정묘를 처단하였다. 이러한 개혁정치가 효력을 나타내면서 이웃 제나라에서는 크게 경계하여 공자를 재상에서 제거할 계책을 꾸몄다. 경공은 재상인 여서의 계략으로 노래와 춤에 능한 미녀 80인을 선발하여 노나라에 보냈다. 정공과 계환자는 제나라의 선물을 받고 쾌락에 빠져 정사를 돌보지 않았으며, 이것이 시정되지 않자 공자는 대사구직을 사직하였다.

### 주유열국의 시기

공자는 벼슬에서 물러나 자신의 이상을 실현할 군주를 찾아 제자들과 주유열국周遊列國에 나섰다. 주유열국의 과정에서 공자는 여러 번의 위험과 죽을 고비를 겪었다. 첫 번째는 위나라를 떠나 진나라로 가다가 광匡 땅에서 노나라 계씨의 가신으로 반란을 일으켜 도주한 양

---

24  사마천은 『사기』「공자세가」에서 이러한 회맹의 과정을 상세하게 기록하였다.

호로 오인 받아 위협을 받았다.[25] 두 번째는 위나라를 떠나 다시 진나라를 가려고 송나라를 지나다가 송나라 대장군인 사마환퇴가 죽이려고 해서 큰 위험을 겪었다. 세 번째는 공자가 초나라를 가려고 진나라와 채나라 사이의 들판에 있을 때였다. 진나라와 채나라의 대부들이 현명한 공자가 초나라로 가면 큰일이라 생각하고 노역자를 보내서 공자 일행을 포위해서 식량이 떨어지고 병든 제자가 발생하는 등 큰 고생을 겪었다. 이처럼 공자는 죽을 고비를 겪으면서 주유열국을 하였지만 어디서도 자신의 도덕정치를 받아주는 군주를 찾지 못했다. 급기야는 '상갓집 개'[26]라는 조롱을 받기도 했다. 당시의 제후들은 영토 확장과 권력 유지에만 급급했던 터라 공자가 주장하는 도덕정치는 현실과 동떨어진 이상으로 생각했다. 결국 공자는 기원전 484년 68세가 되던 해에 13년에 걸친 주유열국을 마치고 초라한 신세로 고향 노나라로 돌아왔다.

### 주유열국 이후의 만년

노나라로 돌아온 공자는 국정자문을 하면서 국로國老의 대우를 받았다. 그리고 무엇보다도 전적典籍의 편찬과 강학, 그리고 제자 육성

---

25  양호는 노나라 계환자의 가신이었던 양화를 말한다. 정공 5년에 반란을 일으켜 계환자를 유폐시키고, 삼환씨의 적자들을 모두 죽였다. 그러나 반란에 실패하여 제나라로 도망쳤으나 노나라의 요구로 체포되어 갇힌다. 하지만 다시 송나라로 도주하여 부하들을 몰고 광 땅을 점령하고 횡포한 짓을 하였다. 그래서 진나라로 쫓겨났는데, 광 땅의 사람들은 공자 일행을 양호 일행으로 착각하여 구금해서 닷새 동안이나 가두었다.

26  상갓집 개란 초상집에서 주인이 돌보지 않아 굶주려 수척해진 개를 말한다. 상갓집 개에 대한 일화는 『사기』「공자세가」에 수록되어 있다.

에 힘을 기울였다. 이때 공자의 제자 중에는 뛰어난 인재들이 많아 노나라뿐만 아니라 여러 나라에서 명성을 날렸다. 이에 따라 스승인 공자도 명성과 함께 대우를 받았다.

그러나 공자의 만년은 불행이 계속 겹쳤다. 70세가 되던 해에 외아들 공리가 죽었다. 그리고 기원전 481년 공자 나이 71세에 공자가 가장 아끼던 제자 안회가 죽었고, 노나라 서쪽에서 기린이 잡혔다.[27] 기린은 예로부터 어진 짐승으로 알려져 왔는데, 난세에 나와서 어리석은 인간들에게 잡힌 것을 보고, 공자는 자신의 운명에 비추어 슬퍼했다. 그 다음해에는 공자가 오랫동안 깊은 애정을 갖고 있던 제자 자로가 위나라에서 벼슬을 하다가 내란에 휩쓸려 비명에 죽었다. 자로子路의 죽음을 애통해 하던 공자가 병이 나자, 자공이 뵈러 왔다. 공자는 지팡이에 의지하여 문 앞을 거닐고 있다가 "사(賜: 자공의 이름)야, 너는 왜 이렇게 늦게 왔느냐?"라고 물었다. 그리고 "태산이 무너지는가! 들보와 기둥이 무너지는가! 철인이 시드는가!"라고 한탄하며 노래를 부르고, 눈물을 흘렸다. 공자는 그 뒤 이레만인 기원전 479년 4월 73세의 일기로 생을 마감하였다.

### 세계 3대 성인으로서의 공자

공자는 석가, 예수와 더불어 세계 3대 성인으로 존숭받는 분이다. 그러나 공자는 석가나 예수와는 달리 현세에서 초인적인 기적을 보여

---

27  기린은 중국 전설상의 동물이며 성인이 태어날 때마다 나타난다고 한다. 기린은 자애심이 가득하고 덕망이 높은 동물로 알려져 있으며, 지금 기린이라고 불리는 동물과는 다르다. 지금의 기린은 아프리카에서 중국에 처음 들어왔을 때 명나라 황제인 영락제가 이를 전설상의 기린이라 생각하여 붙인 이름이라고 한다.

주지는 못했다. 석가나 예수는 죽은 사람을 살리고 앉은뱅이를 일어서게 하였지만, 공자는 그런 기적을 보여주지 못했다. 오히려 제자인 염백우가 문둥병에 걸렸을 때 집을 찾아가서 손잡고 "이 사람이 이런 병에 걸리다니" 하면서 지극히 인간적인 한탄을 하였을 뿐이다. 그러면서도 공자가 세계 3대 성인으로 추앙받을 수 있었던 것은 인간에 대한 믿음과 희망을 잃지 않고 온갖 고난과 죽을 고비를 넘기면서도 이 세상을 이상사회로 바꾸어보겠다는 의지를 마지막 순간까지 갖고 있었기 때문이 아닌가 생각한다.

## 논어란 무엇인가?

『논어』는 공자의 가르침을 모은 책이며, 유교의 중요한 경전이다. 다만 『논어』에 대해서 몇 가지 살필 부분이 있다.

첫째, 『논어』의 내용이다. 『논어』는 공자의 말씀, 공자와 제자들의 대화, 공자와 당시 위정자와의 대화 등으로 구성되어 있다. 그 내용을 보면, ① 개인의 수양에 관한 교훈, ② 사회적 윤리에 관한 교훈, ③ 정치사상, ④ 교육사상, ⑤ 공자의 일상생활에 대한 내용 등으로 분류할 수 있다. 『논어』의 강점은 그 내용이 2,500여 년이 지난 지금도 여전히 사람들에게 공감을 준다는 것이다.

둘째, 『논어』의 편찬자다. 이에 대해 다양한 설이 있는데, 자하를 비롯한 70여 제자라는 설, 증자의 문인인 악정자춘과 자사의 문인이라는 설, 증자와 유자의 문인이라는 설 등이 있다. 어찌되었건 공자의 어느 한 제자가 아니라 여러 제자와 그 문인들에 의해 편찬되었다고 할

수 있다.[28]

셋째, 『논어』가 던지는 메시지다. 『논어』에는 법이나 제도보다 사람을 통해 이상사회를 건설하려고 한 공자의 생각이 집약되어 있다. 따라서 『논어』의 핵심 메시지는 정치와 사회의 질서를 바로잡고 편안한 세상을 만들기 위해 예의 회복과 덕의 함양에 힘써야 한다는 것이다.

넷째, 『논어』의 편명이다. 『논어』는 총 20편으로 되어 있으며, 편명은 일정한 체계나 내용에 따라 구분된 것이 아니고 각 편의 첫 머리 첫 구절의 글자를 따서 붙인 것에 불과하다. 20편의 편명을 순서대로 보면 다음 표와 같다.

| 순서 | 편명 | 순서 | 편명 | 순서 | 편명 |
|---|---|---|---|---|---|
| 1 | 학이(學而) | 8 | 태백(泰伯) | 15 | 위령공(衛靈公) |
| 2 | 위정(爲政) | 9 | 자한(子罕) | 16 | 계씨(季氏) |
| 3 | 팔일(八佾) | 10 | 향당(鄕黨) | 17 | 양화(陽貨) |
| 4 | 이인(里仁) | 11 | 선진(先進) | 18 | 미자(微子) |
| 5 | 공야장(公冶長) | 12 | 안연(顔淵) | 19 | 자장(子張) |
| 6 | 옹야(雍也) | 13 | 자로(子路) | 20 | 요왈(堯曰) |
| 7 | 술이(述而) | 14 | 헌문(憲問) | | |

---

28 『논어』 20편 중 앞의 10편과 뒤의 10편은 그 내용상 성격에 차이가 있으므로 뒤의 10편은 후세 사람들이 속기(續記)한 것이라는 설이 있으며, 특히 그 뒤의 5편은 더욱 후세에 붙여졌다는 주장도 있다.

# 공자사상의
# 두 가지 주제

　프랑스 화가 폴 고갱Paul Gauguin은 늦게 화가의 길로 들어섰다. 증권
거래소 중개인으로 근무하다가 35세에 그림을 그리기 시작했다. 고갱
은 영국의 소설가 서머셋 모옴W. Somerset Maugham이 지은 소설『달과 6펜
스Moon and Six Pence』의 모티브를 제공한 화가로 알려지면서 유명해졌다.
그는 남태평양의 원시적인 삶을 동경하여 타이티로 가서 원주민의 삶
을 화폭에 담았다. 그러나 가난과 건강 악화 및 딸의 죽음으로 고통의
늪에서 벗어나지 못하고 1897년 49세 때 자살하기로 결심했다.[29] 그
리고 죽기 전에 대작을 남겨야겠다고 마음먹고 그린 그림이 「우리는
어디서 왔는가, 우리는 무엇인가, 우리는 어디로 가는가?」이다.
　다음에 나오는 고갱의 그림은 제목처럼 매우 철학적인 내용을 담았
는데, 크게 네 부분으로 구성되어 있다. 첫째는 오른쪽에 누워있는 어
린아이로 탄생을 의미하고, 둘째는 중앙의 과일 따는 남자로 일상의

---

**29**　하지만 고갱은 1903년 55세에 심장마비로 사망하였다.

삶을 의미하며, 셋째는 왼쪽의 노파로 죽음을 상징한다. 그리고 넷째는 왼쪽 상단에 있는 타이티의 여신 히나이며, 이는 죽음 이후를 의미한다. 우리는 오른쪽의 탄생에서 왼쪽의 죽음에 이르기까지를 삶이라고 부른다. 고갱은 이 그림에 인간의 삶에 대한 고민을 담았다.

그렇다면 고갱이 갖고 있던 인간에 대한 고민은 무엇이었을까? 또한 모든 인간이 이 세상을 살면서 부딪치는 고민은 무엇일까? 자녀의 교육문제, 직장문제, 아니면 건강이나 재산문제일까? 물론 이것들도 인간이 부딪치는 큰 고민에 해당되지만 이보다 더 근원적인 고민이 있다. 그중 하나가 죽음의 두려움에서 오는 고민이다. 세상에 태어나서 70~80세(예전에는 50~60세)를 살다가 가는 생명의 유한성 문제는 태어나면서부터 인간이 당면하는 가장 큰 고민이다. 인간은 왜 죽어야 하고, 죽으면 어디로 가는가? 죽음은 인간이 갖는 고민이지만 인간의 힘으로 극복할 수 없는 한계상황이라는 것이 더욱 큰 고민이다.

인간이 갖고 있는 또 하나의 고민은 삶에 대한 고민이다. 인간이란 존재는 무엇이며, 인간은 어떻게 살아야 하는가, 인간세상은 왜 이리 혼란스럽고 부패하고 불공평한가 등의 고민이다. 인간은 사회적 동물이기에 자기 혼자만 깨끗하게 산다고 정의로운 삶이 되는 것도 아니다. 또 자기만 잘 났다고 행복한 것도 아니다. 오늘날 우리가 살아가는 세상은 문명이 엄청 발전하였다. 하지만 인간이 느끼는 소외감, 욕심과 경쟁, 갈등과 혼란 등이 인간을 타락시키고, 그래서 삶을 고민하게 한다. 많은 사람이 윤리도덕의 타락을 염려하고, 올바른 정치와 인간성 회복을 외치지만 세상은 좀처럼 나아지지 않는다. 오히려 인간은 더욱 욕심이 늘어나고, 부패해지며, 사악해지고 있을 뿐이다.

공자가 살던 2,500년 전에도 지금 우리가 사는 세상처럼 혼란스러웠다. 제후들 간의 전쟁과 약탈이 자행되고, 예악은 붕괴되고, 윤리도덕은 땅에 떨어져 삶의 희망보다는 절망이 지배하던 시기였다. 공자도 지금 우리가 갖고 있는 고민을 똑같이 갖고 있었을 것이다. 그래서 공자는 인간이 세상을 살면서 부딪치는 이러한 고민, 즉 죽음의 두려움과 현실적 삶의 고뇌를 극복할 수 있는 해답을 찾으려고 노력했다. 공자의 사상은 이러한 인간의 문제를 사유의 출발점으로 한다.


## 죽음에서 오는 유한성의 문제

모든 생명은 반드시 죽음을 맞이한다. 그것이 자연의 섭리이다. 인간도 반드시 죽음에 이르기에 불안과 두려움이 있고, 삶에 대한 무상감이 있다. 그래서 인간은 죽음이 두려워 종교를 만들었다는 말이 있다. 종교는 사후세계에 대한 희망을 제시해줌으로써 인간에게 죽음의 두려움을 극복할 수 있다는 희망을 갖게 한다. 불교에서는 죽어서 극락세계에서 다시 태어난다는 극락왕생을 제시한다. 기독교에서는 죽어서 천국에 가서 영원히 산다는 영생의 희망을 준다. 그래서 종교는 인간에게 극락왕생할 수 있도록 또는 영생할 수 있도록 살면서 기도하고 자비와 사랑을 베풀라고 가르친다.

공자는 사후세계에 대한 내세관을 제시하지 않았다. 제자인 자로가 죽음에 대해 묻자, 오히려 "삶도 아직 모르는데 죽음을 어찌 알겠느냐?"(11-11)고 반문했다. 공자는 죽음을 극복하는 방법에 대하여 직접 언급하지는 않았지만, 인간이 죽음에서 느끼는 유한성의 문제를 자손을 통해 해결할 수 있다고 생각했다. 부모로부터 육신과 영혼을 물려받은 자손은 곧 부모의 분신分身이다. 따라서 부모의 몸은 비록 이 세상에서 죽어 없어지더라도 분신인 자손을 통해 그 삶이 계속된다고 보았다. 공자의 이러한 생각을 담은 화두가 바로 효孝이다.

### 자손은 부모의 분신이다

공자는『효경孝經』에서 "몸과 머리카락, 피부는 부모로부터 받은 것이니 함부로 훼상하지 않는 것이 효의 시작이며, 입신하여 도道를 행하고 후세에 그 이름을 드높여서 부모를 드러내는 것이 효의 끝맺음이다"[30]라고 하였다. 이 말의 의미를 살펴보면, 우선 몸은 부모로부터 물려받은 것이므로 곧 부모의 분신이기에 비록 내 몸이라 할지라도 마음대로 훼상하지 않아야 하며, 또 영혼도 부모로부터 물려받은 것이므로 능력을 발휘하여 입신양명하면 곧 부모의 은덕으로 성공한 것이니 부모의 이름을 드러내야 한다는 것이다. 공자는 이렇게 하는 것이 곧 효孝의 시작이며, 효孝의 완성이라고 보았다. 효孝 자를 보면 늙

---

**30** 『효경』「제1장 개종명의장」, "身體髮膚受之父母 不敢毁傷 孝之始也 立身行道 揚名於後世 以顯父母 孝之終也"

을 노老와 아들 자子가 합쳐진 모양이다. 아들이 부모를 업고 있는 형상이지만, 그 뜻은 '본받는다'는 의미이다. 즉, 부모를 본받아 자손이 부모의 가르침에 어긋나지 않도록 하는 것이 효이다. 『중용中庸』에서 공자는 "무왕과 주공은 뛰어난 효자이다. 대저 효라는 것은 조상의 뜻을 잘 이어받고 조상의 일을 잘 계승하는 것이다"[31]라고 하였다. 결국 자손이 부모로부터 몸과 영혼을 물려받았다는 생각, 그래서 입신양명해서 부모의 이름을 드러내야 한다는 생각, 효를 통해서 부모를 본받아야 한다는 생각에는 자손은 부모의 분신이며, 비록 부모가 죽더라도 자손을 통해 그 삶이 계속된다는 믿음이 내포되어 있다고 볼 수 있다.

### 제사는 부모에 대한 효의 실천이다

공자는 조상과 부모에 대한 제사를 중시하였다. 흔히 제사를 우상숭배라고 생각하는데, 이는 잘못된 생각이다. 제사는 돌아가신 부모에 대한 효의 실천이며, 그 성품을 본받는 의식이다. 『중용』에서 공자는 "제사에 임하여 조상이 하던 예를 행하며, 조상이 즐기던 음악을 연주하며, 조상이 높이던 바를 공경하고, 조상이 친애하던 바를 사랑하며, 죽은 자 섬기기를 살아있는 사람 섬기듯 하며, 없는 사람 섬기기를 살아있는 사람 섬기듯 하는 것이 효의 지극함이다"[32]라고 했다. 이는 비록 부모는 돌아가셨지만 생존해 계신다는 생각으로 생전의 모습과 가르침을 마음속에 그리면서 제사를 지내는 것이 효라는 의미다.

---

**31** 『중용』「제19장」, "子曰 武王 周公其達孝矣乎 夫孝者 善繼人之志 善述人之事者也"

**32** 『중용』「제19장」, "踐其位 行其禮 奏其樂 敬其所尊 愛其所親 事死如事生 事亡如事存 孝之至也"

그래서 『예기』에서는 "제사를 지낸 날엔 날이 밝을 때까지 잠자지 못하고 두 분을 생각하네"[33]라고 하여 돌아가신 부모에 대한 그리움을 노래하였다.

제사의식은 다소 형식적이고 번거로운 점이 있지만, 그 본질은 자손들이 모여 제사 음식을 나누어 먹으며 부모의 생전 모습과 가르침을 회상하면서 자손의 번영과 영속을 다짐하는 의식의 의미가 있다. 또한 제사는 부모의 몸은 비록 죽어 없지만 자손의 몸을 통해 그리고 자손의 마음속에 계속 살아있음을 확인하는 의식이라고 할 수 있다.


## 삶에서 느끼는 고민의 문제

우리가 살고 있는 현세는 윤리와 도덕이 무너지고 인간성이 상실되었다고 걱정한다. 공자가 살던 춘추 시대도 지금처럼 윤리와 도덕이 무너진 혼란과 절망의 시기였다. 공자는 당시 제후들 간의 전쟁으로 사회 혼란이 야기되고 윤리도덕이 타락한 상황이었지만, 이상사회로 만들 수 있다는 희망을 갖고 있었다. 그래서 나라를 다스리는 제후들에게 정치의 올바른 방향을 제시하려고 온갖 고난을 겪으면서도 13년에 걸친 주유열국을 하였다. 비록 자신의 뜻을 펼칠 군주를 찾지는 못했지만, 공자는 인간이 갖추어야 할 윤리도덕에 대하여, 또 올바른 정치에 대하여 많은 가르침을 남겼다. 공자는 인간의 삶에 대한 깊은 통

---

**33** 『예기』 「제의」, "祭之明日 明發不床 有懷二人(이는 『시경』 「절남산지습」의 「소완(小宛)」이란 시에 나오는 구절이다)."

찰을 통해 현실적 문제를 해결하려고 하였다. 이러한 생각을 담은 화두가 인仁이다. 그리고 인을 실천하는 방안으로 제시한 것이 극기복례, 수기안인, 그리고 군자였다.

## 극기복례

공자는 당시 사회적 혼란의 원인이 예의 붕괴에 있으며, 또 예의 붕괴는 인간의 욕심에서 비롯된다고 진단했다. 따라서 공자가 이를 해결하기 위해 제시한 실천 방안이 극기복례克己復禮이다. 제자 안연이 인仁에 대하여 묻자, 공자가 "자기를 극복하고[克己] 예를 회복하면[復禮] 인을 행할 수 있다[爲仁]"(12-1)라고 한데서 나온 말이다. 극기란 자기를 극복하는 것, 즉 자기의 욕심, 교만, 편견 등을 극복하는 것이다. 복례란 예를 회복하는 것, 즉 타인과의 관계 속에서 인간이 지켜야 할 예의를 지키는 것이다. 인仁이란 사람을 사랑하는 마음이다. 인간의 욕심 때문에 예의가 붕괴되고, 예의가 붕괴되면 남을 사랑하는 마음이 상실된다. 따라서 공자는 욕심을 버리고 예를 회복하는 것이 무엇보다 중요하다고 생각하고 극기복례를 말했다.

## 수기안인

공자는 당시의 정치적 혼란은 나라를 다스리는 군주와 위정자에게 덕이 없기 때문이라고 보았다. 그래서 나라의 혼란을 해결하기 위해서는 위정자가 자기의 덕을 함양하고 백성을 편안하게 해야 한다고 했다. 공자가 제시한 실천 방안이 수기안인修己安人이다. 자로가 군자에 대하여 묻자 공자가 "자기를 닦아 남을 편안하게 하는 것이다[修己安人]"(14-45)라고 한 데서 나온 말이다. 군주나 위정자가 욕심만 있고 덕이 없으면 나라는 혼란에 빠지고 백성은 도탄에 시달리게 된다. 정치는 백성을 편안하게 하는 것이 으뜸이다. 그러기 위해서는 군주와 위정자가 덕을 함양하여야 한다. 덕이란 곧 백성을 사랑하는 마음이다. 이른바 인仁이다.

## 군자

공자는 이상국가를 꿈꾸었다. 그것은 군자君子가 다스리는 나라이며, 인륜이 구현되는 나라였다. 군자는 공자가 추구한 이상적인 인간상이다. 인격을 갖춘 인간이다.『논어』에 보면, 군자라는 말이 107회나 나오는데, 공자가 그만큼 군자를 중시했음을 알 수 있다. 공자는 위정자뿐만 아니라 모든 사람이 군자가 되기를 희망했으며, 자신의 고향인 노나라를 군자의 나라로 만들고 싶어 했다. 극기복례와 수기안인은 결국 군자가 되는 배움의 과정이다. 인간이 자기를 극복하고 예를 회복하는 것도 군자가 되기 위한 것이고, 덕을 함양하는 것도 군자가 되기 위한 것이다. 결국 군자라는 말은 공자 윤리학의 가장 핵심이 되는 말이다.

오늘날 인간이 삶에서 고통을 느끼고 절망하는 것은 무엇 때문일까? 아마 죽음에 대한 두려움, 삶에 대한 무상감, 인간과 인간 사이의 불신, 자신만 잘 살겠다는 이기주의, 정치의 부재, 그리고 윤리도덕의 타락 등의 문제 때문이 아닌가 생각한다. 이러한 문제를 해결하는 방안의 하나로 생각할 수 있는 것이 공자의 가르침을 배우고 실천하는 것이다. 공자의 가르침은 어찌 보면 지극히 당연하고 쉬운 말처럼 보인다. 하지만 익숙하다고 또 당연하다고 느끼기 때문에 현실적으로는 실천하기 어려운 점이 있다. 이러한 이유로 공자는 실천을 중시하였다. 단지 아는 것으로 그치지 말고 행동으로 실천하라고 하였다. 또한 공자는 현세를 강조하였다. 지금 살고 있는 이 세상에서 최선을 다하라고 하였다.

공자,
군자의 윤리학을
말하다

# 공자윤리학의
# 체계와 주요 개념

공자의 말씀이 기록된 『논어』에는 윤리, 정치, 교육 및 문화 등에 관한 다양한 사상이 들어 있다. 『논어』는 20편으로 구성되어 있다. 하지만 일관된 체계 속에서 편찬된 것이 아니라 공자의 여러 사상이 단편斷片처럼 여기저기에 산재되어 있다. 공자의 사상 중에서 가장 핵심적인 것이 윤리사상이다. 윤리사상의 실천적 화두는 극기복례와 수기안인이며, 이는 일정한 덕을 갖춘 군자의 품성을 지향하므로 결국 교육사상이나 정치사상과 연결된다. 공자의 윤리사상은 한마디로 군자를 길러내는 군자의 윤리학이다. 이를 이해하기 위해서는 먼저 전반적인 사상의 체계와 사유 대상, 그리고 주요 개념을 살펴볼 필요가 있다.

## 사상의 체계

독일의 철학자 칸트Immanuel Kant는 철학의 문제에 관하여 네 가지 물음을 제기하였다[1]. "첫째, 나는 무엇을 알 수 있는가? 둘째, 나는 무엇을 해야 하는가? 셋째, 나는 무엇을 바라는가? 넷째, 나는 무엇인가?"라는 물음이다. 첫 번째 물음은 인식의 문제로 존재의 근본원리를 따지는 형이상학에 관한 물음이다. 두 번째 물음은 행위에 관한 문제로, 인간이 인간답게 살기 위해서는 무엇을 하고 무엇을 하지 말아야 하는가의 선악에 관한 물음이다. 세 번째 물음은 종교의 문제로 만일 인간이 도덕적 명령대로 산다면 미래에 대하여 희망을 가질 수 있는가의 물음이다. 그리고 앞의 세 가지 물음은 결국 네 번째 물음인 인간의 본질 문제로 귀결되는데, 이는 철학적 사유의 중심이 인간의 문제에 있음을 말해준다.

『논어』에 담겨있는 공자의 윤리사상은 일정한 체계 없이 여기저기에 흩어져 있다. 따라서 공자사상을 위에서 언급한 칸트의 철학적 체계를 원용하여 정리하면 다음의 네 가지로 분류할 수 있다.

① 인간이란 무엇인가?(본질론)

② 인간은 무엇을 해야 하는가?(수기론)

③ 인간은 어떠해야 하는가?(윤리론)

④ 인간은 무엇을 목표로 하는가?(군자론)

따라서 이 책에서는 위의 첫 번째 물음에 대하여서는 제5강에서, 두 번째 물음에 대하여서는 제6강과 제7강에서, 세 번째 물음에 대하여서는 제8강~제15강에서, 그리고 네 번째 물음에 대하여서는 제16강~제18강에서 살펴본다.

---

1  『철학의 제문제』, 소광희 외 2인 공저, 1994, 벽호, 281쪽 참조.

## 사유의 대상

역사적으로 보면 철학은 자연과 인간을 사유 대상으로 하여 전개되었다. 서양철학에서는 최초의 사유 대상이 자연이었다. 고대 그리스의 탈레스Thales[2]나 아낙시메네스Anaximenes[3]는 자연을 사유 대상으로 하여 만물의 근원이 무엇인지를 밝히려고 하였다. 소크라테스Socrates에 이르러서 철학의 대상은 하늘에서 지상의 인간으로 내려왔다.

반면 공자는 인간을 사유 대상으로 하였다. 즉, 인간과 인간의 관계에서 요구되는 윤리 문제를 사유의 대상으로 삼았다. 다만, 공자는 인간의 삶을 규율하는 도덕의 원천을 하늘에서 찾았다.

### 하늘과 사람의 관계

중국사상사에서 하늘[天]이라는 용어는 고대로부터 근대에 이르기까지 모든 시대를 통하여 중요한 키워드였다. 고대 중국인들은 하늘을 바라보면서 하늘에 대한 다양한 사고를 전개시켜 왔다. 첫째는 하늘은 인간이 거주하는 머리 위로 일월성신日月星辰이 빛나는 광대한 공간이라는 자연천自然天의 사고이고, 둘째는 하늘은 인간세상의 길흉화복吉凶禍福을 주재한다는 주재천主宰天의 사고이며, 셋째는 하늘은 인간에게 덕을 부여하고 인간이 본받아야 할 도덕의 원천이라는 도덕천道德天의 사고이다.

---

**2** 탈레스는 그리스 밀레토스의 학자로, 만물을 구성하는 자연적 물질을 물이라고 했다.

**3** 아낙시메네스는 그리스 시대 만물의 근원을 밝히려 했던 철학자로, 만물의 근원을 공기라고 하였다.

공자는 하늘[天]과 사람[人]과의 관계에서 하늘을 어떤 존재로 생각했을까? 『논어』에 보면, 공자는 "하늘이 무슨 말을 하더냐? 사시가 운행하고 만물이 생겨나거늘, 하늘이 무슨 말을 하더냐?"(17-19)라고 하여 하늘은 말없이 운행하며 만물을 생성하고 사시를 순환하게 하는 무한자라고 생각하였다. 또 "하늘에 죄를 지으면 빌 곳이 없다"(3-13)라고 하여 하늘은 인간이 죄를 빌어야 할 최종적 존재로 보았다. 또한 "하늘이 나에게 덕을 주었는데, 환퇴가 나를 어찌하겠느냐?"(7-22)라고 하여 하늘을 인간 세상의 도덕의 원천으로 생각했다. 결국 공자의 하늘에 대한 생각은 두 가지로 요약할 수 있다. 하나는 인간이 어쩔 수 없는 경외의 대상이며, 또 하나는 인간의 도덕 가치의 원천이자 인간에게 도덕 가치를 부여하는 존재라는 것이다. 이른바 하늘과 인간의 관계를 나타내는 천명天命이나 또는 천도天道의 개념은 이러한 사고에서 나온 것이다.

### 사람과 사람의 관계

인간은 하늘 아래 결코 혼자 살 수 없는 존재다. 그래서 인간은 가정을 만들고 사회를 만들고 국가를 만들었다. 가정과 사회와 국가가 생기면서 부자관계, 부부관계, 친구관계, 군신관계 등 다양한 인간관계가 생겼다. 결국 인간이 사는 세상은 다양한 관계로 이루어진 유기체이다. 인간이 혼자 살 때는 자연에 순응하여 자유의사에 따라 살아도 되지만, 남과의 관계가 성립되면 결코 자연의 의지대로 살 수 없다. 남과 더불어 살기 위해서는 남을 배려하는 마음도 필요하고 예절도 필요하다.

공자는 이러한 인간관계에서 윤리와 도덕의 중요성을 역설하였다.

다양한 관계에서 어떻게 하는 것이 인간다운 삶인지 그 가르침을 주었다. 따라서 공자사상은 인간관계의 윤리학이며, 인간이 살고 있는 지금 이 세상에서 어떻게 사는 것이 가장 바람직한 삶인가를 제시한 인본주의 철학이다.

## 사상의 주요 개념

공자가 윤리사상을 전개하면서 주요 개념어로 제시한 것은 학學, 인仁, 의義, 예禮, 지知, 신信, 도道 그리고 덕德이다. 이들의 상호 관계를 그림으로 표시하면 다음과 같다.

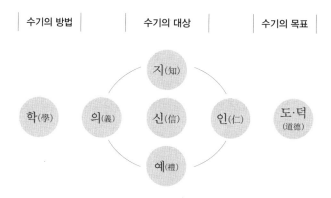

공자 윤리사상의 첫 번째 주제는 학學이다. 학이란 수기修己의 방법이며, 자기의 몸과 마음을 닦기 위한 배움의 과정이다. 지식과 지혜를 쌓고, 자기의 감정을 다스리고, 덕을 함양하는 것이다.

『논어』의 제1편은 「학이편學而篇」인데, 공자는 그 첫 구절에서 "배우고 제때에 익히면 또한 기쁘지 아니한가!"라고 하여 배움을 가장 으뜸으로 삼으면서 이를 인생의 즐거움이라고 하였다.

공자사상의 두 번째 주제는 오상五常이다. 오상은 수기修己의 대상이며, 인간이 갖추어야 할 다섯 가지 기본 덕목이다. 유가에서는 인仁·의義·예禮·지知·신信의 다섯 가지를 오상[4]이라고 한다.

인仁이란 공자사상의 핵심 개념으로 어진 마음이며, 사람을 사랑하는 마음이다. 사람을 사랑한다는 것은 중요한 의미를 갖는데, 이는 타인이 나와 같은 하나의 인격체임을 인정하는 것이고, 그를 나와 동등한 사람으로 여겨 대우한다는 것이며, 사랑할 수 있는 어진 마음이 있다는 것이다. 인仁은 인간이 가진 모든 덕을 포함하는 개념이다.

의義란 인간이라면 당연히 해야 할 도리이다. 올바르게 살고 올바르게 행동하는 것이다. 인간이 마땅히 해야 하는 도덕적 자율이다. 예禮가 외적 규범이라면 의義는 내적 규율이다. 공자는 의義를 이利와 대응시켜 말하면서, "이익을 보면 의를 생각해야 한다[見利思義]"(14-13)고 하였다.

예禮란 인간관계에서 질서를 유지하기 위한 규범이다. 사람과 사람 간의 관계에서 상대방을 배려하는 행동이며 마음이다. 공자는 "덕으로써 다스리고, 예로써 가지런히 한다"(2-3)라고 하였는데, 이는 예로써 질서를 바로잡는다는 의미이다.

지知란 유가儒家에서 지智와 같은 의미로 통용되는데, 지각·지식·지

---

4 오상이란 인간이 항상 지켜야 할 다섯 가지의 기본 덕목을 말하며, 오륜(五倫)과 함께 유교의 기본적인 윤리를 구성한다. 공자는 인·의·예·지·신에 대하여 말했지만, 이를 오상의 덕이라고 명명한 것은 한나라 때 동중서이다.

혜 등 광범위한 의미를 내포하고 있다. 인간의 감각이나 인식작용 나아가 인격·도덕·학문 등과 폭넓게 연관되어 있다. 또한 지知는 대상에 대한 시비是非와 선악善惡 등 가치판단의 중요한 요소이다.

신信이란 믿음, 신뢰 또는 신의를 의미하며, 개인과 개인, 개인과 집단 또는 집단과 집단 간의 사회적 관계에서 갈등을 해소하고 이상적인 관계를 정립하기 위한 토대이다. 신은 말과 관련이 있으며, 사람에 대한 믿음이다. 신은 어떤 가치관이나 사람, 사실, 약속 등에 대하여 다른 사람의 동의에 관계없이 진리로서 받아들이는 개인적인 심리상태다. 덕으로서의 신은 내가 다른 사람을 믿는 마음이 아니라 내가 다른 사람에게 믿음을 주는 품성이다. 공자는 "사람이 신의가 없으면 무엇을 할 수 있는지 모르겠다"(2-22)고 하여, 신의를 모든 사회적 관계를 가능하게 하는 기초로 보았다.

공자사상의 세 번째 주제는 도道와 덕德이다. 도와 덕은 인간이 수기修己를 통해 도달하고자 하는 목표이다.

도道란 인간이나 사물에 통하는 보편적 규율이나 근원적 진리를 의미한다. 천도天道를 하늘의 도리, 인도人道를 사람의 도리라고 한다. 공자는 "아침에 도를 들으면 저녁에 죽어도 좋다"(4-8)고 하였는데, 여기서 도는 보편적 도리나 진리를 의미한다.

덕德이란 도덕적·윤리적 이상을 실현할 수 있는 인격적 능력이다. 사람이 갖고 있는 인격이며 성품이다. 의롭고 어질고 남을 넓게 이해하고 받아들이는 성품이 곧 덕이다. 그래서 공자는 "덕이 있으면 외롭지 않고 반드시 이웃이 있다"(4-25)고 하였다. 덕은 사람이 지켜야 할 길이라는 뜻의 도와 결합하여 보통 도덕이라고 한다.

# 인간이란
# 무엇인가

인간이란 무엇인가? 이 물음은 인류 역사가 시작된 이래로 현재까지도 수많은 사상가와 철학자 들이 고민해온 화두이다. 이대희 교수의 『인간이란 무엇인가』[5]라는 책을 보면, 아리스토텔레스, 흄, 칸트를 중심으로 한 이성적 인간관에서부터 성서의 신학적 인간관 그리고 쇼펜하우어, 니체 등의 비합리적 인간관에 이르기까지 다양한 견해가 제기되었다. 그 중 몇 가지 견해를 살펴보면, 우선 서양에서 인간이란 무엇인가에 대해 의미 있는 답을 제시한 사람은 아리스토텔레스이다. 그는 '인간은 폴리스적 동물'이라고 하였다. 폴리스는 그리스 시대의 정치적 공동체를 의미하므로 폴리스적 동물이라는 말은 흔히 '정치적 동물' 또는 '사회적 동물'이라는 의미로 번역되기도 한다. 인간은 혼자서 스스로 존재할 수 없으며, 따라서 공동체를 형성하여 다른 사람과 더불어 살아가는 사회적 존재라는 것이다.

---

5 『인간이란 무엇인가』, 이대희 저, 정림사, 2009.

중세에는 성서를 연구하는 신학자들이 인간을 이성적 존재로 인정하면서도 그 본질은 창조주인 신을 통해서 파악하려고 했다. 따라서 신학적 측면에서 인간은 신의 피조물이고, 만물의 영장이며, 또 원죄를 안고 태어난 죄인이라고 보았다. 근대에 이르러 프랑스의 파스칼은 『팡세Pensées』에서 '인간은 생각하는 갈대'라고 했다. 광대무변한 대자연 가운데 인간은 연약한 하나의 갈대와 같지만, 우주를 생각할 수 있는 위대함을 지닌 존재라는 의미이다.

동양에서는 공자가 처음으로 인간이 무엇인가에 대하여 의미 있는 말을 남겼다. 다만, 공자의 말은 인간이 무엇인가에 대한 명시적인 답이 아니라, 일상의 언어 속에 함축적으로 표현되어 있다. 『논어』에 보면 공자가 인간을 어떠한 존재로 생각했는지를 엿볼 수 있는 일화가 있다. 주유열국의 8년째(공자 나이 62세경)에 접어든 어느 날, 섭공을 설득하는 데 실패한 공자가 채나라로 돌아가는 중에 있었던 일이며, 그 내용은 이렇다.

공자가 나루터로 가는 길을 몰라서 자로를 시켜 멀리서 밭을 갈고 있는 농부에게 가서 물어보도록 했다. 그들은 장저와 걸닉이라는 농부로 초야에 숨어서 사는 은자들이었다. 자로가 장저에게 다가가서 길을 묻자, 그는 길은 알려주지 않고 "저기 수레의 고삐를 잡고 있는 사람이 누구인가?"라고 물었다. 자로가 "공구孔丘입니다"라고 말하자, 그 농부는 "노나라의 공구 말인가? 그렇다면 그는 나루터를 알 것이오"라고 말하고, 더 이상 알려주지 않고 밭을 갈기 시작했다. 자로는 하는 수없이 옆에 있던 걸닉에게 물었다. 그러자 그도 역시 길은 알려주지 않고 자로에게 "당신은 누구신가?" 하고 물었다. 자로가 "중유입니다"라고 답하자, "공구의 제자

인가?"라고 말하면서, "도도하게 흐르는 것은 천하가 다 그러하니 누가
무엇으로 그것을 바꾸겠는가? 그대는 공구와 같이 사람을 피하는 선비를
따르지 말고 우리와 같이 세상을 피하는 선비를 따르는 것이 나을 것이
오"라고 충고한 후 다시 밭갈이를 계속하였다. 자로는 화도 나고 어이가
없어 공자에게 돌아와서 자초지종을 얘기했다. 공자는 한숨을 내쉬면서
이렇게 한탄하였다.

"조수鳥獸와 더불어 무리 지어 살 수 없으니, 내가 이 사람들과 더불어
어울리지 않고 누구와 더불어 어울리겠는가? 천하에 도道가 있다면 내가
관여하여 바꾸려 하지 않을 것이다."(18-6)

위에 제시된 공자의 한탄 속에는 세 가지 의지가 드러나 있다. 첫째
는 조수와 더불어 무리 지어 살지 않겠다는 의지, 둘째는 세상에서 사
람들과 어울려 살겠다는 의지, 그리고 셋째는 천하에 도道가 없으니
이를 바꾸어 보겠다는 의지이다. 물론 이러한 의지는 공자가 자신의
의지를 표현한 것이지만, 거기에는 인간이란 무엇인가에 대한 공자의
세 가지 생각이 내포되어 있다.


## 인간은 조수와 더불어 살 수 없는 존재다

우선 공자는 조수와 무리 지어 살 수 없다고 하였다. 조수는 자연의
상태를 의미한다. 따라서 조수와 무리 지어 함께 살 수 없다는 말은 인
간은 자연의 상태대로 살 수 없다는 것을 말한다. 당시 유행하던 노자
의 사상은 무위無爲의 철학으로, 자연의 순리에 따라 인위人爲를 가하

지 않는 삶을 추구하였다. 하지만 공자의 사상은 유위有爲의 철학으로, 자연의 상태를 초월한 문명적이고 문화적인 삶을 추구했다. 문명적인 삶이란 조수와 같이 자연 그대로의 야만적인 삶이 아니라 물질적·정신적으로 진보된 삶을 뜻한다. 공자가 문명적인 삶을 중시했음은 『논어』에 나오는 제나라 관중管仲[6]에 대한 평가(14-18)에서 엿볼 수 있다.

관중은 제나라 공자公子인 소백(小白: 훗날 환공)과 규糾가 군주 자리를 쟁탈하는 과정에서 공자 규를 보좌했다. 그런데 소백이 규를 물리치고 제나라 환공으로 즉위한 후에 오히려 관중은 재상이 되어 환공을 보좌했다. 이에 대하여 제자인 자공이 공자에게 "관중은 어진 사람이 아닙니다. 환공이 공자 규를 죽였는데 그를 죽이지도 않고 오히려 그를 도왔습니다"라고 비판하였다. 이에 대하여 공자는 "관중이 환공을 도와 제후들의 패자霸者가 되게 하여 한 번 천하를 바로 잡았으니, 백성들이 지금에 이르도록 은혜를 받고 있다. 관중이 없었다면 우리는 머리를 풀어헤치고 옷깃을 왼쪽으로 했을 것이다"라고 하면서 관중의

---

**6** 관중은 춘추 시대 제나라 재상을 지냈다. BC 716년에 출생하여 BC 645년경에 사망한 것으로 추정되며, 중국 역사상 재상의 본보기로 알려져 있다. 관중은 제나라 공자 소백과 규의 군주 쟁탈 과정에서 공자 규를 지지했다. 그러나 소백이 환공으로 즉위한 후에 관중은 친구인 포숙(鮑叔)의 추천을 받아 환공에게 중용되었으며, 환공이 군주로서의 패업을 달성하도록 도왔다. 흔히 관중과 포숙의 관계를 관포지교(管鮑之交)라고 하여 친구관계의 모범으로 일컬어지고 있다. 관중은 재상이 되어 백성들의 의식주와 문화 수준을 높이는 정책, 오랑캐의 침범을 막는 정책을 실시하여 환공이 패권을 차지하도록 하였다. 또한 관중은 통치자의 자질로 "왕도(王道)의 군주는 백성의 지지에 승부를 걸고, 패도(覇道)의 군주는 군대의 지지에 승부를 걸며, 쇠퇴하는 군주는 지배계급의 지지에 승부를 걸며, 망해가는 나라의 군주는 여자나 보석에 승부를 건다"고 하며 4단계로 구분하였는데, 지금도 여전히 크게 공감을 주는 말이다. 관중의 언행이 기록된 책이 『관자(管子)』이다.

업적을 인정했다.

공자의 말은 관중이 공자 규를 지지했음에도 환공을 죽이지 않고 오히려 재상이 되어 환공을 도운 행동은 비록 어진 것이 아닐지 모르지만, 그로 인해서 우리는 야만의 상태가 아닌 문명의 혜택을 받고 있다고 한 것이다. 머리를 풀어헤치고 옷깃을 왼쪽으로 여미는 것은 오랑캐의 풍습이므로, 이러한 야만의 상태를 벗어나서 문명적 삶을 살게 한 것은 관중의 업적이라는 것이다.

공자는 왜 인간을 문명적 존재라고 생각했을까? 결론부터 얘기하면, 인간은 조수와 달리 지적 능력과 언어능력을 갖고 있기 때문이다. 지知라는 말에는 여러 의미가 내포되어 있는데, 지각, 지혜, 지식 등을 포함하는 개념이다. 지각이란 감각기관을 통해 사물을 인식하고 사물의 이치나 도리를 분별하는 능력이다. 인간은 이러한 지각을 통해 지식과 지혜를 축적하고 나아가 문명과 문화를 발전시키게 된다. 그래서 공자는 지知의 중요성에 대하여 『논어』의 여러 곳에서 언급하였다. "배우고 제때에 익히면 기쁘지 아니 한가"(1-1)라고 하여 지식과 지혜를 얻기 위한 배움의 즐거움을 역설하였고, "지혜로운 자는 미혹되지 아니한다"(9-28)고 하여 사물의 이치나 선악 따위를 잘 분별하는 정신적 능력인 지혜의 중요성을 강조하였다. 또 제자인 번지가 지知에 대하여 묻자, 공자는 "사람을 아는 것이다"(12-22)라고 하여 사물의 이치 뿐만 아니라 사람을 정확히 아는 것이라고 하였다.

인간을 조수보다 우월하게 하는 또 하나의 능력은 언어이다. 언어는 인간의 생각이나 계획을 다른 사람에게 전하는 수단이며, 의사소통을 통해 어떤 일을 협력적으로 할 수 있게 한다. 언어는 사람과 사람 간의 의사소통을 통해서 문화와 문명을 창조하고 발전시키도록 한다.

공자는 『논어』에서 "말을 알지 못하면 사람을 알 수가 없다"(20-3)고 하여 말은 다른 사람과 의사소통의 수단이며 사람을 이해하는 데 중요한 요소임을 언급하였다.

## 인간은 사람과 더불어 사는 존재다

공자가 "이 사람들과 더불어 살지 않고 누구와 더불어 살겠느냐"고 말한 것은 결국 인간은 다른 사람들과 공동체를 만들어 함께 살아가는 존재라는 것이다. 공동체란 작게는 가정에서 시작하여 사회가 형성되고, 나아가 국가로 발전한다. 인간은 혼자 살 수 없으며, 이러한 공동체의 일원으로 살아가야 한다는 것이다. 아리스토텔레스가 '인간은 폴리스적 동물' 또는 '사회적 동물'이라고 한 것과 같은 의미이다. 인간은 어떤 사회에서든 사람과 더불어 살게 되는데, 이러한 인간관계에서 사회적 질서를 유지하기 위해 필요한 것이 도덕과 윤리이다.

## 인간은 도덕적 존재다

공자는 인간을 도덕적 존재라고 생각했다. 그런데 그 당시에는 예악이 붕괴된 혼란의 시대였으므로, 이에 공자는 천하에 도가 없다고 한탄하며 이를 바꾸겠다는 의지를 드러냈다. 도란 인간이 살면서 마땅히 지켜야 할 도리이다. 공자는 『논어』에서 "군자는 먹는 것에 배부름을 구하지 아니하고, 거처하는 것에 편안함을 구하지 아니하며, 일하는 데에는 민첩하고, 말하는 데는 조심하며, 도가 있는 데로 나아가 바르게 한다면 학문을 좋아한다고 할 것이다"(1-14)라고 하여 도는 군자가 지향해야 할 목표라고 보았다. 그리고 이러한 도를 인간이 이성적 사고와 실천을 통해 인격으로 획득한 것이 덕이다. 그러므로 인간은 도를 지향하고 덕을 실천하며 살아가는 존재라고 할 수 있다.

공자는 당시의 사회에 도가 없다고 하였는데, 도가 없다는 것은 다스리는 자가 사사로운 욕심을 채우기 위해 백성을 착취하고 억압하여 덕은 상실되고 예는 무너져서 혼란의 상태에 빠진 것을 말한다. 도가 있다는 것은 정치가 덕으로써 올바르게 다스려지며, 사람과 사람의 관계에서 예와 의를 통해 믿음이 형성되고, 따라서 나라에 질서가 잡히고 편안한 상태로 유지되는 것이다.

공자는 나라에 도가 있고 없음에 따라 처신하는 방법이 달라야 한다고 보았다. 따라서 공자는 "나라에 도가 있을 때는 벼슬하는 것이고, 나라에 도가 없을 때 벼슬하는 것은 수치스러운 것이다"(14-1)라고 하였고, "천하게 도가 있으면 모습을 드러내고, 도가 없으면 숨는다. 나라에 도가 있을 때는 가난하고 천한 것이 부끄러운 일이며, 나라에 도가 없을 때는 부유하고 귀한 것이 부끄러운 일이다"(8-13)라고 하였으며, 또 "영무자는 나라에 도가 있으면 지혜로웠고, 나라에 도가 없으면 어리석었다. 그 지혜에는 미칠 수 있어도 그 어리석음에는 미칠 수가 없다"(5-20)고 하였다. 즉, 나라에 도가 있으면 정치가 올바르므로 벼슬을 하고, 나라에 도가 없으면 정치가 올바르지 못하므로 벼슬을 하지 말아야 한다. 또한 도가 있으면 부유해야 하지만 도가 없으면 빈천해야 하고, 도가 있으면 지혜로워야 하지만 도가 없으면 어리석어야 한다. 그러나 인간이 사는 사회는 도가 있어야 제대로 된 삶을 살 수가 있다. 공자의 주유열국은 도가 없는 당시의 사회를 본래의 도덕적 상태로 바꾸어 보겠다는 의지와 희망을 갖고 시작되었다.

결론적으로 공자는 인간의 본질에 대하여 세 가지 생각을 갖고 있었다. 첫째는 인간은 문명적 존재이며, 둘째는 인간은 사회적 존재이며, 셋째는 인간은 도덕적 존재라는 생각이다. 공자의 철학은 이러한 인간의 본질을 바탕으로 하였다. 문명적 존재라는 사고를 바탕으로 인간은 무엇을 해야 하는가라는 배움과 수신修身의 문제를 제시하였고, 사회적 존재라는 사고를 바탕으로 인간은 사회관계에서 어떠해야 하는가라는 인성과 예의 문제를 제시하였으며, 도덕적 존재라는 것을 바탕으로 인간의 삶에 있어서 도덕의 실천과 이상적인 인간상인 군자의 문제를 제시하였다.

제6강
_____

# 배움을
# 좋아하다




공자가 말했듯이 인간은 문화적이고 문명적인 존재다.[7] 자연상태를 극복하고 문명을 창조하여 이를 발전시키면서 그 혜택을 누리며 살아가는 존재이기 때문이다. 인간의 역사를 보면, 앞선 세대에서 형성된 문명은 다음 세대에서 새로운 문명의 창조와 함께 가감되면서 더나은 방향으로 발전되었다. 따라서 인간의 역사는 문명의 발전사라고할 수도 있다. 인간에게 문명의 발전을 가능하게 한 원동력은 여러 가지가 있겠지만, 인간만이 갖고 있는 지적 능력과 언어능력, 그리고 직립보행이다. 지적 능력은 인간에게 사리를 분별하고 지식의 축적을 가능하게 하였다. 언어능력은 사람과 사람 간의 의사소통을 통해 생각

---

**7** 문화와 문명은 모두 인간이 자연상태에서 벗어나 물질적·정신적으로 진보한 상태를 뜻한다. 사람에 따라서는 두 단어를 같은 개념으로 쓰기도 하고 구별하여 쓰기도 한다. 대체로 문화는 정신적·지적인 발전을 의미하고, 문명은 물질적·기술적인 발전을 의미하는 것으로 구별한다. 문명이 보다 포괄적인 의미를 내포하고 있지만, 엄밀히 구분하기는 어렵다.

과 경험을 서로 교류하도록 하였다. 직립보행은 두 손을 자유롭게 하여 도구를 만들어서 사용할 수 있게 하였다. 그리고 인간이 이러한 능력을 발휘하여 문화를 창조하고 문명을 발전시키는 데 중요한 역할을 한 것은 바로 배움이었다.


## 배움이란 무엇인가?

배움은 인간에게 자연을 극복하고 야만적인 삶에서 벗어나 문명적인 삶을 살도록 했다. 인간은 배움을 통해서 앞선 문명과 문화를 습득하고, 이를 다음 세대로 전달하여 왔다. 그래서 공자는 인간이 살아가는 과정에서 해야 할 가장 중요한 일은 배움이라고 생각했다.

공자가 말하는 배움[學]에는 넓은 의미에서 세 가지 개념을 포함하고 있다. 첫째가 득지得知이고, 둘째가 극기克己이며, 셋째가 수기修己이다. 득지란 지식을 습득하고 지혜를 깨닫는 학문學文의 과정이다. 극기란 인간이 갖고 있는 감정이나 욕심, 충동 따위에서 자기를 통제하여 타인과 관계에 필요한 예禮를 배우는 과정이다. 수기란 자기의 몸과 마음을 닦아서 인간이 갖추어야 할 덕德을 함양하는 과정이다.

극기와 수기는 마음을 닦는 것이지만 서로 차이가 있다. 사람의 마음 중에서 변하지 않는 마음을 도심道心[8]이라 하고, 변하는 마음을 인

---

8 서로 꼭 일치하는 것은 아니지만 『예기』에서 도심을 인의(人義)라 하였고, 맹자는 사단(四端)이라 하였다. 인간의 본성에서 우러나오는 마음으로 선천적이며, 도덕적인 마음이다. 인(仁)·의(義)·예(禮)·지(智)의 단서가 되는 네 가지의 마음이며, 즉 측은지심, 수오지심, 사양지심, 시비지심이다.

심人心[9]이라 한다. 도심은 인간의 선천적인 본성으로부터 우러나오는 마음으로, 순수하고 선하고 도덕적이다. 인심은 인간의 신체적 욕구에서 생기는 마음으로, 그 자체는 악한 것이 아니지만 신체의 욕구에 따라서 악하게 될 위험이 있다. 따라서 극기란 인심, 즉 감정을 다스리는 것이고, 수기란 도심, 즉 도덕적 품성을 함양하는 것이라고 말할 수 있다.


## 배움은 평생의 과제이다

공자는 "열다섯에 배움에 뜻을 두었다"(2-4)고 하였다. 이는 공자가 열다섯에 배움을 시작했다는 의미는 아니다. 공자가 살던 시대에도 배우는 것은 열다섯 살보다 훨씬 이른 나이에 시작했다. 다만 열다섯 살은 성동成童이라고 하여 소학小學을 마치고 예악禮樂을 비롯한 육예六藝[10]를 공부할 나이였다. 따라서 열다섯에 배움에 뜻을 두었다는 것은 미래의 삶을 대비하여 무엇을 전공할 것인지를 결정했다는 의미다.

또한 공자는 "서른에 섰다"(2-4)고 하였다. 이는 서른 살에 홀로 설 수 있는 삶의 기반을 수립했다는 말이다. 학문적으로는 자신의 독자

---

**9** 『예기』에서는 이를 인정(人情) 또는 심정(心情)이라고 하였다. 인간의 마음이 사물에 접하면서 표현되는 인간의 감정이다. 희(喜), 노(怒), 애(哀), 구(懼), 애(愛), 오(惡), 욕(欲)의 일곱 가지 감정이므로 칠정(七情)이라고도 한다.

**10** 육예란 주나라 때에 실시되던 교육과목으로 예(禮:예의범절), 악(樂: 음악), 사(射: 활쏘기), 어(御: 말타기), 서(書: 서예), 수(數: 산술)이다. 또는 육경인 『시경』, 『서경』, 『예기』, 『악기』, 『역경』, 『춘추』를 육예라 부르기도 한다.

적인 경지를 이룩하였고, 경제적으로는 독립할 수 있는 능력을 갖추었으며, 사회적으로는 일을 통해 배운 것을 실천하는 자리에 올랐음을 의미한다. 서른 살이면 자신의 인생관이나 가치관도 확립된다. 공자는 "예를 모르면 설 수가 없다"(20-3)고 했듯이, 결국 서른 살에 예禮에 관해 자신의 견해를 수립했다고 볼 수 있다. 실제로 공자는 서른 살부터 예 전문가로 명성을 날렸으며, 배우고자 하는 문하생들이 모여들었다. 공자는 자신에 대하여 "묵묵히 알려고 하였고, 배우면서 싫증내지 않았으며, 남을 가르치는 데 게을리하지 않았다"(7-2)고 하였듯이, 배움을 싫어하지 않고 평생 배움을 위해 최선을 다했다.

공자는 자신이 배움을 위해 최선을 다했던 만큼, 다른 사람들도 배움에 전념하기를 원했다. 그래서 공자는 "덕을 닦지 않는 것, 배움이 강마되지 않는 것, 의를 듣고 옮기지 못하는 것, 불선不善을 고치지 못하는 것, 이것이 나의 걱정거리다"(7-3)라고 하였다. 덕을 닦고, 배움을 강마하고, 의를 실천하고, 불선을 고치는 것은 모두 배움의 과정이다. 따라서 인간이라면 누구나 이를 실천하는 것을 평생의 과제로 삼고 꾸준히 노력해야 하는데, 현실은 그렇지 못했다. 따라서 공자는 사람들이 배움의 과정을 꾸준히 실천하지 않는 것을 걱정하였다.


**배움은 즐거운 마음으로 해야 한다**

공자는 배움에는 즐거운 마음이 중요하다고 보았다. 『논어』 첫 장에서 공자는 "배우고 제때에 익히면 또한 즐겁지 아니한가!"(1-1)라고 하였는데, 이는 인간이 새로운 것을 배우고[學] 그것을 자신의 것으로 익히는 과정에서 우러나오는 기쁜 감정을 토로한 말이다. 또한 공자는 "아는 것은 좋아하는 것만 못하고, 좋아하는 것은 즐기는 것만 못하다"(6-18)라고 하였다. 결국 공자는 배움은 즐거운 마음으로 하여야 하고, 또 배움을 통해 새로운 것을 아는 것은 즐거움이라고 하였다. 즐거워서 배우고 배우면서 즐거워야 평생을 배움에 전념할 수 있기 때문이다.

공자는 제자 중에서 배우는 것을 좋아한 안회에 대하여 "어질도다! 안회여, 한 그릇의 밥과 한 표주박의 물을 마시고 누추한 골목에 사는 것에 남들은 그 근심을 견디어내지 못하지만 안회는 그 즐거움을 고치지 않는구나"(6-9)라고 하면서 의식주의 편안함을 구하지 않고 오직 학문에 전념한 안회를 칭찬하였다. 그래서 노나라 애공이 공자에게 "제자 중에 누가 배우는 것을 좋아합니까?"라고 묻자, 공자는 이렇게 대답하였다. "안회라는 자가 있었는데, 배움을 좋아하여 노여움을 옮기지 아니하고, 잘못을 두 번 저지르지 않았습니다. 그러나 불행히도 명이 짧아, 죽어서 지금은 없습니다. 아직 배움을 좋아하는 자는 듣지 못했습니다"(6-2).

공자는 안회가 배움을 좋아하는 사람이라고 하면서, 그 이유로 노여움을 옮기지 않고 잘못을 두 번 저지르지 않는다고 하였다. 노여움은 불만에서 생긴다. 마음속의 욕심이 채워지지 않기 때문에 화가 나고, 따라서 다른 사람을 만나면 화가 난 마음으로 대한다. 그러나 배움을 좋아하게 되면 오직 배움에 전념하기 때문에 스스로 만족하고 즐겁다. 따라서 화가 나지도 않지만 이를 다른 사람에게 옮겨 화풀이 하지도 않는다. 또한 배움을 좋아하는 사람은 늘 스스로를 반성하기 때문에 같은 실수를 두 번 다시 반복하지 않는다. 그래서 공자는 안회가 배움을 좋아한다고 했다.

그렇지만 공자는 스스로 자신의 능력을 높게 평가하지는 않았다. 『논어』에 보면 사람을 네 부류로 나누었는데, "태어나면서 아는 자는 최상이고, 배워서 아는 자는 그 다음이고, 어려움을 겪으면서 배우는 자는 또 그 다음이다. 어려움을 겪으면서도 배우지 아니하면 그런 백성은 최하가 된다"(16-9)고 하였다. 그러면서 공자는 "나는 태어나면서부터 알았던 사람이 아니다. 옛 것을 좋아하여 부지런히 그것을 구한 사람이다"(7-19)라고 하여 자신은 남들과 같으며 단지 옛 것을 부지런히 배운 사람이라고 했다.

공자가 열다섯에 배움에 뜻을 두고 서른에 학문에서 독자적인 경지를 이룰 수 있었던 것은 태어나면서 알았기 때문이 아니라 평생 배움을 좋아하고 즐거워하였기 때문이었다. 공자는 "열 집쯤 되는 조그만 읍에도 반드시 충성스러움과 신실함이 나와 같은 자가 있으나, 나만큼 학문을 좋아하지는 못할 것이다"(5-27)라고 했듯이, 배움에 대한 호기심과 열정이 매우 컸다. 공자의 일생이 배움의 과정이었던 것처럼 인간은 죽는 순간까지 배움에 대한 호기심과 열정을 갖는 것이 중요하다. 배움에 대한 열정이 있다는 것은 바로 인간이 살아 있다는 증거이기 때문이다.

## 배움을 좋아하는 것이 무엇보다 우선이다

공자는 배움을 중시하였다. 그래서 배움을 좋아하지 않으면 여러 폐단이 생긴다고 하였다. 『논어』에서 육언육폐六言六蔽를 논하면서,

"인을 좋아하고 배우기를 좋아하지 않으면 그 폐단은 어리석고, 지혜로움을 좋아하고 배우기를 좋아하지 않으면 그 폐단은 방자하게 되는 것이고, 믿음을 좋아하고 배우기를 좋아하지 않으면 그 폐단은 해치게 되는 것이고, 정직한 것을 좋아하면서 배우는 것을 좋아하지 않으면 그 폐단은 비좁게 되는 것이고, 용기를 좋아하고 배우기를 좋아하지 않으면 그 폐단은 어지럽게 되는 것이고, 강직을 좋아하면서 배우는 것을 좋아하지 않으면 그 폐단은 경망스럽게 되는 것이다"(17-8)라고 하였다. 인仁·지知·신信·직直·용勇·강剛은 사람이 바라는 바이지만 이보다 먼저 그 바탕이 되는 배움을 좋아해야 한다는 것이다.

인仁은 사랑하는 마음인데, 배움을 통하여 그 이치를 터득하지 못하면 어리석어 이용당하기 쉽다. 지혜로움은 사리를 분별하는 능력인데, 배움을 통해서 사리를 알지 못하면 자기를 과시하고 남을 무시하므로 방자하게 된다. 믿기를 좋아하고 배우지 않으면 판단력과 분별력이 없어 사이비에 빠져 진리를 해치게 된다. 정직한 것을 좋아하고 배우지 않아 그 의미를 모르면 도량이 좁고 편벽하고 융통성이 없게 된다. 용기를 좋아하는 사람은 나서기를 좋아하므로 배우지 않으면 난동을 부리고 어지럽게 된다. 강직한 것을 좋아하고 사리를 잘 모르면 강직해야 할 때와 아닐 때를 구별하지 못하여 경솔하고 경망스럽게 된다.

또한 공자는 "배우기만 하고 생각하지 않으면 답답하고, 생각하기만 하고 배우지 않으면 위태롭다"(2-15)고 했다. 또 "내 일찍이 종일토록 먹지 않고 밤새도록 자지 않고 생각했으나 유익함이 없었다. 배우는 것만 같지 못하다"(15-30)고 했다. 배움이란 실천을 전제로 한다. 그런데 배우기만 하고 아무런 생각 없이 곧이곧대로 실천하려고 하면 부모에게 효도한다고 겨울에도 부채를 부치는 어리석고 답답한 행동을 할 수 있다. 또 생각은 배운 것을 기반으로 해야 하는데, 학문적 기반이 없이 생각에만 몰두하면 무모하고 외골수가 되어 위험에 빠질 수 있다. 그래서 공자는 인간의 모든 삶에는 배움이 선행되어야 한다고 하였다.

공자는 배움을 통해 당시의 혼란스러운 세상을 바꾸려고 하였다. 배움을 통해 지식과 지혜를 터득하고, 자기의 감정을 다스리고, 덕을 함양하는 것이 중요하다고 생각했다. 배움에서 중요한 것은 태어나면서 갖고 있는 능력이 아니라 스스로 즐거운 마음을 갖고 꾸준히 노력하는 것이다. 배움을 좋아한다는 것은 평생 즐거움의 원천을 갖고 있다고 볼 수 있다.

# 감정을 다스리고
# 덕을 함양하다

최근 헬조선이라는 말이 인터넷에서 자주 회자되었다. 한국 사회의 부패와 부조리를 비판하는 말이다. 다소 자학적인 표현이기는 하지만, 그만큼 현실에 대한 불만이 크고 희망이 없음을 표출한 용어다. 동서 고금을 막론하고 인간의 삶에서 현실에 대한 불만과 비판은 늘 있어 왔다. 그래서 인간은 예로부터 편안하고 행복한 삶을 누릴 수 있는 이 상국가를 꿈꾸었다.

서양에서 처음으로 이상국가론을 제기한 사람은 플라톤Plato이다. 플라톤이 제시한 이상국가는 철인哲人에 의해서 통치되는 국가였다. 처자와 재산을 비롯한 모든 것이 공유되며, 남녀가 평등하게 일하고 대우받는 국가였다.[11]

---

11  플라톤은 이러한 이상국가를 '아름다운 나라' 또는 '훌륭한 나라'를 의미하는 kallipolis라고 불렀다. 『국가』, 박종현 역주, 서광사, 2005, 475쪽.

74

공자가 살던 춘추 시대는 질서가 무너지고 정치가 어지럽던 혼란의 시대였다. 공자는 이러한 혼란의 원인으로 두 가지를 들었다. 하나는 군주의 자질이 부족하기 때문이라는 것이다. 군주가 덕이 부족하여 군주답지 못하고 백성을 소홀히 여기며 오직 땅을 넓히려는 생각으로 전쟁이나 한다고 보았다. 또 하나의 원인은 인간의 욕심 때문이라고 생각했다. 욕심으로 인해 예가 붕괴되고 질서가 무너져서 사회적 혼란이 야기된다고 보았다. 그래서 공자는 이러한 사회를 바꾸고 싶은 마음에서 이상국가를 꿈꾸었다.

## 공자의 이상국가론

공자는 역사상 최초로 이상국가론을 제시한 사람이다. 공자가 생각한 이상국가는 대동사회大同社會이며, 원시공동체 사회의 유형이었다. 공자는『예기』에서 대동사회를 이렇게 설명하였다.

천하의 모든 새화가 공공의 소유이며, 현명하고 능력 있는 사람이 선발되어 다스려지고, 신의를 가르쳐 화목을 도모한다. 자기의 부모와 자식만을 사랑하지 않고 다른 부모와 자식도 똑같이 사랑하며, 노인은 편안히 여생을 보낼 곳이 있고, 젊은이는 일자리가 있으며, 어린이는 잘 성장할 수 있는 여건이 있다. 홀아비·과부·고아·독거노인 등이 보호를 받고, 남자는 자기의 직분이 있고 여자는 자기의 가정이 있다. 재화나 물건을 땅에 버리는 낭비를 하지 않고, 자기의 소유로 감추어두지도 않으며, 능력은 자기만을 위해 사용하지 않는다. 모략이 생기지 않고, 도적이 일어나지

않으니, 바깥문을 잠그지 않아도 살 수 있다. 이를 대동이라 한다.[12]

요약하면, 공자가 이상으로 생각한 대동사회는 천하의 모든 재화가 공유되는 사회, 현명하고 덕 있는 자가 다스리는 사회, 사람과 사람 사이의 신의가 존중되고 인륜이 구현되는 사회, 백성들을 위한 일자리나 복지 등 모든 제도가 갖추어진 사회였다. 공자는 선양禪讓의 방식으로 임금이 선출되던 요·순 시대를 대동사회의 표본으로 생각했다.

그러나 대동사회는 공자가 이상으로 생각하는 사회였을 뿐 현실적으로 달성 가능한 사회는 아니었다. 원시공동 사회로 돌아가기에는 사회가 너무 변화되었다. 그래서 공자가 차선책으로 제시한 것이 소강사회小康社會였다. 소강사회는 가정을 중심으로 한 사회이며, 말 그대로 그런대로 편안한 사회다. 공자는 『예기』에서 소강사회를 이렇게 설명했다

대도가 행해지지 않을 때는 천하는 가정을 중심으로 하여 자기의 부모와 자식을 사랑하며, 재화와 능력은 개인에게 속하고, 큰 덕이 있는 대인大人이 세습하는 것을 예로 여긴다. 예와 의를 기강 삼아 군신관계를 바르게하고, 부자간의 정을 돈독히 하며, 형제간에 우애하게 하며, 부부간에 화목하게 한다. 제도를 만들어 토지의 구획을 정하고, 용기 있는 자와 지혜

---

**12** 『예기』「예운 편」, "大道之行也 天下爲公 選賢與能 講信 修睦 故人不獨親其親 不獨子其子 使老有所終 壯有所用 幼有所長 矜寡孤獨廢疾者皆有所養 男有分 女有歸 貨惡其弃於地也 不必藏於己 力惡其不出於身也 不必爲己 是故謀閉而不興 盜竊亂賊而不作故外戶而不閉 是謂大同"

있는 자를 어진이로 대한다……. 이런 사회를 일컬어 소강사회라 한다.[13]

따라서 소강사회는 재산의 사적 소유가 인정되고, 덕 있는 군주의 세습이 인정되며, 예와 의를 기강으로 하여 사람과 사람 간의 인륜이 지켜지는 사회이다. 공자는 우禹·탕湯·문文·무武·주공周公이 통치하던 시대를 소강사회의 표본으로 보았다. 오늘날 중국이 추구하는 정책방향도 소강사회를 목표로 하고 있다.[14]

## 공자가 만들고 싶었던 세상

공자가 만들고 싶었던 사회는 소강사회였다. 덕이 있는 군주가 다스리고, 예와 의를 기강으로 인륜이 구현되는 사회였다. 공자는 그러한 소강사회의 본보기로 주나라를 생각했다. 주나라는 공자가 만들고자 했던 나라였다. 공자가 "만약 나를 써주는 자가 있다면 나는 거기를 동쪽의 주나라로 만들 것이다"(17-5)라고 말한 것으로 보면, 주나

---

**13** 『예기』「예운 편」, "今大道旣隱 天下爲家 各親其親 各子其子 貨力爲己 大人世及以爲禮 城郭溝池以爲固 禮義以爲紀 以正君臣 以篤父子 以睦兄弟 以和夫婦 以設制度 以立田里 以賢勇知…… 是謂小康"

**14** 1979년 중국의 등소평은 중국 현대화의 목표로 소강사회를 제시하였다. 국민의 생활수준을 현재의 온포(溫飽: 등 따습고 배부른 이른바 의식주가 해결되는 사회) 단계에서 소강사회로 발전시키겠다고 했다. 소강사회는 경제발전, 민주적 정치, 문화번영, 조화로운 사회, 아름다운 환경, 윤택한 생활, 풍요로운 삶 등 경제·정치·문화가 조화롭게 발전하는 사회라고 밝혔다. 1997년 강택민은 등소평에 이어 소강사회 건설의 새로운 임무를 제기했고, 2020년까지 전면적인 소강사회를 건설한다는 목표를 제시하고 구체적인 계획을 수립하였다.

라를 달성 가능한 이상사회라고 생각했음을 알 수 있다. 노나라는 중국의 동쪽에 있으므로 노나라를 옛날 주나라처럼 만들겠다는 것이다. 공자의 바람은 노나라를 주나라처럼 만드는 것이었다.

　공자는 소강사회로 가는 첫걸음은 군자의 나라를 만드는 것이라고 생각했다. 사람다운 사람, 즉 군자를 길러내는 것이 목표였다. 군자란 학식과 덕행이 뛰어나거나 또는 높은 관직에 오른 사람을 말한다. 그래서 일부 학자들은 공자의 가르침은 귀족만을 위한 것이라고 주장하기도 한다. 이러한 주장은 공자의 사상을 제대로 이해하지 못하고 어느 한 부분만을 보고 판단한 오해에 불과하다. 그 이유를 살펴보면, 공자는 가르침에 있어서 차별을 두지 않았으며, 따라서 일정한 예를 갖추고서 배우고자 하면 사람을 차별하지 않고 가르쳤다. 자로子路는 시정잡배였지만 제자로 받아들였고, 감옥살이를 한 공야장公冶長[15]이나 빈형(臏刑: 정강이를 베는 형)을 받았던 칠조개漆雕開도 제자로 받아들여

---

**15** 공야장은 춘추 시대 제(齊)나라 사람이다. 황간(黃侃)이 쓴 『논어의소』에 공야장에 대한 재미난 이야기가 전해진다. 공야장은 위나라에서 노나라로 돌아오는 도중 이계(二界)란 곳에서 새소리를 들었다. "청계(淸溪)로 죽은 사람 고기를 먹으러 가자"는 소리였다. 한참 길을 가는데 어떤 노파가 통곡을 하기에 까닭을 물었더니, 노파는 자신의 아이가 얼마 전에 외출했는데 아직 돌아오지 않으니 죽었을 게 틀림없다는 것이었다. 공야장은 조금 전의 새소리가 생각나서 청계에 가면 찾을 것이라고 말해주었다. 노파가 가서 보니 자기 아이의 시체가 있는지라 고을 원에게 알렸다. 고을 원은 노파에게 공야장의 말을 전해 듣고, "그 놈이 죽이지 않았으면 어떻게 알았겠느냐"면서 공야장을 잡아 가두었다. 공야장은 새소리를 듣고 알았다고 말했지만, 믿지 않고 옥에 가두면서 한 번 시험해 보겠다고 했다. 60여 일이 되던 날 공야장이 옥에서 참새 소리를 듣고 옥리에게 새들이 "백련수 아래 수레가 뒤집혀서 곡식이 쏟아졌고, 소들도 뿔이 부러져 꼼짝 못하니 가서 쪼아 먹자"고 했다고 전했다. 확인해보니 과연 그런지라 그를 석방했다고 한다. 공자는 공야장을 사위 삼을 만하다 하고 그의 딸을 시집보냈다.(『중국역대인명사전』, 이회문화사, 2010).

78

가르쳤다.

공자에게 있어 배움이란 인간이 현재 상태에 머무르지 않고 발전하려는 노력의 과정이었다. 그래서 공자는 스스로 "낮은 데서 배워서 위에 도달했다[下學而上達]"(14-37)고 하였다. 인간의 끊임없는 배움과 노력을 강조한 말이다. 공자는 학문을 진실로 좋아하였다. 그래서 빈부귀천이나 지위고하를 막론하고 누구나 배우고 덕행을 실천하면 군자에 이른다고 보았다. 학문은 인간이 도달하고자 하는 이상을 목표로 하며, 인간은 그 목표에 도달하기 위해 끊임없이 노력하면서 발전하게 된다. 이러한 태도는 귀족을 중심으로 가르치는 것과는 근본적으로 다르다. 사람을 차별함이 없이 누구나 배워서 사람다운 사람이 되도록 하고, 이를 바탕으로 사회를 변화시키고자 하는 것이 공자의 가르침이었다.

그래서 공자의 바람은 모든 사람이 배움을 통해 군자가 되는 것이었다. 물론 모든 사람이 다 군자가 될 수는 없겠지만, 위정자는 물론 일반백성들도 군자다운 품성을 갖춘 사람이 많아야 나라의 질서가 유지되고 도덕이 바로 선다고 보았다. 학문을 배워 출세하기보다는 배움을 실천하여 인간다운 인간, 군자다운 인간이 되도록 하는 것이 공자의 바람이었다. 따라서 칠조개에게 벼슬을 권했을 때 아직 부족함을 이유로 벼슬을 사양하는 것을 보고 공자는 기뻐했다고 한다.[16]

---

16  칠조개(漆雕開)는 춘추 시대 노나라 사람으로 덕행이 매우 뛰어난 것으로 알려졌다. 『논어』「공야장 편」을 보면 공자께서 칠조개로 하여금 벼슬을 하게 하였는데, 칠조개가 "저는 아직 그 자리를 자신할 수 없습니다"라고 대답하자, 공자께서 기뻐했다고 한다. 공자가 제자들을 가르치는 목적은 개인의 인격 완성에 있었는데, 대부분의 제자들이 기대와는 달리 인격 완성보다 관직에 더 관심을 갖고 있어 실망하였지만, 칠조개가 아직 배움이 모자람을 이유로 사양하였으니 크게 기뻐했던 것이다.

결국 공자가 바라던 사회는 소강사회이며, 군자가 다스리는 사회였다. 그렇다면 이러한 사회를 만들기 위하여 인간은 무엇을 해야 하는가? 공자가 그 실천방안으로 제시한 것이 극기복례와 수기안인이다.


## 자기의 감정을 극복하다

공자는 군자의 나라를 만들기 위해서 인간이 해야 할 첫 번째 과제는 자기를 극복하는 것[克己]이라고 했다. 안연이 인仁에 대하여 묻자, 공자는 "자기를 극복하고 예를 회복하면 인을 행할 수 있다"(12-1)라고 하였다. 인이란 사람이 지닌 덕이며, 이러한 덕이 사람과의 관계에서 외부로 표현되는 것이 예이다. 인간의 내면에 갖고 있는 덕으로서의 인仁과 덕이 외부로 표현되어 나타나는 예禮는 불가분의 관계에 있다. 공자가 만들고 싶었던 사회는 인륜이 구현되고 질서가 바로서는 사회이며, 그 첫걸음은 인仁을 실천하는 것이었다. 그런데 당시는 혼란의 사회였으므로 인을 실천하기 위해서는 먼저 예가 회복되어야 하고, 또 예가 회복되기 위해서는 자기의 감정을 다스리는 극기克己가 우선되어야 했다.

극기란 '자기의 사욕을 이기다 또는 자기의 몸가짐을 단속한다' 등의 의미가 있다. 극克은 극복하다, 이기다 등으로 해석할 수 있다. 그리고 기己란 자기의 몸과 마음이다. 자기의 감정이며, 욕심, 자만심, 이기심, 교만 등을 모두 포함하는 개념으로 볼 수 있다. 그런데 이러한 마음들은 사람과 원만한 관계를 형성하는 데 방해가 된다. 예란 사람과 관계에서 지켜야 할 도리이므로, 예를 회복하기 위해서는 먼저 이러한 마음을 다스려야 한다. 따라서 극기란 욕심이나 자만심, 교만 등의 감정을 다스리는 것이다.


## 자기를 닦아 덕을 함양하다

공자는 군자의 나라를 만들기 위해 인간이 해야 할 두 번째 과제는 자기의 덕을 닦는 것[修己]이라고 보았다. 『논어』에 보면, 자로가 군자에 대하여 묻자, 공자는 "경건한 마음으로 자기를 닦는 것이다[修己以敬]"라고 했다. 자로가 "이와 같을 뿐이냐"고 묻자, 공자는 "자기를 닦고 다른 사람을 편안하게 하는 것이다[修己安人]"라고 답했다. 다시 자로가 "이와 같을 뿐이냐"고 묻자, 공자는 "자기를 닦아 백성을 편안하게 하는 것이니, 이는 요순도 그렇게 하지 못하는 것을 병통으로 여겼다"라고 하였다(14-45). 결국 공자의 답변은 군자가 되기 위해서는 경건한 마음으로 자기를 닦고 다른 사람을 편안하게 해야 한다는 것이다. 수기안인은 자기를 닦고 다른 사람을 다스린다는 수기치인修己治人보다도 한 단계 더 나아가서 다른 사람을 편안하게 하는 것으로 섬김의 의미를 담고 있다.

수기修己는 덕을 함양하는 배움의 과정이다. 극기가 예를 회복하기 위해 감정을 다스리는 것이라면, 수기는 다른 사람을 편안하게 하기 위해 덕을 닦는 것이다. 그렇다면 덕이란 무엇일까? 덕이란 인간이 갖추어야 할 윤리적 품성이다.

『논어』에서는 덕에 대하여 여러 가지 품성을 언급하였는데, 그 중에서 핵심이 되는 인仁·의義·예禮·지知·신信의 다섯 가지 덕목이 오상五

常이다. 공자는 이들 오상 이외에도 효孝·충忠·서恕·관寬·경敬 등을 인간이 함양하여야 할 덕목으로 보았다. 서양에서는 플라톤이 네 가지의 덕을 말했는데, 지혜·용기·절제·정의이다. 통치계급(철학자)의 지혜와 수호계급(군인)의 용기와 평민들의 절제가 조화를 이루어야 정의로운 국가가 된다고 하였다.

# 사람을
# 사랑하다

공자는 인간을 사회적 존재라고 보았다. 사회와 국가 등 공동체를 형성하여 사람과 더불어 살아가는 존재라는 것이다. 따라서 공자는 다른 사람과 관계에서 드러나는 성품을 중시하였다. 인간의 성품과 관련하여 공자가 가졌던 생각은 '인간은 어떠해야 하는가?'라는 물음이다. 즉, '인간은 어떻게 사는 것이 바람직하고 이상적인 삶인가?'라는 문제다. 인간은 학學의 과정을 통해서 지知와 예禮와 덕德을 배우게 된다. 그러나 이러한 지·예·덕은 단지 배움으로 끝나는 것이 아니라, 이를 삶에서 실천하는 것이 목적이다. 따라서 '인간은 어떠해야 하는가?'라는 물음은 바로 인간의 덕이 외부로 표현되면서 나타나는 품성과 품행의 당위에 관한 문제라고 볼 수 있다.

『논어』는 많은 부분에서 덕을 논하고 있는데, 그 중에서 가장 중요한 덕목德目이 바로 인仁이다.

## 인이란 사람을 사랑하는 마음이다

인仁은 공자사상의 핵심이며, 동시에 공자가 추구하던 사회적 이상이다. 인은 사람을 사랑하는 마음이다. 자공이 공자에게 "만약 백성에게 널리 베풀어 사람을 구제할 수 있다면 어떻습니까? 인하다고 할 수 있습니까?"라고 묻자, 공자가 말하기를, "어찌 인仁에만 그치겠느냐, 성聖에 속하는 일이다. 요임금과 순임금도 그렇게 하지 못하는 것을 병통으로 여겼다"고 하였다(6-28). 유향이 편찬한 『설원』[17]이라는 책을 보면 인의 의미를 깨닫게 하는 일화가 실려 있다.[18]

주나라 무왕이 은殷나라를 물리치고 나서 태공太公을 불러서 "장차 이 은나라의 많은 선비와 민중을 어떻게 처리하면 좋겠는가?"라고 물었다. 이에 태공이 답하기를, "제가 들으니, 누군가 사랑하는 사람은 그 집의 지붕 위에 앉은 까마귀조차 사랑스럽다고 한답니다. 또 누군가를 미워하는 사람은 사위나 인척조차 미워하게 된다고 합니다. 그러니 적이었던 그들을 죽여서 남김없이 없애는 것이 어떠한지요?"라고 하였다. 무왕은 한마디로 "안 된다"고 하였다. 태공이 나가자 소공邵公이 들어왔다. 무왕은 소공에게 똑같이 물었다. 소공이 답하기를, "죄 있는 자는 죽이고 죄 없는 자는 살려주시면 어떠한지요?"라고 하였다. 무왕은 이번에도 역시 "안 된

---

**17** 『설원(説苑)』은 진한(前漢) 말에 유향(劉向)이 편집하였다. 「군도(君道)」 「신술(臣術)」 등 20권(卷)으로 구성되었으며, 고대로부터 한나라 때까지 제후나 선현들의 행적이나 일화·우화 등을 수록한 책이다. 여기에는 삶의 잣대로 삼을 만큼 훌륭한 옛 고사가 많이 수록되어 있다.

**18** 『설원 上』, 유향 찬집, 임동석 역주, 동문선, 1997, 171~172쪽.

다"고 하였다. 소공이 나가고 주공周公이 들어왔다. 무왕은 주공에게 똑같이 물었다. 이에 주공이 답하기를, "각자가 자기 집에 여전히 그대로 살면서, 밭을 가는 이는 밭을 갈게 하여 예전이나 지금이나 변함이 없도록 하시고, 오직 인仁으로 대하면 친숙해질 것입니다. 그 다음 백성에게 과실이 있으면, 이는 오직 나 한사람의 책임이라 여기시면 됩니다"라고 하였다. 이에 무왕이 감탄하면서 "넓도다! 천하를 평안히 하는 말이여!"라고 했다.[19]

백성을 사랑하고 귀하게 여기는 무왕과 주공의 어진 마음을 엿볼 수 있는 이야기이다. 결국 인이란 이처럼 사람을 측은히 여기고 사랑하는 마음이다.

## 인은 여러 덕의 근본이다

인은 인간만이 갖고 있는 품성이다. 인을 실천한다는 것은 곧 일상의 삶에서 사람을 사랑하는 마음을 갖는 것이다. 『중용』에 "인仁은 인人이다"[20]라고 하여 사람을 떠나서는 인을 말할 수 없음을 이르고 있다. 따라서 인한 마음은 사람이면 누구에게나 구유하고 있는 것이어서, 공자는 "인은 멀리 있는 것이 아니라 내가 인하고자 하면 인에

---

**19** 이 일화에 나오는 태공(太公), 소공(邵公), 주공(周公)은 모두 무왕을 도와 주나라를 창업한 신하들이다. 태공은 태공망 여상이며, 무왕, 주공 및 소공은 문왕의 아들로서 서로 형제간이다.

**20** 『중용』「제20장」, "仁者 人也"

이른다"(7-29)하여 사람이 마음만 먹으면 언제나 인할 수 있다고 하였다. 『논어』를 보면 공자는 곳곳에서 인에 대하여 언급하고 있는데, 이를 살펴보면 인을 단정적으로 정의하기보다는 여러 덕과 관련지어서 설명하였다.

첫째, 인을 예禮와 연결하여 말했다. 공자는 "자기를 극복하고 예를 회복하면 인을 행할 수 있다. 하루라도 자기를 극복하고 예를 회복하면 천하가 인으로 돌아간다"(12-1)고 하였다. 즉, 외부로 표현되는 예가 회복되면 내면의 덕인 인을 실천할 수 있다고 하여 예의 형식을 강조하였다. 그러나 예의 본질을 모르고 형식적으로 예를 실천하면 마음에서 우러나오는 예라고 볼 수 없다. 그래서 공자는 "사람이 인仁하지 않으면 예禮는 무엇하고 사람이 인仁하지 않으면 악樂은 무엇하겠는가?"(3-3)라고 하여, 인을 갖추지 못한 사람이 형식적으로만 예와 악을 행한다면 의미가 없다고 하였다. 즉, 인간 내면의 덕으로서의 인이 갖추어져야 외부로 표현된 예악이 본래의 의미를 갖는다고 보았다.

둘째, 공손함과 너그러움, 믿음직함 등 여러 덕으로 나누어서 인을 설명하였다. 자장이 인에 대하여 묻자, 공자가 말하기를, "다섯 가지를 천하에 행할 수 있으면 인이 된다"고 하였다. 자장이 청하여 물으니, "공손함[恭], 관대함[寬], 믿음직함[信], 민첩함[敏], 은혜로움[惠]이다. 공손하면 업신여김을 받지 않고, 관대하면 여러 사람을 얻고, 믿음직스러우면 남들이 일을 맡기고, 민첩하면 공을 이룰 수 있고, 은혜로우면 사람을 부릴 수 있다"고 하였다(17-6). 또한 번지가 인에 대해 묻자, 공자가 "거처할 때 공손히 하며, 일을 집행할 때 경건하게 하며, 남을 대할 때 진심으로 하는 것이다"(13-19)라고 하여 인을 공손함[恭], 경건함[敬] 및 진실함[忠]으로 설명하였다.

셋째, 인을 효孝로써 설명하였다. 『논어』에 보면, 제자인 재아宰我가 삼년상三年喪이 너무 길다고 하자, 공자가 말하기를, "재아는 인仁하지 못하구나! 자식은 태어나서 3년이 지나야 부모의 품에서 벗어난다. 재아도 3년 동안은 그 부모의 사랑을 받았을 텐데"라고 하였다(17-21). 결국 공자는 부모에 대한 효를 실천하기 위해서는 부모에 대한 사랑, 즉 인仁이 바탕이 되어야 한다고 보았다.

넷째, 인을 서恕의 관점에서 말했다. 서란 나의 마음과 다른 사람의 마음이 같다는 생각이며, 자기의 마음을 미루어 남을 헤아리는 추기급인推己及人의 마음이다. 중궁이 인에 대하여 묻자, 공자는 "자기가 바라지 않는 바를 남에게 베풀지 않는 것"(12-2)이라고 하였고, 또한 "인이란 자기가 서고 싶으면 남도 서게 하고, 자기가 도달하고 싶으면 남도 도달하게 해주는 것"(6-28)이라고 하였다.

다섯째, 인을 용기와 비교하여 설명했다. 공자는 "어진 사람에게는 반드시 용기가 있지만, 용기가 있다고 해서 반드시 어진 것은 아니다"(14-5)라고 말했다. 어진 마음을 실천하려면 용기가 필요하지만, 그렇다고 용기 있는 사람이 바로 어질다고 할 수는 없다는 것이다.

여섯째, 인을 말[言]과 관련지어 설명했다. 사마우가 인에 대하여 묻자, 공자는 "인자는 그 말하는 것을 조심한다"(12-3)고 하였고, "말을 교묘하게 하고 얼굴빛을 곱게 꾸미는 사람 중에 인한 자는 드물다"(1-3)고 하였다. 그래서 어떤 사람이 "염옹은 인하기는 하지만 말을 잘하지 못합니다"라고 하자, 공자는 "그가 인한지 어떤지는 모르겠으나 말재주는 어디에 쓰겠는가?"(5-4)라고 하여 말을 잘하기보다는 어눌한 것이 오히려 인에 가깝다고 보았다.

이처럼 공자가 인을 말하면서 여러 덕과 관련지어 설명하였는데,

이는 인이 여러 덕의 총체이며, 여러 덕을 실천하기 위해서는 그 마음속에 반드시 인이 밑바탕이 되어야 함을 강조한 것이라고 볼 수 있다.


## 인이 지나치면 오히려 어리석은 것이다

공자는 과유불급過猶不及이라 하여 지나침과 모자람을 둘 다 경계하면서, 중용中庸의 자세를 강조했다. 또한 공자는 "사람이 인을 좋아하고 배우지 않으면 그 폐해는 어리석음이다"(17-8)라고 하였다. 즉, 인의 이치를 깨닫지 못하고 맹목적으로 인을 실천하면 어리석음에 빠지게 된다는 것이다. 그러므로 인을 실천하기 위해서는 그 이치를 알아야 하고, 또한 인을 실천하는 데는 지나침이나 모자람이 없어야 한다. 이 두 가지 원칙에 어긋나서 인을 실천한 사례가 춘추 시대 송나라의 양공이 보여준 인의 실천이다. 『사기』에 전하는 송나라 양공[21]의 고사[22]는 인을 실천함에 있어서 사리를 분별하지 못하고 지나치게 인을 베푸는 것은 어리석은 행동이라는 것을 보여준 교훈이다.

춘추 시대 송나라는 힘 있는 제후국이었다. 제나라 환공이 죽은 후 송나라 양공은 패자가 되고자 노력하였으나 초나라의 반대로 번번이

---

[21] 양공은 춘추 시대 송나라의 군주로, 기원전 650년에서 637년까지 재위하였다. 이복형인 목이(目夷)를 재상으로 삼아, 제나라 환공이 죽은 후 패자(覇者)가 되려고 초나라와 다투었다. 그러나 홍수의 싸움에서 패하여 부상을 입고, 이듬해에 죽었다.

[22] 송나라 양공의 이야기는 사마천이 지은 『사기』 「송미자세가」에 기록되어 있다. 이 책에 인용된 『사기』에 관한 내용은 모두 김원중 역의 『사기』(민음사, 2015)를 참조한 것이다.

무산되었다. 결국 두 나라는 전쟁을 벌이게 되었다. 홍수泓水라는 강을 사이에 두고 두 나라 군대가 대치했다. 송나라가 먼저 진을 치고 기다리고 있는데, 초나라 군사가 강을 건너기 시작하였다. 송나라 공자公子 목이目夷가 상대의 불리한 틈을 타서 즉시 공격할 것을 주장하였다. 그러나 양공은 "상대가 미처 준비하기 전에 기습하는 것은 인仁의 군대가 할 일이 아니다"라고 하여 공격을 반대했다. 이어 초나라 군대가 강을 건너 진을 치기 시작하자 다시 공자 목이가 공격을 주장했다. 그러나 이때도 양공은 공격 명령을 내리지 않았다. 이윽고 초나라 군대가 전열을 갖추자 그때서야 공격명령을 내렸고, 병력이 적은 송나라는 대패하였다. 송나라 사람들은 모두 양공을 원망했다. 그러나 양공은 "군자는 다른 사람이 어려움에 처해 있을 때 그를 곤궁에 빠뜨리지 않고, 다른 사람이 전열을 갖추지 못했을 때 공격하지 않는 법이다"라고 말했다. 싸움에서 패한 양공은 넓적다리에 화살을 맞고 병세가 악화되어 사망했다.

이때부터 사람들은 자신의 처지도 모르면서 지나치게 인을 베푸는 것을 가리켜서 송양지인宋襄之仁이라고 비웃었다.[23] 전쟁은 승리하는 것을 공으로 삼아야 하는데, 전쟁을 하면서 일상적인 인을 베푼 양공의 행동은 인을 베푸는 이치를 모른 것이고, 또 자신의 처지를 모르고 지나치게 인을 베푼 것은 어리석음에서 비롯된 것이라 할 것이다.

---

**23** 사마천은 「송미자세가」 말미에서 "양공이 홍수에서 패하기는 하였으나 군자들 중에 어떤 이는 칭찬할 만한 가치가 있다고 하였으니, 당시 중원의 나라들이 예의가 없는 것을 슬퍼하면서 그를 기린 것은 송나라 양공에게는 양보의 예의가 있었기 때문이다"라고 평하고 있다.

제9강

## 의로움의
## 길을 가다

로댕의 조각 작품 중에 「칼레의 시민」이라는 작품이 있다. 영국과 프랑스 간에 있었던 백년전쟁 당시에 프랑스 칼레의 시민들이 보여준 의로운 행동을 소재로 하여 로댕이 조각한 작품이다.

백년전쟁은 프랑스의 왕위계승 문제로 1337년부터 116년 동안 영국과 프랑스 사이에 있었던 전쟁이다. 1346년 영국군은 크레시 전투에서 크게 승리하며, 이어서 도버해협에 면했던 항구도시 칼레를 공격하였다. 영국의 왕 에드워드 3세는 칼레를 쉽게 점령할 것으로 생각했다. 그러나 칼레 시민들이 단결하여 죽을힘을 다해 저항하면서 성을 쉽게 점령할 수 없었다. 에드워드 3세는 성을 포위하여 고사작전을 폈으며, 칼레의 시민들은 11개월을 버텼다. 그러나 결국 프랑스의 응원군이 오지 않았고, 모든 양식이 바닥나서 항복할 수밖에 없었다. 칼레의 사자가 백기를 들고 에드워드 3세 앞에 나가서 시민들의 목숨을 살려달라고 애원했다. 이에 에드워드 3세는 칼레의 시민들을 모두 죽이기로 했던 마음을 고쳐먹고 항복조건을 제시하였다. 조건은 칼레의 시민 중 여섯 명의 대표가 밧줄을 메고 걸어 나와 교수형을 당해야 한다는 것이었다. 이 항복조건을 듣고 시민들이 절망하는 순간 그 시에서 가장 부유하고 영향력이 있는 외스타슈 생 피에르가 나서서 죽기를 자원했다. 이어서 시장과 법률가 등 지도층 인사 등 일곱 명이 죽겠다고 나섰다. 그래서 다음날 아침 광장에 일찍 나오는 여섯 명이 영국 왕 앞으로 나가기로 했다. 그러나 그 중 한 명은 살고자 하는 마음이 생겨 결심이 흔들릴 것을 염려하여 미리 자결하고, 6명이 에드워드 3세를 향해 떠났다. 여섯 명의 시민은 주저함이 없이 밧줄을 걸고 영국 왕 앞으로 나아갔다. 그들이 다가오는 것을 본 영국의 왕비는 여섯 명의 시민들의 영웅적 태도에 감명을 받았고, 그때 왕비는 임신 중이었으므로 뱃속의 아기에게 사랑을 베푼다는 마음으로 그들에게 자비를 베풀 것을 청했다. 이에 왕은 왕비의 청을 들어주어 사형집행을 취소하고 봉쇄를 풀었다. 이 감동적인 실화는 500여 년이 지난 1889년 조각가 로댕에 의해 조각 작품으로 탄생했는데, 그것이 「칼레의 시민」이다.

칼레의 시민 이야기는 큰 감동을 준다.[24] 역사상 의로운 행동을 보여준 사례는 많다. 그러나 많은 시민들의 목숨을 구하기 위해 당당하게 죽음을 무릅쓴 여섯 시민의 행동은 용기와 의로움의 실천이었다. 더욱이 지도층 인사인 그들이 보여준 용기 있는 행동은 노블레스 오

---

**24** 칼레 시민의 의로운 이야기가 후대에 왜곡되고 과장되었다는 주장도 있다. 칼레의 항복을 기록한 당시의 문건에 의하면, 에드워드 3세는 당초부터 이들을 처형할 의사가 없었고, 시민 대표들 역시 생명의 위협을 느끼지 않은 상태에서 항복의례로 진행된 연출 장면이었다는 주장이다. 그러나 소설에서도 감동을 받을 수 있는 것이기에, 설사 칼레 시민의 이야기가 사실이든 아니면 과장이든 이야기 자체로는 의로운 행동의 표상임에는 반론의 여지가 없다.

블리주<sup>noblesse oblige</sup>의 표상이기에 더 큰 감동을 준다.

## 의란 인간의 마땅하고 올바른 길이다

의로움[義]이란 인간이라면 마땅히 지켜야 할 올바른 도리이다. 따라서 의에는 마땅함과 올바름이라는 두 가지 의미가 내포되어 있다. 마땅함이란 상황적 가치판단으로 어떤 조건에 어울리게 알맞은 것을 의미한다. 올바름이란 도덕적 가치판단으로 말이나 행동이 이치나 규범에 벗어남이 없이 옳고 바른 것을 의미한다. 칼레의 시민이 보여준 행동은 영국에 항복해야 하는 상황에 처해서 누군가는 반드시 해야 할 일이므로 마땅함이 있고, 많은 시민들의 목숨을 구하는 것이므로 올바름이 있었다. 그래서 의로운 행동이었다.

공자는 "군자가 세상을 사는 모습은 해야만 된다는 것도 없고, 해서는 안 된다는 것도 없으며, 의와 더불어 따른다"(4-10)고 하였다. 즉, 군자는 반드시 해야 할 것을 정해 놓은 것도 아니고 반드시 하지 말아야 할 것을 정해 놓은 것도 아니며, 상황에 맞게 의롭게 처신한다고 하여 의의 마땅함을 강조하였다. 또한 공자는 "거친 밥을 먹고 물을 마시며 팔을 굽혀 베고 누워도 즐거움 또한 그 가운데 있으니, 의롭지 않으면서 부<sub>富</sub>하고 귀<sub>貴</sub>한 것은 나에게 뜬 구름과 같다"(7-15)고 하였다. 부와 귀의 올바름을 말한 것이다. 부와 귀는 사람이면 누구나 바라는 것이다. 부유하여 육체적 삶이 풍족하고, 귀하여 권력과 명예를 누리고 싶은 것은 인간이면 누구나 갖고 있는 욕망이다. 그러나 아무리 부와 귀를 바란다고 하더라도 올바르게 얻은 것이 아니라면, 단지 육체적 욕망만을 채울 뿐 정신적인 위안을 주지는 못한다. 비록 거친 밥에 물 마시고 팔베개를 하고 누웠더라도 그것이 의롭지 않게 얻은 부와 귀보다 더 편안하고 즐거울 수 있다. 공자는 정나라의 자산子産[25]을 군자에 비유하여 평하기를, "군자의 도가 네 가지가 있으니, 몸가짐이 공손하며, 윗사람을 섬김이 공경스러우며, 백성의 보살핌이 은혜로우며, 백성을 부리는 것이 의롭다"(5-15)고 하였다. 백성을 부리는 것이 의롭다는 것은 백성들의 농사일에 방해가 되지 않도록 마땅한 때에 맞추어 부리며, 위정자가 자신의 욕심이 아니라 백성을 위하는 올바른 일에 부린다는 것이다. 따라서 의는 마땅함과 올바름의 조건이 충족되어야 진정 의롭다고 말할 수 있다.

의義는 공자에 의해서 제시된 덕목이지만, 맹자에 의해서 더욱 구체화되었다. 맹자는 의를 사람의 바른 길이라고 하였다. 맹자는 "살 곳은 어디 있습니까? 인仁이 바로 그곳입니다. 갈 길은 어디 있습니까? 의義가 바로 갈 길입니다. 인에 살며 의를 통해 행동하면, 대인大人의 일은

---

25  자산(子產)은 정(鄭)나라의 정치외교가였던 공손교(公孫僑)의 자(字)이다. 흔히 정자산이라고 부른다. 기원전 547년 재상으로 임명되어 기원전 522년에 사망할 때까지 20여 년 이상을 국내정치를 혁신하고 실용적인 외교를 벌여 열강들이 감히 정나라에 칼을 겨누지 못했다고 한다. 정나라는 진(晉)나라와 초(楚)나라의 두 강대국 사이에 끼어 있는 소국이었지만, 자산의 활약으로 잘 지켜졌다. 자산이 재상이 되어 개혁정치를 추진한 결과 1년 만에 아이들이 버릇없이 까부는 일이 없어졌고, 노인들이 무거운 짐을 들고 다니지 않아도 되었으며, 2년째가 되자 시장에서 물건 값을 속이는 일이 없어졌고, 3년째가 되자 밤에 문을 잠그지 않고 자도 괜찮았고, 4년이 지나자 밭 갈던 농기구를 그대로 둔 채 집에 와도 아무 일이 없었으며, 5년이 지나자 군대를 동원할 일이 없어졌다고 한다. 자산은 너그러움과 엄격함을 적절히 구사하여 정치를 이끌었고, 슬기롭게 정치를 이끈 정치 관료의 모범이었다. 공자는 자산을 은혜로운 사람이라고 했고, 그의 죽음을 듣고서 눈물을 흘렸다고 『춘추좌씨전』에 전하고 있다.

갖추어지는 것입니다"[26]라고 하여 의를 인간의 갈 길이라고 하였다. 또한 맹자는 의義는 수오지심羞惡之心, 즉 부끄러워하는 마음에서 생긴다고 하였다.[27] 부끄러움을 안다는 것은 마음속에 수오지심이 있는 것이고, 그러면 반드시 마땅히 해야 할 것은 무엇이고 마땅히 하지 말아야 할 것은 무엇인지를 알게 된다. 따라서 마땅히 해야 할 일을 못하거나 또는 마땅히 하지 말아야 할 것을 했다면 스스로 부끄러움을 느끼는 마음이 생기게 되는데, 그것이 바로 의로운 마음이라는 것이다.


## 이익을 보면 의를 생각한다

인간은 정신과 육체를 동시에 가진 존재다. 따라서 인간은 감성적 존재이면서 이성적 존재이며, 욕심을 추구하는 존재이면서 또한 도덕적으로는 의로움을 추구하는 존재다. 욕심은 이利를 추구하고 도덕은 의義를 추구한다. 그러나 인간이 세상을 살면서 어떤 상황에 처해서 이로움을 택하느냐 의로움을 택하느냐는 현실적으로는 어려운 판단이다. 이로움과 의로움은 인간의 삶에 있어서 모두 필요한 것이며, 따라서 의로움을 중시하는 가치관에도 이로움이 적당히 충족되어야 하고, 이로움을 추구하는 가치관에도 의로움이 적절히 조화를 이루어야한다.

---

**26** 『맹자』「진심 상33」, "居惡在 仁是也 路惡在 也 義是也 居仁由義 大人之事備矣"

**27** 『맹자』「공손추 상6」, "惻隱之心 仁之端也 羞惡之心 義之端也 辭讓之心 禮之端也 是非之心 智之端也"

공자는 인간이 인간다운 삶을 살아가기 위해서는 이利보다는 의義가 중요하다고 보았다. 자로가 인격이 완성된 사람[成人]에 대하여 묻자, 공자는 "이를 보면 의를 생각하고[見利思義], 위태로운 것을 보면 목숨을 바치며[見危授命], 오랫동안 곤궁해도 평소에 하던 말을 잊지 않는다면 성숙한 인간이라 할 수 있을 것이다"(14-13)라고 하여, 의를 강조했다. 견리사의란 눈앞의 이익이 있으면 먼저 그것을 취하는 것이 과연 의에 합당한지를 생각하여야 하고, 또 어떤 일을 함에서는 이보다는 의를 가치판단의 우선순위에 두어야 한다는 의미이다. 견위수명이란 나라가 위기에 처하면 목숨을 내놓는 용기와 의로움을 강조한 말이다. 또한 사람이 오랫동안 곤궁해도 평생 하던 말을 잊지 않고 배신하지 않는 것이 신의信義 있는 행동이라 할 수 있다. 그래서 공자는 "군자는 의에 밝고, 소인은 이에 밝다"(4-16)고 하였다. 군자는 인격을 갖춘 사람이므로 자신이 하는 행동이 먼저 의에 부합되는지를 생각하지만, 인격을 갖추지 못한 소인은 늘 자신에게 유리한 것을 추구하고 오직 이익만을 따진다는 의미이다.

맹자는 사생취의捨生取義 정신을 제시하였는데, 『맹자』를 보면, "물고기도 내가 먹고 싶고 곰 발바닥도 내가 먹고 싶다. 두 가지를 다 겸할 수 없으면 물고기를 버리고 곰 발바닥을 취할 것이다. 삶도 내가 바라는 바이고, 의義도 내가 바라는 바이다. 두 가지를 겸할 수 없으면 삶을 버리고 의를 취할 것이다"[28]라고 하여, 죽음보다도 의가 중요함을 강조했다. 칼레의 시민이 보여준 행동이 바로 사생취의 정신이다.

---

**28** 『맹자』「고자 상10」, "魚 我所欲也 熊掌 亦我所欲也 二者不可得兼 舍魚而熊掌者也 生亦我所欲也 義亦我所欲也 二者不可得兼 舍生而取義者也"

## 의를 행하는 데는 용기가 필요하다

의를 행하는 데는 용기가 필요하다. 칼레의 시민이 보여준 행동은 의로운 마음과 함께 용기가 있었기에 가능한 것이었다. 그래서 공자는 "의로운 일을 보고도 하지 않는 것은 용기가 없는 것이다"(2-24)라고 하였다. 의로운 일인 줄 알면서도 행하지 아니하고 또는 불의인 줄 알면서도 고치지 아니하는 것은 용기가 없기 때문이다.

그러나 용기가 있다고 반드시 의로운 것은 아니다. 자로가 공자에게 "군자는 용기를 중시합니까?"라고 묻자, 공자가 말하기를, "군자는 의를 최상으로 삼는다. 군자가 용기가 있고 의가 없으면 난을 일으키고, 소인이 용기가 있고 의가 없으면 도적질을 할 것이다"(17-23)라고 하였다. 용기가 있다 하더라도 의가 바탕이 되어야 올바르게 행동한다는 의미이다.

# 부모를 본받다

    부모와 자식 사이의 관계는 인간이 이 세상에 태어나서 가장 먼저 맺는 인간관계이다. 그러므로 부자관계는 흔히 일촌一村이라 부르는 가까운 관계이다. 더욱이 이는 천륜인 만큼 자기 마음대로 선택하거나 바꿀 수 없는 절대적인 것이다. 그래서 유교에서는 오륜五倫[29] 중에서 부자유친父子有親을 으뜸으로 여겼으며, 부모와 자식 간에는 친親함이 있어야 가정이 잘 유지되고 가정이라는 공동체를 번영시킬 수 있다고 보았다. 부모는 자식을 자애慈愛로써 대하고 자식은 부모를 효孝로써 섬겨야 한다는 것이 유교의 가르침이다. 특히 가정에서 자식이 부모에게 행하는 효孝는 도덕규범의 기초이자 인간이 갖추어야 할 인륜의 근본이라고 생각했다.

    따라서 동양에서는 예로부터 효행을 실천한 효자들의 이야기가 많

---

**29** 오륜(五倫)은 오상(五常) 또는 오전(五典)이라고도 하며, 인간관계에서 지켜야 할 다섯 가지의 기본윤리이다. 부자유친(父子有親), 군신유의(君臣有義), 부부유별(夫婦有別), 장유유서(長幼有序), 붕우유신(朋友有信)을 말한다.

이 전해졌다. 효자들의 이야기를 백성들에게 널리 알림으로써 효라는 가정윤리의 기초를 마련하고, 이를 바탕으로 사회와 국가의 집단윤리를 정립시킬 수 있었기 때문이다. 반포지효反哺之孝[30]나 풍수지탄風樹之嘆[31] 등의 효에 관한 사자성어가 생겨났으며, 또한 순임금이나 공자의 제자인 증삼과 민자건 등의 효자 이야기가 책으로 편집되어 널리 전해졌다.[32]

공자는 『효경孝經』에서 "무릇 효라는 것은 덕의 근본이다. 모든 교화가 이로부터 생겨나는 것이다"[33]라고 하여 효를 모든 덕을 행하는 근본이라 하였다. 공자는 효를 잘 실천한 제자 증삼에게 명하여 『효경』을 짓게 했다는 설이 있다. 증삼의 효행에 대하여는 많은 이야기가

---

**30** 반포지효는 진(晉)나라 때 이밀(李密)이 지은 『진정표(陳情表)』에서 유래된 말이다. 이밀은 진 무제가 높은 관직을 내리자 늙으신 할머니를 봉양하기 위해 관직을 사양했다. 이에 무제가 크게 화를 내자, 이밀은 자신을 까마귀에 비유하면서 "까마귀가 어미새의 은혜에 보답하는 마음으로 조모가 돌아가시는 날까지만 봉양하게 해주십시오" 하고 청하였다. 까마귀는 부화한 지 60일 동안은 어미가 새끼에게 먹이를 물어다 주지만, 그 후 새끼가 다 자라면 먹이 사냥에 힘이 부친 어미를 먹여 살린다고 한다. 이처럼 까마귀가 어미를 되먹이는 습성에서 반포라는 말이 생겼다.

**31** 풍수지탄은 자식이 부모에게 효도하려고 할 때는 이미 돌아가셔서 그 뜻을 이룰 수 없어 한탄한다는 의미이다. 풍수(風樹)라는 말은 한나라 때 한영이 지은 『한시외전(漢詩外傳)』의 "나무가 고요하고자 하나 바람이 그치지 아니하고, 자식이 봉양하고자 하나 어버이는 기다려주지 않는다(樹欲靜而風不止 子欲養而親不待)"라는 구절에서 유래된 말이다.

**32** 효자 이야기를 전하는 대표적인 책은 중국의 원(元)나라 때 곽거경이 편찬한 『이십사효(二十四孝)』이다. 순임금과 한 문제를 비롯하여 공자의 제자인 증삼과 민자건, 그리고 북송의 황정견에 이르기까지 중국의 유명한 효자 스물네 명의 효행에 관한 이야기가 수록된 책이다. 또한 『소학』의 제4권 「명륜 편」과 제6권 「실명륜 편」에도 효자들의 이야기가 수록되어 있다.

**33** 『효경』「개명종의장」, "夫孝 德之本也 敎之所由生也"

전해지고 있는데, 그중 『공자가어』에 전하는 이야기는 이렇다.

　　증삼에게는 계모가 있었는데 계모는 그에게 전혀 자애를 베풀지 않았지만, 그는 부모에 대한 공양을 조금도 게을리 하지 않았다. 어느 날 그의 아내가 부모의 밥상에 덜 익은 나물을 내놓자, 그는 이로 인해 아내를 내쫓으려고 하였다. 어떤 사람이 이를 알고 "칠출七出이 아닌데 내쫓기까지 하다니 너무 한다"고 말하자, 증삼이 이렇게 말했다. "나물을 삶는 것은 지극히 작은 일이다, 내가 그것을 푹 삶도록 얘기했는데 그것도 못하면서 하물며 큰일이라면 어찌하겠는가?" 결국 증삼은 아내를 내쫓고 평생 재혼하지 않고 혼자 살았다고 한다.[34]

## 효란 부모를 공경하며 봉양하는 것이다

　　효는 부모를 섬기고 봉양한다는 의미를 갖고 있다. 부모는 자식을 자애로운 마음으로 사랑하고, 자식은 부모의 사랑에 대한 보답으로 섬기고 봉양하는 것이 효의 기본적인 내용이다. 자유子游가 효에 대하여 묻자, 공자가 말했다. "지금의 효라는 것은 봉양하는 것을 말하지만 개와 말에게도 다 먹이를 주어 기름이 있으니, 공경하지 아니하면 무엇을 가지고 구별하겠는가?"(2-7) 이는 흔히 부모를 물질적으로 봉양하는 것을 효도라고 생각하지만 개나 말 같은 짐승도 먹이를 주어 기름이 있으니, 공경하는 마음이 없다면 참다운 효가 아니라는 의미이

---

[34] 『공자가어』, 왕숙 찬, 임동석 역주, 동서문화사, 2009, 994쪽.

다. 그래서『소학』에서는 "무릇 자식으로서 실천해야 할 예는 겨울에는 따뜻하게 해드리고 여름에는 시원하게 해드려야 하고[冬溫夏清], 저녁이면 부모의 잠자리를 정해드리고 아침이면 잘 주무셨는지를 살펴드려야 한다[昏定晨省]. 또 외출할 때는 반드시 알려드리고 돌아와서는 반드시 얼굴을 보여드려야 한다[出告反面]"[35]고 하였다. 부모를 정성과 공경으로 모심을 강조한 말이며, 여기에서 나오는 동온하청冬溫夏清, 혼정신성昏定晨省, 출고반면出告反面은 효행을 표현하는 말로 쓰이기도 한다.

## 효란 부모의 마음을 헤아리는 것이다

부모의 바람은 자손의 번영과 가문의 영속이다. 이미 살펴보았듯이 공자는『효경』에서 "몸과 머리카락, 피부 등 일체는 부모로부터 받은 것이니 감히 훼상하지 않는 것이 효의 시작이며, 입신하여 도를 행하고 후세에 그 이름을 드날려서 부모를 드러내는 것이 효의 끝맺음이다"[36]라고 하였다. 이 말은 곧 자식은 부모에게서 육체와 정신을 물려받았으니 부모의 분신이며, 따라서 몸은 곧 부모의 몸과 같으니 함부로 훼상하지 말고 온전하게 보존하여야 하며, 정신 또한 부모로부터 물려받은 것이니 입신양명하여 가문을 번영시켜야 한다는 의미이다.

---

**35** 『소학』「제2 명륜, 명부자지친 편」, "凡爲人子之禮 冬溫而夏清 昏定而晨省 出必告 反必面"『소학』의 이 구절은『예기』「곡례 하」에 있는 내용을 발췌해서 실은 것이다.

**36** 『효경』「개명종의장」, "身體髮膚受之父母 不敢毀傷 孝之始也 立身行道 揚名於後世 以顯父母 孝之終也"

공자는 이렇게 부모의 마음을 헤아리는 것이 효의 시작이자 완성이라고 보았다.

공자의 뜻을 이어받은 증자도 『예기』에서 "신체는 부모가 남겨주신 몸이다. 부모님께서 남겨주신 몸을 쓰면서 감히 공경스럽게 여기지 않을 수 있겠는가? 평소 거처하면서 장중하지 않는다면 이는 효가 아니고, 임금을 섬기면서 진실하지 않다면 이는 효가 아니며, 관직에 임하여 경건하지 않다면 이는 효가 아니고, 친구를 사귀면서 믿음이 없다면 이는 효가 아니며, 전쟁과 진영에서 용맹을 떨치지 않으면 이는 효가 아니다"[37]라고 하였다. 이는 신체는 부모님이 남겨주신 것이므로 공경스럽게 여겨야 하며, 따라서 몸가짐이 장중하지 않고, 임금에게 진실하지 않으며, 관직에 나아가서 경건하지 않고, 친구를 사귀면서 믿음이 없으며, 전쟁에 나가서 비겁하다면 이는 곧 부모의 이름을 욕되게 하는 것이니 불효라고 하였다.

또한 공자는 맹무백[38]이 효에 대하여 묻자, "부모는 오직 그 자식의 질병만을 근심한다"(2-6)라고 하였다. 효가 무엇인지 물었는데 부모의 근심을 말했으니 언뜻 보면 동문서답처럼 보이지만, 여기에는 깊은 뜻이 담겨져 있다. 맹무백은 노나라 삼환씨의 하나인 맹의자의 아들이자 무인으로 성질이 거칠고 급했던 사람이다. 그러니 그의 부모

---

37 『예기』「제의」, "曾子曰 身也者 父母之遺體也 行父母之遺體 敢不敬乎 居處不莊 非孝也 事君不忠 非孝也 涖官不敬 非孝也 朋友不信 非孝也 戰陳無勇 非孝也"

38 『춘추좌씨전』 애공 14년조에 맹무백이 성읍(城邑) 사람들과 다툰 사실이 기록되어 있다. 맹무백이 성(城) 땅에서 말을 기르려고 했는데, 성읍을 다스리는 공손숙이 이를 거절하자 맹무백이 노하여 성을 습격했다. 그러나 그를 따르던 사람들은 힘이 모자라 성 안으로 들어가지 못하고 돌아갔다. 그 후 성읍을 맡고 있는 사람이 심부름을 오자 맹무백이 매질을 했다고 기록되어 있다.

는 늘 아들이 다른 사람들과 싸우다가 화를 당하거나 다치지 않을까 걱정하였을 것이다. 부모에게 있어서 자식은 분신이므로 건강하게 자라서 가문을 대대손손 번영시키기를 바란다. 따라서 부모는 자식이 아프면 자신의 아픔으로 걱정하고 혹여 화를 당할까봐 근심하게 된다. 부모보다 먼저 죽는 것이 가장 큰 불효라는 말은 곧 자식은 부모의 분신이기 때문이다. 그래서 맹무백이 효에 대하여 물었을 때 공자는 '부모에게 가장 큰 효는 부모의 근심을 덜어드리는 것인데, 함부로 몸을 굴려서 다치거나 질병이 나면 부모의 근심이 커지니 신중하게 처신하라'는 의미에서 "부모는 자식의 질병만을 근심한다"라고 말했던 것이다.

## 효란 부모의 뜻을 어기지 않는 것이다

부모의 뜻을 어기지 않고 순종하는 것은 효를 실천하는 중요한 태도이다. 공자는 "부모가 살아계실 때는 그 뜻을 관찰하고, 부모가 돌아가시고 안 계실 때는 그 행동을 살피는 것이니, 3년 동안 부모가 하시던 방법에서 고쳐짐이 없어야 효라고 할 수 있다"(1-11)라고 하였다. 부모가 하던 방법을 고치지 않고 따르는 것은 매우 어려운 일이다. 그래서 증자는 선생님께 들었다고 하면서 "맹장자³⁹의 효 중에서 다른 것은 다할 수 있지만, 그 아버지의 신하와 아버지의 정치방법을 고치

---

**39** 맹장자는 노나라의 대부이며, 그 아버지인 맹헌자는 현인이라 불렀다. 맹장자는 아버지가 쓰던 가신을 그대로 썼고, 아버지가 하던 정사를 그대로 행했다.

지 않는 것, 그것은 하기 힘들다"(19-18)고 했다. 효를 행하는 데는 여러 가지 방법이 있지만, 그중에서 부모의 뜻을 따르는 것이 가장 어렵다는 의미이다. 그래서 공자는 부모가 돌아가신 후 3년 동안 부모가 하시던 방법을 고치지 않으면 효라고 하였다.

그러나 공자는 무턱대고 부모의 뜻을 따르거나 순종하는 것은 잘못이라고 했다. 유향이 편찬한 『설원』「건본」편에 나오는 증삼에 관한 이야기에서 이를 알 수 있다.[40]

증삼이 오이밭을 매다가 잘못을 저질렀다. 이에 그의 아버지 증석이 화가 나서 커다란 몽둥이로 증삼을 내리쳤다. 증삼은 그만 정신을 잃고 땅에 고꾸라져서 한참 후에 깨어났다. 그는 깨어나자마자 아버지에게 사과하고 아버지를 위로하기 위해 병풍 뒤에서 거문고를 뜯으며 노래를 불렀다. 공자가 이 말을 듣고 제자들에게 "증삼이 오거든 절대 들여보내지 마라"고 하였다. 증삼은 이에 자신은 아무 죄지은 것이 없다고 공자에게 이의를 제기했다. 이에 공자는 이렇게 말했다. "아버지에게는 순종해야 하지만 아버지가 크게 노했을 때는 우선 피해야 한다. 그런데 너는 순종한다는 생각으로 아버지의 폭노暴怒 앞에 몸을 맡기고 도망가지 않았으니, 이는 네 몸을 죽여서 아버지를 함정에 넣는 꼴이다. 그리하여 아버지의 불의不義와 아들로서의 불효不孝를 함께 지을 뻔했으니 어찌 죄가 크지 않겠느냐?"

공자의 말은 부모의 뜻을 따르고 순종하는 것도 중요하지만, 그렇

**40** 『설원 上』, 유향 찬집, 임동석 역주, 동문선, 1997, 104~105쪽.

게 하는 것이 과연 상황에 따라 올바르고 합당한지를 따져봐야 한다는 것이다.

## 제사는 효를 실천하는 의식이다

효孝는 부모를 본받는 것이다. 부모가 살아계실 때 덕행을 실천하는 것이 부모를 본받는 것이고, 부모가 돌아가시면 제사를 지내는 것이 부모를 본받는 것이다. 그래서 공자는 효에 대하여 말하기를, "살아계실 때는 섬기기를 예로써 하고, 돌아가신 후에는 장사지내기를 예로써 하고, 제사지내기를 예로써 하는 것이다"(2-5)라고 하였다. 부모가 살아계실 때는 예로써 섬기고 부모가 돌아가셨을 때는 예로써 제사를 지내는 것이 효라는 것이다.

# 사람에게
# 믿음을 주다

"선비는 자신을 알아주는 사람을 위해 목숨을 바친다." 이 말은 사마천의 『사기』 「자객열전」에 나오는 예양豫讓의 말이다. 사람을 알아준다는 것은 곧 믿음을 주는 것이다. 예양의 이야기는 믿음에 대하여 의로써 보답한 사례의 본보기이다.

예양은 춘추 시대 진晉나라 사람으로 지백智伯을 군주로 섬겼다. 당시 진나라는 경대부인 지智씨, 조趙씨, 한韓씨, 위魏씨, 범范씨, 중항中行씨가 소국을 형성하고 있었다. 지백은 범씨와 중항씨를 몰아내고 실권을 장악하고, 한, 위, 조의 당주에게도 영토를 반환할 것을 요구했다. 이에 조趙나라 당주인 양자襄子는 영토의 반환을 거부하고 한강자韓康子와 위환자魏桓子의 협력을 얻어 기원전 453년 지백의 진영을 쳐서 지백을 사로잡아 처형하였다.[41] 이에 지백을 섬기던 예양은 산속

---

41 기원전 453년은 역사적으로 중요한 의미를 갖고 있다. 진나라의 3경인 조양자, 한강자 및 위환자가 당시 진의 최대 실권자인 지백(知伯)을 죽이고, 진(晉) 영토를 셋으로 나누어 단일 국가로 독립하는 획기적인 사건이 발생하였기 때문이다. 이로부터 조,

으로 달아나서 탄식하며 "선비는 자기를 알아주는 사람을 위해 목숨을 바치고, 여자는 자기를 사랑하는 사람을 위해 얼굴을 단장한다. 기필코 지백의 원수를 갚겠다"고 다짐했다. 그리고 이름을 바꾸고 죄수가 되어 조양자의 궁궐에 들어가 화장실 벽 바르는 일을 했다. 몸에 비수를 품고 있다가 기회를 봐서 조양자를 찔러 죽일 생각이었다. 그러나 발각되었고, 조양자 앞에 끌려나온 예양은 지백의 원수를 갚으려했다고 말했다. 주위에 있던 사람들이 예양의 목을 베려하자 조양자가 "그는 의로운 사람이다. 지백이 죽고 그를 이을 자식조차 없는데 그의 옛 신하로서 주군을 위해 원수를 갚으려 했으니, 이 사람이야말로 천하의 현인이다"라고 하면서 예양을 풀어 주었다.

얼마 후 예양은 몸에 옻칠을 하여 문둥이로 꾸미고 시장을 돌아다니며 구걸을 했다. 기회를 보아 조양자를 죽일 생각이었다. 마침 조양자가 외출한다는 소식을 듣고 그가 지나가는 다리 밑에 숨었다. 조양자가 다리에 이르렀을 때 갑자기 말이 놀라자 사람을 시켜 찾도록 하니 예양이었다. 조양자는 예양을 꾸짖었다. "그대는 일찍이 범씨와 중항씨를 섬기지 않았는가? 지백이 그들을 멸망시켰지만, 그대는 그들을 위해 원수를 갚기는커녕 오히려 지백의 신하가 되었다. 그런데 유독 지백을 위해 이토록 끈질기게 원수를 갚으려고 하는 이유는 뭔가?" 이에 예양이 대답하였다. "범씨와 중항씨는 모두 저를 보통사람으로

---

한, 위는 각각의 영지를 근거지로 삼아 통치체제와 관료제도를 정비하고 제후처럼 행세하였고, 그로부터 50년 후인 기원전 403년 주(周)나라 천자로부터 제후의 지위를 공식 승인받았다. 따라서 실질을 중시하는 학자들은 진(晉)이 실제로 조, 한, 위로 삼분된 기원전 453년을 기준으로 그 이전을 춘추 시대, 그 이후를 전국 시대로 나누기도 한다.

대하였으므로 저도 그들을 보통사람으로 대하였습니다. 그러나 지백은 저를 걸출한 선비로 대우하였으므로 저도 그를 걸출한 선비로 보답하려는 것입니다." 이에 조양자는 탄식하며 말했다. "아, 예양이여, 그대가 지백을 위해 충성을 다했다는 것은 이미 그 이름이 알려졌고, 과인이 그대를 용서하는 일도 충분하였으니, 이제는 더 이상 놓아주지 않겠네." 그리고 병사들에게 예양을 포위하도록 했다. 이에 예양은 "지난날 당신이 저를 너그럽게 용서한 일로 천하 사람들이 당신의 어짊을 칭찬하지 않는 이가 없습니다. 오늘의 일로 저는 죽어 마땅하나 모쪼록 당신의 옷을 얻어 그것을 칼로 베어서 원수를 갚으려는 뜻을 이루도록 해주신다면 죽어도 여한이 없겠습니다"라고 말했다. 조양자는 그의 의로운 기상에 크게 감탄하고 사람을 시켜 자기 옷을 예양에게 가져다주도록 했다. 예양은 칼을 뽑아들고 세 번 뛰어올라 그 옷을 내리치고, 칼에 엎어져 스스로 목숨을 끊었다. 예양이 죽던 날 조나라의 뜻있는 선비들은 그 소식을 듣고 모두 그를 위해 눈물을 흘렸다고 한다.[42]

예양의 행동은 어찌 보면 무모한 행동일지 모른다. 하지만 자기를 믿음으로 대해준 지백에 대해 의로움으로 보답한 사례다. 예양의 행동이 올바른 것인지는 의문이 있으나, 자기에게 믿음을 주었고, 또 자기가 믿고 있던 지백을 위해 목숨까지 바친 예양의 신의信義 있는 행동은 인간에게 있어서 믿음과 의리가 얼마나 중요한지를 깨닫게 하는 이야기다.

---

[42]  이상의 내용은 『사기』 「자객열전」, 사마천 저, 김원중 역, 민음사, 2011, 629~633쪽에서 요약하였다.

## 말에 진실이 있어야 믿음이 생긴다

예양이 목숨까지 바치면서 의로써 보답하려고 했던 믿음이란 과연 무엇일까? 믿음을 뜻하는 한자 신信은 사람 인人 자와 말씀 언言 자가 결합해 이루어진 글자이다. 사람의 입에서 나오는 말이 진실해야 믿을 수 있다는 의미이다. 따라서 믿음은 인간이 인간다운 삶을 인정받기 위해서 반드시 갖추어야 할 덕성이다. 믿음은 사람이 갖고 있는 덕성이지만, 경우에 따라서는 상대적일 수 있다. 믿음은 우선 상대방에게 자기의 진실한 마음을 보여주어야 하고, 또 상대방이 믿어주어야 성립하는 관계다. 어떤 사람에게는 믿음을 줄 수 있지만 어떤 사람에게는 믿음을 주지 못할 수도 있다. 인간관계 속에서 평소의 언행을 통해서 믿음이 드러나기 때문에 상대방의 가치관이나 친소관계에 따라서 믿음의 판단이 달라질 수 있다. 믿음의 관계는 우선 자기에 대한 믿음을 확고히 하는 데서 시작된다. 자기에 대한 믿음이란 자기의 말과 행동에 거짓이 없고 진실된 마음이다. 이러한 자기에 대한 믿음을 바탕으로 상대에 대한 믿음이 성립하게 된다. 공자는 "사람이 믿음이 없으면 무엇을 할 수 있을지 모르겠다. 큰 수레에 예輗[43]가 없고 작은 수레에 월軏이 없다면 무엇으로 수레가 갈 수 있겠는가?"(2-22)라고 하여 사람에게 있어서 믿음의 중요성을 강조하였다.

그래서 공자는 사람이 말만 교묘하게 하고 행동으로 실천하지 않는 것을 경계하였다. 이러한 입장은 『논어』에 나오는 재여의 이야기에서

---

**43**  예(輗)는 큰 수레의 끌채와 멍에를 연결해주는 것이며, 작은 수레에서는 이를 월(軏) 이라고 한다.

찾아볼 수 있다.

어느 날 재여가 낮잠을 자다가 수업에 늦었다. 이에 공자는 "썩은 나무에는 조각을 할 수 없고 거름흙으로 쌓은 담장은 흙손질을 할 수가 없다. 재여에게 무엇을 책망하겠는가?"라고 꾸짖으면서, "처음에 나는 사람에 대하여 그의 말을 듣고 그의 행실도 믿었으나 지금은 사람에 대하여 그 말을 듣고 그 행실을 살피게 되었다. 재여로 인해 이렇게 바뀐 것이다"라고 하였다(5-9).

결국 공자는 말솜씨만 교묘한 재여 때문에 사람을 볼 때 말뿐만 아니라 행실까지 살피는 버릇이 생겼다고 할 정도로 말만 앞세우고 실천을 하지 않는 재여를 꾸짖었다.

사람이 말만 앞서고 행동으로 실천하지 않으면 말에 진실이 없으므로 믿음을 줄 수 없다는 것이다. 그래서 자공이 선비에 대하여 묻자, 공자는 "말하는 데는 반드시 믿음이 있고, 행하는 데는 반드시 결과가 있는 사람이다"(13-20)라고 하였다.

또한 자장이 통하는 것[行], 즉 사람에게 인정받는 것에 대하여 묻자, 공자가 말했다. "말이 진실 되고 믿음이 있으며 행동이 돈독하고 공경스러우면 비록 만족蠻族이나 맥족貊族의 나라에 가서도 통할 수 있지만, 말이 진실 되지 않고 믿음직하지 아니하고 행동이 돈독하지 않고 공경스럽지 아니하면 주리(州里: 자기가 사는 고을과 마을)에 있더라도 통하겠는가?"(15-5) 이는 말이 진실되고 행동이 돈독하면 어디에서든 신뢰를 받지만, 그렇지 못하면 자기 마을에서조차 신뢰받지 못한다는 뜻이다.

## 믿음이란 친구관계에서 중요한 덕목이다

유교의 오륜五倫에서는 붕우유신朋友有信이라 하여 친구 간에는 믿음이 있어야 한다고 했다. 따라서 믿음[信]은 친구 간의 관계에 필요한 덕을 말한 것이다. 그러나 실제 쓰임을 보면 이에 한정되지 않고 개인과 개인, 개인과 집단, 그리고 국가와 국가 등 인간사회의 모든 관계에서 요구되는 덕목으로 사용되어 왔다.

공자는 신信을 모든 인간관계를 구속하는 데 필요한 덕목으로 보았다. 사람과 사람 간의 믿음은 인간관계를 진전시키는 토대이고, 국가와 국가 간의 믿음은 나라의 이익을 도모하고 안전을 지키는 힘이다. 다만 공자가 믿음을 친구관계의 윤리로 언급한 내용이 『논어』에 나타나 있다. 공자가 안연과 자로에게 각자의 뜻을 말하라고 하자, 자로가 말하기를, "수레와 말을 타는 것과 가벼운 갖옷을 입는 것을 친구와 함께 하다가 망가져도 유감스럽게 생각하지 않겠습니다"라고 했다. 또 안연이 말하기를, "잘하는 것을 자랑하지 않고 공로를 과시하지 않겠습니다"라고 했다. 이에 자로가 공자의 뜻을 물으니 말하기를, "늙은이는 편안하게 해주고, 친구는 미덥게 해주며, 젊은이는 뜻을 품도록 하겠다"고 하였다(5-25). 친구를 사귐에 있어, 자로는 자기의 물건을 친구와 함께 공유한다고 하였고, 안연은 자기의 장점을 자랑하지 않고 공로를 과시하지 않겠다고 하였다. 그러나 공자는 친구에게 믿음을 주겠다고 말했다. 결국 공자는 친구의 인격적 동질성을 인정하고 믿음이라는 가치를 공유하는 것이 친구관계에서 가장 중요한 덕목임을 피력한 것이다.

## 믿음이 없으면 나라가 존립할 수 없다

작금의 우리 사회는 불신의 사회라고 말한다. 서로에게 믿음을 주지도 못하지만 서로 믿지도 못하는 사회다. 이러한 불신의 풍조는 정치의 책임이 크다고 할 수 있다. 정치인들이 겉으로는 말만 번드레하게 하고 실천은 없고, 또는 앞에서는 교언영색巧言令色하고 뒤에서 엉뚱한 수작을 부리기 때문이다. 정치에 대한 믿음이 없으면 신뢰 사회가 구축될 수 없다. 그래서 공자는 "윗사람이 믿음을 좋아하면 백성이 감히 사실대로 하지 않음이 없을 것이다"(13-4)라고 하였다. 사회를 이끌어가는 정치인과 지도층이 먼저 신뢰를 보여야 백성이 따른다는 말이다.

또 자공이 정치에 대하여 물었을 때 공자는 "백성의 믿음이 없으면 나라가 존립하지 못한다"(12-7)고 말했는데, 나라를 경영함에 있어서 백성의 믿음이 중요함을 강조한 말이다.

춘추 시대의 군주로서 믿음의 덕을 실천한 대표적인 사례로는 진晉나라 문공을 들 수 있다. 『춘추좌씨전』에 기록돼 있는 희공 25년 겨울에 있었던 이야기다.[44]

진나라 문공은 원原 땅을 포위하면서 병사들에게 사흘치의 양식만 가지고 가라고 명령했다. 그런데 원나라가 사흘이 되어도 항복하지 않으므로 문공은 퇴거명령을 내렸다. 그때 원 땅에 들어가 있던 첩보원이 달려나와 말하기를, "원나라가 곧 항복하려고 하고 있다"고 전해주었다. 군사

---

**44** 『춘추좌씨전 上』, 문선규 역저, 명문당, 2009, 495~497쪽.

제2장 공자, 군자의 윤리학을 말하다　111

를 맡고 있는 관리가 "좀 더 기다려보자"고 하자, 문공이 말했다. "신뢰는 나라를 다스리는 데 있어서 보배이고, 신뢰로 백성들의 생명도 지켜지는 것이다. 원 땅을 차지하는 대가로 신뢰를 잃는다면, 어떻게 백성들의 생명을 지켜나가겠느냐? 잃는 것이 많을 것이다." 그리고 군사들에게 30리를 퇴거하도록 했는데, 그때 원나라가 항복했다. 결국 진 문공은 영토 확장의 이익보다는 병사들과 약속에 더 큰 가치를 두어 지도자가 갖추어야 할 믿음의 덕을 실천하였고, 원나라 백성들도 이를 보고 문공을 신뢰할 수 있는 군주라 하여 자진 항복했다.

나라를 다스림에 있어 믿음의 중요성을 새삼 깨닫게 하는 일화이다. 위정자가 백성에게 믿음을 주지 못하면 백성들은 나라를 불신하고 따르지 않을 것이며, 나아가 유언비어가 난무하고 갈등이 생길 것이다.

믿음의 가장 큰 적은 의심이다. 고사에서 유래된 말 중에 의심암귀疑心暗鬼라는 말이 있다. 『열자列子』「설부 편」의 '잃어버린 도끼 이야기'[45]와 『한비자韓非子』「세난 편」의 '무너진 담장 이야기'[46]에서 생

---

**45** 『열자』는 중국 전국 시대 사상가인 열어구(列禦寇)의 사상을 기록한 책으로, 『노자』, 『장자』와 더불어 도가삼서(道家三書)로 꼽힌다. 『열자』에는 재미있는 이야기가 많이 실려 있는데, '잃어버린 도끼 이야기'는 「설부 편」에 실려있다. 어떤 사람이 도끼를 잃어버렸는데, 이웃집 아들이 의심스러웠다. 걸음걸이를 보아도 도끼를 훔친 것 같고, 안색을 보아도 도끼를 훔친 것 같고, 말씨를 들어도 도끼를 훔친 것 같았다. 그런데 며칠 뒤 뒷산 골짜기에서 도끼를 찾았다. 다음날 이웃집 아들을 보니 행동과 태도가 전혀 도끼를 훔친 것 같지가 않더라는 이야기다.

**46** 『한비자』는 전국 시대 말기 한(韓)나라의 한비가 썼으며, 법가 사상이 집약된 책이다. 진시황이 이 책을 읽고 큰 감명을 받았고, 법(法), 술(術), 세(說)를 통해 군주가 신하를 통치하는 이론을 제시하였다. '무너진 담장 이야기'는 「세난 편」에 나오는 이야기

겨난 말이다. 의심하는 마음이 들면 없던 귀신도 생겨난다는 뜻이다. 즉, 마음속에 의심을 품게 되면 망상과 선입견이 생기고, 이로 인해 불신이 생겨나서 진실조차 왜곡될 수 있다는 것이다. 의심과 불신으로 혼란이 가중되는 작금의 시대에 우리가 명심해야 할 말이다.

---

다. 어느 날 송나라의 어떤 부자의 집이 장마로 담장이 무너졌다. 그 아들이 "빨리 고치지 않으면 도둑이 들지 모른다"고 하였다. 이웃집에 사는 노인도 똑같은 말을 하였다. 그런데 며칠 후 그 집에 도둑이 들었다. 그 부자는 아들에게는 선견지명(先見之明)이 있다고 하고, 노인은 수상하게 여겼다는 이야기다.

제12강

# 마음이 진실되다

공자사상의 핵심은 인仁이며, 사람을 사랑하는 마음이다. 공자는 인을 실천하는 방법으로 충忠과 서恕라는 덕목을 제시하였다. 『논어』에 보면, 공자가 어느 날 제자들에게 강학 하면서 증자(증삼)에게 말했다. "삼아, 나의 도道[47]는 하나로써 관통한다." 이에 증자가 재빨리 예라고 대답했다. 공자가 나가자 문인들이 "무슨 말입니까?" 하고 물었다. 이에 증자가 대답하기를, "선생님의 도道는 충忠과 서恕일 뿐이다"라고 하였다(4-15).

공자가 제시한 충忠과 서恕는 다른 사람과의 관계에서 인간이 가져야 할 마음가짐이다. 충忠은 가운데 중中 자와 마음 심心 자가 합쳐진

---

**47** 도(道)란 본래 사람이 통행하는 길을 의미하지만, 이를 확장하여 인간이나 사물에 반드시 통하는 도리나 규범을 나타내는 말로 사용되기도 한다. 공자가 『논어』에서 "아침에 도를 들으면 저녁에 죽어도 좋다"라고 했을 때의 도는 보편적인 진리를 의미하며, "나의 도는 하나로써 관통한다"라고 했을 때의 도는 인간이 인간을 대하는 도리를 의미하며 구체적으로는 인(仁)을 지칭하고 있다.

것으로, 마음이 중앙에 있듯이 공평하고, 정성스러우며, 충성을 다하는 것을 의미한다. 즉, 거짓이나 아첨이 없고 오직 진실된 마음을 갖는 것이 충忠이다. 서恕는 같을 여如 자와 마음 심心 자가 합쳐진 것으로, 자기의 마음과 다른 사람의 마음이 같다는 것을 의미한다. 따라서 다른 사람의 입장을 이해하고 그 사람과 같은 마음을 갖는 것 또는 다른 사람의 처지를 헤아리는 것이 바로 서恕이다. 따라서 다른 사람이 지은 죄나 잘못에 대하여 꾸짖지 아니하고 덮어주는 용서容恕와는 다르다.

## 진실된 마음, 충

공자가 제시한 충忠은 본래 진실된 마음을 뜻하는 덕목이었다. 그러나 중국 진한秦漢 시대를 거치면서 법가사상의 영향을 받아 충忠의 의미가 변하였고, '충신은 두 임금을 섬기지 않는다[忠臣不事二君]'라는 말처럼 국가나 임금에 대한 변함없는 신념과 절개, 그리고 충성스러운 마음으로 인식되어 왔다.

기원전 221년 진시황에 의해 중국은 춘추전국 시대를 마감하고 통일국가를 형성하였다. 진시황은 중앙집권체제를 강화하기 위해 통치이념으로 법가사상을 받아들여 상벌을 엄격히 하였다. 이에 법치보다는 덕치를 강조하는 유가儒家사상을 탄압하기 위하여 유교경전을 불태우고 유학자를 생매장하는 분서갱유焚書坑儒를 실시하였다.

진秦나라는 통일국가를 형성한 지 15년 만에 멸망하였지만, 이어진 한漢나라도 기본적으로는 법가사상에 의해 통치체제가 수립되었다. 다만, 유교를 장려하여 유교에 대한 부흥이 이루어졌으며, 7대 황제인 한 무제 때에는 동중서董仲舒[48]의 건의로 유교가 국교화 되었으나, 기본적으로는 유교를 통한 통치 권력의 강화에 힘썼다. 동중서는 인간관계의 기본으로서 세 가지를 제시하였는데, 임금은 신하의 근본이고[君爲臣綱], 어버이는 자식의 근본이며[父爲子綱], 남편은 아내의 근본[夫爲婦綱]이라는 이른바 삼강三綱이다. 따라서 신하에게는 임금에 대한 충忠이 강조되었고, 자식에게는 부모에 대한 효孝가 강조되었으며, 부인에게는 남편에 대한 열烈이 강조되었다. 충신과 효자와 열녀의 이야기가 널리 백성들에게 전해졌으며,[49] 이러한 영향으로 충忠은 국가와 임금에 대한 변함없는 충성의 의미를 갖게 되었다.

이처럼 충忠은 흔히 불사이군의 절개를 지키는 충성으로 생각되고 있지만, 공자가 제시한 충忠은 이처럼 임금에 대한 일방적이고 희생적

---

**48**  동중서는 중국 전한(前漢) 시대의 유학자이며, 지금의 하북성 출신으로 어릴 때부터 책읽기를 좋아해 배우기에 전념했다. 한 무제에게 현량 대책을 올려 인정받아 한나라의 사상적 작업을 완수한 핵심인물이다. 특히 그는 유교의 사상적 폭을 더욱 넓히는 동시에, 유교의 국교화를 추진했다. 그의 유교사상은 통일을 강조하고 군주의 권한 확립에 초점을 맞추었다. 또한 천인감응론(天人感應論)을 통해 하늘을 자연과 인간사회 양자를 주관하는 존재로 파악하여 인간의 일에 대해 감응하는 능력과 의지를 갖춘 인격신으로 설정했으며, 나아가 삼강(三綱)과 오상(五常)을 도덕적 규범으로 제시했다. 저서로는 『춘추번로(春秋繁露)』가 있다.

**49**  조선에도 이러한 사상이 그대로 수용되어 세종 때인 1432년에 『삼강행실도』를 편찬하여 충(忠)과 효(孝)와 열(烈)을 백성들에게 알리도록 하였다. 『삼강행실도』는 일종의 윤리책으로 중국과 조선의 충신 113명과 효자 110명, 열녀 95명의 이야기가 실려 있으며, 그 중 조선사람은 충신 6명, 효자 4명, 열녀 6명이 실려 있다. 유교의 윤리로 나라를 다스리고자 했던 조선은 백성들이 이 책을 통해 삼강을 깨우치고 충신과 효자, 그리고 열녀의 이야기를 교훈으로 삼아서 실천하기를 바라는 마음에서 간행된 책이다. 정조 때인 1797년에는 『삼강행실도』를 수정 보완하여 『오륜행실도』로 간행되었다.

인 충성과는 상당한 차이가 있었다.

## 충은 임금을 섬기는 도리이다

『논어』에 보면 노나라 임금인 정공이 공자에게 "임금이 신하를 부리고 신하가 임금을 섬기는 것은 어떻게 해야 합니까?"라고 물었다. 이에 공자가 "임금은 예禮로써 신하를 부리고, 신하는 충忠으로써 임금을 섬겨야 합니다"라고 답했다(3-19). 이 말은 신하는 임금에게 일방적으로 충성을 다하는 것이 아니라 임금과 신하의 동등관계를 전제로 하고 있다. 즉, 임금과 신하는 동등한 인격이지만 고래로부터 인간사회는 조직으로 구성되어 운영되어 왔으므로 상하의 직급이 있을 수밖에 없다. 이러한 직급 속에서 임금이 신하를 아랫사람 대하듯이 함부로 대하면 아니 되니 예로써 대하라고 한 것이고, 신하는 임금에게 이익을 얻기 위해 아첨하거나 굽실거려서는 아니 되니 진실한 마음으로 섬기라고 한 것이다. 인간사회의 상하관계에서 충과 예의 태도는 지금 우리가 사는 사회에서도 변함없이 지켜야 할 도리이다.

## 충은 마음을 다해 직분에 충실한 것이다

공자는 충을 임금과 신하의 관계뿐만 아니라 다른 사람과의 관계에서도 갖추어야 할 도리라고 보았다. 번지가 인에 대해 묻자, 공자가 "집에 거처할 때 공손히 하며, 일을 집행할 때 경건하게 하며, 남을 대할 때 충심으로 하는 것이니, 비록 이적의 땅에 가서도 버려지지 않을 것이다"(13-19)라고 말했다. 이는 남을 진심으로 대하면 인을 실천하는 삶을 사는 것이니 어디를 가더라도 인정받을 것이라는 뜻이다.

또한 공자는 충은 직분을 수행할 때도 필요한 덕이라고 보았다. 자장이 정치에 대하여 묻자, 공자가 "집에 거처할 때는 게으름이 없어야 하고, 나아가 직분을 행할 때는 충으로 하여야 한다"(12-14)고 하여 다른 사람을 위해 업무를 수행할 때도 진실된 마음을 가져야 함을 강조하였다. 또한 자로가 "영윤인 자문<sup>50</sup>이 세 번 벼슬하여 영윤이 되었으되 기뻐하는 기색이 없었고, 세 번 벼슬을 그만두되 서운해 하는 기색이 없이 구 영윤이었던 자신의 정사 내용을 신 영윤에게 보고하였으니 어떠합니까?"라고 묻자, 공자는 "충실하다"라고 하였다(5-18). 결국 공자의 말씀은 자문이 벼슬에 연연하지 않고 직분에 충실하였기 때문에 벼슬길에 오를 때나 그만둘 때도 감정의 변화 없이 진실하고 한결같은 마음을 가질 수 있었다는 것이다.

### 충은 효나 신과 함께 사용되었다

충은 종종 효와 함께 사용되어 충효라고 불렀다. "효자 가문에 충신 난다"는 말이 있듯이 가정에서 부모에게 효도하는 마음을 바탕으로 임금에게 효도하는 것이 바로 충이라는 의미다. 계강자가 "백성으로 하여금 공경스럽고 충성스러우면서 일에 힘쓰도록 하려면 어찌해야 합니까?"라고 물었다. 이에 공자가 "일에 임해서 장중하면 공경스럽게 되고, 효도하고 자애로우면 충성스럽게 되고, 우수한 사람을 천거하여 능력이 없는 사람을 가르치게 하면 백성들이 일에 힘쓰게 된다"고 말했다(2-20). 결국 충忠은 부모에 대한 효孝에서 비롯된다는 것을 말한

---

**50** 자문(子文)은 초나라의 영윤(영의정)을 지낸 대부이다. 이름은 곡어토이고 자는 자문이었다. 일설에 자문은 태어나자마자 버려져서 범의 젖을 먹고 자랐다고 한다. 초나라 방언에 의하면 젖을 곡이라 하고 범을 어토라 하여 곡어토란 이름이 붙여졌다고 한다.

것이다.

또한 충은 신信과 함께 사용되기도 하는데, 『논어』를 보면, "충과 신을 주로 하라[主忠信]"는 말이 여러 곳에서 언급되고 있다(1-8, 9-24, 12-10). 이는 충이 자기의 진심을 다하는 것이라면, 신은 진심을 상대방에 명확히 드러내 보이는 것으로 서로 표리관계에 있기 때문에 공자가 이를 함께 사용했다고 볼 수 있다.


## 남을 이해하는 마음, 서

서恕란 자기의 마음을 통해 다른 사람의 마음을 헤아리는 추기급인推己及人의 마음가짐이다. 추기급인은 『논어』에 나오는 능근취비能近取譬나 『대학』의 혈구지도絜矩之道와 같은 의미이다. 추기급인과 관련하여 『안자춘추』에 전하는 유명한 일화가 있다.[51]

춘추 시대 제나라에 사흘 밤낮을 쉬지 않고 눈이 내렸다. 경공은 호백구[52]를 입고 대궐의 측계에 앉아 설경의 아름다움에 빠져있었다. 그때 마침 재상인 안자[53]가 와서 알현하자, 경공은 안자에게 "올해 날씨는 이상

---

**51** 『안자춘추』, 임동석 역주, 동서문화사, 2009, 133~134쪽.

**52** 호백구(狐白裘)는 여우의 겨드랑이에 있는 흰털이 붙은 가죽으로 만든 옷이다.

**53** 안자(晏子)는 지금의 산동성 사람으로, 이름은 안영(晏嬰)이고, 자는 평중(平仲)이다. 안자(晏子)라고 존칭하여 불리며, 춘추 시대 제나라에서 영공, 장공, 경공을 보좌한 명재상이다. 조정에서는 임금을 충직하게 보좌했고, 외교 무대에서는 당당하게 원칙과 예의를 지켜 제나라의 위상을 높였다. 탁월한 정치가로 영공, 장공, 경공까지 세 임금을 모시며 40여 년 동안 제나라 정치를 주도하고 외교활동을 이끌었다. 안영

하구려. 사흘 동안 눈이 내렸는데도 춥지가 않군요"라고 하였다. 안자가 경공을 물끄러미 바라보면서 "정말로 춥지 않으십니까?"라고 되묻고 다음과 같이 말했다. "옛날 현명한 군주들은 자기가 배불리 먹으면 누군가 굶주리지 않을까 걱정을 하고, 자기가 따뜻한 옷을 입으면 누군가 얼어 죽지 않을까 걱정했으며, 자기의 몸이 편안하면 또 누군가 힘들어 하지 않을까 염려했다고 합니다. 임금께서는 지금 자기 외의 남의 입장을 전혀 이해하지 못하고 계십니다." 결국 경공은 안자의 말을 깨닫고 옷과 식량을 풀어 춥고 배고픈 사람에게 베풀도록 하였다.

안자는 자기의 배가 부르면 남의 배고픈 줄을 모르는 자기중심적 사고를 갖지 말고, 자기의 배가 부르면 남의 배고픔을 생각하는 추기급인의 마음을 가지라고 말한 것이다.

### 서란 내가 싫은 것을 남에게 시키지 않는 것이다

서恕란 추기급인의 마음이지만 공자는 이에 대해 구체적인 실천방

에 관해서는 많은 일화가 있는데, 한 번은 안영이 초나라에 사신으로 갔을 때 초왕은 안영에게 창피를 주고자 사전에 계획을 꾸몄다. 죄수를 끌고 지나가게 하고, 어느 나라 도둑이냐고 물었다. 이에 제나라 사람이라고 하자, 초왕은 "제나라 사람은 이리도 훔치는 일을 좋아하느냐?"고 안영에게 물었다. 이에 안영은 "귤(橘)은 회수 이남에서는 귤이지만 회수 이북에서는 탱자(枳)가 됩니다. 이는 토지와 풍토 때문인데, 저 죄수도 제나라에서는 도둑질을 않던 자인데 초나라에 와서 도둑질을 하였으니 초나라 풍토는 사람들에게 도둑질을 하도록 하는 것 같습니다"라고 되받아쳐서 초왕을 곤란하게 했다는 고사가 있다. 이로부터 귤화위지(橘化爲枳)라는 사자성어가 생겼다. 기원전 500년 안영이 죽자, 경공은 안영의 집에 가서 시신을 껴안고 통곡했다는 기록이 있으며, 공자는 『논어』에서 "안평중은 남과 잘 사귀어 오래도록 존경을 받았다"고 하며 높게 평가하였다. 안자의 언행을 모아서 편찬한 책이 『안자춘추』인데, 촌철살인의 해학과 재치와 기지가 돋보이는 일화가 많이 실려 있다.

안을 제시했다. 『논어』에 보면, 자공이 "한마디 말로써 종신토록 행할 만한 것이 있습니까?"라고 묻자, 공자가 말하기를, "아마도 서恕일 것이다. 자기가 하고 싶지 않은 것을 남에게 베풀지 않는 것이다"라고 하였다(15-23). 또한 중궁이 인에 대하여 묻자, 공자가 말했다. "문을 나갔을 때는 큰 손님을 뵌 듯하고, 백성에게 일을 시킬 때는 큰 제사를 받들 듯하고, 자기가 하고 싶지 않은 일은 남에게 베풀지 아니한다" (12-2). 결국 서란 자기가 싫어하는 것으로부터 남이 싫어하는 바를 헤아리는 마음이다.

이러한 생각은 『대학』에도 언급되어 있다. "윗사람에게 싫은 것을 갖고 아랫사람을 부리지 말고, 아랫사람에게 싫은 것을 가지고 윗사람을 섬기지 말며, 앞사람에게 싫은 것을 가지고 뒷사람에게 먼저 하지 말고, 뒷사람에게 싫은 것을 가지고 앞사람에게 하지 말며, 오른쪽 사람에게 싫은 것을 가지고 왼쪽 사람을 사귀지 말고, 왼쪽 사람에게 싫은 것을 가지고 오른쪽 사람과 사귀지 말지니, 이를 혈구지도絜矩之道라 일컫는다."[54] 여기서 혈구지도란 '곱자를 가지고 재는 방법'이라는 뜻으로 목수들이 집을 지을 때 곱자를 가지고 치수를 재듯이 남의 처지를 잘 이해하는 것을 의미한다.

### 서란 내가 서고자 하면 남도 세워주는 것이다

서恕란 적극적으로는 내가 하고 싶은 일은 남에게도 할 수 있도록 이끌어 주는 마음이다. 자공이 물었다. "만약 백성에게 널리 은혜를 베

---

54  『대학』 「전10장」, "所惡於上 毋以使下 所惡於下 毋以事上 所惡於前 毋以先後 所惡於後 毋以從前 所惡於右 毋以交於左 所惡於左 毋以交於右 此之謂絜矩之道也"

풀어 사람을 구제할 수 있다면 어떻습니까? 인하다고 할 수 있습니까?" 이에 공자가 말했다. "어찌 인仁에만 그치겠느냐?. 반드시 성聖에 속하는 일이다. 요임금과 순임금도 그렇게 하지 못하는 것을 병통으로 여겼다. 대저 인이란 자신이 서고자 할 때 남을 세워주며, 자신이 도달하고자 할 때 남도 도달하게 해주는 것이다. 능히 가까이서 깨달음을 얻을 수 있으면[能近取譬, 능근취비], 인을 실천하는 방법이라 할 수 있다"(6-28). 결국 서란 적극적으로는 자기의 욕망을 확인하고 남의 욕망을 인정하는 것이다.

제13강

# 사람을 존중하다

공자는 주공周公[55]을 이상적인 인간상으로 생각했다. 주나라의 문물제도를 정비하고 정치질서를 바로잡은 것을 높이 평가하였다. 그래서 주공이 다스리던 주나라를 다스림의 모범으로 생각하였다. 공자는 노년에 꿈에서 주공을 만나지 못하는 것을 한탄할 정도로 주공을 매우 존경하였다. 또한 공자는 주공을 다음과 같이 평하였다.

주공은 아버지인 문왕을 섬길 때는 행동을 멋대로 함이 없이 공손히 받들어 아들 된 도리를 다하였고, 형 무왕이 죽고 조카 성왕이 어린 나이에 왕위에 오르자 섭정을 하면서 무왕의 업적을 이어받아 위엄으로써 천자

---

[55] 주공은 지금의 섬서성(陝西省) 기산(岐山) 사람으로, 성은 희(姬)이고, 이름은 단(旦)이다. 주(周)나라 창업의 기틀을 마련한 문왕의 넷째 아들이고, 무왕의 동생이다. 강태공, 소공 등과 함께 주나라를 창건한 공신이며, 제후국 노나라를 봉지로 받아 그 시조가 되었다. 무왕을 도와 은나라의 마지막 왕 주(紂)를 멸망시키고, 주나라의 문물과 제도를 정비하였으며, 무왕이 죽은 뒤에는 어린 조카 성왕을 도와 주 왕조의 기틀을 확립한 인물이다.

의 지위를 실천하였으며, 이어서 성왕이 장성하자 정치를 그에게 돌려주고 스스로 북면北面하여 섬기면서 조금도 자랑하거나 뽐내는 기색이 없이 신하로서의 의무를 다했다. 이처럼 한 사람의 몸으로 세 번이나 변할 수 있었던 것은 때에 맞게 잘 대응하였기 때문이다.[56]

유향이 편찬한 『설원』에 전하는 일화를 보면 주공은 관대하고 공경스러운 성품이었던 것으로 보인다. 성왕이 주공의 아들인 백금을 노나라 제후에 봉하자, 주공이 아들에게 다음과 같이 훈계하는 내용이 나온다.[57]

가거라! 그곳에 가거든 노나라를 가졌다고 선비들에게 교만하게 굴어서는 아니 된다. 나는 문왕의 아들이요, 무왕의 아우이며, 성왕의 숙부이다. 또한 천자를 보좌하니, 나는 천하에서 가벼운 존재는 아니다. 그러나 나는 선비를 만나기 위해 머리 한 번 감다가도 세 번이나 감던 머리를 감싸고 나왔고[一沐而三握髮], 한 번 밥을 먹다가도 세 번이나 입안의 음식을 뱉어내면서[一食而三吐哺] 찾아온 선비를 맞았다.[58] 그러면서도 오히려 천

---

**56** 이 내용은 『한시외전』 「권7」에 전하는 이야기다. 『한시외전』은 전한(前漢) 시대 경학자인 한영이 지은 책으로 『시경』의 해설서다. 「내전」 4권, 「외전」 6권을 저술하였으나 「외전」만 전해지고 있다. 『시경』을 해설하면서 다양한 고사, 고어, 설화를 인용하여 앞에 쓰고, 그 뒤에 『시경』의 시구를 기술하는 형태로 구성되어 있다.

**57** 『설원 上』, 유향 찬집, 임동석 역주, 동문선, 1997, 411~413쪽.

**58** 이러한 주공의 고사로부터 토포악발(吐哺握發)이라는 사자성어가 생겼다. 식사를 할 때나 머리를 감을 때도 선비가 찾아오면 먹던 것을 뱉고 머리를 감싸 쥐고 나아가서 맞이했다는 뜻이며, 훌륭한 인재를 얻기 위해서는 정성과 공경을 다해야 한다는 의미이다.

하의 귀한 선비를 놓치지 않을까 걱정을 하였다. 내 들은 바에 의하면 덕행이 너그럽고 여유로운 사람은 이를 공경함으로 지켜야 영광을 얻고, 토지가 넓고 크면 이를 검약으로 지켜야 안전하며, 녹봉이 많고 지위가 존귀하면 이를 겸손으로 지켜야 존귀하다고 하였다.

결국 주공이 아들에게 훈계한 내용의 요지는 겸손한 마음으로 관대함과 공경함을 실천하라는 것이었다. 이러한 관대함[寬]과 공경함[敬]을 공자는 사람이 갖추어야 할 덕목으로 생각하였다. 공자는 관寬을 아랫사람에 대한 너그러운 마음의 의미로, 경敬을 윗사람에 대한 공경하는 마음의 의미로 사용하였다.


## 아랫사람을 존중하는 마음, 관

관寬은 다른 글자와 합쳐져서 보통 관대寬大 또는 관용寬容 등으로 쓰인다. 관대함이란 너그럽고 도량이 넓은 마음을 의미하고, 관용은 남을 너그럽게 받아들이고 용서하는 마음이다. 남의 처지를 헤아려서 이해하려는 서恕와는 구분된다. 관대함에 대응되는 말은 엄격함이다. 공자는 자기에게는 엄격하고 남에게는 관대해야 한다고 하였다. 그래서 관대함과 엄격함은 사람의 언행에 대해 호불호好不好를 판단하는 잣대로 사용되기도 한다.

공직후보자 청문회를 볼 때마다 듣게 되는 "내가 하면 로맨스고 남이 하면 불륜"이라는 말처럼 남에게는 엄격한 잣대를 들이대면서 자기에게는 관대하게 행동했던 이중인격적인 인간들을 많이 볼 수 있다.

공직자의 자질을 갖춘 인간이라고 보기는 힘들다. 또한 관대함과 엄격함은 법을 집행하거나 나라를 다스림에 있어서도 적용된다. 법이 관대하면 사람들이 해이해져서 질서가 무너지고, 법이 엄격하면 가혹해져서 국민의 원망을 살 수 있다. 따라서 질서가 잡히고 안정된 경우에는 관대함을 베풀어 국민을 편안하게 하고, 혼란이나 무질서의 경우에는 법을 엄격하게 적용하여 해이해진 기강을 바로잡아야 한다.

### 관은 아랫사람에 대해 너그러운 마음이다

관寬은 아랫사람을 존중하는 마음이다. 공자는 "윗자리에 있으면서 너그럽지 않고, 예를 실천하는 데 경건하지 않으면 내가 무엇으로 그를 살필 수 있겠는가?"(3-26)라고 하여 윗사람으로서의 관대함을 강조하였다. 윗자리에 있는 사람은 아랫사람을 아끼고 존중하여 동질감을 느끼게 해야 한다. 윗사람이 권위주의적이고, 아랫사람에게 복종을 강요하거나 난폭하다면 인간으로서의 자격이 없다. 그래서 공자는 관대하지 않으면 인간으로서 볼 것이 없다고 말한 것이다.

### 관대하면 대중의 마음을 얻을 수 있다

자장이 인仁에 대하여 묻자, 공자는 다섯 가지를 천하에 행할 수 있으면 인이 된다고 말했다. "공손함[恭], 관대함[寬], 미더움[信], 민첩함[敏], 은혜로움[惠]이니, 공손하면 업신여김을 받지 않고, 너그러우면 대중의 마음을 얻게 되고, 미더움이 있으면 남들이 일을 맡기게 되고, 민첩하면 공이 있으며, 은혜로우면 남들을 부릴 수 있다"(17-6).

위에서 공자는 인을 이루는 다섯 가지의 덕목을 제시하였는데, 그 중의 하나가 너그러우면 대중의 마음을 얻을 수 있다고 하였다. 즉, 관즉득중寬則得衆이다. 너그러운 사람은 남들을 존중하게 되므로 편안한 마음으로 많은 사람이 그의 주변에 모이게 된다. 그러나 겉으로만 너그러운 듯 가장하고 실제로는 그렇지 못한 인간들이 있다. 특히 정치인 중에 그런 부류의 인간들이 많다. 진정한 너그러움이란 속으로는 진실한 마음을 품어야 하고 겉으로는 믿음이 있어야 한다.


## 윗사람을 존중하는 마음, 경

경敬은 공경하다[恭], 삼가다[愼] 등의 의미를 내포하고 있으며, 다른 글자와 결합하여 공경恭敬, 존경尊敬, 경건敬虔 등으로 쓰이고 있다. 공경과 존경은 윗사람을 존중하는 마음이고, 경건은 업무를 수행하거나 일을 처리할 때 엄숙하게 마음을 다하는 것이다. 『주역』「문언전」을 보면, "군자는 경으로써 안을 곧게 하고 의로써 밖을 방정하게 하여 경과 의가 확립되면 덕은 외롭지 아니하다"[59]고 하여 경敬과 의義를 견주어서 마음의 내외관계를 설명하였다. 안으로 마음을 경건하게 하고 밖으로 행동을 의롭게 하여 덕을 실천해야 사람들에게서 인정받는다는 것이다.

### 경은 윗사람에 대한 공경의 마음이다

공자는 경敬을 윗사람을 공경하는 마음으로 생각했다. 공자가 정나라 자산에 대하여 평하기를, "군자의 네 가지 도를 갖추었으니, 그 행

---

**59**  『주역』「곤괘, 문언전」, "君子敬以直內 義以方外 敬義立而德不孤"

동이 공손하며, 윗사람의 섬김이 공경스러우며, 백성의 기름이 은혜로우며, 백성의 부림이 의롭다"(5-15)고 하여 공경을 윗사람을 섬기는 덕으로 보았다. 또한 경은 부모에게 효를 행함에 있어서도 갖추어야 할 마음가짐이라고 보았는데, 자유가 효에 대하여 묻자, 공자가 말하기를, "지금의 효라는 것은 부양하는 것을 말하지만 개와 말에게도 기름이 있으니 공경하지 아니하면 무엇을 가지고 구별하겠는가?"(2-7)라고 하여 부모에게 효를 행함에는 공경하는 마음이 있어야 진정한 효라고 하였다.

### 경은 일을 경건하게 하는 것이다

공자는 경敬을 일을 처리할 때의 마음가짐으로 설명하였다. 번지가 인에 대하여 묻자, 공자는 "거처할 때 공손히 하며, 일을 집행할 때 경건하게 하고, 남을 대할 때 진심으로 하면, 비록 이적의 땅에 가서도 버려지지 않을 것이다"(13-19)라고 말했다. 인간의 삶은 혼자 있거나, 일을 하거나, 남과 어울리는 세 가지 경우를 생각할 수 있는데, 그 중 일을 할 때는 욕심을 내거나 자기에게 유리한 방향으로 처리하지 말고 공평하게 처리할 수 있도록 경건한 마음을 가져야 한다는 것이다. 또한 공자는 군자가 갖추어야 할 아홉 가지 생각[九思]을 제시하였는데(16-10), 그중 "일을 처리할 때는 경건함을 생각할 것[事思敬]"이라고 하였다.

### 경은 자기를 수양하는 방법이다

자로가 군자에 대하여 묻자, 공자가 "자기를 닦기를 경敬으로써 하는 것이다"라고 했다(14-45). 또 『주역』 「문언전」에는 "경건함을 가지고 안을 곧게 한다"고 하였다. 결국 공자는 경을 자신을 수양하는 방법으로 제시하였다. 여기서 경이란 생각이나 헤아림이 중단된 상태에서 마음을 고요히 간직하는 것을 의미한다. 그래서 경敬은 송나라 때 성리학이 발전하면서 수양의 요체로 중요하게 부각되었다.[60]

---

**60** 성리학에서는 선(善)한 마음을 회복하기 위한 수양 방법으로 두 가지를 제시했다. 하나가 거경(居敬)이고, 또 하나가 궁리(窮理)이다. 흔히 거경궁리라고 한다. 거경이란 주일무적(主一無適), 즉 마음을 한 군데에 집중하여 잡념을 버리는 것이며, 궁리란 격물치지(格物致知), 즉 사물의 이치를 구명하여 자기의 지식을 확고히 하는 것이다.

# 더불어 사람답게
# 살아가다

공자는 배움을 중시하였으며, 그 목표는 지혜를 터득하고, 예禮를 회복하고, 덕德을 함양하여 백성을 편안하게 하는 것이었다. 그래서 예의 회복과 덕의 함양을 강조하였다.

예와 덕은 표리관계에 있다. 덕은 앞서 살펴보았던 인仁, 의義, 효孝, 신信, 충忠, 서恕, 관寬 및 경敬 등으로, 인간이 갖추어야 할 품성이다. 덕은 인간이 내면에 지니고 있는 윤리적 품성이며 인격적 가치이다. 이러한 덕이 다른 사람과 관계에서 외부로 표현된 것이 예禮다. 수기修己의 목적이 덕德의 함양에 있다면, 안인安人의 목적은 예의 올바른 표현에 있다. 덕과 예는 표리관계에 있으므로, 따라서 내면의 덕이 아무리 높다 하더라도 예로써 외부에 바르게 표현되지 못하면 덕은 그 의미가 상실된다.

유가儒家에서는 예禮와 악樂을 나라를 다스리는 요체이며, 백성을 교화하는 수단으로 생각했다. 『예기』 「악기 편」에 "악은 천지의 조화[天地之和]이며, 예는 천지의 질서[天地之序]이다. 조화를 이루기에 만물이 모두 동화하고, 질서가 있기에 사물이 모두 구별 된다"[61]라고 하였다. 따라서 사람과 사람 사이에서 구별이 있음으로 인하여 예가 필요하고, 예로 인하여 형식적으로 치우칠 우려가 있는 것을 악으로써 바로잡아 서로 조화를 이루도록 해야 한다고 보았다. 그래서 유가의 궁극적인 이상은 예로써 나라의 질서를 확립하고, 인간 각자가 질서 있는 생활을 함으로써 비로소 삶의 즐거움을 느낄 수 있으며, 이와 같은 즐거움이 소리로 표출되어 음악으로 표현되는 것이다. 음악의 악樂과 즐거움의 락樂의 한자어가 동일한 것은 이러한 연유에서 기인되었다고 볼 수 있다.

예란 인간관계에서 지켜야 할 규범이며, 사회적 질서를 유지하는 수단이다. 따라서 사람이 먹고, 마시고, 입는 것 등 일상적인 의식주 생활에 대한 예절을 비롯하여 사람을 영접하고 배웅하는 예절, 그리고 결혼, 상례 및 제례 등 인간의 생활 전반을 규율하는 예절을 말한다. 공자는 인간을 남과 더불어 사는 사회적 존재로 보았기에 현실의 삶에서 예를 매우 중요하게 생각했다.


## 예악의 붕괴를 걱정하다

공자는 천하에 도道가 있는지 여부는 예악禮樂과 정벌征伐이 누구에게서 나오는지에 의해서 알 수 있다고 하였다. 『논어』에서 "천하에 도가 있으면 예악과 정벌은 천자로부터 나오고, 천하에 도가 없으면

---

61  『예기』「악기」, "樂者 天地之和也 禮者 天地之序也 和故百物皆化 序 故羣物皆別"

예악과 정벌은 제후로부터 나온다"(16-2)고 했다. 공자가 살던 시대는 춘추 시대로 예악과 정벌이 제후에게서 나왔고, 또 노나라의 제후는 삼환씨에 의해서 통제되었다. 따라서 그 당시는 도가 없는 시대에 해당하며, 천하의 질서가 무너진 상태였다. 이처럼 질서와 조화가 무너진 것을 예악의 붕괴라고 한다. 『논어』를 보면, 여러 곳에서 공자가 예악이 붕괴되었음을 걱정하는 내용을 볼 수 있다. 『논어』에서 공자가 이르기를, "계씨가 뜰에서 팔일무<sup>62</sup>를 추었으니, 이것을 차마 할 수 있다면 무엇인들 못하겠는가?"(3-1)라고 했다. 대부에 지나지 않는 계씨가 천자 앞에서 추는 춤을 자기 집의 뜰에서 추도록 하였으니 예에 어긋난다고 한탄한 것이다. 이어지는 구절에서는 "삼가三家<sup>63</sup>라는 자들이 제사를 마치고 옹장<sup>64</sup>을 부르면서 철상하니, 공자께서 '제사를 돕는 이는 제후들이요, 천자는 근엄하게 있도다'라는 노래를 어찌 삼가의 사당에서 취하는가?"(3-2)라는 내용이 나온다. 삼가는 대부에 불과한데 어찌 천자의 제사에서 부르는 노래를 삼가의 집에서 부르느냐며 불편한 심기를 드러내며 예가 무너졌음을 걱정한 것이다.

또한 계씨가 장차 전유顓臾<sup>65</sup>를 치려고 하자, 계씨의 가신이었던 제

---

**62** 일무(佾舞)는 가로와 세로로 줄을 서서 추는 춤으로, 천자는 팔일무(가로 세로 8명씩 64명이 추는 춤), 제후는 육일무(가로 세로 6명씩 36명이 추는 춤), 대부는 4일무(가로 세로 4명씩 16명이 추는 춤)을 추도록 되어 있다.

**63** 삼가(三家)는 삼환씨라고 부르며, 춘추 시대 노나라의 대부였던 맹손씨(孟孫氏), 숙손씨(叔孫氏), 계손씨(季孫氏)를 말한다. 모두가 노나라 환공의 아들과 후손들로 대를 이어서 노나라의 경제권과 군사권을 장악하여 권력을 행사하였다.

**64** 옹장(雍章)은 『시경』「주송」에 나오는 옹(雝)이라는 시를 말한다. 무왕이 문왕에게 제사를 올릴 때 읊던 시라고 한다. "相維辟公(상유벽공) 天子穆穆(천자목목)"은 시의 한 구절이다.

**65** 전유는 중국 전설상의 황제인 복희씨(伏羲氏)의 후예들이 산다는 곳으로, 주공이 노

자 염유와 계로가 공자에게 와서 "계씨가 장차 전유에서 일을 벌이려고 합니다"라고 아뢰었다. 이에 공자가 말하기를, "전유는 옛적에 선왕께서 동몽산의 제주로 삼으셨고, 또한 노나라 영역 안에 있으니 이는 사직을 담당하는 신하이다. 쳐서 무엇을 하겠다는 것이냐?"라고 하면서, 이를 말리지 않는 제자들을 꾸짖었다(16-1). 공자는 이처럼 당시의 통치 질서가 무너지고 예가 붕괴된 것을 걱정하였다.

## 예의 회복을 말하다

공자는 노나라의 통치 질서가 무너지고 예가 붕괴된 것을 걱정하면서 무엇보다도 예의 회복이 중요하다고 생각했다. 안연이 인에 대하여 묻자, 공자가 말했다. "자기를 극복하고 예를 회복하면 인仁을 행할 수 있다[克己復禮爲仁]. 하루라도 자기를 극복하고 예를 회복하면 천하가 인으로 돌아간다. 인을 행하는 것은 자기로부터 비롯되는 것이지 남으로부터 비롯되겠는가?"(12-1). 혹자는 극기복례위인克己復禮爲仁을 '자기를 극복하고 예로 돌아가는 것이 인이다'라고 해석하고 있으나, 이는 잘못이다. 마치 극기복례가 곧 인이라고 해석하는 결과를 가져오게 된다. 안연은 공자에게 인에 대하여 물었지만, 공자는 인에 대해 설명한 것이 아니라 인을 행하기 위한 선행조건을 말한 것으로 보아야 한다. 인은 인간이 내면에 갖고 있는 덕이고, 이러한 인이 외부로

---

나라의 제후로 봉해지기 전부터 몽산의 제사를 맡아왔던 소국가이며, 노나라에 속한 지역이다.

표현된 것이 예이다. 그런데 당시는 예가 붕괴된 상태이므로 인을 행하기에 앞서 먼저 예가 회복되어야 함을 강조한 것이다. 그리고 예가 회복되기 위해서는 자기를 이기는 것이 선행되어야 한다. 따라서 먼저 욕심과 교만으로 차있는 자기를 극복하고 예가 회복되어야 인을 행하더라도 제대로 행할 수 있다고 본 것이다. 그래서 공자는 그 다음에 이어서 "하루라도 자기를 극복하고 예를 회복하면 천하가 인으로 돌아간다"고 하였다. 또 "인을 행하는 것은 자기로부터 비롯되는 것이지 남으로부터 비롯되겠는가?"라고 하여 인을 행하는 것은 자기에게 달렸음을 강조하였다.

이어서 안연이 구체적인 실천방법을 물으니, 공자가 이르기를, "예가 아니면 보지 말고, 예가 아니면 듣지 말고, 예가 아니면 말하지 말고, 예가 아니면 움직이지 마라"(12-1)고 하였다. 즉, 보고, 듣고, 말하고, 행동하는 것을 자기의 욕심에 따라 하는 것이 아니라 철저하게 예에 부합되는지를 살펴보고서 행해야 하고, 그래서 욕심이 밖으로 나타나지 않도록 예를 실천해야 인을 행할 수 있다는 것이다.


## 예의 본질을 논하다

공자는 "예를 알지 못하면 설 수가 없다"고 하였는데, 이는 인간은 사회적 존재이기에 남과 더불어 살아야 하고, 또 이를 위해서는 예를 올바로 알아야 하는데, 그렇지 못하면 남과 더불어 살 수 없다는 의미이다. 공자는 올바른 예의 본질에 대하여 다음과 같이 세 가지를 말했다.

첫째, 예는 검소해야 한다. 『논어』에 보면, 임방[66]이 예의 본질에 대하여 묻자, 공자가 말하기를, "예는 사치하기보다는 차라리 검소한 것이 낫고, 상례는 잘 치르기보다는 차라리 슬퍼하는 것이 낫다"(3-4)고 하여 예의 검소함을 강조하였다. 또한 "삼으로 된 면류관을 쓰는 것이 예에 맞지만 지금은 생사로 만드니 검소한 것이다. 나는 대중들이 하는 것에 따르겠다"(9-3)고 하였다. 예를 실천함에서 사치스러운 것은 형식을 중시한 것이고, 검소한 것은 형식을 무시하고 본질을 중시한 것이다. 그래서 공자는 형식을 중시하지 않고 본질을 중시하여 대중들이 검소하게 하면 그것을 따른다고 하였다.

둘째, 조화를 귀하게 여겼다. 『논어』에서 공자는 "군자는 조화를 이루되 동일하지 않다[和而不同]"라고 했다. 군자란 인격을 갖춘 사람이며, 예를 제대로 실천하는 사람이다. 그래서 예를 실천함에도 조화를 중시한다. 공자의 제자인 유자有子는 "예의 쓰임은 조화를 귀히 여기니, 선왕의 도는 이렇기 때문에 아름다운 것이다.…그러나 행하여서는 안 되는 바가 있으니, 조화가 좋은 줄 알고서 조화만 이루고 예를 절제하지 않는다면 이 또한 안 되는 것이다"(1-12)라고 하였다. 이는 조화도 중요하지만 조화를 이루려는 마음에 치우쳐서 예에 맞지 않아서는 안 된다는 의미이다.

셋째, 예는 간소해야 한다. 흔히 유가의 예는 지나치게 형식적이고 번잡스럽다고 비판하지만 정작 공자는 간략한 것을 강조하였다. 공자는 "군자가 문文에서 널리 배우고, 예로써 집약한다면, 또한 도에 어긋나지 않을 것이다"(6-25)라고 하였다. 군자는 학문을 통하여 지식과

---

**66** 임방(林放)은 노나라 사람으로 공자의 제자라는 설이 있지만 확실하지는 않다.

지혜를 다양하게 섭렵해야 하지만, 예를 실천할 때는 그 중 보편타당한 것만을 집약하여 간소하게 행해야 한다는 의미이다.

## 예로써 다스림을 밝히다

공자는 덕치德治와 예치禮治를 주장하였다. 덕과 예로써 백성을 다스릴 것을 주장하고, 법적인 수단으로 백성을 다스리는 것을 경계했다. 법적인 수단으로 나라를 다스리면 비록 범죄는 막을 수 있을지 모르지만 백성들이 부끄러움을 모를 수 있다고 했다. 그래서 공자는 "덕으로 인도하고 예로써 가지런히 하면 부끄러워하는 마음이 생기게 되고 또 바르게 될 것이다"(2-3)라고 하였다. 덕과 예로써 다스린다는 것은 인간이 본래 선함을 전제로 한 것이며, 인간의 본성에 근거한 도덕 원칙을 법보다 우위에 놓고 백성을 다스리는 방법이다. 따라서 덕치란 지도자가 솔선수범하여 덕을 행함으로써 백성이 자발적으로 이에 승복하도록 하고, 백성들을 예의로 교화해서 사회의 질서를 유지하는 통치방법이다.

제15강

# 옳고 그름을
# 분별하다

공자는 배움을 인생의 즐거움으로 생각했는데, 이는 배움을 통해 지知를 습득할 수 있기 때문이다. 지知는 고대로부터 알다, 깨닫다, 알아주다 등의 의미로 사용되었으며, 명사적으로는 지각이나 지식을 뜻하고, 또 지혜를 뜻하는 지智와 서로 통용되기도 하였다. 또한 지知는 인간의 지각이나 인식작용뿐만 아니라 인격, 도덕, 학문 등의 영역과 폭넓게 연관되어 있어 도덕적 가치판단을 할 수 있는 능력을 뜻하기도 한다. 그래서 맹자는 "옳고 그름을 따지는 마음은 지智의 단서"라고 하여 인仁, 의義, 예禮와 더불어 인간이 갖추어야 할 덕목으로 보았다.[67]

---

[67]  맹자는 『맹자』「공손추장구상6」에서 측은하게 여기는 마음은 인(仁)의 단서이고, 부끄러워하고 미워하는 마음은 의(義)의 단서이며, 사양하는 마음은 예(禮)의 단서이고. 시비를 가리는 마음은 지(智)의 단서라고 하였다. 맹자는 사람이 이 사단(四端)을 가지고 있는 것은 사지를 갖고 있는 것과 같이 본래부터 갖고 있는 것이라고 하면서 인의예지라는 네 가지 덕의 근본이 된다고 생각했다.

『논어』에 보면, 공자는 인仁 다음으로 지知에 대하여 많은 말을 남겼다. 공자는 "아는 것을 안다고 하고, 모르는 것을 모른다고 하는 것, 그것이 아는 것이다"(2-17)라고 하여 지知를 '안다'는 의미로 사용했다. 또 "남이 나를 알아주지 않아도 화내지 않으면 이 또한 군자답지 아니한가?"(1-1)라고 하였는데, 이때의 지知는 '알아주다' 또는 '인정하다'라는 의미로 사용했다. 지知는 명사적으로는 지혜의 의미를 갖고 있는데, 종종 인仁과 대비되어 사용되었다. 공자는 "인자仁者는 어진 것을 편안하게 여기고, 지자知者는 어진 것을 이롭게 여긴다"(4-2)고 하였고, "지자知者는 물을 좋아하고,[68] 인자仁者는 산을 좋아한다"[69] (6-21)라고 하였다. 또한 "지자는 미혹되지 않고, 인자는 근심하지 않는다"고 하였다(9-28). 지자란 사리를 분별하는 능력을 가진 지혜로운 사람이며, 인자는 사람을 사랑하는 마음을 가진 사람이다. 공자는 자주 이를 비교하여 말했다.『공자가어』를 보면, 지자와 인자에 대해 다음과 같은 이야기가 전해진다.[70]

---

68 무릇 물이란 순리를 따라 흐르되 작은 빈틈도 놓치지 않고 적셔드니 이는 마치 지혜를 갖춘 자와 같고, 움직이면서 아래로 흘러가니 이는 예를 갖춘 자와 같으며, 어떤 깊은 곳도 머뭇거림이 없이 밟고 들어가니 이는 용기를 가진 자와 같다. 천지는 이를 통해 이루고, 만물은 이로써 살아간다. 이 때문에 지혜로운 자는 물을 좋아한다고 하였다.(『한시외전』, 한영 찬, 임동석 역주, 동서문화사, 2012, 335~336쪽.)

69 무릇 산이란 만민이 우러러보는 대상이다. 초목이 그곳에서 나서 자라고, 만물이 뿌리를 내리고 자라며, 새들이 모여들고, 짐승이 쉬어간다. 사방 사람들이 그곳에 가서 이익을 취하며, 구름과 바람이 불어 일고, 천지의 중간에 우뚝 서있다. 천지는 이로써 이루어지고, 나라는 이로써 안녕을 얻는다. 이 때문에 인자는 산을 좋아한다고 하였다.(『한시외전』, 한영 찬, 임동석 역주, 동서문화사, 2012, 338~339쪽.)

70 『공자가어』, 왕숙 찬, 임동석 역주, 동서문화사, 2009, 286~287쪽.

어느 날 공자가 자로에게 "지자는 어떠하며 인자는 어떠하냐?"고 물었다. 이에 자로가 "지혜 있는 자는 남으로 하여금 자기를 알도록 하며, 어진 자는 남으로 하여금 자기를 사랑하도록 만듭니다"라고 답하자, 공자가 "선비라고 할 수 있겠구나"라고 하였다. 자로가 물러가고 자공이 들어오자, 자로에게 했던 똑같은 물음을 했다. 자공이 "지혜 있는 자는 남을 알아보고, 어진 자는 남을 사랑합니다"라고 답하자, 공자가 "선비라 할 수 있겠구나"라고 하였다. 자공이 물러가고 안회가 들어오자 똑같은 질문을 했다. 안회가 "지혜 있는 자는 스스로를 알고, 어진 자는 스스로를 사랑합니다"라고 답하자, 공자가 "선비다운 군자로구나"라고 하였다.

공자는 남이 자기를 알도록 능력을 갖추는 것도 지혜로운 일이고, 남을 알아주는 마음을 갖는 것도 지혜로운 일이지만, 무엇보다도 스스로를 아는 것을 으뜸으로 생각했음을 알 수 있다.


## 지란 알고 깨닫는 것이다

인간은 오관을 갖고 있어서 보고, 듣고, 냄새 맡고, 맛을 느끼며, 감각을 느끼게 된다. 또한 정신을 통하여 인식하고, 생각하고, 기억하게 된다. 따라서 이러한 지각과 정신작용이 결합하여 인간은 사물을 인식하고, 알고, 깨달으면서 지식과 지혜를 축적한다. 안다는 것은 배움을 통해 어떤 사물이나 상황에 대하여 지식을 갖추는 것을 말하며, 깨닫는 것은 사물의 본질이나 존재 등을 느끼고 생각하여 알게 되는 것을 의미한다. 이처럼 알고 깨달아야 할 대상은 인간이 살아가면서 직면하는 사물과 상황 및 지식 등 다양하다. 공자가 살던 시대에는 사대부로 살아가는 데 필요한 기초적인 교양으로『예』,『악』,『시』,『서』,『역』,『춘추』등 육경六經이 알아야 할 주요 대상이었다.

공자는 아는 것에 등급을 부여하여 "태어나면서 아는 자가 최상이고, 배워서 아는 자가 그 다음이고, 어려움을 겪으면서 배우는 자는 그 다음이다"(16-9)라고 하였다. 다만 자신은 태어나면서 아는 사람은 아니라 배움을 통해 아는 사람이며, 평생을 학문을 즐거워하면서 앎을 추구한 사람이라고 하였다. 또한 공자는 새로운 것을 아는 것을 중시하여 "옛 것을 익히고 새것을 알면 스승이 될 수 있다"(2-11)고 하였다. 스승의 역할은 단순히 옛것을 가르치는 것이 아니라 옛것을 먼저 알고 그것을 바탕으로 새로운 것을 전할 수 있어야 한다고 본 것이다.

한편 공자는 "천명을 알지 못하면 군자가 될 수 없다"(20-3)고 했다. 천명天命이란 하늘로부터 부여받은 사명 또는 품부 받은 덕성이다.『중용』「제1장」에 "하늘이 명한 것을 성性이라 하고, 성을 따르는 것을 도道라고 하며, 도를 닦는 것을 교敎라고 한다"[71]고 하여 천명이 곧 본성임을 밝히고 있다. 따라서 공자는 인간은 하늘로부터 부여받은 본성을 자각하고 이를 실천하는 것이 사명이기에, 천명을 알지 못하면 군자가 될 수 없다고 보았다. 천명은 본성에 따른 삶이며 곧 정신에 따른 삶이다. 이에 반대되는 삶이 육체의 욕구대로 사는 삶이다. 그러나 인간이 육체의 욕구대로 생활한다면 그 삶은 육체의 소멸과 함께하는 유한한 삶이며, 욕구를 충족하기 위해 남과 경쟁하는 삶이다. 그런데 남과의 관계에서 본성을 실천하면서 외부적으로 표현되는 형

---

**71** 『중용』「제1장」, "天命之謂性 率性之謂道 修道之謂教"

식이 예다. 따라서 예를 알아야 남과 더불어 사회를 이루어 살아갈 수 있다. 또한 사람을 안다는 것은 그 육체를 아는 것이 아니라 그 마음을 아는 것이다. 사람의 마음은 결국 말로써 표현되므로 말을 알아야 사람의 마음속에 품은 참뜻을 이해할 수 있다. 공자는 오십에 천명을 알았다고 하였는데, 오십이 되어서야 비로소 하늘이 자신에게 명한 사명이 무엇인지 또 품부된 덕성이 무엇인지를 깨달았다는 의미이다.

공자의 철학은 현세의 철학이다. 따라서 알고 깨닫고 실천하는 것은 주로 현실의 삶과 관련된 것이었다. 계로가 죽음에 대하여 묻자, 공자가 말하기를, "아직 삶을 알지 못하는데 어떻게 죽음을 알겠느냐?"(11-11)고 하였다. 이는 죽음 이후의 세계보다는 현실의 삶에 더 충실하고 더 관심을 가지라는 말이다.


## 지는 남을 알아주는 것이다

대부분의 사람들은 남이 자기를 알아주기를 바란다. 남과 자기를 구별하여 경쟁하는 삶을 살아가려고 하기 때문에 남에게 이기려고 하고, 남이 자기의 학식이나 지위나 재력 등을 알아주기를 원한다. 그러나 이러한 삶은 불만과 불평을 가져오는 삶이며 바람직한 삶이 아니다. 그래서 공자는 "남이 자기를 알아주지 못함을 걱정하지 말고 내가 남을 알아주지 못함을 걱정해야 한다"(1-16)라고 하였고, 또 "남이 나를 알아주지 않음을 걱정하지 말고 자기가 능하지 못함을 걱정해야 한다"(14-32)라고 하였다. 즉, 자기가 남으로부터 인정받으려면 먼저 자기의 능력을 스스로 깨달아야 하고, 설사 인정받지 못하더라도 불평하거나 걱정하지 말고 먼저 남을 인정하는 마음을 가져야 한다는 것이다. 그래서 "군자는 자기의 무능함을 병으로 여기고 남이 자기를 알아주지 않는 것을 병으로 여기지 않는다"(15-18)고 했으며, "남이 나를 알아주지 않아도 화내지 아니하니 또한 군자답지 아니한가!"(1-1)라고 하여 군자는 설사 남이 알아주지 않아도 스스로 반성하며 만족해야 한다고 하였다.


## 지는 지식 또는 지혜를 의미한다

지知는 지식 또는 지혜를 의미한다. 지식이란 사물에 대하여 배우거나 경험을 통해 얻은 결과물이다. 이에 비해 지혜란 사물의 이치를 빨리 깨닫고 사물을 명확하게 처리하는 정신적 능력이다. 그래서 지식과 지혜는 구별되기도 한다. 예를 들어, 과학적 지식은 아무리 쌓여도 인생을 어떻게 살 것인지에 대한 해답을 주지 못한다. 삶에 대한 해답을 주는 것은 지식이 아니라 지혜이다. 그러나 지식과 지혜를 명확히 구별하는 것은 쉬운 일이 아니다. 삶의 지혜를 깨닫는 데는 사물에 대한 지식도 필요하기 때문이다.

번지[72]가 지에 대하여 묻자, 공자가 "백성들을 의롭게 하는 데 힘쓰고, 귀신을 공경하되 멀리하면 지혜롭다고 할 수 있다"고 하였다(6-20). 인간의 삶은 두 가지 부류로 나눌 수 있다. 하나는 본성에 따른 삶이

---

**72** 번지(樊遲)는 춘추 시대 노나라 사람으로, 이름은 수(須)이다. 공자보다 36살 아래이며, 공자의 측근으로 일했다.

고, 또 하나는 육체적 욕구에 따른 삶이다. 본성에 따른 삶은 의로움을 중히 여기고 남과 하나 되는 삶을 살려고 한다. 육체적 욕구에 따른 삶은 이익을 중히 여기고 남과 구별되는 삶을 살려고 한다. 육체적 욕구에 따른 삶을 사는 사람은 이익만을 추구하며 이익을 탐하여 미혹에 빠질 우려가 있다. 그래서 공자는 백성들이 이익을 추구하기보다는 의롭게 만드는 데 힘쓰고, 귀신을 공경하되 멀리하여 거기에 빠지지 않는다면 지혜로운 사람이라고 하였다. 또한 공자는 "영무자[73]는 나라에 도가 있을 때는 지혜롭고 도가 없을 때는 어리석었으니, 그 지혜는 따를 수 있으나 그 어리석음은 따를 수 없다"(5-20)라고 하였다. 이는 나라에 도가 있을 때는 지혜로운 사람이 대우를 받지만 나라에 도가 없으면 지혜로운 사람은 배척받게 된다. 참으로 지혜로운 사람은 나라에 도가 있을 때는 백성들을 위해 일하므로 지혜가 드러나지만 나라에 도가 없으면 숨어서 드러나지 않으므로 어리석은 듯이 보인다. 하지만 그렇게 처신하는 것이 바로 지혜로움이라는 의미이다.

한편 공자는 "더불어 말을 해야 할 때 더불어 말을 하지 않으면 사람을 잃는 것이고, 더불어 말하지 않아야 할 때 더불어 말하면 말을 잃는 것이다. 지혜로운 자는 사람을 잃지 아니하며 또한 말도 잃지 않는다"(15-7)라고 하였다. 말은 사람의 마음속의 생각을 표현하는 수단이다. 따라서 말은 시기가 적절해야 하고, 내용이 진실해야 하며, 상대의 기분에 맞아야 한다. 오해가 있을 때는 말을 해서 풀어야지 침묵하면 사람을 잃게 된다. 반대로 불필요한 말은 하지 말아야 하는데, 입 밖으로 내뱉으면 주워 담지 못한다. 지혜로운 사람은 사리를 분별하는 능

---

[73] 영무자는 춘추 시대 위나라 문공 및 성공 때 활동한 사람이다.

력이 있고, 또 상황에 맞게 말을 함으로써 상대에게 원망도 듣지 않고 불필요한 말도 하지 않게 된다. 하지만 그렇지 못한 사람은 말을 잘못하여 상대의 오해를 사서 말도 잃고 사람도 잃을 수 있다는 것이다.

제16강

# 군자에 이르는 길

　현대사회의 특징을 한마디로 요약한다면 아마 다양성일 것이다. 문화와 관습, 생각과 가치관, 학문과 기술 등 모든 분야에서 개인적인 특성에 따라 다양한 차이를 나타내고 있다. 이러한 다양성은 사회를 발전시키는 원동력이 되기도 하지만, 한편으로는 개인주의와 이기주의에 치우쳐 조화를 저해하고 갈등을 가져오는 원인이 되기도 한다. 다양하고 복잡한 사회일수록 인간은 고독한 군중Lonely crowd[74]이 되어 타인으로부터의 소외감은 커지고 자기중심적인 삶에 빠지게 된다. 사람에 따라서는 남에게 겸손하거나 친절한 것이 오히려 거부감으로 나타

---

[74] 미국의 사회학자인 데이비드 리스먼이 1950년에 출간한 『The Lonely Crowd(고독한 군중)』에서 유래된 말이다. 그는 사회구조의 변화에 따라 세 가지 유형의 인간상을 제시했는데, 전통사회의 가치관을 중요시 하는 '전통지향형', 가족에 의해 학습된 내면적 가치관을 따르는 '내부지향형', 그리고 동료 등 사회집단의 영향을 받아 행동하는 '외부지향형'이다. 그러면서 현대의 산업사회에서 탄생한 '외부지향형' 인간들은 타인의 생각과 가치관에 민감하게 반응하여 겉으로는 사교적인 것처럼 보이나 내면적으로는 고립과 불안감으로 번민하는 '고독한 군중'이라고 표현했다.

나기도 하고, 또는 남에게 인정을 받기 위해 좋은 사람이 되려고 하는 강박관념에 빠져 콤플렉스[75]로 발전하기도 한다. 인간은 사회적 동물이기에 타인과 조화를 이루면서 더불어 살아가야 하고, 또한 인간은 문명적 존재이기에 남과의 관계에서 삶의 품격이 요구되기도 한다. 인간이라면 대부분 도덕적으로 바람직한 인간이 되기를 원한다. 이는 사회가 아무리 다양하고 복잡하더라도 바람직한 인간의 문제는 삶의 기본적인 도리 또는 도덕과 연결되기 때문에 시대의 고금을 막론하고 그 본질은 동일하다. 따라서 바람직한 인간상이란 인간이 세상을 살면서 목표로 하는 인간의 모습이라고 할 수 있다.

『중용』에 "성실하고 진실한 것은 하늘의 도리이고, 성실하고 진실해지려고 노력하는 것은 사람의 도리다"[76]라고 하였듯이, 인간은 성실한 삶을 위하여 노력하는 존재이다. 공자는 바람직한 인간상으로 군자君子라는 개념을 제시하였다. 물론 바람직한 인간상이라는 말 자체가 사람에 따라 가치관이 서로 다르기 때문에 모호하고 추상적이다. 또한 공자가 살던 시대와 지금과는 2,500년의 간극이 있기에 군자라는 인간상이 과연 오늘날에도 의미가 있는지에 대해서는 의문이 제기

---

**75** 착한 사람 콤플렉스는 타인으로부터 착한 사람이라고 인정받기 위해 내면의 욕구나 바람을 억압하는 행동을 반복하는 콤플렉스다. 주로 어린 시절 '착하거나 말 잘 듣는 것은 좋은 것이고, 착하지 않거나 말 안 듣는 것은 나쁜 것'이라는 사회적 교육에서 기인된다. 이러한 콤플렉스를 지닌 어린이들은 어른의 말을 거역하지 못해 유괴 등에 쉽게 넘어가고, 어른들은 타인의 요구를 거절하지 못해 보증 등의 위험에 빠지기도 한다. 『논어』「공야장 편」에 보면 미생고(微生高)에게 어떤 사람이 식초를 얻으러 가니 이웃집에서 빌려다 주었다. 미생고는 남에게 좋은 사람이라는 말을 듣고 싶어 이웃집 물건으로 생색을 냈으므로 일종의 착한 사람 콤플렉스가 있는 것이며, 이에 공자는 미생고가 솔직하지 못하다고 하였다.

**76** 『중용』「제20장」, "誠者 天之道也 誠之者 人之道也"

될 수 있다. 그러나 예나 지금이나 도덕의 본질은 변함이 없으므로 공자가 제시한 군자의 덕성을 지금의 시대에 맞게 실천한다면 보다 바람직한 삶을 기대할 수 있을 것이다.

공자는 "성인을 내가 만나 볼 수 없다면 군자만이라도 만나볼 수 있으면 좋겠다"(7-25)고 하였다. 군자에 대한 기대와 바람이 매우 컸던 것으로 생각된다. 『논어』에는 공자가 군자라고 언급한 사람이 네 명이 나온다.

첫째가 위나라의 거백옥이다. 거백옥은 위나라 사람으로 영공 때 대부를 지냈으며, 겉은 관대하지만 속은 강직한 성품이었다고 한다. 공자는 "거백옥은 군자다. 나라에 도가 있으면 벼슬을 하고, 나라에 도가 없으면 거두어 감출 수 있구나?"(15-6)라고 했다. 사마천은 『사기』에서 공자가 동시대의 사람으로 존경한 인물이 여섯 사람이 있다고 하였는데,[77] 그 중의 한 사람이 거백옥이다.

둘째는 정나라 재상이었던 자산이다. 공자는 자산에 대해 평하기를, "군자의 네 가지 도를 갖추었으니 그 몸가짐이 공손하며, 윗사람 섬김이 공경스러우며, 백성을 기름이 은혜로우며, 백성을 부리는 것이 의롭다"(5-15)고 했다.

셋째는 제자 복자천이다. 공자는 복자천에 대해 "이 사람은 군자로다. 노나라에 군자가 없었다면, 이 사람이 어디에서 이러한 덕을 취했겠는가?"(5-2)라고 하였다.

---

[77] 사마천은 『사기』 「중니제자열전」에서 공자가 존경한 사람은 주나라의 노자, 위나라의 거백옥, 제나라의 안평중, 초나라의 노래자, 정나라의 자산, 노나라의 맹공작이라고 하였다.

그리고 네 번째는 제자 남궁괄이다.[78] 남궁괄이 공자에게 "예羿[79]는 활을 잘 쏘았고, 오奡[80]는 배를 육지로 끌었지만 모두 제명에 죽지 못했습니다. 우禹와 직稷[81]은 몸소 농사를 지었는데도 천하를 소유하였습니다"라고 말하자, 공자는 대답을 하지 않고 있다가 남궁괄이 나가자 "이 사람은 군자다. 덕을 숭상한다. 사람 같도다"라고 하였다(14-6). 예와 오는 능력은 뛰어났으나 덕이 부족하여 제명에 죽지 못하였지만 우와 직은 비록 농사를 지었어도 덕이 있어 천하를 다스렸는데, 남궁괄

---

**78** 남궁괄은 춘추 시대 노나라 사람으로 남용이라고 불렀다. 공자는 남궁괄이 덕을 숭상하는 사람이라고 평가했으며, 『시경』의 「백규 편」을 매일 세 번이나 반복해 읽는 것을 보고 공자가 자기 형님의 딸을 시집보냈다.

**79** 요임금이 천하를 다스릴 무렵 하늘에는 대지를 비추던 태양이 열 개였는데, 그 중 한 개만이 떠서 대지를 비추고 나머지는 탕곡이라는 곳에서 하늘로 나갈 차례를 기다리고 있었다. 그러던 어느 날 열 개의 태양이 한꺼번에 하늘에 나타나는 이변이 일어났다. 이로 인해 대지가 갈라지고 강과 호수에 물이 말라서 사람들은 굶주림과 목마름으로 괴로워했다. 요임금은 매일 기도를 하였는데, 이 기도가 천제인 제준의 귀에 들어갔고, 제준은 활을 잘 쏘는 천신 예(羿)를 보내 해결하도록 했다. 이에 예는 하늘을 향해 활을 쏘아 아홉 개의 태양을 떨어뜨리고 하나를 남겨, 사람들이 태양의 혜택을 제대로 누릴 수 있게 했다. 또한 당시에 땅에는 알유, 착치 등 무서운 괴물들이 출현하여 사람을 공격했는데, 예는 이 괴물들을 활로 쏘아 물리쳤다. 예는 그의 가신인 몽룡이라는 자에 의해 살해되었다(『중국신화전설1』, 위앤커 저, 전인초 역, 민음사).

**80** 하나라를 세운 우임금의 뒤를 이어 임금이 된 사람은 그의 아들인 계였다. 계가 죽은 이후에는 다섯 아들이 싸움을 일으켜 유궁국의 후예(后羿)에게 나라를 빼앗겼다. 후예는 태어나면서부터 활을 잘 쏘아서 태양을 쏘았던 천신인 예를 흠모하여 후예라고 하였다. 그러나 후예는 재상인 한착에게 살해당했다. 한착은 후예가 죽은 후에 그의 부인을 취해서 두 아들을 낳았는데, 그 중 한 명이 오(또는 요)이다. 오는 한착의 아들로 힘이 세어 배를 육지에서 끌고 다녔다고 한다. 나중에 오는 계의 손자인 소강에게 멸망하였다(『중국신화전설1』, 위앤커 저, 전인초 역, 민음사).

**81** 중국의 고대 전설 시대의 인물로 후직이라고도 하며, 어려서부터 농작물을 심고 기르기를 좋아하여 성장해서는 농사에 남다른 능력을 보였다. 순임금의 농관(農官)으로 발탁되어 백성들에게 농사짓는 법을 가르쳤다.

이 우와 직의 덕을 숭상하고 있음을 높이 평가하여 군자라고 칭찬한 것이다. 물론 공자가 살던 시기에 군자가 위의 네 사람에 한정된 것은 아니었으며, 이는 단지 드러난 예시에 불과하다.

## 군자는 일정한 덕을 갖춘 유덕자이다

군자君子란 말은 글자대로 풀이하면 임금君의 아들子이란 뜻이지만, 보통 학식과 덕행이 높은 사람[有德者] 또는 높은 관직에 있는 사람[有位者]을 의미하였다. 다만 높은 지위에 있다 하더라도 덕을 겸비하지 못하고 백성을 사랑하지 않으면 군자라고 하지 않았다. 군자는 본래 중국 주나라 때의 신분계층인 경卿이나 대부大夫 등에 붙였던 애칭인데, 공자에 의해서 유교적 덕성과 교양을 겸비한 인격자로 지칭되었다. 『논어』에는 전편全篇에 걸쳐 군자라는 말이 107회나 등장하는데, 대부분이 도덕적 인격을 갖춘 사람을 지칭하고 있다. 도덕적으로 인격이 높은 사람을 지칭하는 용어로는 군자 이외에도 성인聖人, 현인賢人, 대인大人 등이 있는데,[82] 공자는 주로 군자를 사용하여 소인과 대비시키면서 군자의 도덕적 덕목을 설명하였다. 특히 공자는 군자에 대해 그 뜻을 직접 정의한 것이 아니라 대화의 상대나 상황에 따라 다양하게 설명하였는데, 이들을 종합해보면 군자는 인격이 완성된 사람

---

[82] 도덕적 인격자를 굳이 구분한다면 성인은 인격의 완성자로서 현존하지 않는 사람, 대인은 인격의 완성자로서 현존하는 사람, 현인은 인격은 물론 지혜가 뛰어난 사람, 군자는 일정한 수준의 인격을 갖추고 덕의 완성을 위해 노력하는 사람이라고 말할 수 있다.

은 아니지만 일정한 덕을 갖춘 사람임을 알 수 있다.

　우선 공자는 "남이 나를 알아주지 않아도 화내지 않으니 이 또한 군자가 아닌가!"(1-1)라고 하여, 군자는 남이 알아주기보다는 자기를 위해서 학문을 좋아하는 사람으로 보았다. 또한 "군자는 덕을 좋아한다"(4-11)라고 하거나, "군자는 의로움에 밝고, 소인은 이로움에 밝다"(4-16)고 하여 군자의 성품으로 덕과 의를 강조했다. 나아가 "군자가 인을 버리면 어떻게 제 역할을 하겠는가? 군자는 밥을 먹는 동안에도 인을 어김이 없으니, 황급한 상황에서도 인에 처신하고 넘어지더라도 인에 처신한다"(4-5)고 하였고, 또 "군자의 도는 세 가지인데, 어질면 근심하지 않고, 지혜로우면 미혹되지 않으며, 용기가 있으면 두려워하지 않는다"(14-30)라고 하여 군자의 덕으로 인仁과 지知와 용勇을 들었다. 또 "군자는 도를 도모하고 밥을 도모하지 않는다. 밭을 갈면 밥이 그 가운데 있고, 배우면 녹이 그 가운데 있으므로, 군자는 도를 걱정하고 가난함을 걱정하지 않는다"(15-31)고 하여 군자는 가난함을 걱정하기보다는 도를 깨닫는 것을 중히 여긴다고 하였다. 공자는 이처럼 군자가 갖추어야 할 덕성을 가지고 군자를 설명하였다.

## 군자는 인격완성을 위해 자기 수양하는 사람이다

　군자는 학식과 도덕적 덕목을 갖추어야 하며, 따라서 이를 위해 끊임없이 노력하는 사람이다. 공자는 "군자는 의로움을 바탕 삼고, 예로써 행동하며, 공손함으로 나타내며, 믿음으로 이루어간다. 그래야 군자다"(15-17)라고 하여 군자는 의義와 예禮와 손孫과 신信을 이루기 위해 노력하는 사람이라고 하였다. 또한 "군자가 신중하지 아니하면 위엄이 없으며, 배우면 고루하지 않게 된다. 충과 신에 주력하며 자기만 못한 자를 벗하지 말며 허물이 있으면 고치기를 꺼리지 않는다"(1-8)고 하여 군자는 진실한 마음과 믿음을 갖고 허물을 고치나가야 한다고 하였다. 또 공자는 "군자는 먹는 것에 배부름을 구하지 아니하며 거처하는 것에 편안함을 구하지 아니하며 일하는 데는 민첩하고 말하는 데는 조심하며 도가 있는 자에게 나아가서는 바르게 한다면 학문을 좋아한다고 할 수 있다"(1-14)고 하였다. 군자는 먹는 것이나 거처하는 것에 관심을 두지 말고 오직 학문을 좋아하여 자신을 바르게 하기 위해 노력하는 사람이라는 의미이다.

## 군자는 조화로운 인간관계를 실천하는 사람이다

군자는 먼저 자신의 인격을 완성하고, 나아가 조화로운 인간관계를 위해 실천하는 사람이다. 공자가 "군자는 두루 조화를 이루고 당파를 형성하지 아니한다"(2-14)고 하거나, "군자는 자긍심이 있지만 다투지 아니하고 무리 지어 살되 당파를 이루지 않는다"(15-21)고 하여 조화를 강조하였다. 자장은 스승에게 들었다고 하면서 "군자는 어진 것을 존경하고, 뭇사람을 포용하며, 잘하는 이를 좋게 여기고, 잘못한 이를 불쌍히 여긴다. 내가 크게 어질다면 남에 대하여 어느 것을 용납하지 못할 것인가?"(19-3)라고 하였다. 군자가 어질고 관대하다면 남에 대하여 용납하지 못할 것이 아무것도 없다는 것이다.

또한 공자는 "군자는 세 가지를 생각해야 할 것이 있다. 젊어서 배위두지 않으면 장성하여 무능하게 되는 것이요, 늙도록 자식을 가르치지 않으면 죽으면서 아무 것도 생각하지 못하게 되는 것이며, 재물이 있어도 남에게 베풀지 않으면 자신이 궁해졌을 때 아무도 구제해주지 않는다. 그러므로 군자는 젊어서는 어른이 되었을 때를 생각하여 학문에 힘써야 하고, 늙어서는 그 죽을 때를 생각하여 가르치기를 힘써야 하며, 재물이 있을 때는 곤궁할 때를 생각하여 베푸는 데 힘써야 한다"고 하였다.[83] 즉, 군자는 배움과 가르침에 힘쓰고 남에게 베푸는 삶을 살아야 한다는 것이다.

## 군자에 이르는 길

결론적으로 군자는 인간이 목표로 하는 이상적인 인간상이다. 군자는 덕을 갖춘 인간이다. 군자는 인격의 완성자는 아니지만 완성을 위해 노력하는 실천자이며, 덕을 함양하기 위해 끊임없이 노력하는 인간이다. 공자는 "천명을 알지 못하면 군자가 될 수 없다"(20-3)고 하였는데, 따라서 군자에 이르는 길은 바로 천명을 알고 꾸준히 자기의 인격을 닦는 것이라 하겠다.

---

**83** 『공자가어』, 왕숙 찬, 임동석 역주, 동서문화사, 2009, 270~271쪽.

제17강

# 군자의 삶

공자는 자신을 군자라고 생각하였다. 공자는 "성인聖人과 인자仁者라면 어찌 내가 감히 할 수 있겠는가? 그러나 그렇게 되려고 노력하는 것을 싫어하지 아니하며 다른 사람에게 가르치는 것을 게을리 하지 않는다고는 말할 수 있다"(7-33)고 하여 자신은 성인과 인자가 되려고 노력하는 군자라고 하였다. 이러한 생각은 『공자가어』에도 나타나 있다.[84]

공자가 동쪽으로 흐르는 강물을 바라보고 있을 때 자공이 물었다. "스승님께서는 큰물을 보시면 반드시 오랫동안 바라보시는데 무슨 까닭이십니까?" 이에 공자가 말했다. "물은 쉬지 않고 흘러가며 게다가 멀리 퍼져나가 여러 생물에게 혜택을 주면서도 아무런 작위가 없는 것처럼 행하기 때문이다. 무릇 물이란 덕과 같아서 낮은 곳으로 흐르면서 그 굽은 땅에 맞추어 그 이치대로 하니 이는 의로움義과 같으며, 또 넓고 넓어 다함이 없으

---

**84** 『공자가어』, 왕숙 찬, 임동석 역주, 동서문화사, 2009, 279~280쪽.

니 이는 도道와 같은 것이며, 백 길이나 되는 골짜기를 만나도 두려워함이 없으니 이는 용기勇와 같은 것이며, 그 양에 따라 반드시 평면을 이루니 이는 법法과 같으며, 아무리 가득 차더라도 이를 평평하게 해주기를 요구하지 않으니 이는 곧음[直]과 같으며, 곱고 가늘게 어디나 젖어들어 통하니 이는 잘 살핌[察]과 같으며, 발원하여 동쪽으로 가는 것은 뜻[志]이 있는 것과 같으며, 나아가기도 하고 들어가기도 하여 만물이 여기에서 깨끗해지니 선화善化와 같은 것이다. 물의 덕이 이와 같으니, 그래서 군자는 물을 보면 반드시 바라보는 것이다."

공자는 이처럼 군자가 물을 보면 바라보는 것과 같이 자신도 그렇다고 하면서 스스로 군자라고 생각했다.


## 군자의 세 가지 즐거움

공자는 자신을 군자라고 생각했으며, 따라서 군자로서 사는 인간의 삶은 즐거움이라고 하였다. 삶의 즐거움에 관한 가장 오래된 이야기는 아마 『열자』에 나오는 영계기榮啓期의 이야기일 것이다.[85]

공자가 태산에 유람을 갔다가 영계기를 만났다. 영계기가 성郕 땅의 들판을 걸어가면서 사슴 갖옷을 입고 새끼로 띠를 두르고서 금琴을 타면서 노래하고 있었다. 이에 공자가 물었다. "선생께서는 즐거움으로 삼는 바

---

**85** 『열자』, 열어구 찬, 임동석 역주, 동서문화사, 2009, 53~54쪽.

가 무엇입니까?" 그러자 영계기가 이렇게 대답하였다. "나에게는 즐거움이 매우 많습니다. 하늘이 만물을 내심에 사람이 가장 존귀한 것입니다. 그런데 나는 사람됨을 얻었으니 이것이 첫 번째 즐거움입니다. 그리고 남녀가 구별되어 남자는 존귀하고 여자는 비천합니다.[86] 나는 남자가 됨을 얻었으니 이것이 두 번째 즐거움입니다. 또 사람은 태어나서 해와 달도 보지 못하고 강보를 면해 보지도 못하는 자가 있습니다. 그런데 나는 이미 구십까지 살았으니 이것이 세 번째 즐거움입니다. 한편 가난이란 선비로서 늘 있는 것이며, 죽음이란 사람의 끝입니다. 늘 있는 것에 처하면서 끝을 맞이하게 되었으니, 당연히 무슨 근심이 있겠습니까?" 이 말을 듣고 공자가 감탄하며 말했다. "훌륭하도다! 능히 스스로를 너그럽게 하는 자로다."[87]

공자는 『논어』 첫 장에서 군자의 즐거움을 말했다. 그것은 공자 스스로의 즐거움이기도 했다. "배우고 제때에 익히면 또한 기쁘지 아니한가? 벗이 있어 먼 곳으로부터 찾아오면 즐겁지 아니한가? 남이 알아주지 않더라도 화내지 않는다면 또한 군자가 아니겠는가?"(1-1) 공자가 말한 첫 번째 즐거움은 배움이다. 새로운 것을 배우고 익혀서 그것을 자기의 것으로 만들 때 스스로의 만족감에서 문득 터져 나오는

---

**86** 이로부터 남존여비(男尊女卑)라는 말이 생겼다. 흔히 남존여비의 사상을 공자의 사상으로 오해하고 있는데, 이는 잘못이며 영계기의 말에서 유래된 것이다.

**87** 이 이야기는 『공자가어』에도 전하며 거기에는 영성기(榮聲期)로 되어 있는데, 영계기(榮啓期)의 오류로 보인다. 영계기는 춘추 시대 은둔지사로 음률에 정통하고 박학다식한 선비였다. 노년에 정치를 떠나 자주 사슴 갖옷을 입고 들판에 나가서 금(琴)을 연주하며 노래를 불렀다고 한다.

탄성이 바로 기쁨이다. 배움에서 느끼는 기쁨은 인간만이 갖고 있는 감정이며, 또한 배움의 과정은 군자에게 있어서 죽는 날까지 이어지는 것이기에 삶은 즐거움일 수 있다. 두 번째 즐거움은 벗이 있어 멀리서 찾아오는 것이다. 여기서 벗이란 그냥 벗이 아니라 배움에 연결된 벗, 즉 함께 학문을 하는 동지 또는 삶의 가치를 공유하는 동지이다. 이러한 벗이 멀리서 찾아와서 서로 공감하면서 밤새 대화를 나누는 것 또한 삶의 즐거움일 것이다. 세 번째 즐거움은 남이 알아주지 않아도 화내지 아니하고 스스로 만족하는 군자로서의 여유로움이다. 인생이란 배워서 기쁘고 또 나를 알아주는 벗을 만나서 기쁘지만, 설사 남이 나의 학식을 알아주지 않는다 해도 화내지 아니한다면 그것이 진정한 군자의 여유로움이고 만족이며 즐거움이라 할 수 있다. 공자의 사상을 이어받은 맹자도 군자의 세 가지 즐거움을 말했는데, 이른바 군자삼락君子三樂[88]이다.


## 소인과 대비되는 군자의 삶

공자는 군자의 덕을 말하면서 『논어』의 많은 부분에서 소인小人[89]과

---

**88** 맹자는 『맹자』 「진심 상편」에서 군자에게는 세 가지 즐거움이 있다고 하면서 천하의 왕이 되는 것은 여기에 들지도 않는다고 했다. 부모가 다 살아계시고 형제가 무고한 것이 첫 번째 즐거움이요, 우러러 하늘에 부끄럽지 않고 굽어보아도 사람들에게 부끄럽지 않은 것이 두 번째 즐거움이요, 천하의 영재를 얻어서 교육시키는 것이 세 번째 즐거움이라 했다.

**89** 소인(小人)이란 군자에 대비되는 개념으로 본래는 귀족사회 밖에 있는 사람들, 이른바 서인(庶人)을 가리켰으나, 공자는 빈부의 격차나 지위의 고하를 고려하지 않고

대비시켜 설명했다. 사람의 성품에 대하여 "군자는 의로움에 밝고, 소인은 이로움에 밝다"(4-16)고 하여 군자는 의로움을 중시하지만 소인은 오직 이익만을 따진다고 보았다. 또 "군자는 덕을 좋아하고, 소인은 땅을 좋아한다"(4-11)고 하여 군자는 남에게 인을 베풀 생각에 늘 덕을 생각하며 살지만, 소인은 돈을 벌지 못할까 걱정하여 늘 땅을 생각한다고 했다. 그래서 "군자는 평온하여 느긋하지만, 소인은 늘 조마조마하여 초조해한다"(7-36)고 하였다. 즉 군자는 근심이 없으니 마음이 편안하지만, 소인은 욕심이 많으니 채워지지 않을까 늘 노심초사 한다는 것이다.

또한 군자와 소인의 도량을 비교하면서 "군자는 자기에게서 구하고 소인은 남에게서 구한다"(15-20)고 했다. 군자는 혹여 잘못이 있으면 자기의 탓으로 생각하지만, 소인은 자기의 이익만을 생각하기 때문에 잘못이 있으면 남의 탓으로 돌린다는 것이다. 또 "군자는 남의 아름다움을 드러내주고 남의 나쁜 점을 드러나지 않게 하지만, 소인은 이를 반대로 한다"(12-16)고 하였다. 군자는 남을 배려하는 마음이 넓기 때문에 남의 좋은 점은 드러내주고 남의 나쁜 점은 감추어주지만, 소인은 자기가 남보다 더 인정받아야 하기 때문에 남의 나쁜 점을 들추어내고 남의 좋은 점은 감추려고 한다는 것이다.

그래서 "군자는 조화를 이루되 같지 아니하고 소인은 같지만 조화를 이루지 못한다"(13-23)고 했다. 이는 군자는 남과 다르더라도 마치 오케스트라가 아름다운 음악을 만들어 내듯 조화를 이루지만, 소인은

---

도덕적 인격을 강조하여 도량이 좁고 자기의 이익만 챙기는 무리를 소인이라고 하였다.

자기 이익만을 추구하기 때문에 이익을 나누는 사람들끼리 행동을 같이 하면서도 이익을 놓고 서로 다툼으로써 갈등이 생기고 조화를 이루지 못한다는 의미이다. 일례로 정치인들에게서 볼 수 있는 행태다. 정말 군자다운 정치인이라면 우선 국민의 편안함을 생각하고 국익을 생각하며 화합을 추구해야 하는데, 자기나 당의 이익만을 추구하고 갈등을 조장한다면 그것은 소인배에 불과하다고 할 것이다.

## 군자에게는 세 가지 두려움이 있다

공자는 군자에게는 지知, 인仁, 용勇의 덕이 있으니 미혹되지 않고, 근심하지 않고, 두려워하지 않는다고 하였다. 즉, 군자는 지혜가 있으니 살면서 미혹에 빠지지 않고, 인한 마음이 있으니 늘 평온하고 느긋하며, 용기가 있으니 의로움을 지킬 수 있어 삶에 두려움이 없다는 것이다. 그래서 사마우가 군자에 대하여 묻자, 공자가 말하였다. "군자는 걱정하지 않으며 두려워하지 않는다. 안으로 반성하여 꺼름칙하지 아니하니 무엇을 걱정하며 무엇을 두려워하겠는가?"(12-4)라고 하였다.

공자는 군자에게도 세 가지의 두려움이 있다고 하면서, "천명을 두려워하고, 대인을 두려워하고, 성인의 말씀을 두려워한다"(16-8)고 하였다. 공자는 군자가 두려워해야 할 첫 번째로 천명을 들었다. 천명은 하늘이 부여한 명령이고, 하늘의 뜻이며, 또 운명이다. 소인은 욕심에 사로잡혀 눈에 보이지 않고 귀에 들리지 않는 천명을 깨닫지 못한다. 그러나 군자는 천명을 알기에 하늘의 뜻을 실천하지 못할까 늘 두려

위한다는 것이다. 군자가 두려워해야 할 두 번째는 대인大人[90]이다. 대인이란 현존하는 인격의 완성자이다. 군자는 인격의 완성과 실천을 위해 노력하는 사람이므로 대인을 모범으로 삼아 혹여 따라가지 못할까 하는 두려운 마음을 갖는다고 하였다. 군자가 두려워할 세 번째는 성인의 말씀이다. 유가에서 성인은 인격의 완성자인데, 공자는 이미 과거에 살았던 요, 순, 우, 탕, 문왕, 무왕 및 주공을 성인이라고 보았다. 따라서 군자는 이들이 남긴 언행을 실천하지 못할까 두려워한다는 것이다.


## 군자에게도 싫어하는 것이 있다

군자가 인격을 갖추었다 하여 반드시 모든 것을 포용하고 용서하는 마음만 있는 것은 아니다. 자공이 이에 대하여 공자에게 물었다. "군자도 또한 싫어함이 있습니까?" 이에 공자가 말했다. "싫어함이 있다. 남의 나쁜 점을 말하는 것을 싫어하고, 밑에 있으면서 윗사람을 비방하는 것을 싫어하며, 용기만 있고 예가 없는 것을 싫어하며, 과감하기만 하고 꽉 막힌 것을 싫어한다. 또 요행히 맞히는 것을 지혜로 여기는 것을 싫어하고, 불손한 것을 용감한 것으로 여기는 것을 싫어하고, 남의 허물을 들추어내는 것을 정직한 것으로 여기는 것을 싫어한다"(17-24). 사람이 남의 나쁜 점을 말하는 것은 남을 아끼는 인의 마음이 없는 것

---

90  『주역』에서는 "무릇 대인이란 천지와 그 덕을 함께하고, 일월과 그 밝음을 함께하며, 사시와 그 순서를 함께하고, 귀신과 그 길흉을 함께한다"고 하여, 대인을 인격의 완성자이며 자연을 초월한 초월자로 묘사하고 있다.(『주역』 「건괘」 참조).

이고, 윗사람을 비방하는 것은 부끄러운 마음이 없는 것이고, 용기만 있고 예가 없는 것은 공경의 마음이 없는 것이고, 과감하기만 하고 꽉 막힌 것은 지혜롭지 못하기 때문이다. 또한 요행히 맞히는 것은 참다운 지혜가 아니며, 불손한 것은 참다운 용기가 아니며, 남의 허물을 들추어내는 것은 참다운 정직이 아니다. 군자라면 인, 의, 예, 지를 중히 여기기 때문에 이에 어긋나는 행동을 싫어하는 것이 마땅하다. 최근 유행하듯 이유없이 남을 비방하고 잘못을 폭로하며 허물을 들추어내는 행동이 과연 참다운 정직인지 생각해볼 일이다.


## 군자가 목표로 하는 삶

공자는 사람을 도덕성과 지혜의 수준에 따라 성인聖人, 인자仁者, 군자君子, 소인小人 등으로 구분하였다. 성인이란 덕과 지혜가 뛰어나 우러러 본받을 만한 사람이다. 인자仁者란 백성들에게 널리 은혜를 베풀어 성인의 경지에 이른 인격자이다. 따라서 군자의 올바른 삶이란 수기修己와 안인安人, 지천명知天命의 삶을 통해 완전한 인격을 소유한 성인이나 인자의 경지에 이르는 것이라고 할 수 있다.

# 성인을 향하여

공자는 덕을 쌓아서 인격적으로 바람직한 인물이 되라고 가르쳤다. 인간이 이 세상에서 궁극적으로 지향하는 목표는 도덕적으로 완전한 인격체인 성인聖人의 경지에 이르는 것이다. 이는 죽어서 해탈의 경지에 이르기를 바라는 불교나 살아서 장생長生의 삶을 구하려고 하는 도교[91]의 사상과 대비된다. 공자는 자신을 성인이라고 생각하지는 않았지만 성인에 대한 열망이 컸고, 또 그렇게 되려고 노력하는 것을 싫어

---

**91** 도교(道教)는 도가(道家)와는 다르다. 도가는 노자와 장자의 사상으로, 그 핵심은 자아해탈과 무위자연(無爲自然)의 경지에 도달하는 것이었다. 반면 도교는 도가사상이 변질된 것으로, 노자(老子)를 교조로 하여 불사(不死)와 신선(神仙)을 추구하는 중국의 민족종교이며, 후한 말 장각이 창시한 태평도와 장도릉이 창시한 오두미도에서 시작되었다. 동진의 갈홍에 의하여 도교사상이 이론적으로 정립되었으며, 그가 지은 『포박자(抱朴子)』에는 신선에 이르는 방약(方藥)과 불로장생의 비법 등 도교사상이 체계적으로 서술되었다. 도교는 위진(魏晉)과 남북조 시대에 크게 유행했으며, 장생불사를 이루는 방법에 따라 ① 정기를 단련하여 장생을 구하려는 내단(內丹), ② 황금이나 수은 등 약물을 몸에 주입하는 외단(外丹), ③ 음기를 취하여 양기를 충만하게 하는 방중술(房中術) 등이 있다.

하지 않는다고 하였다. 이러한 생각은 공자 이후에도 유자儒者들의 공통적인 생각이었다. 맹자는 "성인도 우리와 동류"[92]라고 하면서, "사람은 누구나 요순과 같은 성인이 될 수 있다"[93]고 하였다. 즉, 성인은 다른 부류의 사람이 아니라 노력하면 누구나 성인이 될 수 있다는 것이다. 순자[94]는 성악설性惡說을 주장하였지만, 사람은 능히 노력하면 성인에 이를 수 있다고 말했다. 즉, 인간의 본성은 본래 악하지만 "성인께서 사람의 본성을 교화시켜 작위作爲를 일으키고, 작위를 일으켜 예의를 만들어 내고, 예의를 만들어서 법도를 제정하니, 이 예의와 법도가 성인을 생겨나게 하는 것이다."[95]라고 하였다. 이처럼 유가에서는 누구나 수양을 통해 도덕적 품성과 인격을 갖추면 성인의 경지에 도달할 수 있다고 보았다. 공자의 바람은 사람들이 누구나 배움을 통해 군자가 되기를 희망했다. 그러나 궁극적으로 지향하는 목표는 성인이었다.

---

**92** 『맹자』「고자상 7」, "聖人與我同類者"

**93** 『맹자』「고자하 2」, "曹交問曰 人皆可以爲堯舜 有諸 孟子曰 然"

**94** 맹자보다 약 60여 년 후에 조나라에서 태어난 유학자로 이름은 순황(荀況), 자는 순경(荀卿)이다. 맹자가 성선설을 바탕으로 덕치주의를 주장했다면, 순자는 성악설을 바탕으로 예치주의를 주장했다. 다만, 맹자가 말하는 본성과 순자가 말하는 본성은 차이가 있다는 것을 알아야 한다. 맹자가 말하는 본성은 인간의 이성을 말하지만, 순자가 말하는 본성이란 본능을 가리킨다. 그래서 순자는 사람이란 이익을 좋아하고 남을 시기하는 등 태어날 때부터 본성이 악하므로 이를 내버려두면 서로 다투고 빼앗는 등 무법천지가 될 것이므로 교육을 통해 예를 아는 사회를 이룰 수 있다고 하였다. 진나라 재상을 지낸 이사나 『한비자』를 쓴 한비는 순자의 제자였는데, 순자의 성악설에 근거하여 법가를 주장하였다.

**95** 『순자』「성악」, "故聖人化性而起僞 僞起而生禮義 禮義生而制法度 然則禮義法度者 是聖人之所生也"

# 성인 개념의 형성과 변천[96]

성인聖人이란 인격의 완성자이며 덕성이 매우 뛰어나 우러러 본받을 만한 사람을 말한다. 그러나 처음부터 성인에 이런 의미가 있었던 것은 아니다. 성聖이라는 글자는 귀 이耳와 입 구口, 그리고 임금 왕王으로 이루어졌다. 그런데 갑골문에 의하면 아래에 붙은 글자는 원래 임금 왕王이 아니라 사람이 땅을 딛고 있는 형상이었다. 그러므로 갑골문의 성聖 자는 사람이 땅을 딛고 서서 다른 사람이 하는 말을 듣는다는 뜻을 갖고 있다. 성聖은 듣는다는 의미에서 들을 청聽, 소리 성聲 및 귀 밝을 총聰과 근원이 같으며, 처음에는 한 글자였는데 분화되었다는 설이 있다. 결론적으로 성聖의 어원적 의미는 귀로 민중의 소리나 하늘의 목소리를 듣고 이를 하늘이나 백성들에게 입으로 전달하는 사람이라는 뜻이다.

성인聖人이라는 말의 의미를 공자 이전의 경전에서 찾아보면, 우선 역사상 가장 오래된 책으로 인정받는 『주역』 중에서 문왕이 썼다고 전해지는 괘사나 효사에는 성인이라는 말이 보이지 않는다. 또한 주나라 초기에서 춘추 초기까지의 민요를 모아서 공자가 재정리했다는 『시경』에는 성인이라는 말이 두 차례 나오는데, 「소아, 교언」 편에 "질서 정연한 이 법도는 성인께서 만드셨네"[97]와 「대아, 상유」 편에 "오직 이 성인께서는 백 리 앞을 보건만 어리석은 사람들은 기쁨으로 미쳐

---

96  이 부분은 장현근 교수의 『성왕(聖王)』(민음사, 2012) 27~45쪽을 참조하였다.
97  『시경』「소아, 교언」, "秩秩大猷 聖人莫之"

있네"[98]이다. 여기에서 성인은 법도를 정하는 사람 또는 앞을 내다보는 사람으로 표현되어 있다. 하, 은, 주 시대의 정치를 기록한 『서경』에는 성인이라는 말은 보이지 않고 성聖 자만 보이는데, 대부분 외부로 드러나는 모습이 굳세고 사려 깊은 행동을 의미한다.

그런데 공자 시대와 그 이후의 전적을 보면 성인이라는 말이 자주 등장하면서 그 의미도 도덕의 완성자로 변천되었음을 볼 수 있다. 공자와 제자들의 언행과 그 이후 한나라 때의 여러 학자들을 거치면서 찬집된 『예기』에는 성인이라는 말이 43차례 등장한다. 「곡례상」편에 "성인이 일어나서 예를 만들어 사람을 가르치고, 사람으로 하여금 예가 있게 하여 스스로 금수와 다름을 알게 했다"[99]는 내용이 있고, 「예기禮器」편에는 "하늘의 도는 지극한 가르침이고 성인은 지극한 덕이다"[100]라는 구절도 있다. 여기서 성인은 윤리적 가르침을 전하는 사람 또는 덕의 상징으로 표현되고 있다. 공자가 지은 것으로 전해지는 『주역』의 십익十翼에는 성인이란 말이 36차례 등장한다. 「계사전」에 "성인은 역리로써 천하의 모든 움직임을 알고, 그것이 모두 하나로 모여 통하는 것을 살펴 그 예법을 실행하며, 말을 붙여 그 길하고 흉함을 단정한다"[101]고 하여 성인을 세상의 이치를 아는 지혜로운 사람으로 표현하였다. 이러한 내용으로 볼 때 결국 성인이라는 말은 공자를 거치면서 그 의미가 위대한 인격의 완성자 또는 인간사회 최고의 지도자를 상징하는 말로 변천되었고, 그 사용도 보편화됐다고 할 수 있다.

---

98  『시경』「대아, 상유」, "維此聖人 瞻言百里 維彼愚人 覆狂以喜"

99  『예기』「곡례상6」, "聖人作 爲禮以敎人 使人以有禮 知自別於禽獸"

100  『예기』「예기29」, "天道至敎 聖人至德"

101  『주역』「계사전7」, "聖人有以見天下之動 而觀其會通 以行其典禮 繫辭焉以斷其吉凶"

## 공자가 생각했던 성인의 전범

공자는 성인의 전범이 누구인지에 대하여 직접 언급하지는 않았다. 그러나 공자가 여러 전적에서 단편적으로 칭송한 내용을 보면, 공자 이전에 살았던 요, 순, 우, 탕, 문왕, 무왕, 주공을 성인이라고 생각했음을 알 수 있다. 요임금은 중국 전설상의 제왕으로 문명을 밝히고 덕으로 백성을 다스리며 순임금에게 왕위를 선양禪讓한 임금이다. 공자는 『논어』에서 "크도다. 요의 임금 노릇하는 모습이여! 높다랗게 오직 하늘이 크거늘 요임금만이 그것을 본받았도다! 넓고 넓어 백성들이 이름조차 붙일 수 없도다. 영원하도다! 그가 공을 이룬 모습이여. 빛나는구나! 그의 문채 나는 모습이여!"(8-19)라고 하여 요임금을 칭송하였다.

요임금으로부터 왕위를 선양받은 순임금은 전설상의 인물이며, 공손하고 성실하고 효성이 지극하였던 것으로 보인다.[102] 공자는 순임금

---

102  『사기』「오제본기」에 보면, 순임금에 대해 다음과 같은 이야기가 전해진다. 순(舜)에게는 고수라는 어리석은 아버지가 있었다. 순은 어머니를 일찍 여의고 계모 밑에서 자랐는데, 계모는 매우 악한 여자였다. 계모에게는 상이라는 아들이 있었는데 매우 오만했다. 이러한 가정에서 자랐지만 순은 부모에게 효도하고 동생을 사랑하여 주변에서 덕이 높은 사람으로 칭송받았다. 요임금이 이 소문을 듣고 이를 시험해보고자 두 딸을 순에게 시집보냈다. 그러나 계모와 동생은 이를 질투하여 순을 죽이려고 했다. 어느 날 아버지는 순에게 식량 창고를 지으라고 하고 순이 사다리를 타고 올라가자 사다리를 치우고 창고에 불을 질러, 순을 불태워 죽이려고 했다. 다행히 순은 햇빛을 가리는 데 쓰는 삿갓을 쓰고 지붕에서 뛰어 내렸다. 얼마 후 이번에는 순에게 우물을 파게 했다. 순이 우물 밑으로 내려가자 돌로 우물을 메웠다. 순은 옆으로 굴을 파서 무사히 집으로 돌아왔다. 그 후 고수와 상은 더 이상 순을 해칠 생각을 하지 못했다. 요임금은 순의 인간 됨됨이를 보고 임금의 자리를 그에게 넘겨주었다.

에 대하여 무위로 나라를 다스렸음을 칭송하였다. 『논어』에 "무위로 다스린 사람은 아마도 순임금일 것이다. 무엇을 하였겠는가? 자신을 공손히 하고 남쪽을 향해 바로 서 있었을 뿐이다"(15-4)라고 했다. 순임금도 우임금에게 선양의 방식으로 왕위를 넘겼으며, 그래서 공자는 인륜의 모범으로 요임금과 순임금을 언급하였다.

순임금이 나라를 다스릴 때 황하 유역에 홍수가 일어나서 침수가 잦았다. 그래서 우禹의 아버지인 곤에게 물을 다스리게 했으나 곤은 물을 다스리는 데 실패하였다. 순임금이 즉위하여 물을 다스리지 못한 책임을 물어 곤을 죽이고, 그의 아들 우에게 명하여 물을 다스리게 했다. 우는 물을 다른 곳으로 소통시키는 방법을 써서 물을 다스리는 데 성공했다.

순임금은 연로해지자 물을 다스리는 데 성공한 우를 후계자로 정했다. 우임금은 나라를 다스리면서 근면하고 검소했다. 그래서 공자는 우임금에 대하여 "우임금을 나는 트집 잡을 게 없다. 그는 스스로 거친 음식을 먹었으나 귀신에게는 지극히 효도하였다. 자기 옷은 누추하지만 제례복은 지극히 아름답게 하였다. 자기가 사는 집은 허름했으나 도랑을 파고 물길을 내는 데는 온 힘을 다했다. 우임금을 나는 트집 잡을 것이 없다"(8-21)고 하였다.

요, 순, 우 이후로 성왕聖王으로 추앙받은 인물은 탕왕과 무왕이다. 탕왕은 하나라 걸왕의 포악한 정치를 바로잡기 위하여 혁명을 했고, 무왕은 은나라 주왕의 무도함을 바로잡기 위해서 혁명을 하여 나라를 창업하고 백성을 구했다. 그래서 공자는 『주역』 「혁괘, 단전」에서 "하늘과 땅이 혁하니 사계절이 이루어졌다. 탕왕과 무왕은 천명을 혁하여 하늘에 따르고 사람에 응했다. 혁의 시대적 의의가 얼마나 위대한

가"[103]라고 하여 탕왕과 무왕의 혁명을 칭송했다.

마지막으로 문왕과 주공은 겸손함과 덕으로 주나라의 창업과 문물 제도의 기틀을 마련한 인물이다. 문왕은 중국 서북부 일대에서 은나라의 속국으로 있던 주나라의 제후였다. 그러나 어진 정치를 베풀고, 노인을 공경하고, 유능한 선비를 예의로 대하여 덕으로 주변의 부족 국가를 단결시켜서 은나라를 멸하고 주나라를 창업하는 데 기초를 다졌다. 또한 주공은 공자가 꿈속에서 만나지 못함을 아쉬워할 만큼 가장 존경하던 인물이었다. 주공은 겸손하고 선비를 중히 여겼다.

결국 공자는 선양의 방식으로 왕위를 넘겨준 전설상의 제왕인 요임금과 순임금, 검소하면서 물을 잘 다스려 백성을 구제한 우임금, 혁명의 방법으로 학정과 도탄에 빠진 백성을 구한 탕왕과 무왕, 주나라 창업의 기틀을 마련하고 문물제도를 정비한 문왕과 주공을 인륜의 모범이자 인격의 완성자인 성인이라고 생각했다.


## 성인을 바라며

송나라 때 성리학의 이론적 기초를 제공한 것으로 평가받는 주돈이[104]는 『통서通書』에서 "성인은 하늘을 바라고, 현인은 성인을 바라고,

---

**103** 『주역』 「혁괘, 단전」, "天地革而四時成 湯武革命 順乎天而應乎人 革之時大矣哉"

**104** 주돈이(周敦頤)는 호가 염계(濂溪)이며 북송 때의 학자이다. 성리학의 기초적 단초를 제공한 『태극도설(太極圖說)』을 지었다. 북송의 시인 황정견이 "주무숙은 인품이 매우 고결하고, 가슴에 품은 생각이 맑고 깨끗하여 마치 화창한 날의 바람과 비 갠 뒤의 달과 같다(周茂叔 人品甚高 胸懷灑落 如光霽月)"고 했듯이, 인품이 고매하고 처

선비는 현인을 바란다"[105]고 하였다. 사람이라면 누구나 선비일 때는 현인을 본받으려 하고, 현인일 때는 성인을 본받으려 하며, 성인은 하늘을 본받으려 노력한다는 것이다.

공자의 제자들은 공자를 성인이라고 하였지만, 공자는 스스로 성인이 아니라고 하면서, 다만 성인이 되려고 부지런히 노력하는 군자라고 하였다. 공자는 살아서는 군자라고 자처하면서도, 성인에 대한 열망은 컸다. 그래서 성인을 바라며 부지런히 배우고 덕을 실천하여 사후에는 결국 세계 3대 성인으로 존숭 받는 인물이 되었다.

세에 초연했던 것으로 보인다.

**105** 『통서』「지학장」, "聖希天 賢希聖 士希賢"

정치의 근본은
백성임을 밝히다

# 정치는 바르게
# 하는 것이다

공자는 춘추 시대에 살았다. 공자는 스스로 자신이 살던 시대를 천하에 도道가 사라지고 예악禮樂이 붕괴된 시기라고 하였다. 주周나라 왕실의 권위는 땅에 떨어지고 제후들이 실권을 장악하여 영토를 넓히기 위해 다른 제후국을 공격하는 영토전쟁으로 백성들은 부역과 조세에 시달렸다. "가혹한 정치는 호랑이보다 무섭다[苛政猛於虎]"[1]라는 공자의 말처럼 당시의 사회는 백성들에게 힘들고 가혹한 삶이었다. 공자는 천하의 도가 바로잡히고 무너진 예악이 회복되기를 희망했다. 그래서 공자는 도덕과 윤리가 제대로 실천되는 나라를 꿈꾸면서 자신의 정치적 이상을 펼칠 수 있는 군주를 찾아 나섰다.

---

1 『예기』「단궁 하」에 나오는 이야기다. 공자가 노나라의 정치적 혼란에 환멸을 느끼고 제나라로 가면서 태산을 지나는 길에 세 개의 무덤 앞에서 슬피 우는 여인을 만났다. 사연을 물으니, "시아버지, 남편, 아들이 모두 호랑이에게 잡혀먹혔다"는 것이었다. 이에 공자가 "그렇다면 이곳을 떠나 다른 곳으로 가면 어떠냐?"고 묻자, 그 여인은 "그나마 여기는 가혹한 정치는 없습니다"라고 했다. 이에 공자가 제자들에게 "잘 알아두어라. 가혹한 정치는 호랑이보다 무섭다"라고 한 데서 유래되었다.

공자의 정치경제사상을 이해하기 위해서는 먼저 당시의 제도적·시대적 배경을 살펴볼 필요가 있다. 우선 주나라는 정치적으로 전제군주제였다. 왕이나 천자가 특별한 제약 없이 절대적 권력을 갖고 나라를 다스렸다. 주나라는 건국 초기에 점령한 영토를 효과적으로 다스리기 위하여 봉건제도를 실시하였다. 왕족과 공신들을 제후로 삼아그들에게 영토를 나누어주고, 대대로 그 땅을 다스리게 하는 제도이다. 또한 제후들은 자기의 영지를 일족이나 부하에게 나누어주었는데, 이처럼 주나라의 봉건제도는 혈연을 중심으로 성립되었다. 천자는 수도 부근만 직접 통치하고 각 지방은 제후들에게 다스리도록 하고 그들에게는 공납과 군역의 의무를 부담시켰다. 왕과 제후 밑에는 경·대부·사로 불리는 귀족들이 있었으며, 이들이 지배층을 이루는 신분제사회였다.[2] 그리고 이들 지배층 사이에는 핏줄을 같이하는 사람들끼리 종족(씨족)을 형성하고, 조상의 제사를 중심으로 단결하는 풍습이생겨 널리 퍼졌는데, 이를 종법제도[3]라고 한다.

그런데 춘추 시대에 들어서면서 이런 씨족적인 혈연 질서가 근본적으로 변화하기 시작했다. 춘추 시대 초기는 주나라 왕실의 권위가 추락하고, 각 제후국의 군주들이 실권을 장악하였고, 또 이들 제후국 중

---

**2** 주나라의 신분제도는 왕, 제후, 경대부 등 귀족계급과 그들을 보좌하는 사관(士官), 그리고 피지배계층인 서인, 사민, 천민, 노비 등으로 구분되었다.

**3** 종법제도(宗法制度)는 중국 주나라에서 혈연을 바탕으로 성립되었으며, 적장자를 중심으로 상속과 위계질서를 정하던 제도이다. 주나라는 천자(天子)에서 사(士)에 이르기까지 한 단계씩 아래로 땅을 나누어 주는 분봉(分封)의 방식으로 지배구조가 형성되었다. 이에 따라 천자의 자리는 장자가 계승하여 조상들에게 제사를 지내는 일을 맡았는데, 이를 대종(大宗)이라고 부르고, 반면 장자의 동생이나 계모의 형제들은 제후로 봉해졌는데, 이들을 소종(小宗)이라 하였다.

가장 강력한 국가의 군주가 패자覇者[4]로서 여러 제후국에 주나라 왕실이 누렸던 권력을 대신 행사하였다. 공자가 살았던 춘추 시대 중기에 들어서면서 종법제의 질서가 더욱 심각하게 무너지고, 군주들을 대신해서 각 제후국의 경대부들이 정치적·경제적·군사적 실권을 행사하기까지 했다. 이에 공자는 "천하에 도가 있으면 예악과 정벌은 천자에게서 나오지만, 천하에 도가 없으면 예악과 정벌이 제후에게서 나온다. 제후에게서 나오면 10세대 만에 나라를 잃지 않음이 드물고, 대부에게서 나오면 5세대 만에 나라를 잃지 않음이 드물며, 가신이 나라의 권력을 잡으면 3세대 만에 나라를 잃지 않음이 드물다"(16-2)고 하면서 이 시기의 정치적 혼란과 무질서를 걱정하였다. 공자의 정치경제사상은 이와 같은 당시의 제도와 시대적 배경을 바탕으로 형성되었다. 임금은 백성을 하늘로 여겨야 한다는 말처럼 공자의 정치·경제사상은 당시의 기준으로 보면 매우 혁신적이면서 백성을 근본으로 하는 사상이라고 할 수 있다. 그렇다고 지금의 민주주의나 자본주의의 잣대를 가지고 공자사상을 평가해서는 아니 될 것이다.[5]

---

**4** 패자(覇者)란 춘추 시대 제후들을 모아 회맹을 맺었는데, 그 회맹의 맹주가 된 제후를 가리킨다. 순자는 춘추 시대의 패자로 춘추오패를 들었는데, 제나라 환공, 진나라 문공, 초나라 장왕, 오나라 합려, 월나라 구천을 이른다.

**5** 공자는 당시의 전제군주제나 봉건제도를 적극 지지한 것은 아니지만 이를 부정하거나 타파해야 한다는 등의 혁명적인 사상을 제시하지는 않았다. 주어진 제도 안에서 질서가 유지되고 인간의 도덕성 회복을 통해 모든 백성이 행복한 삶을 사는 사회를 꿈꾸었다.

## 정치는 바름이 가장 중요하다

정치는 백성들을 편안하고 행복하게 해주는 것이다. 따라서 공자는 백성들의 삶을 부유하게 해주고, 나라를 안전하게 유지하는 것이 중요하다고 보았다. 하지만 무엇보다 중요한 것은 사회를 정의롭고 올바르게 하는 것이라고 생각했다. 노나라 실권자인 계강자가 정치에 대하여 묻자, 공자가 대답하였다. "정치는 바르게 하는 것이다. 당신이 먼저 앞장서서 바르게 한다면 누가 감히 바르지 않겠는가?"(12-17) 계강자의 물음에 대한 공자의 답은 두 가지였다. 하나는 정치는 바르게 하는 것이라고 했다. 바르게 한다는 것은 위정자의 자세이며, 동시에 백성을 다스리는 마음가짐이다. 또 하나는 정치는 위정자부터 바르게 되려고 노력해야 한다고 했다. 윗사람이 올바른 생각으로 다스리면 아랫사람도 윗사람에게 인정받기 위해 저절로 올바르게 된다고 보았다. 윗물이 맑아야 아랫물이 맑듯이 정치는 위정자가 올바르면 백성은 저절로 올바르게 된다는 의미다.


## 정치는 자기를 바르게 하고 남을 바르게 한다

공자는 위정자의 솔선수범을 매우 강조하였다. 위정자는 자기를 바르게 하고 다른 사람을 바르게 하는 것[正己正人]이 중요하다고 보았다. 그래서 계강자가 도둑을 걱정하여 공자에게 묻자, 공자가 "진실로 그대가 원하지 않는 것이라면 비록 상을 준다 하더라도 훔치지 않을 것이다"(12-18)라고 하여 위정자인 당신부터 바르게 하라고 하였다.

또한 "진실로 그 몸을 바르게 하면 정치하는 데 무슨 어려움이 있겠으며, 그 몸을 바르게 하지 못한다면 남을 바르게 하는 것을 어떻게 하겠는가?"(13-13)라고도 하였고, "자기의 처신이 올바르면 명령하지 않아도 행해지고, 자기의 처신이 올바르지 아니하면 비록 명령한다 하여도 따르지 아니한다"(13-6)라고도 하였다. 위정자의 솔선수범을 강조한 말이다.


## 정치란 명분을 바로잡는 것이다

춘추 시대는 신하가 제후를 살해하고 제후가 신하를 죽이며 대부가 권력을 전횡하는 혼란의 시기였다. 공자는 이러한 혼란의 원인은 나라의 구성원이 자신의 직분을 제대로 수행하지 못하기 때문이라고 보고, 질서를 바로잡기 위해서는 명분부터 바로잡아야 한다고 하였다.

자로가 "위나라 군주가 선생님을 모시고 정치를 한다면 앞으로 무엇을 먼저 하실 것입니까?"라고 묻자, 공자가 말했다. "반드시 명분을 바로잡겠다." 자로가 "기껏 이것뿐입니까? 선생님께서는 멀리 에둘러 가시려 합니다. 어째서 그것을 바로잡으려 하십니까?"라고 하자, 공자가 말했다. "촌스럽구나! 유야, 군자는 자기가 알지 못하는 것에 대하여는 대체로 가만히 있는 것이다. 명분을 바르게 하지 못하면 말이 순조롭지 못하고, 말이 순조롭지 못하면 일이 이루어지지 않으며, 일이 이루어지지 않으면 예악이 융성하지 않고, 예악이 융성하지 아니하면 형벌이 들어맞지 아니하며, 형벌이 들어맞지 아니하면 백성들이 손발을 둘 곳이 없다"(13-3).

자로는 스승에게 당시의 정치적 사회적 혼란을 바로 수습할 수 있는 묘책을 물은 것이지만, 사실상 오랜 세월에 걸쳐 이루어진 혼란을 하루아침에 수습할 묘책은 없었다. 그러므로 공자는 무엇이 근본적으로 잘못된 것인지를 진단하고 그것부터 바로잡아야 한다고 한 것이다. 명분이란 각각의 이름이나 신분에 따라 마땅히 지켜야 할 도리이다. 공자는 당시의 사회적 혼란의 원인은 명분이 바르지 못하기 때문이라고 보고 명분을 바로잡는 것이 무엇보다도 우선이라고 보았다. 명분이 바르지 못하면, 임금이라는 이름에 어울리지 않는 사람이 임금이 되고, 신하라는 이름에 어울리지 않는 사람이 신하가 되어서 각자의 직분을 제대로 수행하지 못하게 되어 혼란이 생기게 된다.

이러한 공자의 정명正名사상은 공자가 35세 때 제나라에 가서 경공을 만나면서도 제기했던 내용이다. 경공이 공자에게 정치에 대하여 묻자, 공자가 말했다. "임금은 임금답고, 신하는 신하답고, 부모는 부모답고, 자식은 자식다워야 합니다[君君臣臣父父子子]." 이에 경공이 말했다. "좋은 말씀입니다. 진실로 임금이 임금답지 못하고, 신하가 신하답지 못하고, 부모가 부모답지 못하고, 아들이 아들답지 못한다면, 비록 곡식이 있더라도 내가 그것을 먹을 수 있겠습니까?"(12-11) 경공이 공자의 말에 크게 동조한 것은 자신의 처지를 생각해서였다. 당시 제나라는 진씨陳氏의 세력이 군주를 넘볼 정도로 강해지고 있었다. 그래서 공자의 대답을 들은 경공은 군주다운 군주로서의 역할을 못하는 자신의 처지가 착잡한 심정이었음을 짐작할 수 있다. 임금인 자신이 임금답지 못한 것도 답답하지만 신하라는 자들도 자신의 직분을 넘어 군주의 자리를 넘보고 있으니 그 언짢은 마음이 매우 컸을 것이다. 더욱이 당시 궁궐 안에는 진씨가 첩자를 두어 경공과 공자의 언행을 감시

하고 있었는데, 대부들은 공자의 말을 전해 듣고 공자를 살해할 계획까지 세웠다고 한다.[6]

오늘날에도 나라의 구성원이 자신의 직분을 망각하고 본래의 역할을 제대로 수행하지 못해서 혼란과 갈등이 생겨나고 있다. 대통령은 대통령으로서의 통치력을 발휘하지 못하고, 국회의원은 국회의원으로서의 정치력을 보여주지 못하며, 공무원은 눈치만 보느라 공무원의 역할을 수행하지 못하고, 경찰은 경찰로서의 공권력을 행사하지 못하고, 선생은 선생으로서의 가르침을 주지 못한다. 나라의 구성원이 각자 자기의 직분을 제대로 수행하지 못하기 때문에 갈등이 생기고 혼란이 가중되는 작금에 공자의 가르침을 새삼 되새겨볼 필요가 있다.

---

6  사마천의 『사기』 「공자세가」에 보면, "제나라 대부들이 공자를 해치려고 하였는데, 공자도 이 소식을 들었다"고 기록되어 있다.

# 정치의 핵심은
# 사람이다

아리스토텔레스가 말했듯이 인간은 정치적 동물이다. 국가라는 공동체의 권력을 획득하여 다스리는 활동을 정치라 하며, 따라서 그 공동체에서 살아가는 인간의 삶은 정치적일 수밖에 없다. 한 나라의 경제, 교육, 문화 등 모든 활동이 정치에서 비롯되기 때문에 국민들은 정치에 민감할 수밖에 없다. 따라서 정치가 제대로 작동되지 않으면 국민들의 불신은 커지고 갈등과 불만은 높아지게 된다. 최근 대통령이 하루아침에 구속되는가 하면 그를 보좌하던 참모들이 감옥에 가는 사태가 발생하였다. 작금의 정치현실을 바라보는 국민들의 마음은 불안하기만 하고, 그렇다고 새로운 정부가 희망을 주거나 신뢰를 주는 것도 아니다. 나라 운영의 기본 원칙도 없이 포퓰리즘에 빠지는가 하면 공직자를 임명함에 있어서 자질과 능력보다는 자기 세력을 심는 데 주력하고 있다. 공직자의 가장 중요한 덕목은 도덕성이다. 공직자로 임명된 사람들의 대다수가 그 직을 제대로 수행할 수 있을지 의문이 들 정도로 도덕성의 흠결이 드러나고 있다.

공자는 "소인이 용기만 있고 의로움이 없으면 도적이 된다"고 하였는데, 이를 요즘 상황에 빗대어 표현한다면, "공직자가 욕심만 있고 능력이 없으면 자리를 훔치는 도둑이 된다"고 할 수 있다. 나라를 다스리는 데는 사람이 핵심이며, 따라서 좋은 인재를 구하는 것이 중요하다. 중국 전국 시대의 사상가인 순자荀子가 정치에 대하여 남긴 말은 매우 큰 의미가 있는데, 위정자가 가슴에 새겨야 할 내용이다.

> "나라를 어지럽히는 군주는 있어도 저절로 어지러워지는 나라는 없다. 다스리는 사람은 있어도 저절로 다스려지게 하는 법은 없다. 우임금의 법이 아직도 존속하고 있지만 하나라가 대대로 왕 노릇하지는 못했다. 그러므로 법은 홀로 설 수가 없고, 전례가 저절로 행해질 수는 없다. 마땅한 사람을 얻으면 존속되고 마땅한 사람을 잃으면 사라진다. 법이란 다스림의 실마리이고, 군자는 법의 근원이다. 그러므로 군자가 있으면 법이 비록 생략되었다 하더라도 두루 퍼질 것이며, 군자가 없다면 법이 비록 갖추어졌어도 선후의 순서를 잃고 일의 변화에 적응할 수 없으며 어지러워질 것이다. 현명한 군주는 마땅한 사람을 얻는 데 힘쓰지만, 어리석은 군주는 먼저 자기 세력을 얻는 일을 서두른다."[7]

중국의 고대국가의 흥망을 보면 대부분 군주의 실정으로 나라가 기울었다. 하나라는 걸왕桀王의 포악함으로 무너졌고, 은나라는 주왕紂

---

[7] 『순자』「군도 편」, "有亂君 無亂國 有治人 無治法…禹之法猶存 而夏不世王 故法不能獨立 類不能自行 得其人則存 失其人則亡 法者 治之端也 君子者 法之原也 故有君子 則法雖省 足以遍矣 無君子 則法雖具 失先後之施 不能應事之變 足以亂矣…故明主急得其人 而闇主急得其埶"

王의 황음무도함으로 망했으며, 주나라는 유왕이 주색에 빠져 나라가 쇠퇴하였다. 군주가 포악하고 무도하면 충신은 사라지고 아첨하고 불의한 짓을 일삼는 신하만 남게 되어 나라가 점점 기울어지게 된다. 그러므로 군주는 자기 세력을 구하기보다는 나라의 발전에 도움이 되고 백성의 삶을 편안하게 하는 마땅한 인재를 등용하는 데 힘써야 한다는 것이 순자의 주장이다.

## 인재가 모여야 나라가 일어선다

공자는 정치에서 사람의 중요성을 매우 강조하였다. 공자는 마땅한 인재가 있어야 나라가 일어서고 유지된다고 보았다. 앞에서 인용한 순자의 말은 『중용』에 나오는 공자의 말을 순자가 구체적으로 설명한 내용이다. 노나라 애공이 공자에게 정치에 대하여 묻자, 공자가 이렇게 대답하였다. "문왕과 무왕의 정치가 방책에 적혀있으니, 마땅한 사람이 있으면 정치는 일어서고 마땅한 사람이 없으면 정치도 사라집니다."[8] 공자가 말하는 문왕과 무왕의 정치란 바로 인재를 중시하는 정치이다.

문왕은 이름이 희창姬昌이며, 중국 서북부에 있던 은나라의 속국인 주周나라의 제후였다. 은 왕조 시기에 서쪽 제후들의 수장을 서백西伯이라 하였는데, 그래서 주 문왕 희창을 서백창西伯昌이라 불렀다. 당시 은나라는 주왕紂王의 포악무도한 만행으로 민심이 이반되고 원성이

---

**8** 『중용』「제20장」, "文武之政 布在方策 其人存則其政擧 其人亡則其政息"

높았다.[9] 주왕의 횡포로 유리의 감옥에 갇혔다가 풀려난 서백창은 낙수 서쪽지역을 주왕에게 바침으로써 주왕의 마음을 얻었고, 그 대가로 포락형[10]을 폐지하도록 요청하여 사람들의 신임을 얻었다. 서백창은 관대하고 인재를 우대하는 사람이었으며, 따라서 그의 인품을 듣고 주변의 제후들은 물론 주왕의 밑에 있던 신하와 많은 인재들이 서백창에게 모여들었다. 태전, 굉요, 산의생 같은 명망이 높은 인재들도 서백창을 보좌했다. 또한 서백창은 위수 북쪽에 사냥을 갔다가 태공망 여상을 만나 그를 사師에 임명하고, 그의 도움을 받아 대업의 기틀을 마련하였다.

문왕의 뒤를 이은 무왕은 이름이 희발姬發이며, 아버지 문왕의 대업을 계승하기 위하여 강태공, 주공, 소공 등에게 국정을 맡기고, 아버지의 측근이었던 유능한 신하의 보좌를 받았다. 이러한 인재들을 바탕

---

**9** 은나라 주왕은 술을 좋아하고 여자를 탐했다. 달기라는 여인에 빠져서 그녀의 말이라면 무엇이든 따랐는데, 술로 연못을 만들고 나무에 고기를 매달아 놓고 남녀들이 알몸으로 밤새 술을 마셨다. 주왕에게는 삼공이 있었는데, 구후, 악후, 서백창이었다. 구후에게는 아름다운 딸이 있어 주왕에게 바쳤는데, 그녀가 음란함을 싫어하자, 주왕이 화가 나서 그녀를 죽이고 아버지인 구후까지 죽여 소금에 절였다. 이에 악후가 구후의 억울함을 호소하자, 그도 죽여 육포로 만들었다. 주왕은 서백창도 위험인물이라고 생각하여 유리의 감옥에 감금시켰으며, 서백창의 신하인 굉요 등이 미녀와 보물과 준마 등을 바치자 풀어주었다. 주왕은 아첨을 잘하는 비중(費仲)을 등용하여 국정을 맡기고 비방과 참소에 능한 오래(惡來)를 등용했다. 주왕은 그의 멸망을 바라지 않는 사람이 없을 정도로 음란함과 포악함을 자행했다.(사마천의『사기』「은본기」참조.)

**10** 은나라 주왕은 본래 지용(智勇)을 겸비한 현군이었는데, 요부 달기에게 빠진 이후로 폭군음주(暴君淫主)로 변했다. 무거운 세금으로 백성들의 원성이 높았고, 폭정에 반기를 드는 제후도 생겼다. 그래서 주왕은 포락형을 만들어 실정을 간하는 자들을 잡아다가 이 형벌에 처했다. 포락형이란 구리기둥에 기름을 발라 숯불 위에 올려놓고 죄인에게 그 위로 맨발로 걸어가게 하여 불속으로 떨어지면 그대로 타죽는 형벌이다. 주왕과 달기는 이러한 광경을 보고 즐거워했다고 한다.

으로 결국 무왕은 은나라 주왕을 멸하고 중원을 장악하여 주 왕조를 건립하였다.

　문왕과 무왕의 정치란 결국 사람을 중히 여기는 정치이다. 그래서 공자는 문왕이나 무왕을 도왔던 그런 사람들이 있으면 정치는 일어서고 은나라 주왕처럼 간신들만 곁에 있으면 나라는 망한다고 한 것이다.

　문왕과 무왕의 인재를 중시하는 정치는 국정을 보좌했던 주공의 역할이 매우 컸다. 토포악발吐哺握髮[11]이라는 고사성어에서 알 수 있듯이 주공은 인재를 공경했으며, 좋은 인재를 얻기 위해서 혼신의 노력을 기울였다. 그래서 공자는 애공이 정치에 대해 묻자, "사람의 도는 정치에 민감하고 땅의 도는 나무에 민감합니다. 대저 정치란 포로와 같습니다. 그러므로 정치를 하는 것은 사람에게 달려있으니, 사람을 얻는 일은 온몸으로 해야 합니다"[12]라고 하였다. 이는 나무가 자라는 것을 보고 땅이 비옥한지를 알 수 있듯이 정치를 보면 사람이 살만한지를 알 수 있을 만큼 정치는 사람에게 민감하게 나타난다는 의미. 정치가 포로와 같다는 말은 물가에서 자라는 창포나 갈대가 성장이 빠른 것처럼 정치가 백성에게 빠르게 영향을 미친다는 뜻이다. 그러므로 정치란 사람에게 달려있기에 사람이 중요하며, 능력 있는 사람을 얻기 위해서는 혼신으로 노력해야 한다는 것이다.

---

11　주공은 인재를 중시하여 식사를 할 때나 머리를 감을 때 사람이 찾아오면 입에 있던 음식을 뱉고 나가서 사람을 맞이하고, 감던 머리를 감싸 쥐고 나가서 영접했다고 한다. 그러면서도 주공은 훌륭한 인재를 잃을까봐 걱정했다고 하는데, 토포악발(吐哺握髮)은 이러한 고사에서 유래되었다.(『한시외전』「권3」참조.)

12　『중용』「제20장」, "人道敏政 地道敏樹 夫政也者 蒲盧也 故爲政在人 取人以身"

## 인재를 추천하는 사람이 현인이다

유향이 편찬한 『설원』에 보면,[13] 자공이 공자에게 "지금의 신하 중 누가 현인賢人입니까?"라고 묻자, 이에 공자가 "지금은 모르겠지만, 지난날에는 제나라의 포숙과 정나라의 자피를 현인이라고 보았다"고 했다. 이에 자공이 "그렇다면 제나라의 관중과 정나라의 자산은 어찌하여 거명하지 않으십니까?"라고 하면서 이의를 제기했다. 이에 공자가 말했다. "너는 하나만 알고 둘은 모르는구나. 너는 어진 사람을 추천하는 사람이 현인이라고 들었느냐, 아니면 자기 힘을 다 쏟는 사람을 현인이라 들었느냐?" 이에 자공이 "어진 사람을 추천하는 사람이 진정한 현인이지요"라고 하였다. 그러자 공자가 이렇게 결론을 내렸다. "그렇다면 나는 포숙이 관중을 추천하고 자피가 자산을 추천했다는 소리는 들었어도 관중이나 자산이 누구를 추천했다는 말은 들어본 적이 없다."

관중管仲은 친구 포숙의 추천으로 제나라의 재상이 되어 환공을 패자가 되도록 보좌한 인물이다. 또한 자산子産은 자피[14]의 추천으로 정나라의 재상이 되었으며, 진나라와 초나라 사이에 끼어있던 약소국인 정나라를 강대국과 어깨를 나란히 하도록 한 정치가였다.

포숙이나 자피와 같이 인재를 추천하는 사람에게는 세 가지 미덕이 있다. 우선 인재를 알아보는 지혜가 있고, 자기보다 능력 있는 사람에

---

**13** 『설원 上』, 유향 찬집, 임동석 역주, 동문선, 1997, 64~65쪽.
**14** 춘추 시대 정나라 사람으로 한호라고도 불린다. 노 양공 29년에 아버지의 자리를 이어 정나라 집정이 되었다. 자산이 현명하고 재주가 있는 것을 알고 집정으로 추천하고 자리를 양보하였다.

게 양보하는 겸양지덕이 있으며, 또 자기의 이익보다는 나라를 생각하는 의로운 마음이 있다. 그래서 공자는 포숙과 자피를 현인이라고 칭한 것이다.

역사적으로 보면 좋은 인재를 추천한 현인賢人은 많았으며,[15] 그러한 현인들의 추천을 받은 인재들이 또한 큰 업적을 남겼다. 이러한 현인들이 왜 지금 시대에는 없고, 단지 자신이 적격이라고 생각하면서 권력을 탐하는 소인배들만 있는지 걱정이다. 자신을 살펴서 스스로의 능력을 속이지 말고, 욕심으로 국고를 축내는 무리가 되지 않으려는 자세가 필요한 시대다.

## 인사가 만사다

나라를 다스림에 있어서 좋은 사람을 적재적소에 배치하는 것은 정말 중요하다. 사람마다 그 재질과 능력이 다르기 때문에 그에 맞게 직분을 부여해야 한다. 따라서 역사를 보면 훌륭한 군주는 마땅한 사람을 구하여 마땅한 지위에 등용했다. 춘추 시대 재상의 모범으로 알려

---

**15** 한반도에서도 고구려 고국천왕 때 안류(晏留)라는 현인이 있었다. 고국천왕 13년에 왕은 신하들에게 명령하여 최근 나라의 기강이 어지러우니 능력 있는 사람을 추천하라고 하였다. 이렇게 하여 추천된 사람이 안류이다. 그러나 안류는 능력도 있었지만 양보의 미덕이 있는 사람이었다. 자신은 어리석고 속이 좁아 큰일을 하기에는 부족하다고 하면서 압록곡에 사는 을파소가 비록 지금은 농사를 짓지만 능력 있는 인물이라고 하여 추천하였다. 안류의 추천으로 국상이 된 을파소는 돈으로 관직을 사고파는 일을 금지시키고, 교육제도를 개혁하고, 특히 춘궁기에 국가가 식량을 백성들에게 나누어주고 추수기에 되돌려 받는 진대법을 실시하여 백성들의 고단한 삶을 개선해주었다.(『인물로 보는 고구려사』, 김용만 지음, 창해, 2002, 136~147쪽 참조.)

진 제나라의 관중, 정나라의 자산, 제나라의 안영이 능력을 발휘할 수 있었던 것은 군주가 그 능력을 믿고 마땅한 자리에 앉혔기 때문이다. 공자는 정치에서 사람의 중요성을 강조하면서 다음과 같은 몇 가지 인사원칙을 제시하였다.

첫 번째 인사원칙은 현인賢人과 재주 있는 사람을 등용해야 한다는 것이다. 정치의 중요한 목표는 백성들의 도덕성을 확립하고 부유하게 하는 것이다. 현인은 도덕을 확립하는 역할을 하며, 재주 있는 사람은 나라를 부강하게 하는 역할을 할 수 있다. 그래서 중궁이 계씨의 가신이 되어 정치에 대해 묻자, 공자는 "현인과 재주 있는 사람을 등용해야 한다"(13-2)고 하였다.

두 번째 인사원칙은 정직한 사람을 굽은 사람 위에 놓는 것이다. 노나라 애공이 공자에게 "어떻게 하면 백성이 복종합니까?"라고 묻자, 공자가 말했다. "정직한 사람을 들어 올려 굽은 사람 위에 올려놓으면 백성들이 복종하고, 굽은 사람을 들어 올려 정직한 사람 위에 놓으면 백성들이 복종하지 않습니다"(2-19). 공자는 정치의 성패는 법과 제도가 아니라 사람에게 달려있다고 보았다. 마땅한 사람을 써서 마땅한 자리에 등용하는 것만큼 중요한 것은 없다고 하였다. 그래서 애공이 "어떻게 하면 백성이 복종하느냐?"고 물었을 때, 공자는 곧은 사람을 써서 굽은 사람 위에 놓으면 굽은 사람도 곧게 바뀌어 그 나라의 정치가 제대로 되지만 그렇지 못하면 그 나라의 정치는 망친다고 하였다.

세 번째 인사원칙은 마음이 바르지 않은 사람을 쓰지 않는 것이다. 애공이 공자에게 사람을 가려 쓰는 법을 묻자, 공자가 말했다. "교만한 사람을 쓰지 말고, 아첨하는 사람을 쓰지 말고, 남을 헐뜯는 사람을 쓰지 않는 것입니다."<sup>16</sup> 교만한 사람은 겸손한 마음이 없고, 아첨하는 사람은 진실한 마음이 없고, 남을 헐뜯는 사람은 남을 사랑하는 마음이 없다. 따라서 이들을 쓰면 오히려 정치에 해가 되기 때문이다.

인사가 만사라는 말이 있듯이 법과 제도가 아무리 좋아도 이를 운영하는 마땅한 사람이 없으면 소용이 없다. 따라서 훌륭한 군주라면 사람의 성품과 능력을 제대로 알아보고 마땅한 사람을 마땅한 자리에 앉혀야 한다. 자기 사람이라는 이유로, 정권 창출에 공이 있다는 이유로, 또는 학교나 지역을 안배한다는 이유로 오히려 특정학교나 특정지역에 편중하여 공직자를 임명하는 것은 결코 바람직한 인사가 아니며, 이를 국민들이 승복하거나 신뢰하지 않을 것이다. 오직 덕성과 능력을 중시하여 널리 인재를 구했던 옛사람들의 지혜를 전범으로 삼으려는 노력이 필요하다.

---

**16** 『한시외전』「권4」, "無取健 無取佞 無取口讒"

제21강

# 공자의 가르침을
# 복자천이 실천하다

정치에 대한 공자의 관심은 매우 컸다. 정치를 하고자 하는 야망도 컸으며, 이상도 높았다. 그러나 공자를 써주는 군주는 없었으며, 정치적 이상을 펼칠 기회도 좀처럼 주어지지 않았다. 『논어』 「양화 편」에는 공자가 정치 참여를 얼마나 원했는지, 또 이에 따른 심리적 갈등이 어떠했는지를 엿볼 수 있는 일화가 있다.

계씨의 가신이었던 양호[17]가 반란을 일으켜 실권을 장악하고 공자를 자기 휘하에 둘 생각으로 만나고자 했으나 공자가 만나주지 않았다. 이에 양호가 돼지를 보내니, 공자도 그가 없을 때를 보아 사례하러 가다가 길에서 마주쳤다. 이에 양호가 공자에게 말을 걸었다. "이리 오시지요. 내가

---

**17** 양호(陽虎)는 양화(陽貨)라고도 하며, 노나라 삼환씨의 하나인 계손씨의 가신이었다. 일찍이 많은 재물을 바탕으로 사람을 모아서 세력을 구축했으며, 그 위세를 믿고 기원전 505년 일당인 공서극, 공산불요, 숙손첩 등을 선동해 반란을 일으켜 권력을 잡았으나, 3년 만에 실각하고 제나라로 망명했다.

그대에게 한마디 하리다. 보배를 품고도 나라를 혼란하게 내버려 누는 것을 인仁이라 할 수 있겠습니까?" 공자가 "그렇다고 할 수 없지요"라고 답했다. 양호가 "일에 종사하는 것을 좋아한다면서 자주 때를 놓치는 것을 지혜롭다 할 수 있겠습니까?"라고 묻자, 공자가 "그렇다고 할 수 없지요"라고 답했다. 다시 양호가 말했다. "해와 달은 흘러가는 것이니, 세월은 우리와 더불어 머물지 않습니다." 이에 공자는 "예, 알았습니다. 곧 벼슬하겠습니다"라고 말하고 그 자리를 떠났다.(17-1)

그러나 공자는 양호에게 가서 벼슬을 하지 않았다. 양호가 3년 만에 실각하고 제나라로 망명하자, 이번에는 양호의 동지였던 공산불요가 정권을 잡고 공자를 불렀다.

공산불요[18]가 반란을 일으키고서 공자를 부르니 공자가 가려고 하였다. 이에 제자인 자로가 불만스럽게 말하기를, "가실 곳이 없으시면 그만이지 하필이면 공산씨에게 가려고 하십니까?"라고 하였다. 그러자 공자가 말했다. "대저 나를 부르는 자가 어찌 하릴없이 그러겠느냐? 나를 써주는 자가 있다면 나는 그곳을 동쪽의 주나라로 만들겠다."(17-5)

하지만 공자는 결국 공산불요의 부름에 응하지는 않았다. 공자가 양호의 제안을 피한 것은 그의 행동이 올바르지 않다고 생각했기 때문일 것이다. 계씨季氏가 국정을 어지럽히는 것조차 무도하다고 비난

---

**18** 공산불요(公山弗擾)는 공산불뉴라고도 하며, 노나라 계손씨의 가신이었다. 양호가 실각하고 제나라로 망명하자 공산불요는 비(費) 땅을 근거로 기원전 502년 반란을 일으키고 공자를 불렀다.

했던 공자이기에 그의 가신인 양호가 난을 일으켜 정권을 장악하고 부른다고 하여 갈 수 있는 상황은 아니었다. 그런데 공자는 공산불요가 부를 때는 가려고 했었다. 공자의 이러한 태도에는 여러 가지 이유가 있겠지만 당시 공자에게는 정치 참여를 통해서라도 혼란된 현실을 바꾸어보겠다는 절박함과 심리적 갈등이 있었음을 보여주는 대목이다. 그래서 공자는 자로에게 자신을 불러주는 곳이 있다면 그곳을 자신이 꿈꾸던 동쪽의 주나라로 만들겠다고 했다. 그 후 공자는 쉰한 살에 계환자의 천거로 중도재中都宰라는 벼슬을 얻어 정치에 진출하여 1년 만에 중도를 살기 좋은 도시로 만들고, 이어서 사공과 대사구에까지 이르지만 자신의 정치적 이상을 제대로 펼쳐보지 못하고 벼슬에서 물러났다.[19]

공자가 꿈꾸는 정치는 백성을 으뜸으로 여기는 정치였으며, 이에 다스리는 사람의 자질을 중시하는 정치였다. 공자가 "군자는 자기를 닦아 백성을 편안하게 하는 것이다"라고 한 것은 정치의 목표가 백성을 편안하게 하는 데 있음을 말한 것이고, "정치는 사람에게 달려 있으므로 사람을 얻는 일은 온몸으로 해야 한다"라고 한 것은 정치에 있어서 사람의 중요성을 강조한 말이다. 결국 다스림이란 위로는 임금에서 아래로는 읍재에 이르기까지 백성들의 삶을 편안하고 행복하게 하는 데 있다고 보았다. 비록 공자는 자신의 정치적 이상을 제대로 펼쳐보지 못했지만, 그의 가르침을 잘 실천한 제자가 있었으니, 바로 복자

---

19  사마천이 쓴 『사기』 「공자세가」에는 양호와 공산불요가 공자를 초청한 과정, 중도재라는 벼슬을 시작으로 사공과 대사구에 이르는 과정, 노나라 정공과 제나라 경공이 협곡에서 회맹할 때의 활약상, 그리고 공자가 벼슬에서 물러난 이유 등이 상세히 기록되어 있다.

천宓子賤이다. 복자천은 이름이 복부제宓不齊이며, 노나라 사람이다. 복자천이 선보[20]의 읍재로 있으면서 보여준 치도治道는 공자와 많은 사람의 칭찬을 받았다. 이는 공자의 가르침을 잘 실천한 모범사례라고 할 수 있다. 복자천의 다스림에 대한 이야기들은 한나라 때 유향이 편찬한 『설원』 「정리政理 편」에 실려 있다.

## 마땅한 인재를 가려서 쓰다

다스림에 대한 공자의 첫 번째 가르침은 인재를 가려 쓰는 것이며, 이를 복자천이 실천하였다.[21]

복자천이 선보의 책임자가 되어 떠나면서 공자에게 인사를 하러 왔다. 이에 공자가 이렇게 당부했다. "사람을 마구 영접하지도 말고 마구 거절하지도 말아라. 또 사람을 마구 우러러보지도 말고 마구 허락하지도 말아라. 마구 허락하면 지켜내기 어렵고, 마구 거절하면 꽉 막혀 아무것도 모르게 된다." 이에 자천이 "감히 명을 받들겠습니다"하고 선보로 떠났다.

복자천이 선보로 가는 길에 양주라는 사람을 만나서 물었다. "그대는 무엇으로 나를 환송하려 하오?" 이에 양주가 답했다. "저는 어릴 때 빈천하여 백성을 다스리는 법은 배우지 못했습니다. 다만 낚시질 하는 방법이 두 가

---

20  지금의 산동성 선현을 말한다.
21  『설원 上』, 유향 찬집, 임동석 역주, 동문선, 1997, 277~278쪽.

지가 있는데, 청컨대 이로써 당신을 환송하려 합니다." 그리고 양주는 이렇게 말했다. "낚시 줄에 미끼를 달아 내려뜨리면 이를 바로 물어버리는 물고기가 있습니다. 이는 양교라는 물고기인데, 고기가 살도 없고 맛이 없지요. 그런데 있는 것 같기도 하고 없는 것 같기도 하고, 미끼를 물은 것 같기도 하고 물지 않은 것 같기도 한 것이 있지요. 방어라는 고기인데, 그것은 살지고 맛도 좋지요." 복자천이 "좋습니다" 하고 길을 떠났다. 그가 선보 땅에 이르지도 않았는데 수레 뚜껑을 펄럭이며 마중 나온 자들이 길에 몰려 있었다. 이를 보고 자천이 말하기를, "수레를 빨리 몰아라. 양주가 말했던 양교라는 물고기가 몰려오고 있다"고 했다. 그리고 자천은 선보 땅에 이르러서 원로들과 현인들을 초청해 함께 선보 땅을 다스리자고 했다.

다스림에는 사람이 중요하며, 따라서 누가 진실되고 누가 아첨하는지, 누가 도움이 되고 누가 해가 되는지를 분별하는 것이 중요하다. 그래서 공자는 선보로 떠나는 복자천에게 사람을 마구 영접하지도 마구 거절하지도 말고 사람을 가려서 쓰라고 하였는데, 복자천이 이를 실천한 것이다.


## 사람에게 일을 맡기다

공자의 두 번째 가르침은 마땅한 사람을 적재적소에 배치하여 사람을 통해 다스리라는 것이다. 이를 복자천이 잘 실천했다.

복자천이 선보 땅을 다스리면서 거문고만 탈 뿐 직접 당堂 아래로 내려

오지 않았지만 그 땅은 잘 다스려졌다. 그런데 무마기[22]가 선보 땅을 다스릴 때는 별을 보고 나가서 별을 보고 들어와 밤낮으로 쉬지 못하고 몸소 나서야 선보 땅이 다스려졌다. 무마기가 복자천에게 그 이유를 묻자 복자천이 이렇게 말했다. "나는 사람에게 일을 맡겼고, 그대는 힘에 일을 맡겼기 때문이오. 자신의 힘에 일을 맡기면 진실로 수고스럽지만, 사람에게 일을 맡기면 편안하지요." 이 말을 들은 사람들은 복자천을 군자라고 칭찬했다.[23]

다스리는 위치에 있는 위정자는 오케스트라의 지휘자와 같다. 각각의 악기를 연주하는 사람이 자신의 악기에만 몰두한다면 조화를 이루지 못하고 시끄러운 소리가 된다. 그러나 지휘자가 각각의 악기를 연주하는 사람에게 제때에 연주하도록 통솔하면 지휘자와 연주자가 조화를 이루어 아름다운 음악이 만들어지게 된다. 위정자는 사람에게 일을 맡기고 전체적인 조화를 이끌어내는 역할을 해야 한다. 위정자가 자기의 능력을 믿고 일에 간섭하면 조화를 이루지도 못하면서 몸은 수고롭게 된다. 위정자의 가장 중요한 덕목은 오케스트라의 지휘자와 같이 사람을 통솔하고 각각의 이해를 조정하는 능력이다. 현악기가 연주되어야 할 데서 타악기가 연주되면 음악을 망치듯이, 위정자가 국정운영의 소신과 철학이 없이 국민의 인기만을 의식하거나 편향된 사고를 갖는다면 다양한 이해를 조정하지 못하고 갈등이 유발될 것이

---

**22** 무마기는 자가 자기(子期)이며, 공자의 제자로, 공자보다 30세 어렸다. 복자천보다 먼저 선보 땅을 다스렸다.

**23** 『설원 上』, 유향 찬집, 임동석 역주, 동문선, 1997, 274~275쪽.

며, 결국 무능이 드러나게 되어 실패하게 된다. 사람을 적재적소에 배치하고 그 사람을 통해 다스림을 실천한 복자천의 치도治道는 시사하는 바가 매우 크다.


## 어진 사람을 공경하다

공자의 세 번째 가르침은 어진 사람에게서 정치의 방법을 배우라는 것이다. 복자천은 선보 땅을 다스리면서 이를 실천했다.

> 공자가 복자천에게 물었다. "네가 선보 땅을 다스리고 나서 그곳 사람들이 모두 기뻐한다는데, 어떻게 해서 그리되었는지 나에게 말해다오."
> 이에 복자천이 대답하기를, "그곳의 백성 중에 저보다 어진 사람이 다섯 분이 있어 제가 모시고 있으며, 그 분들이 저에게 정치의 방법을 가르쳐주고 있습니다"라고 하였다. 그러자 공자가 이렇게 말했다. "큰일을 하려면 바로 그렇게 해야 하느니라. 옛날 요임금과 순임금은 자기를 낮추어 천하의 일을 듣고 보았다. 그래서 어진 이를 모셔오기에 힘썼다. 어진 이를 등용하는 것이 백복의 근원이며, 세상을 밝게 볼 수 있는 기틀이다. 너 부제가 다스리는 땅이 너무 좁구나. 그 다스리는 땅이 넓었더라면 요임금과 순임금의 뒤를 이을 수 있을 텐데."[24]

공자는 복자천이 선보 땅을 다스리면서 어진 사람을 존경하고 그

---

**24** 『설원 上』, 유향 찬집, 임동석 역주, 동문선, 1997, 275~276쪽.

들에게서 정치의 방법을 배운다는 말을 듣고 크게 기뻐하며 칭찬했다. 다스림이란 어진 사람에게 지혜를 빌리고 능력 있는 사람을 통해서 실천하는 것이다. 한 나라를 다스리던 또는 조그만 지역을 다스리던 다스림의 원칙은 같다. 따라서 어진 사람과 능력 있는 사람을 널리 구하고 적재적소에 배치하는 것이 중요하다. 정치가 보수와 진보라는 두 진영으로 갈라져서 자기 진영의 인사들을 중심으로 하는 반쪽짜리 정치를 한다면 조화를 이루지 못하고 갈등만 커진다. 상생의 정치, 통합의 정치를 말로만 외칠 것이 아니라 진정성을 갖고 실천하는 것이 중요하다.


## 가까이 있는 사람을 기쁘게 하다

공자의 네 번째 가르침은 위정자의 자세와 가치관이다. 복자천은 긍정적이고 적극적인 자세로 백성을 다스렸다.

공자의 조카인 공멸[25]이 복자천과 비슷한 시기에 벼슬을 하고 있었다. 공자가 어느 날 공멸이 벼슬하는 곳을 지나다가 물었다. "너는 벼슬길에 나서고 나서 무엇을 얻고 무엇을 잃었느냐?" 이에 공멸이 답했다. "벼슬길에 나서서 얻은 것은 없고 잃은 것은 세 가지입니다. 공무가 너무 번잡하여 배운 것을 실천할 수 없으니 이것이 첫 번째 잃은 것이고, 봉록이 너무

---

**25**   공멸(孔蔑)은 노나라 사람으로 원래 이름은 공충(孔忠)이고, 자가 자멸이다. 공자의 이복형인 맹피의 아들이며, 공자의 제자이다. 기록에는 공멸이라는 이름으로 나온다.

적어 친척에게 나누어주지 못하니 친척들과 더욱 멀어졌으니 이것이 두 번째 잃은 것이며, 공무가 너무 바빠 조문이나 문병 갈 시간이 없어 친구들과 더욱 멀어졌으니 이것이 세 번째 잃은 것입니다." 공자는 공멸의 넋두리를 불쾌하게 생각하고 자천에게 가서 똑같이 물었다. 이에 자천이 신이 나서 말했다. "제가 벼슬길에 나서고부터 잃은 것은 없고 얻은 것이 세 가지입니다. 선생님께 배운 것을 지금 실천하니 학문이 날로 분명해집니다. 이것이 첫 번째 얻은 것입니다. 또 봉록이 비록 적지만 그나마 친척에게 나누어 줄 수 있으니 친척이 저를 더욱 가까이 합니다. 이것이 두 번째 얻은 것입니다. 다음으로 공무가 비록 급하기는 하나 밤에라도 부지런히 조문과 문병을 하니 친구들이 저와 더욱 친하게 지냅니다. 이것이 세 번째 얻은 것입니다." 공자가 이 말을 듣고 자천을 이렇게 칭찬하였다. "군자로다, 이 사람은! 노나라에 군자가 없다면 어디서 이를 배웠겠는가!"[26]

다스림이란 우선 자기 주변에 가까이 있는 사람과 친하며 기쁘게 하는 것이다. 그러기 위해서는 모든 걸 즐겁게 생각하는 긍정적인 사고가 뒷받침되어야 한다. 공멸이 부정적이고 소극적이고 자기의 이익만을 따지는 사람이었다면, 복자천은 긍정적이고 적극적이고 사람과의 관계를 중시하는 사람이었던 것으로 보인다. 다스리는 자가 어떤 생각을 갖고 있느냐에 따라 다스림의 성패가 좌우된다. 복자천이 선보 땅을 다스리면서 성공할 수 있었던 것은 공자의 가르침을 잘 실천했기 때문이다. 복자천은 정치에서 백성이 으뜸이며, 어진 사람과 능력 있는 사람이 중요하다는 것을 알고 몸소 실천하였다. 비록 공자는

---

26 『설원 上』, 유향 찬집, 임동석 역주, 동문선, 1997, 279~280쪽.

자기의 정치사상을 노나라에서 제대로 펼치지는 못했지만 제자 복자
천을 통해서 이루었다고 할 수 있다.

# 정치는 무엇을
# 해야 하는가

정치는 국가의 성립과 함께 시작되었다고 할 수 있다. 물론 국가 이전의 씨족이나 부족사회에서도 정치가 존재하기는 하였으나 체계적인 형태의 정치는 국가가 성립되면서 발전하였다. 프랜시스 후쿠야마는 『정치질서의 기원』이라는 책에서 부족사회와 비교해서 국가가 갖는 특징을 몇 가지 제시하였다.[27] 첫째는 국가에는 왕이든 대통령이든 중앙집권화 된 권위의 원천이 있다. 둘째는 그러한 권위의 원천은 군대나 경찰 등 합법적 강제수단의 독점으로 뒷받침된다. 셋째는 국가의 권위는 친족보다는 지역을 기반으로 이루어진다. 넷째는 국가는 부족사회보다 계층 분화와 불평의 정도가 높다는 점이다. 그렇다면 중국에서 이러한 특징을 지닌 국가는 언제부터 성립되었을까?

중국 땅에서 인간이 살기 시작한 것은 매우 오래 전부터이다. 호모

---

27 『정치질서의 기원』, 프랜시스 후쿠야마 저, 함규진 역, 웅진, 2012, 107~108쪽 참조.

에렉투스[28] 같은 원인原人은 무려 80만 년 전부터 거주했고, 호모 사피엔스[29]는 20만 년 전 아프리카에서 생긴 이래 수천 년 후에 중국 땅에 도착했다. 조와 벼의 재배는 일찍부터 이루어졌고, 야금술과 정착생활은 앙소문화[30] 시기에, 성벽으로 쌓인 도시와 사회계층 존재의 증거는 용산문화[31] 시기에 발견되었다. 그리고 기원전 2,000년대부터 중국의 고대국가인 하, 은, 주 삼대가 시작되었다. 부족사회에서 국가로의 전환은 서서히 진행되었는데, 하·은 시대는 '국國'이라고 언급되었지만 부족 체제였으며, 주 왕조에 이르러서 상비군과 행정 구조를 갖춘 진정한 국가의 모습을 드러냈다.[32]

공자가 살던 춘추 시대는 주 왕조의 시대였으며, 이 시기의 왕은 허울뿐이었고, 실질적인 권한은 여러 제후들이 갖고 있었다. 따라서 제후국은 독자적인 행정조직과 관료체계 및 군대조직을 갖고 독립된 국

---

**28** 호모 에렉투스는 직립원인이라 하며, 도구를 사용하고 불을 이용하여 음식을 익혀 먹었다고 한다. 1926년 베이징의 주구점(周口店) 용골산에서 그 화석이 발견되었는데, 이를 베이징원인(북경원인)이라 부른다.

**29** 호모 사피엔스는 약 20만 년 전에 출현했으며, 이어서 등장한 현생인류인 호모 사피엔스 사피엔스와 비슷하다. 호모 사피엔스 사피엔스의 화석은 1933년에 발견되었는데, 베이징원인이 발견되었던 주구점의 용골산 정상에 있는 동굴에서 출토되었다. 2만여 년 전 후기 구석기 시대에 살았던 것으로 추정되며, 산정동인(山頂洞人) 또는 상동인(上洞人)이라 부른다.

**30** 앙소(仰韶)문화는 기원전 5,000년~기원전 3,000년 사이에 중국의 황하 중류 허난성 일대를 중심으로 발달된 신석기 시대의 문화이다. 농업을 생산기반으로 하여 가축을 사육했음이 확인되고, 토기로는 흙으로 만든 거친 토기와 무늬를 넣은 채도토기를 사용하였다.

**31** 용산(龍山)문화는 기원전 3,000년~기원전 2,000년 중국의 황하 하류 산동성 일대를 중심으로 발달된 문화로 신석기 후기를 대표하는 문화이다. 원시공동체 사회에서 계급사회로 이행되면서 부족국가가 출현되기 시작했다.

**32** 『정치질서의 기원』, 프랜시스 후쿠야마 저, 함규진 역, 웅진, 2012, 126~128쪽 참조.

가의 지위를 확보하고 있었다. 공자의 정치사상은 이러한 춘추 시대의 국가적·정치적·역사적 배경 속에서 형성되었다. 공자는 백성을 나라의 근본으로 생각했으며, 따라서 공자의 정치사상은 주로 정치가 백성을 위해서 무엇을 해야 하는가의 문제에 초점이 맞추어져 있다.

## 부민과 교육

공자의 정치사상은 백성을 근본으로 하며, 따라서 나라를 다스리는 위정자는 백성을 부유하게 하고 가르치는 데 힘써야 한다고 하였다. 『논어』에 보면, 공자가 위나라에 갈 때 염유가 수레를 몰았다. 공자가 "백성이 많구나" 하고 감탄하자, 염유가 "이미 백성이 많으면 또 거기에 무엇을 더해야 합니까?"라고 물으니, 공자가 "부유하게 해주어야 한다"고 하였다. 또 염유가 "부유하면 그 다음은 어찌해야 합니까?"라고 물으니, 공자가 "가르쳐야 한다"고 하였다(13-9).

정치를 잘한다는 것은 백성을 부유하게 하고 가르치는 것이다. 부민富民은 경제의 문제이고, 교육은 도덕의 문제이다. 경제는 백성들의 육체적 삶을 풍요롭게 하는 것이고, 도덕은 정신적 삶을 풍요롭게 하는 것이다. 정치는 이 두 가지를 잘해야 하지만 가난하면 정신적 삶을 풍요롭게 할 여유가 없다. 그래서 공자는 먼저 백성을 부유하게 하고 그 다음에 가르치라고 한 것이다.

제나라의 재상이었던 관중管仲은 "창고가 가득해야 예절을 알고, 먹고 입는 것이 풍족해야 명예와 치욕을 안다"고 하여 도덕의 확립에는 경제가 뒷받침되어야 한다고 보았다. 따라서 부민과 교육은 나라 운영의 근본이며, 발전의 중요한 원동력이다. 교육은 국민이 장차 건전한 시민으로 살아갈 수 있는 소양을 길러주고, 국가에 대한 자긍심과 올바른 가치관을 심어주는 역할을 해야 한다. 특히, 감수성이 예민한 초중고등학교 시절에는 인생이나 국가, 직업, 윤리 등에 대한 올바른 가치관의 확립이 중요하다. 나아가 공동체 사회에서 남과 더불어 사는 데 필요한 예절과 남을 배려하는 마음 등에 대한 인성교육이 매우 필요하다. 따라서 지금과 같은 입시 위주의 교육이나 이념교육으로는 결코 건전한 시민을 길러낼 수 없다. 국가의 미래를 위해 올바른 교육의 회복을 진지하게 고민해야 한다.


## 외교와 안보

외교란 다른 나라와 교섭을 통하여 국제 간의 협력을 이끌어내는 것이다. 급변하는 국제정세 속에서 나라를 안전하게 보전하고 국익을 도모하는 데는 외교의 역할이 매우 크다. 그래서 공자는 다른 나라에 사신으로 가는 관리의 외교적 역량을 특히 강조하였다. 공자는 『논어』에서 "시詩 300편을 외운다 하더라도 정치를 맡겼을 때 해내지 못하고 사방의 나라에 사신으로 가서 홀로 대처하지 못한다면, 비록 시를 많이 외운다고 해서 또한 무엇을 하겠는가?"(13-5)라고 하였다. 또 "사방에 사신으로 가서 군주의 명을 욕되게 하지 않으면 선비라 할 수 있다"(13-20)고 하였다. 옛날에는 주로 외교적 교섭은 주연을 베푼 자리에서 시詩로 표현하였다. 따라서 시를 많이 알고 외우면 외교에서 유리한 위치를 갖게 되지만, 그러나 아무리 시를 많이 외운다 하더라도 이를 잘 활용하여 독자적으로 외교적 문제에 대처하지 못하고 군주의 명을 욕되게 한다면 의미가 없다는 말이다.

춘추 시대 뛰어난 능력으로 외교활동을 펼친 사람을 한 명 꼽는다면, 아마 제나라의 안영晏嬰일 것이다. 『안자춘추晏子春秋』에 보면 안영이 사신으로 갔을 때의 여러 일화가 전해지고 있다.[33]

안영이 초나라에 사신으로 온다는 소식을 듣고 초왕은 안영의 키가 작음을 놀려주려고 미리 사신을 영접하는 관리에게 시켜서 대문 곁에 있는 작은 쪽문으로 들어가도록 하였다. 안영이 들어가지 않고 버티면서 이렇게 말했다. "개나라에 사신으로 들어가는 자는 개구멍으로 들어간다. 나는 지금 초나라에 사신으로 온 만큼 개구멍으로 들어갈 수는 없다." 사신을 영접하는 관리가 왕에게 알리자 할 수 없이 대문으로 들어가게 하였다. 안영이 초왕을 만나자 왕은 또 안영을 깔보고 빈정댔다. "제나라에는 사람이 없습니까? 그대와 같은 자를 사신으로 보내다니요." 그러자 안영이 말했다. "제나라의 수도 임치는 삼백 여闾[34]나 되며, 사람들이 소매를 올리면 도시에 그늘이 드리워질 정도이고, 땀을 한꺼번에 흘리면 비가 오는 것 같습니다. 어깨가 마주치고 발꿈치가 이어질 정도로 많은데, 어찌 사람이 없다 하십니까?" 이에 왕이 다시 물었다. "그런데 어찌 겨우 그대와 같은 사람이 사신으로 왔단 말입니까?" 하지만 안영은 이렇게 대답했다. "저희 제나라는 사신의 임무를 맡길 때 각각 상대 임금에 맞추어서 맡깁니다. 상대 나라의 임금이 현명하면 현명한 자를 보내어 그 임무를 명

---

33 『안자춘추』, 임동석 역주, 동서문화사, 2009, 568~579쪽 참조.
34 여(闾)는 마을 입구의 문을 의미하지만, 보통 한 마을을 의미한다.

하고, 상대 나라 임금이 불초不肖할 때는 그에 맞추어 불초한 자를 보내어 사신 임무를 맡기지요. 저는 제나라에서 가장 불초한 자이며, 그래서 이 초나라의 사신으로 가장 적당하였습니다."

이처럼 안영은 초나라 왕의 무례한 행동과 모욕적인 언사에도 굴하지 않고, 오히려 초나라 왕의 못나고 어리석음을 꼬집는 재치 있는 답변으로 상황에 잘 대처하여 초나라를 제압하고 외교적 실리를 취할 수 있었다.

옛날이나 지금이나 열강들의 틈바구니에서 나라의 영토를 보존하고 국민들의 안전을 도모하기 위해서는 외교의 역할이 매우 중요하다. 외교와 안보는 표리관계에 있다. 따라서 외교관계가 제대로 이루어지면 나라의 안보는 보장되는 것이고, 그렇지 못하면 안보가 위협받게 된다. 외교는 먼저 국민의 생명을 지키고 다음으로 국가의 이익을 생각해야 한다. 외교에서는 안영과 같이 배짱도 있어야 하고, 평정심을 갖고 상대의 약점을 파고드는 논리적이고 재치 있는 언변도 있어야 한다. 그래서 공자는 사신의 역할을 강조한 것이다. 그러므로 외교교섭에서는 국가 운영에 대한 확고한 원칙을 갖고 임하는 것이 중요하다. 조그만 이익을 탐하거나 또는 주변 강대국의 눈치를 보느라 제대로 중심을 잡지 못하고 우왕좌왕하게 되면 결국은 박쥐의 신세[35]가 될

---

[35] 조선 숙종 때 홍만종이 지은 『순오지』에 나오는 우화에서 유래되었다. 새들끼리 봉황을 축하하는 자리에 박쥐만 빠졌다. 이에 봉황이 박쥐를 불러놓고 꾸짖으니, 박쥐가 "나는 네발 달린 짐승인데 새와 무슨 상관이야?"라고 했다. 얼마 뒤 기린을 축하하는 자리가 있었으나 박쥐만 오지 않았다. 기린이 박쥐를 불러 꾸짖자, 박쥐는 "난 날개가 있는데 네발 달인 짐승과 무슨 관계가 있느냐?"라고 했다. 결국 새와 짐승들은 자기의 편익에 따라 이리 붙었다 저리 붙었다 하는 박쥐의 기회주의적 행동을 비

수도 있다는 것을 알아야 한다. 특히 외교관계에서 정치적 욕심 때문에 우방과 적국을 구분하지 못하고 우방과 약속을 파기하면서 신뢰관계를 저버린다면 이는 국가의 안위를 위협하는 행동이 될 것이다.


## 부국강병 그리고 신뢰

정치는 무엇을 해야 하는가? 이에 대하여 공자의 답이 『논어』에 나와 있다.

자공이 정치에 대하여 묻자, 공자가 말하였다. "식량을 풍족하게 하고[足食], 병력을 강하게 하며[足兵], 백성을 믿게 하는 것이다[民信之]." 자공이 부득이 하나를 버린다면 세 가지 중 무엇을 먼저 버리느냐고 물었다. 공자는 "병력을 버린다"고 하였다. 자공이 다시 두 가지 중에서 부득이 하나를 버린다면 무엇을 먼저 버리느냐고 묻자, 공자는 "식량을 버린다. 예로부터 누구나 죽음은 있거니와 백성의 믿음이 없으면 나라가 존립하지 못한다"고 하였다.(12-7) 이는 나라를 경영함에 있어서 백성의 믿음이 가장 중요함을 강조한 말이다.

앞에서 보면 공자는 국가를 경영함에 있어서 대내적으로 가장 중요한 세 가지 요소를 제시하였다. 첫째가 식량을 풍족하게 하고, 둘째가 병력을 강하게 하며, 셋째가 백성의 믿음을 얻는 것이다. 식량은 백성의 물질적 풍요와 경제적 안정의 토대이며, 병력은 다른 나라로부터 영토를 보전하고 백성의 안전을 지키는 힘이며, 믿음은 백성들 상

---

난하면서 박쥐를 외면하였다. 결국 박쥐는 자기 편을 잃게 되었다.

호 간의 결속과 지지를 바탕으로 강력한 정책을 수행할 수 있는 근간이다. 자공의 물음에 대하여 공자는 병력과 식량 순으로 버려도 된다고 하였지만, 병력과 식량을 정말 버려도 된다는 의미라기보다는 백성들의 신뢰가 그만큼 중요하다는 것을 강조한 것으로 보아야 한다. 백성의 믿음이 뒷받침되지 아니하면, 백성들이 국가를 신뢰하지 아니하고 백성 간의 갈등이 조장되어 아무리 병력이 강하고 식량이 풍족하다 해도 나라가 정상적으로 운영될 수 없기 때문이다.

최근에 진실 여부를 떠나 정치가 국민에게서 믿음을 상실하면 하루아침에 정권이 무너질 수 있다는 것을 경험하였다. 정치인은 이를 반면교사로 삼아 당장의 국민적 인기에 영합할 것이 아니라 원칙과 소신을 가지고 나라를 운영하여 국민의 신뢰를 얻는 것이 무엇보다도 중요하다. 따라서 위정자가 겉으로는 국민을 위한다고 외치면서 오히려 국민을 정치적 목적을 달성하기 위한 수단으로 삼는 경우, 여론의 눈치를 보면서 인기 위주의 편향된 정치를 하는 경우, 이념과 지역 또는 세대 간의 갈등을 조장하는 경우, 떼법과 불법이 난무해도 공권력을 제대로 행사하지 못하는 경우, 도덕성이 결여된 인물을 공직에 임명하는 경우, 확고한 원칙과 소신 없이 국가의 정책이 이리저리 휘둘리는 경우, 이러한 경우에는 결코 국민의 신뢰를 얻을 수 없다는 것을 인식할 할 필요가 있다.

제23강

# 덕치와 예치

인간의 사회생활을 규율하는 규범으로는 보통 도덕과 법령을 들 수 있다. 도덕은 인간이라면 마땅히 지키고 실천해야 할 행동규칙이고, 법은 국가가 국민에게 강제적으로 지키도록 제정한 사회규범이다. 도덕은 인간의 양심에 근거를 두고 자율적으로 지키도록 하지만, 이를 어기면 양심의 가책과 사회적 비난을 받게 된다. 반면 법은 국가의 구성원이라면 누구나 반드시 지켜야 하는 규범이기에 지키지 않으면 형벌이 가해진다. 법은 도덕적으로 비난의 대상이 되는 행위 중에서 지키지 않으면 사회적 질서를 유지하는 데 폐해가 크기 때문에 이를 강제적으로 지키도록 규정한 것이다. 따라서 법적으로 처벌받을 일은 도덕적으로도 당연히 비난받게 되지만, 도덕적으로 비난받을 일이라고 하여 반드시 법적 처벌을 받는 것은 아니다. 복잡한 현대사회에서는 때때로 법적인 처벌과 도덕적 문제가 서로 상충되기도 한다.[36]

---

36  예를 들어, 사람을 죽이는 일은 도덕적으로 비난받을 일이고, 법적으로도 처벌의 대

나라를 다스리는 데 있어서 도덕을 우선시하느냐 아니면 법을 우선시하느냐의 문제는 이미 공자가 살던 춘추 시대부터 논란이 있어 왔다. 도덕을 우선시하여 나라를 다스리는 것을 덕치德治라 하고, 법을 우선시하여 나라를 다스리는 것을 법치法治라고 한다.[37] 덕치와 법치를 비교하면 몇 가지의 차이점이 있다.

첫째는 인간의 마음에 대한 믿음의 차이다. 덕치는 인간의 마음이 선하다고 믿고 위정자가 덕으로 다스리면 백성의 복종을 유도할 수 있다고 생각한다. 반면 법치는 인간의 마음은 본래 악하므로 가벼운 범죄도 무거운 형벌로 다스려야 백성들이 복종한다고 생각한다.

둘째는 자발성과 강제성의 차이다. 덕치는 예의와 염치로 교화해 백성들의 자발적 복종을 이끌어내어 죄를 짓지 않도록 하는 것을 목적으로 한다. 그러나 법치는 백성에게 법을 강제적으로 지키도록 하고 이를 어길 경우 중한 형벌로 다스려서 범죄 발생을 억제하는 것을 목적으로 한다.

셋째는 죄의 현상과 본질에 대한 차이다. 덕치는 인간의 본성을 교화하여 죄를 지으려는 마음을 갖지 않도록 하고자 하고, 법치는 범죄가 발생한 현상을 엄하게 다스려 범죄를 예방하고자 한다. 즉, 법치는

---

상이 된다. 그러나 정당방위로 인한 살인이나 식물인간 상태로 고통 받는 환자에 대한 안락사는 그 정당성에 관한 도덕적 판단 또는 법적 판단에 있어서 논란이 있을 수 있다.

**37** 춘추 시대의 법치는 현대적 의미의 법치와는 상당한 차이가 있다. 현대적 의미의 법치는 국민의 대의기관인 입법부가 국민의 자유와 권리가 보장될 수 있도록 법령을 제정하고, 정부가 이를 시행하며, 사법부가 형벌을 판단하는 삼권분립의 원칙에 따른 민주적 제도이다. 그러나 공자 시대의 법치는 군주 한 사람의 권력을 위해 제정된 법을 백성들에게 따르도록 강제하는 전제적 통치였다. 따라서 공자가 주장한 덕치를 현대적 의미의 법치와 비교하여 평가하는 것은 불합리하다.

처벌이 두려워 죄를 짓지 못하게 하는 것이고, 덕치는 죄를 지을 생각을 갖지 않도록 하는 것이다. 결국 법치는 죄의 현상만을 다스리지만 덕치는 죄의 현상은 물론 근본적인 문제까지 해결한다.


## 덕치인가 법치인가?

공자는 덕치를 강조하였다. 『논어』에서 공자는 "백성을 정政으로 인도하고 형벌로 가지런히 하면 백성들은 형벌을 면해도 부끄러움이 없다. 백성을 덕德으로 인도하고 예禮로써 가지런히 하면 부끄러움도 있고 바로잡힐 것이다"(2-3)라고 하였다. 백성을 정政으로 인도한다는 것은 법령으로 다스린다는 의미이고, 형벌로 가지런히 한다는 말은 법을 지키지 않으면 형벌을 가해서 질서를 바로잡는다는 뜻이다. 백성을 다스림에 있어서 형벌을 가하면 형벌이 무서워 당장은 악행을 저지르는 것을 방지할 수 있다. 그러나 법령으로 다스리면 엄격한 형벌이 무서워서 악행을 못할 뿐이지 악행을 하려는 마음까지 사라지게 할 수는 없다. 그래서 공자는 덕으로 인도하고 예로써 가지런히 해야 한다고 하였다. 다스리는 사람이 덕으로 백성을 인도하고 또한 예로써 질서를 바로잡는다면 죄를 지은 사람도 부끄러움을 느끼고 질서도 바로잡힐 것이라는 의미이다.

공자의 덕치주의는 춘추 시대의 정치적·사회적 혼란을 배경으로 한다. 당시는 위정자가 땅을 넓히거나 권력을 장악하기 위해 난을 일으키고 전쟁을 일삼는 등 무도하고 가혹한 정치를 하였다. 이에 순진한 백성들만 억울하게 피해를 보는 상황이었다. 그래서 공자의 덕치주의에는 두 가지의 의미가 담겨 있다. 하나는 가혹한 정치를 하는 위정자가 먼저 솔선수범하여 백성을 덕으로 다스려야 한다는 것이다. 또 하나는 가혹한 정치로 억울하게 죄를 지은 백성들을 형벌로 다스리는 것은 부당하므로 예로서 교화시켜야 한다는 것이다. 그러나 공자의 덕치주의는 이상은 좋은데 현실적으로 실천하는 데는 어려움이 있다. 그래서 공자 이후 전국 시대의 사상가인 한비자韓非子는 "무릇 편안하고 이로우면 따르고자 하고, 위험하고 해로우면 멀리하고 싶은 것이 사람이면 누구나 갖는 마음이다"[38]라고 하면서, 인간은 누구나 이익을 좇고 해로움을 피하려고 하므로 법으로 다스려야 사회 질서가 유지된다고 하는 법가사상을 주장하였다. 비록 공자의 덕치주의는 실천하는 데 어려움이 있을 수 있지만 당시의 현실에 대한 공자의 고뇌가 담겨 있는 사상이다.

## 덕치란 위정자의 덕을 바탕으로 한다

공자의 덕치주의는 위정자가 덕으로 백성을 인도하고 다스려야 한다는 원칙이다. 따라서 위정자가 갖추어야 할 덕과 솔선수범을 강조하였다. 『논어』에서 공자는 "정치를 덕으로 하는 것은 비유하면 북극성이 제자리에 머물러 있으면 모든 별들이 그에게로 향하는 것과 같다"(2-1)고 하였다. 밤하늘을 바라보면 북극성은 언제나 제자리에 있고 다른 별들이 북극성을 향하고 있듯이, 덕이 있는 사람이 정치를 하

---

[38] 『한비자』「간겁시신 편」, 한비자 지음, 김원중 역, 휴머니스트, 2016, 209쪽 참조.

면 마치 그와 같다는 것이다. 즉, 덕이 있는 사람은 백성을 아끼고 사랑하는 마음이 있기 때문에, 이는 마치 뭇별들이 북극성을 향하는 것과 같이 백성들이 그를 신뢰하고 따를 것이라는 의미이다.

또한 공자는 위정자의 솔선수범을 강조하였다. 『논어』에서 "그 몸가짐이 바르면 명령하지 않아도 행해지고, 몸가짐이 바르지 않으면 아무리 명령해도 따르지 않을 것이다"(13-6)라고 하여 위정자가 먼저 몸가짐을 바르게 하면 법령에 의하지 않고도 백성이 잘 다스려진다고 하였다.

또한 노나라 실권자인 계강자가 "만약 무도한 자를 죽여서 도가 있는 데로 나아가게 하면 어떻습니까?"라고 묻자, 공자가 이렇게 대답하였다. "그대는 정치를 하는데 어찌 죽이는 방법을 쓰는가? 그대가 선해지려고 하면 백성들은 선해질 것이니 군자의 덕은 바람이고 소인의 덕은 풀이다. 풀 위에 바람이 불면 반드시 쓰러질 것이다"(12-19). 올바르지 못한 사람이 정치를 하면 백성들도 올바르게 될 수 없다. 올바른 사회를 만드는 방법은 위정자가 먼저 올바르게 처신해야 한다. 위정자의 덕이 바람이라면 백성들의 마음은 풀과 같으므로 풀 위에 바람이 불면 모든 풀이 쓰러지듯이 위정자가 올바르면 백성들도 모두 올바르게 된다는 것이다.


## 예로써 질서를 유지하다

예란 인간의 도덕성에 근거하는 사회적 질서의 규범이며, 행동의 표준이다. 덕이 위정자의 내면적 덕목이라면 예는 사람과 관계에서 표현되는 행동 양식이다. 따라서 예란 나라를 다스리는 근본이며, 백성을 교화하는 수단이다. 예는 사람 사이에 분별을 있게 하고 질서를 유지하도록 하며, 나라의 구성원이 사회생활을 하면서 자기의 위치를 지키고 참월僭越하지 못하도록 해준다. 그래서 사회적 질서를 유지하기 위해 예로써 백성을 다스리는 것이 중요하며, 이를 예치禮治라고 한다.

공자는 덕으로 다스리고 예로써 가지런히 한다고 하여 덕치와 예치를 주장하였다. 공자는 『논어』에서 "예양으로 나라를 다스릴 수 있다면 무슨 어려움이 있으며, 예양으로 나라를 다스릴 수 없다면 예는 어떻게 하겠는가?"(4-13)라고 하였다. 나라를 다스린다는 것은 편안하고 질서 있는 사회를 만드는 것이다. 법치에서는 형벌이 백성을 다스리는 수단이지만, 덕치에서는 예가 백성을 교화시키는 수단이다. 공자의 말은 예와 겸양으로 나라를 다스릴 수 있다면 아무런 어려움이 없이 최선의 상태가 유지되지만, 예와 겸양으로 다스릴 수 없다면 예는 있어서 무엇에 쓰겠는가라는 반문이다.


## 법은 도덕의 최소한이다

공자는 『논어』 「안연 편」에서 "송사를 듣고 판결하기는 나도 남과 같으나, 다만 나는 반드시 송사가 없어지도록 할 것이다"(12-13)라고 하여 송사를 없애고 형벌을 줄이겠다는 의지를 표명하였다. 그렇다고 공자가 법과 형벌을 전적으로 부정한 것은 절대 아니다. 백성을 도덕과 예로써 교화시키고 되도록이면 형벌을 줄여야 한다는 의미이다. 지금의 법리로 표현한다면 법은 도덕의 최소한이어야 한다는 뜻이다.

사회생활에서 도덕으로 규율할지 또는 법으로 규율할지의 한계를 명확히 구분하는 것은 사실상 어렵다. 사회가 점점 복잡해지면서 도덕으로 규율이 가능했던 것들이 법으로 제정되어 지키도록 강제하고 있다. 현재 시행되고 있는 소위 '김영란법'이 그 일례라고 할 수 있는데, 공자의 입장에서 보면 불합리한 법이다.[39] 인간의 사회생활은 도덕과 양심에 의해서 규율하고, 법은 최소한을 규제하여야 한다. 지인과 식사하고 선물을 주는 것은 도덕과 예절의 문제이며, 법으로 규제한다면 오히려 인간의 자유로운 활동을 침해하고 선량한 풍습과 예절까지 말살하는 결과를 가져올 수도 있다.[40] 법은 만드는 것보다 지키는 것이 중요한데, 많은 국민들이 이를 지키려고 하는 생각보다 빠져나가려는 생각이 앞선다면 오히려 편법이 난무하고 도덕적 불감증을 가져올 우려가 있다. 또한 법은 마치 그물과 같다. 그물의 코가 좁으면 피라미만 걸리고 큰 물고기는 그물을 찢고 빠져 나가게 된다. 그럴 경우 결국 불공정하다고 생각되어 불신과 불만이 야기될 수 있다. 아무튼 도덕으로 규제할 문제를 법으로 규정해야 한다는 것은 그만큼 인간이 사악해지고 사회가 부패되었다는 얘기다. 씁쓸하고 안타까운 현실이다. 더욱이 도덕으로 규율할 문제를 법으로 규제하다보니, 김영란법에 대한 혼란도 많고 논란도 크다.

---

**39** 김영란법은 "부정청탁 및 금품 등 수수의 금지에 관한 법률"로 공직사회의 기강을 바로잡자는 의미에서 제정되었다. 특정 이해관계인 사이에 3만 원 이상의 식사, 5만 원 이상의 선물, 10만 원 이상의 경조사비를 수수한 행위를 처벌받도록 했으나, 이에 대해 많은 논란이 제기되었다.

**40** 강의시간에 학생이 스승에게 음료수를 건네고, 스승의 날에 카네이션을 달아드리는 행위는 미풍양속이다. 이러한 행위조차 위법이라고 한다면 법이 선량한 풍습을 해치는 형국이다.

국가는 국민에게 자유와 권리를 최대한 누리게 해주고, 선량한 풍습과 예절이 유지되도록 해주어야 편안하고 행복한 사회를 만들 수 있다. 밥을 먹고 선물 주는 것을 규제하는 것보다 더 시급한 것은 불법과 탈법이 난무하는 것을 바로잡는 것이다. 상식과 원칙에 어긋나고 법을 빌미로 생떼를 쓰는 일들이 빈번하게 자행된다. 그럼에도 불구하고 공권력이 아무런 힘을 발휘하지 못하는 게 현실이다. 공자의 말대로 도덕으로 다스리고 예로써 질서를 유지하기에는 아무리 봐도 요원한 세상이 되었다. 최소한 법과 원칙을 지키며 열심히 살면 누구나 편안하게 될 수 있다는 희망이라도 가질 수 있어야 한다. 덕이 있는 위정자가 나오는 것을 기대할 수도 없고, 또 사람을 도덕적으로 교화하는 것조차 기대할 수 없는 현실이기에 공자가 말한 덕치는 고사하고 최소한 법만이라도 제대로 지켜지는 사회가 되기를 기대해 본다.

제24강

# 수신을 통해
# 평천하에 이르다

나라를 다스리는 지위에 있는 지도자를 위정자爲政者라고 한다. 역사적으로 보면 위정자가 어떤 사람이냐에 따라서 나라가 발전하기도 하고 쇠퇴하기도 하고 심지어는 망하기도 하였다. 위정자의 조건에 대한 이론적 배경으로는 자질론과 상황론이 있다. 자질론은 다른 사람에 비해 덕성이나 지혜, 통찰력, 판단력 등 우수한 자질을 갖춘 사람이 위정자가 될 수 있다는 주장이다. 반면 상황론은 환경적 요인을 중시하는 입장으로, 위정자가 되는 까닭은 개인적인 자질이 아니라 그가 처한 상황에 따라서 적합한 행태를 보이며, 적합한 위치에 있었기 때문이라는 것이다.

공자가 말한 위정자[41]의 조건을 굳이 이론적으로 분류해본다면 자질론에 속한다고 할 수 있다. 공자가 살던 시기에는 전제군주제였으

---

[41] 공자가 살던 시기에는 왕이나 군주가 최고의 위정자이며, 나아가 정치를 담당하는 경이나 대부 등도 위정자에 포함된다.

며, 또한 경대부는 군주의 임명으로 결정되었기 때문에 위정자의 자질을 중시할 수밖에 없었다. 위정자가 제대로 자질을 갖추고 나라를 다스려야 백성들이 편안하다고 생각했기 때문이다. 즉, 덕과 자질을 갖춘 위정자가 정치를 해야 백성들이 그를 신뢰하고 따른다고 보았다. 공자는 "군자의 덕은 바람이고 소인의 덕은 풀이다. 풀 위에 바람이 불면 반드시 쓰러질 것이다"(12-19)라고 하였다. 즉, 백성들은 풀과 같아서 위정자에게 덕이 있으면 덕이 있는 쪽으로 쓰러지고, 위정자가 선하면 백성들도 저절로 선하고 올바르게 된다는 것이다. 따라서 위정자의 자질과 덕성이 중요하며, 그래서 공자는 자질과 덕성을 기르는 수신修身의 중요성을 강조하였다.

나라를 다스림에 있어서 수신修身의 중요성을 언급한 경전으로는 『대학』과 『중용』을 들 수 있다. 『대학』에 이르기를, "옛날에 밝았던 덕을 천하에 밝히고자 하는 자는 먼저 그 나라를 다스리고, 그 나라를 다스리고자 하는 자는 먼저 그 가정을 가지런히 하고, 그 가정을 가지런히 하고자 하는 자는 먼저 그 몸을 닦는다"[42]라고 하여 제가齊家와 치국治國과 평천하平天下를 하기 위해서는 먼저 수신修身이 이루어져야 한다고 하였다. 그러므로 "천자에서 서인에 이르기까지 하나같이 모두 몸을 닦는 것을 근본으로 삼아야 한다. 그 근본이 어지러운 데도 말단이 다스려지는 경우는 없다"[43]라고 하였다. 이는 수신이 근본이고 제가와 치국 및 평천하는 말단이므로 먼저 근본에 해당하는 수신을

---

[42] 『대학』「경1장」, "古之欲明明德於天下者 先治其國 欲治其國者 先齊其家 欲齊其家者 先脩其身"

[43] 『대학』「경1장」, "自天子以至於庶人 壹是皆以脩身爲本 其本亂而末治者否矣"

바르게 해야 말단이 다스려진다는 의미이다. 또한 『중용』에서는 천하 국가를 다스리는 아홉 가지의 원칙을 제시하였는데, 그 중에서 자기의 몸을 닦는 수신修身을 으뜸으로 여겼다. 따라서 공자는 수신을 통하여 인격이 완성된 군자君子 또는 성인聖人을 위정자의 이상형으로 생각했다.

## 수기안인과 내성외왕

공자는 위정자의 조건으로 수기안인修己安人을 제시하였다. 『논어』에 보면, 자로가 군자에 대하여 물으니, 공자가 대답하였다. "자기를 닦아 남을 편안하게 하는 것이다." 자로가 "이와 같을 뿐입니까?"라고 묻자, 공자가 이렇게 대답했다. "자기를 닦아 백성을 편안하게 하는 것이니, 자기를 닦아 백성을 편안하게 하는 것은 요순도 병통으로 여겼다"(14-45). 결국 공자는 수기안인을 실천하는 사람이 군자이며, 요순과 같은 이상적인 군주도 수기안인을 실천하는 것을 어렵게 여겼다고 하였다. 자기의 몸을 닦는다는 것은 욕심과 이해관계에서 벗어나 덕을 함양하는 것이며, 그렇게 되어야 다른 사람을 편안하게 하고 백성을 편안하게 할 수 있기 때문이다.

공자와 그를 추종하는 유가儒家에서는 자기를 닦는 수기修己와 백성을 편안하게 해주는 안인安人을 실현하는 것을 위정자가 추구할 가장 중요한 목표라고 보았다. 수기는 자기의 덕과 품성을 닦아서 인격의 완성에 이르는 것이고, 안인은 백성들을 편안하게 하고 행복하게 해줄 수 있는 위정자의 경지에 이르는 것이다. 그래서 유가儒家의 도를 내성외왕內聖外王의 도라고 한다. 내성외왕이라는 말은 안으로는 지혜와 덕이 뛰어난 성인聖人이며, 밖으로는 내면의 지혜와 덕을 바탕으로 하여 천하를 지극히 선하고 편안한 세상으로 만들 수 있는 왕王이라는 의미이다. 본래 내성외왕이라는 말은 『장자』에 처음 나오는 말이지만,[44] 도가道家에서보다는 유가儒家에서 군자가 지향해야 할 목표로 삼았다.[45]


## 천하국가를 다스리는 원칙

사람이 수신을 통해서 덕성을 함양하는 것은 결국 군자가 되기 위한 것이고, 나아가 천하국가를 다스리고자 함에 있다. 『대학』에서는 수신제가치국평천하修身齊家治國平天下라고 하여, 수신을 치국의 근본

---

**44** 『장자』「천지 편」에 보면, "이런 까닭에 안으로 성덕을 간직하고 밖으로 왕도를 실행하는 도리라는 것은 어둡기만 할 뿐 분명하지 않았으며, 꽉 막힌 채 드러나지는 못하였다. 천하의 사람들은 각기 자신이 좋아하는 대로 일을 하며 스스로를 방도라고 생각했다(是故內聖外王之道 闇而不明 鬱而不發 天下之人各爲其所欲焉以自爲方)"라는 문장이 있는데, 여기에 처음으로 내성외왕(內聖外王)이란 말이 나온다.

**45** 공자 이후 공자를 추종하는 유가에서는 성인이 왕이 되어야 한다는 사상을 전개하였다. 예를 들어, 맹자는 '성인은 인륜의 극치'라고 하고 "정치를 잘하려고 하면서 선왕의 도에 기인하지 않는다면 어찌 지혜롭다고 할 수 있겠는가? 그러므로 오직 어진 사람이 높은 지위에 있어야 마땅하다"(『맹자』「이루 상」)라고 하여 성인이야말로 이상적 통치자라고 생각했다. 또한 순자는 "천하는 지극히 중대하므로 지극히 강한 사람이 아니면 감당할 수가 없다. 천하는 지극히 크므로 지극한 분별력을 갖춘 사람이 아니면 분수에 맞게 유지할 수가 없다. 천하는 지극히 많은 사람이 살아가므로 지극히 명철한 사람이 아니면 화합시킬 수가 없다. 이 세 가지 지극한 능력은 성인이 아니고는 다 갖출 수 없다. 따라서 성인이 아니면 왕이 될 수 없다"(『순자』「정론」편)고 하여 오직 인격의 완성자인 성인만이 왕이 될 수 있다고 하였다.

으로 여겼다. 또한 『중용』에서는 수신修身을 시작으로 하여 천하국가를 다스리는 아홉 가지의 원칙을 제시하였는데,[46] 자기 몸을 닦는 것 [修身: 수신], 현인을 존경하는 것[尊賢: 존현], 친척과 친하게 지내는 것 [親親: 친친], 대신을 공경하는 것[敬大臣: 경대신], 여러 신하를 내 몸처럼 여기는 것[體群臣: 체군신], 서민들을 자식처럼 여기는 것[子庶民: 자서민], 백공들을 오게 하는 것[來百工: 내백공], 먼 데 있는 사람을 편안하게 하는 것[柔遠人: 유원인], 그리고 제후들을 따뜻하게 품어주는 것[懷諸侯: 회제후]을 구경이라고 하였다.

위정자, 특히 천자는 위의 아홉 가지의 원칙을 실천하는 것이 중요하다. 따라서 『중용』에서는 그 실천방법을 아래와 같이 제시하였다.[47]

첫째, 수신은 나아갈 길을 확립하는 것이니, 몸과 마음을 깨끗이 해서 의복을 단정하게 차려입고 예가 아니면 행동하지 않아야 한다. 즉, 일상생활에서 몸가짐을 단정히 하고 충심으로 예에 맞게 행동하는 것이다.

둘째, 존현은 현인을 존경하여 미혹에 빠지지 않는 것이니, 아첨하는 자를 제거하고 여색을 멀리하며 재물을 천하게 생각하고 덕을 귀하게 여겨야 한다. 재물이란 내 몸 밖의 물질적인 것이고 덕은 수신을 통해 내 몸 안에 쌓이는 것이므로, 재물은 천하게 여기고 덕은 귀하게 여긴다.

셋째, 친친은 부모와 형제들이 원망하지 않도록 하는 것이니, 따라

---

**46** 『중용』 「제20장」, "凡爲天下國家有九經 曰 修身也 尊賢也 親親也 敬大臣也 體群臣也 子庶民也 來百工也 柔遠人也 懷諸侯也"

**47** 『대학·중용 강설』 「제20장」, 이기동 역해, 성균관대학교 출판부, 2010, 참조.

서 가까이 있는 이의 지위를 높이고 녹을 후하게 하며, 좋아하고 싫어하는 것을 함께 해야 한다.

넷째, 경대신은 대신을 공경하여 현혹되지 않는 것이니, 따라서 관직의 수를 많게 하여 지휘권을 맡겨야 한다. 관직의 수를 많게 한다는 것은 밑에 부하를 늘려주는 것이고, 지휘권을 맡긴다는 것은 권한을 부여한다는 의미이다.

다섯째, 체군신은 여러 신하를 내 몸처럼 아끼는 것이니, 신하를 진심으로 대하고 믿으며 녹을 많이 주어야 한다.

여섯째, 자서민은 백성을 자식처럼 여겨 분발하게 하는 것이니, 이를 위해서는 부역을 때맞게 하고 세금을 줄여주어야 한다.

일곱째, 내백공은 온갖 기능을 갖춘 전문가와 장인을 오게 하는 것이니, 백공들이 모이면 재물을 쓰는 것이 풍족해지므로 날로 살피고 달로 시험하여 그에 대한 보수를 능력에 맞게 해주어야 한다.

여덟째, 유원인은 먼 데 있는 사람을 편안하게 해주어 사방 사람들이 돌아오게 하는 것이니, 이를 위해서는 가는 이를 보내고 오는 이를 영접하며, 착한 것을 칭찬하고 잘하지 못하는 사람을 긍휼히 여겨야 한다.

아홉째, 회제후는 제후들을 따뜻하게 품어주는 것이니, 이를 위해서는 끊어진 대代를 이어주고, 망하는 나라를 일으켜주며, 어지러운 것을 다스리고, 위태로운 것을 붙잡아주며, 조회와 초빙을 때에 맞게 하고, 보내는 것을 많이 하고 받는 것을 적게 해야 한다.

따라서 천자는 이상의 아홉 가지 원칙을 잘 실천해야 천하국가를 다스릴 수 있다고 하였다. 다만, 위의 아홉 가지 원칙의 대부분은 천자에게만 해당되는 것이 아니라 천하국가든 작은 고을이든 다스리는 위치에 있는 모든 위정자에게 해당된다.


## 수신은 평생의 과제이다

공자는 나라를 다스리는 근본은 수신이라고 보았는데, 그렇다면 수신의 방법과 한계는 대저 어디까지일까? 공자는 수신의 방법에 대해 자기를 닦는 것은 경敬으로 한다고 하였다. 경이란 경건함이며, 이는 『대학』에 나오는 수신의 방법인 격물치지格物致知나 성의정심誠意正心과 서로 통하는 말이다. 무릇 수신의 목적은 자기를 닦아 밝은 덕을 천하에 밝히는 데 있다. 따라서 『대학』에서는 수신의 출발점은 사물을 접하는 것이며[格物], 사물에 접하여 사물의 이치를 깨닫게 되면 지혜에 이르고[致知], 지혜에 이르면 뜻이 정성스러워지며[誠意], 뜻이 정성스러워지면 마음이 바로 잡히고[正心], 마음이 바로 잡히면 몸이 닦인다[修身]고 하였다.[48]

또한 수신제가치국평천하라고 하였는데, 이는 수신에서 평천하에 이르는 과정을 순서대로 밟는다는 의미는 아니다. 즉, 수신이 완성되고 나서 제가를 하고 제가가 완성되고 나서 치국을 하라는 의미는 아니다. 수신에서 평천하는 연속된 과정이다. 다만 수신은 그 근본이 되므로 무엇보다도 먼저 실천해야 한다. 또한 수신은 죽는 순간까지 결코 그만둘 수 없는 평생의 과제이다. 공자에게 있어서 수신은 현재 상태에 머무르지 않고 지속적으로 발전하는 과정이었다. 오늘날 인격이

---

**48** 『대학』「경1장」, "物格而后知至 知至而后意誠 意誠而后心正 心正而后身脩"

제대로 완성되지 못하였음에도 욕심만 갖고 정치를 하겠다고 나서는 자들이 있는가 하면, 일정한 지위에 올라 권위만 내세우고 욕심을 채우기에 급급한 자들을 흔히 볼 수 있는데, 수신이라는 평생의 과제를 망각한 때문이 아닌가 생각해본다.

제25강

# 부민이 부국보다
# 우선이다

 

 

춘추 시대는 제후국과 제후국 간의 겸병을 위한 전쟁이 빈번하게 발생하였고, 그 결과 국가체제는 소규모 성읍국가에서 영토국가로 옮겨가는 격변의 시기였다. 인구의 증가로 도시가 발달하고, 농업, 수공업 및 상업이 크게 발전하였다. 농업에서는 토지의 사적 소유가 허용되면서 대지주가 나타났고, 소와 쟁기를 이용한 우경법牛耕法이 도입되고, 철제 농기구가 사용되면서 생산량이 늘어났다. 토지의 사유화와 생산량의 증대에 따라 세금을 부과하는 제도도 바뀌었다. 기원전 685년에 제나라는 토지의 소유면적과 토질의 양부에 따라 공세貢稅를 징수하는 방법을 채용했다.[49] 기원전 594년에 노나라는 초무세初畝稅를 시행하여 공전公田과 사전私田에 일률적으로 무畝[50]에 따라 세금을 징

---

**49** 토지에서 산출되는 공물을 조세로 징수하는 제도이다.

**50** 무(畝)는 묘라고도 하며 논밭의 면적 단위이다. 1묘는 약 30평에 해당하며, 10묘를 1단(段)이라 하고, 10단을 1정(町)이라고 한다.

수하였다.

또한 철제 농기구의 보급과 생산기술의 개량은 수공업의 발전을 가져왔다. 각 지역마다 그 특성에 맞게 수공업이 발전하였다. 정나라의 칼, 송나라의 도끼, 노나라의 창칼 등이 유명했다. 제염업은 수공업의 한 분야였는데, 노나라의 동쪽과 동북쪽에 위치했던 제나라와 연나라는 바다에 접해 있어서 해염(바닷소금)의 생산지로 유명했다. 방직업도 비단이나 마의 직조가 이루어져 남자들은 농사를 짓고 여성은 옷감을 짠다는 남경여직男耕女織이라는 말이 생겼다. 농업과 수공업의 발달은 상업의 발달을 촉진시켰다. 상업이 발달하면서 화폐가 사용되기 시작하여 쟁기 모양을 본뜬 포전布錢이나 칼 모양을 본뜬 도전刀錢 등 청동제 화폐가 등장하였다.[51] 산업의 발전과 화폐의 등장은 부富의 축적을 가능하게 했다.

공자의 경제사상은 춘추 시대의 산업 환경의 변화를 기반으로 한다. 공자는 "군자는 의로움[義]에 밝고 소인은 이로움[利]에 밝다"(4-16)고 하여 이익보다는 의로움을 중하게 여겼다. 또 『중용』에서는 "재물을 천하게 생각하고 덕을 귀하게 여겨야 한다"고 하여 재물보다 덕을 강조하였다. 이러한 이유로 공자는 이익이나 재물을 천하게 여기고 경제를 소홀히 한 것으로 생각할 수 있지만 사실은 전혀 그렇지 않다. 공자는 나라를 다스림에 있어서 백성을 부유하게 하는 것을 중히 여겼고, 다만 다스림의 위치에 있는 군자와 다스림을 받는 백성에 대하여 잣대를 각각 달리 하였다. 군자는 다스림의 위치에 있으므로 덕을 중

---

**51** 이상의 내용은 『한국인을 위한 중국사』(신성곤, 윤혜영 저, 서해문집, 2004)와 『중국사상』(신승하 저, 대한교과서, 2005)을 참조하였다.

히 여겨야 하지만, 백성에게는 이익과 재물이 중요하다는 입장이었다. 따라서 공자의 경제사상은 백성의 입장에서 전개되었으며, 부국富國과 부민富民이 강조되었다.


## 부민은 부역과 조세에 달렸다

공자는 백성을 부유하게 하는 것이 위정자가 해야 할 가장 중요한 역할이라고 생각했다. 그래서 『공자가어』에 보면, 노나라 애공이 공자에게 정치에 대하여 묻자, 공자가 말했다. "정치에서 급한 것은 백성들을 부유하게 하고 제 수명을 누리게 하는 것 만한 것이 없습니다." 애공이 "어떻게 하면 됩니까?"라고 물으니, 공자가 대답하였다. "백성에게 부역을 덜어주고 세금을 가볍게 하면 부유하게 될 것이며, 예절과 교육을 돈독하게 하고 죄와 질병을 멀리하도록 하면 백성은 천수를 누리게 될 것입니다." 결국 공자는 백성들을 부유하게 하는 방법은 부역을 줄이고 세금을 가볍게 하는 것이라고 생각했다.

춘추 시대에는 국가가 백성을 부역에 동원하는 일이 잦았는데, 그래서 공자는 "백성을 부리는 데는 반드시 때에 맞게 하여야 한다"(1-5)고 하였다. 이는 부역의 기간은 적게 하고, 또한 부역의 시기는 때에 맞아야 한다는 말이다. 즉, 국가가 백성을 동원할 때는 농사철을 피하여 동원하고 농업생산에 영향을 미쳐서는 안 된다는 의미이다. 당시는 농업과 수공업이 주된 산업이었으며, 이는 시간과 시기가 생산에 중대한 영향을 미쳤다. 그런데 백성들이 빈번하게 토목공사에 동원되거나 전쟁에 징병되어 농사지을 시기를 놓치게 되면 결국 생산량의 감소가 초래된다. 따라서 공자가 부역을 때에 맞게 하라고 한 것은 생산력의 감소를 우려한 말이다. 이는 생산력이 곧 백성의 부와 직결되기 때문이었다.

또한 공자는 백성들의 부를 증대시키는 방법으로 세금의 경감을 주장했다. 공자가 제자들과 태산을 지나면서 무덤 앞에서 슬피 우는 여인의 사정을 듣고서 "가혹한 정치는 호랑이보다 무섭다"라고 했듯이, 국가가 백성들로부터 가혹하게 세금을 거두거나 재물을 억지로 징발하는 것을 반대하였다. 『공자가어』에 보면 노나라 대부인 계강자가 정전井田[52]을 만들어 놓고 법으로 세금을 부과하려고 가신이었던 염구를 시켜 공자에게 자문을 받도록 했다. 공자가 모른다고 하는데도, 염구가 세 번이나 찾아와서 물으니 공자가 타이르듯 이렇게 말했다.

"구야! 이리와 봐라. 옛날 선왕이 토지를 제정할 때 백성의 힘이 미치는데에 따라 토지를 등록하면서 멀고 가까움에 근거하였다. 그리고 수입에 따라 마을에 세금을 매기되 그 유무를 헤아렸으며, 농부의 힘에 맞게 일을 맡기되 그 늙음과 젊음을 고려하였다. 이에 홀아비, 과부, 고아, 병든 자, 노인에게는 특별히 군비의 지출이 있을 때만 징수하고, 없으면 그것으로 그만이었다. 한 해에 거두는 세입은 농토 1정井에 대하여 수확한 볏단과 1부斗[53]의 쌀, 그리고 가축에게 먹이는 볏짚을 징수하되 이를 초과

---

52  중국 주나라에서 실시되던 토지제도로 사방 1리(一里: 약 300미터)의 농지를 정(井) 자 모양으로 나누어서 100무(畝: 1무는 약 30평)씩 9등분하여 중앙을 공전(公田)이라 하고, 둘레 여덟 구역을 사전(私田)이라고 하여 여덟 농가에 맡기고, 여덟 집에서 공동으로 공전(公田)을 가꾸어 그 수확을 나라에 바치게 한 제도이다.
53  부(斗)는 용량의 단위이며, 16두(斗: 말과 동일)를 1부라고 한다.

하지는 않았다. 이는 선왕들이 백성이 풍족하면 된다고 여겼기 때문이다. 군자의 행실이란 모름지기 예를 헤아려보아 그 넉넉함에서 취하고, 일은 중간에 맞추어 시키며, 세금의 부과는 넉넉하지 못한 이는 줄여주는 것이다. 만약 이렇게 한다면 구丘[54]의 조세법으로 충분하다. 예를 헤아리지 아니하고 탐욕을 부려 싫증을 모를 정도로 모험을 하니 그렇다면 비록 땅에 부과하는 조세법을 쓴다고 해도 부족할 것이다."[55]

이상의 공자의 말을 요약하면, 선왕들은 백성들에게 조세부담을 가볍게 하려고 하였고, 선왕들이 조세부담을 가볍게 한 것은 그래야 백성들이 풍족하다고 생각했기 때문이다. 위정자가 탐욕을 부려서 백성에게 과도한 세금을 부과하려고 한다면 어떠한 조세법을 써도 끝이 없다는 의미이다. 공자는 "계씨는 주공보다 부유했는데 염구는 그를 위하여 세금을 거두어 모아 그의 부를 보태주었다. 염구는 우리의 문도가 아니다. 제자들아, 북을 울려 그들 성토함이 옳다"고 하면서, 계씨를 위해 세금을 올리려고 한 염구를 파문시켰다(11-16).


## 부국의 바탕은 재정의 절약이다

공자는 정치의 목표는 부국강병을 이루는 것이고, 그 요건으로 풍

---

**54** 구(丘)는 토지 넓이의 단위이며, 16정(町: 1정은 약 3,000평)이 1구(丘)이며, 구(丘)의 조세법이란 구를 단위로 하여 부과하는 세금이다.

**55** 『공자가어』, 왕숙 찬, 임동석 역주, 동서문화사, 2009, 1113~1114쪽.

족한 식량[足食]과 강력한 병력[足兵] 그리고 백성의 믿음[民信之]을 들었다. 식량을 풍족하게 한다는 것은 나라의 식량을 풍족하게 하는 것이 아니라 백성들의 식량을 풍족하게 하도록 정치를 해야 한다는 말이다. 국가의 운영수입은 백성으로부터 거두어들이는 조세수입이다. 백성들의 생산물이 늘어나면 국가의 재정수입은 저절로 늘어나게 된다. 그런데 위정자가 나라의 재정을 늘리기 위해 과도하게 조세를 징수하면 가렴주구苛斂誅求의 정치를 하는 것이고, 그 결과 백성들은 국가를 불신하고 삶은 빈곤하게 된다. 그래서 공자는 나라를 다스림에 있어서 과도한 조세 부과를 반대하였고, 오히려 재정의 절용을 주장하였다.

제나라 경공이 노나라에 와서 공자를 만나 정치에 대하여 묻자, 공자는 "정치란 재정을 절약하는 데 있다"[56]라고 하였다. 『논어』에서도 "한 나라를 다스리는 일은 매사를 경건히 하여 믿음이 가게 하며, 쓰임을 절약하고, 백성을 사랑해야 한다"(1-5)라고 하면서, 재정의 절약을 강조하였다. 또 노나라 사람이 장부長府라는 창고를 다시 만들자, 민자건이 "옛날 있던 대로 두고 그냥 쓰면 어떻겠는가? 어찌하여 반드시 다시 지어야만 하는가?"라고 하였다. 공자가 이를 듣고 "이 사람은 말은 잘 안하지만, 말하면 꼭 이치에 들어맞는단 말이야!"(11-13)라고 했다. 창고와 같은 건물은 새로 지으려면 백성들을 부역에 동원해야 하고, 또 재정이 지출되어야 한다. 따라서 가능하면 지금까지 사용하던 건물을 보수해서 사용하는 것이 인력도 줄이고 재정도 절약할 수 있다. 그래서 공자는 민자건이 '창고를 왜 반드시 다시 지어야 하는가'라

---

56 『공자가어』「현군 편」, "政在節財"

고 하자, 이치에 맞는 말이라고 칭찬한 것이다.

## 백성이 부유해야 나라가 부강해진다

백성이 가난한데 나라가 부유한 경우는 없다. 그렇다면 그것은 군주가 욕심만 채우고 가렴주구를 일삼는 폭군의 나라이다. 또 백성이 부유한데 나라가 가난한 경우는 없다. 만약 그런 나라가 있다면 조세를 잘못 징수하거나 재정을 함부로 낭비하는 나라이다. 백성이 부유하면 나라는 저절로 부강하게 된다.『논어』에서 노나라 애공이 공자의 제자인 유약에게 "기근이 든 해에 비용이 모자라면 어떻게 하면 좋겠소?"라고 묻자, 유약이 "어째서 십분의 일[十分之一]의 세법을 쓰지 않습니까?"라고 하였다. 그러자 애공이 "십분의 이[十分之二]를 받아들여도 나는 부족하다고 생각하는데 어떻게 십분의 일의 세법을 쓰겠소?"라고 하자, 유약이 말했다. "백성이 풍족하다면 어찌 군주가 부족할 수 있겠습니까? 또 백성이 부족하다면 어찌 군주가 풍족할 수 있겠습니까?"(12-9). 유약은 나라에 기근이 들면 세금을 낮추어 백성들을 구제하여야 함에도 군주가 국가재정이 힘들다는 이유로 더 거두는 것은 오히려 백성들을 빈곤하게 하는 결과를 가져온다는 것이다. 따라서 공자의 가르침을 받은 유약은 백성이 풍족해야 나라가 풍족해진다는 입장이었기에 오히려 세금의 경감을 주장하였다.

결국 공자는 부민과 부국의 정책으로 생산량의 증대, 적절하고 공평한 과세, 그리고 재정의 절약을 주장했다. 이러한 정책은 지금도 변함없이 중요한 원칙이지만, 불행히도 우리의 현실이 그렇지 못하다. 우선 생산량의 증대를 위해서는 기업의 투자를 촉진하고 일자리 창출에 힘써야 하는데, 각종 규제나 노동시장의 유연성 결여 등은 기업의 투자 촉진이나 일자리 창출을 저해하고 있다. 또한 조세의 부과에 있어서도 근로소득자의 100분의 50에 가까운 사람이 면세점 이하로 국가에서 제공하는 혜택에 무임승차를 하고 있다. 소득이 없거나 취약계층이라면 국가가 오히려 보조금 혜택을 주어야 하지만 소득이 있는 국민이라면 누구든지 조금의 세금이라도 부담하는 국민개세國民皆稅의 사고를 갖도록 해야 한다.

한편 재정에서는 선거에 따른 선심성 공약으로 퍼주기 식의 복지제도가 난무하며, 복지예산이 국가 총예산의 100분의 30을 넘어서고 있다. 더욱이 지자체마다 호화로운 청사를 짓는 데 엄청난 예산을 투입하는데, 이러한 재정 지출은 공자의 입장에서 보면 낭비이다. 국가는 예산을 지출할 곳을 먼저 탐욕스럽게 정해놓고 그 재원을 마련하기 위해 조세제도를 불공정하고 불공평하게 맘대로 운영할 것이 아니라, 공정하고 적정한 방법으로 세금을 거두어서 꼭 필요한 곳에 예산을 사용하는 이른바 재정을 절약하는 정치를 해야 한다. 위정자가 선거 때 표를 의식하여 선심성 복지를 제시하고, 이를 지킨다는 명분을 내세워 과도하게 세금을 걷을 경우, 아무리 많은 세금을 걷어도 끝이 없다는 공자의 말을 되새길 필요가 있다.

제26강

# 생산, 분배 및
# 소비의 경제론

인간의 욕구를 충족시키기 위하여 필요한 재화나 용역을 생산하고, 이를 분배·소비하는 일련의 과정을 경제활동이라고 부른다. 인간은 누구나 경제활동의 과정에서 자유로운 선택과 동등한 만족을 추구할 권리가 있다. 그러나 경제적 자유와 동등한 만족은 두 가지 요인에 의해서 제약을 받게 된다. 하나는 소비할 재화가 한정되어 있다는 것이고, 또 하나는 인간의 욕망은 끝이 없다는 것이다. 그러므로 이러한 제약조건 하에서 인간이 최대의 만족을 얻기 위해서는 재화를 어떻게 분배하느냐가 중요한 과제이다.

원시공동체 사회에서는 공동으로 재화를 생산하고, 생산된 재화를 공동으로 나누어서 소비하였다. 따라서 재화의 분배나 소비과정에서 불평등의 문제는 발생하지 않았다. 그러나 사회가 점차 가족 단위로 분화되고, 토지의 사적 소유가 허용되고, 생산량이 증대되어 잉여생산물이 발생하고, 상업의 발달과 화폐의 등장으로 재산 축적이 가능해지면서, 재화의 분배 및 소비 과정에서의 불평등과 이에 따른 빈부의 격차가 중요한 문제로 대두되었다.

공자가 살던 춘추 시대는 이미 사유재산제도가 실시되고, 분배와 소비에서 불평등이 발생하고, 빈부의 격차가 존재하던 시기였다. 그래서 공자는 불평등과 빈부의 격차가 없는 세상을 꿈꾸었다. 이른바 대동사회이다. 재화와 소득이 공공을 위해 존재하는 원시공산사회의 유형이었다. 서양에서도 여러 학자들이 재산이 공유되고 빈부의 격차가 없는 이상국가를 꿈꾸었다. 그리스 시대의 플라톤은『국가』에서, 16세기 영국의 토마스 모어는『유토피아』[57]에서, 그리고 이탈이아의 철학자 토마소 캄파넬라는『태양의 도시』[58]에서 재산이 공유되는 공산사회를 그렸다.

인류의 역사를 보면, 재산의 사적 소유가 시작되면서 분배 및 소비의 불평등과 빈부의 격차는 지속적으로 발생하였으며, 근대 자본주의가 수립되면서 더욱 심화되었다. 특히 산업혁명 이후 영국에서는 저임금에 따른 노동착취, 기계화로 인한 많은 실업자의 발생, 단순 노동

---

[57]  토마스 모어는 영국의 정치가이며 인문주의자다. 그가 쓴『유토피아』는 르네상스 시대의 휴머니즘과 평화주의, 평등을 주장한 근대 소설의 효시이며, 사회사상적 명저로 꼽힌다. 그가 그린 유토피아는 사회적 낙원이며, 사유재산은 폐지되고, 유산계급과 무산계급의 사회적 차이는 없으며, 하루에 여섯 시간만 일한다. 남녀가 똑같이 일하며, 누구나 대가 없이 원하는 것을 얻을 수 있다. 안락사도 허용되고, 아프면 유능한 의사에게 치료를 받는다. 또한 자신이 원한다면 유토피아를 떠날 수 있는 자유도 허용된다.

[58]  토마소 캄파넬라는 르네상스 시대의 이탈리아 철학자이며 공상적 공산주의자이다. 그는 공상적 사회주의 사상을 담은『태양의 도시』를 썼는데, 그가 그린『태양의 도시』는 중앙집권으로 조직된 국가이며, 그래서 생산 수단의 사유화는 폐지되고 공동체의 재산만이 존재한다. 노동은 전 시민의 의무로 되어 있으며, 아이들의 교육도 국가 기획으로 행해지며, 부녀의 공유도 인정되지만 국가가 정한 자손증식법에 의한다. 관리의 선출은 시민대회에서 추천된 자 가운데 공동으로 결정한다.

에서 오는 인간성 상실 등 자본주의의 문제점이 드러났다. 이에 19세기 중반 독일 철학자 마르크스는 변증법적 유물론과 노동가치설을 주장하면서, 사유재산제도를 부정하고 프롤레타리아 혁명을 통해 사회주의 국가가 건설되어야 한다고 하였다.[59] 그리고 실제로 혁명을 통해 사회주의 국가가 건설되기도 하였다. 지금은 대다수의 사회주의 국가들이 쇠퇴하였지만, 분배의 불평등과 빈부의 격차가 해소되지 않는 한 인간의 삶에서 공산사회에 대한 꿈은 사라지지 않을 것이다.

다행히 20세기 중엽부터 많은 국가들이 복지에 대한 관심을 갖고 복지제도의 확대를 통하여 자본주의의 문제점을 적극적으로 해소하려고 노력하고 있다.[60] 이러한 복지제도의 확대는 1942년 윌리엄 베버리지[61]가 영국 정부에 제출한 보고서의 역할이 컸다. 이는 제2차 세계대전 후의 영국 사회보장제도 확립의 기초가 되었고, 또한 세계 자본

---

**59** 마르크스는 자본주의 사회에서의 노동자는 다른 사람의 의지에 따라 노동이 강제됨으로써 상품으로 전락했다고 하면서, 인간의 본질은 노동에 있는데, 자본주의 산업사회는 인간을 소외시키기 때문에 이를 무너뜨려야 인간의 해방이 가능하다고 믿었다. 또 당시 자본주의 사회의 근본적인 문제였던 빈부 격차를 해소하고, 능력만큼 일하고 필요한 만큼 소비하는 공산주의 사회를 건설하기 위해서는 사유재산을 없애야 한다고 주장하였다. 더욱이 마르크스는 변증법적 유물론에 의거 사회체제의 변화를 다섯 단계로 구분하였는데, ① 원시공산사회, ② 노예제 사회, ③ 봉건제 사회, ④ 자본주의 사회, ⑤ 사회주의와 공산주의 사회. 그러면서 노동을 가진 프롤레타리아와 자본을 가진 부르주아의 두 계급이 처음에는 협력하지만 결국 두 계급 사이에 모순이 생겨나서 프롤레타리아 계급에 의해 자본주의가 무너지고 사회주의가 수립된다고 하였다.

**60** 여기서 짚고 넘어가야 할 점은 소외되거나 가난한 사람들을 위한 복지제도는 확대되어야 한다. 하지만 선거 때 표를 의식하여 무차별적으로 제공하는 복지는 오히려 갈등을 부추기고 재정을 낭비하는 정책이므로 개선되어야 한다.

**61** 영국의 경제학자이며, 노동당 당원이었다. "요람에서 무덤까지"라는 유명한 말을 남겼으며, 사회보장제도의 성립을 위해 노력하였다.

주의 국가의 사회보장정책에 큰 영향을 미쳤다. 특히 20세기 중반에 미국의 철학자 존 롤스John Rawls가 저술한『정의론』은 이러한 복지정책의 이론적 배경이 되었다.[62]

공자가 이상사회에 대해 현실적으로 실현 가능한 대안으로 제시한 것이 소강사회小康社會다. 소강사회는 예禮와 의義를 기강으로 하여 인륜이 구현되고, 재화와 능력은 개인에게 속하는 사회다. 이러한 맥락에서 공자는 재화의 분배와 소비에 있어서 예禮에 맞는 행동을 강조하였다.


## 생산의 증대는 분업에 있다

백성이 부유하게 되는 데는 생산력의 증대가 가장 중요한 역할을

---

**62** 존 롤스의『정의론』의 가장 두드러진 특징은 자유주의적 이론체계에 사회주의적 요구를 통합했다는 점이다. 롤스가 제시한 정의의 제1 원칙은 평등한 자유의 원칙이다. 사상, 양심, 언론 등의 자유, 개인 재산을 소유할 자유 등 자유주의가 내세우는 가장 기본적인 자유를 보장하는 것이 최우선이라는 것이다. 제2 원칙은 차등의 원칙으로, 사회적·경제적 불평등은 두 가지 조건을 만족시켜야 한다는 것이다. 하나는 최소 수혜자 우선의 원칙으로, 최소 수혜자에게 최대의 이익을 가져다주는 경우에 사회적·경제적 불평등이 정당화 된다는 것이다. 또 하나는 기회균등의 원칙으로, 직업이나 직책뿐만 아니라 삶의 기회까지 누구에게나 평등하게 보장되어야 한다는 것이다. 한편 존 롤스의 주장에 의하면 불평등을 인정하지 않는 국가는 사회주의 국가이고, 개인의 능력만을 강조하는 국가는 자유주의 국가이지만, 둘 다 정의롭지 못한 국가라고 하였다. 정의로운 국가는 차등이나 불평등이 공정한 절차에 의해 정당화될 수 있는 국가를 뜻한다고 하면서, 그러므로 능력 있는 사람은 자신의 능력을 마음껏 발휘할 수 있고 가난하거나 능력이 없는 사람은 사회로부터 가장 많은 혜택을 받는 사회가 정의로운 국가라고 하였다.

한다. 특히 공자가 살던 시기에는 농업과 수공업이 주된 산업이었으므로 생산력의 증대가 곧 부를 증대시키는 주된 요인이었다. 생산력 증대 방안으로는 기구나 기술의 발전을 들 수 있겠지만, 공자는 분업도 그 하나의 방안이라고 생각했다. 『논어』에 보면, 번지가 농사짓는 법을 가르쳐 달라고 하자, 공자가 "나는 늙은 농부만 못하다"고 하였다. 다시 채소밭 가꾸는 법을 가르쳐 달라고 하자, 공자가 "나는 늙은 채소농사꾼만 못하다"고 하였다. 번지가 나가자 공자가 이렇게 말했다. "번지는 소인이로다. 윗사람이 예를 좋아하면 백성들이 감히 경건하지 않을 수 없게 되고, 윗사람이 의로움을 좋아하면 백성들이 감히 복종하지 않을 수 없게 되며, 윗사람이 신의를 좋아하면 백성들은 성실히 행동하지 않을 수 없게 된다. 이렇게 되면 곧 사방의 백성들이 제 자식을 포대기에 싸 업고 모여들 것인데, 농사짓는 법은 어디에 쓰겠는가?"(13-4) 공자의 말은 농사는 농부가 지어야 하고, 채소밭은 채소농사꾼이 가꾸어야 하며, 선비와 위정자는 예와 의로움과 신의로써 백성을 인도해야 한다는 것이다. 즉, 각자가 전문적인 능력과 기술을 가지고 직분에 맞게 일을 해야 성과가 좋아지고 생산성도 높아진다는 의미이며, 이는 곧 분업을 강조한 말이다.

또한 공자는 "군자는 도를 추구하지 먹을 것을 추구하지 않는다. 농사를 지어도 굶주림이 그 가운데 있지만, 학문을 하면 녹봉이 그 가운데 있게 된다"(15-31)고 하였다. 농부는 농사를 지으나 수확이 부실하면 어려움을 겪지만, 선비는 학문을 하여 벼슬을 하고 백성을 위해 일하면 안정적인 녹봉을 받을 수 있다는 말이다. 따라서 선비는 도를 깨닫지 못함을 걱정해야지 먹을 것을 걱정해서는 아니 된다는 것이다. 공자의 이러한 말 속에는 정신노동을 하는 선비와 육체노동을 하는 농부를 구분하면서, 농부는 농사를 짓고 선비는 열심히 학문을 하여 도를 깨달아 백성들을 계도하고 이끌어야 한다는 의미가 내포되어 있다. 나아가 이는 분업을 통해 능력과 직분에 맞는 일을 해야 더 생산적이라는 사고를 전제로 하고 있다.

## 분배는 백성을 고르게 하는 데 있다

공자는 당시의 분배 불평등과 빈부의 격차를 걱정하였다. 공자가 재산이 공유되는 대동사회를 꿈꾼 것도 이러한 현실적 문제를 해결하고자 하는 바람이었다. 그래서 공자는 나라를 다스리는 자는 분배와 빈곤의 문제를 걱정해야 한다고 하면서 이렇게 말했다. "내가 듣건대, 국가를 다스리는 자는 백성이 적음을 걱정하지 않고 고르지 않음을 걱정하며, 가난함을 걱정하지 않고 편안치 않음을 걱정한다고 하였다. 고르게 되면 가난이 없어지고, 조화로우면 백성이 적지 않게 되고, 편안하면 나라가 기울어지는 일이 없을 것이다"(16-1).

춘추 시대에는 백성이 중요한 자원이었다. 백성이 농사도 짓고 부역에 동원되었기 때문이다. 따라서 백성이 적으면 약소국이 되기 때문에 군주는 백성이 적은 것을 걱정하였다. 그러나 공자는 백성이 적은 것을 걱정하지 말고 먼저 삶을 고르게 하여 백성들이 저절로 몰려들게 하라고 하였다. 또한 가난은 육체적인 삶의 문제이지만 편안함은 정신적인 삶의 문제이다. 백성들에게 부당한 세금이나 부역으로 가렴주구苛斂誅求를 하거나 전쟁으로 혼란이 끊임없이 발생한다면 육체적 삶도 빈곤해지지만 마음도 편안하지 않게 된다. 백성은 물질적으로는 고르게 되고 정신적으로는 편안하기를 바란다. 따라서 공자는 군주가 백성을 고르고 편안하게 하는 것을 걱정해야 한다고 하였다. 하지만 고르지 못함을 걱정해야 한다는 공자의 말은 이를 해소하기 위해 부유한 사람의 재화를 빼앗아서 가난한 사람에게 나누어주라는 의미는 아니다. 오히려 부유한 사람으로부터 정당하게 걷은 세금을 아껴서 가난한 사람들의 복지를 위해 써야 한다는 의미가 내포되어 있다고 볼 수 있다.

또한 공자는 부유한 사람들이 자발적으로 나눔을 실천하는 마음, 이를 지금의 용어로 표현한다면 노블레스 오블리주Noblesse Oblige의 정신을 강조하였다. 『논어』에 보면 자공이 "가난하지만 아첨하지 않고 부유하면서 교만하지 않으면 어떻습니까?"라고 물으니, 공자가 이렇게 대답하였다. "좋다, 그러나 가난하지만 즐거워하고 부유하면서 예禮를 좋아하는 것만 못하다"(1-15). 사람이 부유해지면 과시하거나 교만해지기 쉽다. 따라서 상업을 통해 많은 재화를 모은 자공이 스스로 겸손함을 실천하고 있음을 스승에게 인정받고 싶어서 "부유해도 교만하지 않으면 어떻습니까?"라고 물은 것인데, 공자는 오히려 "부유하면서도 예를 좋아하는 것만 못하다"고 하여 자공을 일깨워주었다. 교만하지 않다는 것은 자기에게 한정된 소극적인 마음이지만, 예를 좋아한다는 것은 남을 배려하고 재화를 나누어줄 수 있는 마음까지 포함하는 적극적인 자세이다. 그래서 공자는 『공자가어』에서 "재물이 있을 때는 곤궁할 때를 생각하여 베푸는 데 힘써야 한다"고 하였다. 이처럼 공자는 분배 문제에 있어서 가진 자의 베풀고 배려하는 마음을 말하면서 예禮를 강조하였다.

## 소비는 예에 맞게 해야 한다

인간의 욕심은 끝이 없다. 부를 과시하고 사치를 부리고 싶은 욕망은 지칠 줄 모른다. 하지만 지나친 소비는 위화감을 조성하고 가진 자에 대한 반감을 가져올 수 있다. 그래서 공자는 분배 문제에서 예를 좋아함을 강조하였듯이, 소비에서도 예에 맞는 소비와 근검절약을 말하였다. 공자는 "예는 사치스럽기보다는 차라리 검소해야 한다"(3-4)고 하였고, 또 "사치스러우면 불손해지고 검약하면 고루해지는데, 불손하기보다는 차라리 고루한 것이 낫다"(7-35)고 하였다. 공자는 소비에 있어서 사치스러운 것보다는 검소한 것이 예에 맞다고 보았다. 따라서 조상에게 제사 지내는 제례祭禮나 손님을 접대하는 빈례賓禮에서 예를 갖춘다는 명분하에 지나치게 호화롭게 하는 것을 경계하였다.

이러한 관점에서 공자는 절약과 검소함을 실천한 우임금을 칭찬하였다. "우임금에 대해 나는 트집 잡을 게 없다. 그는 스스로 거친 음식을 먹었으나 조상신에게는 효를 다하였다. 자기 옷은 남루했지만 제례복은 아름답게 하였다. 자기가 사는 집은 허름했으나 도랑을 파고 물길을 내는 데는 온 힘을 다했다. 우임금을 나는 트집 잡을 것이 없다"(8-21). 한마디로 우임금은 자신에게는 검소하고 공적인 일에는 예를 다한 임금이었기 때문에 공자는 우임금에 대하여 트집 잡을 게 없다고 하였다.

자본주의 사회에서는 재화의 생산과 분배 그리고 소비의 과정에서 어쩔 수 없이 불평등이 발생하고 빈부의 격차가 생겨날 수밖에 없다. 그렇다고 부자들에게 세금이라는 명목으로 무거운 세금을 부과하여 재화를 거두어 무차별적으로 복지에 투입하는 것도 바람직하지 않다. 정부는 존 롤스의 말대로 최소 수혜자에게 최대의 이익을 주는 복지 정책을 수행하여야 한다. 또 공자의 말처럼 부유한 사람이 예에 맞게 소비하면서 또 남을 배려하고 베푸는 일을 좋아하도록 하여야 한다. 정부는 부유한 자와 가난한 자의 갈등을 부추기는 정책이 아니라 더 불어 상생하는 풍토가 조성되도록 하는 것이 무엇보다도 중요하다.

교육으로
세상을 　바꾸다

# 인류 최초의
# 사학을 세우다

공자는 인류 역사상 최초로 사립학교를 세웠다. 물론 비슷한 시기에 정나라의 등석鄧析[1]이라는 사람이 사학을 열어 송사訟事에 관한 교육을 실시했다는 기록이 있지만, 공자보다는 나중으로 추정된다. 공자가 사학私學을 세운 목적을 살펴보면, 첫째, 자신이 배운 것을 세상에 실천하기 위해서였다. 공자는 삼십대에 예禮 전문가로 명성을 얻어 배우고자 하는 사람들이 모여들었다. 따라서 자신이 배운 것을 남들에게 가르칠 기회를 얻었으며, 또한 가르침의 대가로 받는 예물은 생활에 도움이 되었으니 일거양득이었다. 더욱 공자는 스스로 "배우면서 싫증내지 않고, 사람을 가르치기를 게을리 하지 않았다"(7-2)고 하

---

[1] 등석은 춘추 시대 정나라 사람이다. 『중국역대인명사전』(임종욱 편저, 이회문화사, 2010)에 의하면, 기원전 545년경 출생하여 기원전 501년에 사망한 것으로 추정된다. 정나라의 대부를 지냈으며, 사학을 열어 치옥(治獄)의 법을 가르쳤다. 순자는 등석에 대해 논리를 유지하기 어려운 이론을 늘어놓는 궤변가라고 하였고(『순자』「불구편」), 열어구는 등석을 두 가지 모두 맞는다는 양가지설(兩可之說)을 주장하며 무궁한 변설을 늘어 놓았다고 하였다(『열자』「역명편」).

였듯이 가르치는 것을 좋아하였다. 따라서 가르침을 위해서 사학을 세운 것은 삼십대의 공자가 자립할 수 있는 기반이었다. 둘째, 군자의 나라를 만들고자 하는 바람 때문이었다. 공자는 당시의 사회적 혼란의 원인은 예악이 붕괴되고 위정자의 덕이 부족하기 때문이라고 보았다. 따라서 배움을 통해 예를 알고 덕을 함양하여 인격을 갖춘 군자가 많아지면 질서가 바로잡히고 나라가 안정될 것이라고 생각했다. 공자에게 교육은 바로 군자를 길러내는 수단이었다. 셋째, 상하의 귀천이 없이 모든 백성들에게 배움의 기회를 제공하기 위해서였다. 공자는 미천한 가정에서 출생하였기 때문에 어려서 제대로 교육받을 기회가 없었다. 당시에 국가가 운영하는 관학官學은 귀족 자제들만이 입학할 수 있었기 때문에 평민들은 교육을 받을 수 있는 기회가 없었다. 따라서 어려서 배움의 어려움을 겪었던 공자는 모든 백성들이 누구나 자신이 원하면 교육을 받을 수 있는 기회가 주어져야 한다고 생각했다. 이에 신분의 구별이 없이 배우고자 하면 누구에게나 가르침을 주기 위하여 사학私學을 세웠다.

공자가 운영하는 사학은 비슷한 시기에 등석이 운영하던 사학과 비교하면 상당한 차이가 있었다. 공자와 등석은 교육의 목표나 추구하는 가치관에 있어서 전혀 달랐다.


## 큰 학문을 교육의 목표로 삼다

공자 시대의 교육은 그 목적과 내용에 따라 크게 두 가지로 나눌 수 있다. 하나는 『대학』에 나와 있는 큰 학문, 즉 대학大學의 교육이고, 또 하나는 직업을 얻기 위한 전문적인 교육이다. 큰 학문은 인간의 삶에 대한 이해와 세상을 바라보는 지혜 및 사물에 대한 올바른 가치판단 능력 등을 배우고, 나아가 덕을 함양하여 궁극적으로 인격을 갖춘 인간이 되도록 하는 데 목적이 있었다. 반면 직업교육은 직업이나 생계를 위해 필요한 공부이며, 직업인이 갖추어야 할 기술과 지식을 전수하는 데 목적이 있었다.

등석의 교육은 직업교육이었다. 치옥治獄에 관한 소송의 기술과 방법을 가르치는 전문교육이었다. 다만 등석의 가르침은 단편적이었다. 송사에 관한 교육이었지만 인간의 본성이나 사회정의 또는 법의 정신에 대한 내용은 없었다. 인간에게 죄를 짓지 않게 하는 방안이나 죄를 지었다면 어떻게 교화할 것인지에 대한 내용도 없었다. 오직 어떻게 하면 송사에서 이길 수 있는지 그 방법과 기술을 가르쳤다. 이해관계를 우선으로 여겼고, 따라서 송사에서 이기기 위한 그럴듯한 말솜씨와 기술을 가르쳤다.

반면 공자의 교육은 인격의 완성을 목표로 하였다. 『대학』에서 말하는 큰 학문이다. 『대학』에 "큰 학문의 길은 명명덕明明德과 친민親民과 지어지선至於至善에 있다"고 하였듯이, 공자의 교육은 이러한 큰 학문을 목표로 하였다. 자로가 군자에 대하여 물었을 때 공자는 "자기를 닦아 다른 사람을 편안하게 하는 것이다[修己安人]"(14-45)라고 하였다. 여기서 수기修己란 덕을 닦는 것으로 명명덕의 과정이며, 안인安人이란 다른 사람을 편안하게 하는 것으로 친민의 과정이다. 그래서 공자는 가르침에서 우선 덕을 닦는 수기修己를 중시하였다. 인간이라면 누구나 갖추어야 할 인仁·의義·예禮·지知·신信·효孝 등의 덕을 함양하는 데 힘쓰도록 했다. 따라서 공자의 교육은 인격의 완성을 목표로 하는 큰 학문이었다.


## 원칙을 중시하다

등석은 정나라 재상을 지낸 자산子産과 비슷한 시기의 사람이다. 여불위呂不韋[2]가 편찬했다고 하는 『여씨춘추呂氏春秋』[3]에는 등석에 관하여 다음과 같은 기록이 있다.

"자산이 정나라를 다스리니 등석이 힘써서 이를 어지럽게 만들고 있었다. 등석은 백성들 중에서 옥중에 있는 가족과 약정하여 대옥(큰 죄)의 경우 의복 한 벌, 소옥(작은 죄)의 경우 바지저고리를 받았는데, 백성들 중에 의복과 바지저고리를 바치고 송사를 배우는 자가 셀 수 없이 많았다. 이에 그른 것을 옳다고 하고 옳은 것을 그르다고 하여 옳고 그름의 기준이 없이 매일 할 수 있는 것과 할 수 없는 것이 바뀌었다. 그리하여 소송에서

---

2  여불위는 전국 시대 말기 진나라의 정치가이다. 본래는 하남 양적(陽翟)의 대상인이었는데 국경을 넘나들며 장사를 해서 대부호가 되었다. 여불위가 조나라의 수도 한단에 갔을 때 볼모로 있던 진(秦)나라 공자(公子) 자초(子楚)를 만났는데, 자초는 진나라 소왕의 둘째아들이었다. 여불위의 애첩을 보고 자초가 기뻐하므로 여불위는 애첩이 임신한 사실을 숨기고 자초에게 주었다. 여불위는 자초가 진나라로 귀국할 수 있도록 도움을 주었고, 후일 자초가 장양왕으로 즉위하는 데도 큰 공을 세웠다. 그 공로로 여불위는 승상이 되었다. 장양왕이 즉위한 지 3년 만에 죽자 그 아들 영정이 왕위에 올랐으니(영정이 여불위의 아들이라는 설이 있음), 그가 후일 진시황제(秦始皇帝)다. 여불위는 태후와 노애의 간통 사건에 연루되어 촉 땅으로 귀양 가서 기원전 235년 자살하였다.
3  중국 진나라의 정치가 여불위가 빈객 3,000명을 모아서 편찬한 책으로, 그 구성은 「십이기」, 「팔람」, 「육론」으로 되어 있다.

이기고자 하면 이기게 되고, 사람에게 죄를 얻게 하고자 하면 죄를 얻게
했다."[4]

등석은 이처럼 양쪽이 모두 가능하다는 일종의 양가지설兩可之說을
주장하여 오히려 혼란을 가중시켰다. 한마디로 원칙이 없었다. 송사에
서는 옳은 것은 당연히 옳아야 하고 그른 것은 정당한 벌을 받아야 한
다. 그런데 옳고 그름의 기준이 없이 마음대로 그른 것을 옳다고 하고,
옳은 것을 그르다고 하게 되면 원망이 생기고 혼란이 일어난다. 등석
이 화려한 말주변으로 송사에서 죄가 있어도 무죄로 만들고, 죄가 없
어도 마음대로 죄를 주었다면 정당하지도 않고 올바르지도 않은 것이
다. 결국 이러한 가치관을 가진 등석의 가르침은 원칙이 없고, 올바름
이 없으며, 오직 혼란만 초래할 뿐이었다.

반면 공자의 가르침에는 일관된 원칙이 있었다. 인仁을 주장하여 인
간에 대한 사랑을 최우선으로 여겼고, 예禮와 의義와 신信을 강조하여
사람과 관계에서 지켜야 할 원칙을 말하였다. 공자가 "윗사람이 예를
좋아하면 백성들이 감히 경건하지 않을 수 없게 되고, 윗사람이 의로
움을 좋아하면 백성들이 감히 복종하지 않을 수 없게 되며, 윗사람이
신의를 좋아하면 백성들은 성실히 행동하지 않을 수 없게 된다"(13-4)
고 하였듯이 나라를 다스리는 위정자의 예와 의와 신을 중시하였다.
또한 『논어』에서 "군자는 말에는 어눌하고, 행하는 데는 민첩해야 한
다"(4-24)고 하였고, 또 "번지르르한 말은 덕을 어지럽힌다. 작은 것을
참지 못하면 큰 계획을 그르친다"(15-26)고 하였듯이, 공자는 오히려

---

4 『여씨춘추 팔람』, 정여호 해역, 자유문고, 2006, 302~303쪽.

화려한 말보다는 덕을 강조하였다. 그래서 공자는 애공이 선비에 대하여 묻자, 이렇게 말했다.

> "선비는 재물을 주면서 일을 부탁해도 탐욕을 부리지 않으며, 즐길만한 일을 주어도 음탕하지 않으며, 많은 수의 사람으로 위협해도 두려워하지 않으며, 흉기로 위협해도 겁내지 않으며, 이익을 보아도 그 의를 어그러뜨리지 않으며, 죽음을 만나도 자신이 지키는 마음을 바꾸지 않습니다. 지난 일을 후회하지 않고, 오는 일도 미리 어떻다고 예상하지 않으며, 잘못된 일을 두 번 거듭하지 않고, 남을 헐뜯는 말을 극단으로 몰고 가지 않습니다."[5]

공자의 말은 선비란 재물을 탐하지도 않고 또는 협박이나 죽음을 두려워하지 않고 자신의 일관된 원칙을 져버리지 않는 사람이라는 것이다. 공자는 이처럼 원칙을 중시하였으며, 이러한 가치관이 그대로 교육에도 반영되었다.


## 정도를 가르치다

가르치는 사람의 생각과 가치관은 배우는 사람에게 큰 영향을 미친다. 『여씨춘추』에는 등석의 생각과 가치관을 엿볼 수 있는 다음과 같은 이야기가 실려 있다.

---

5 『공자가어』, 왕숙 찬, 임동석 역주, 동서문화사, 2009, 150쪽.

유수洙水의 물이 크게 불어 정나라의 부자富者가 물을 건너다가 빠져 죽었는데, 어떤 사람이 그 죽은 사람의 시체를 찾아냈다. 그 부자 집에서 돈을 치르고 시체를 넘겨받고자 하였으나 그 사람이 요구하는 액수가 너무 많았다. 이에 등석에게 가르침을 청하니 등석이 말했다. "안심하시오. 그 사람은 그 시체를 다른 사람에게는 팔지 못할 것이오." 그러자 시체를 찾아낸 사람도 근심이 되어 등석을 찾아와서 물으니 등석이 이렇게 말했다. "안심하시오. 그 사람은 반드시 다른 데 가서는 그 시체를 사지는 못할 것이오."[6]

등석의 말은 죽은 사람의 가족에게도 도움을 주고 시체를 찾아낸 사람에게도 도움을 주는 듯이 보이지만, 이는 일종의 속임수이다. 결국 양쪽 모두에게 협상을 어렵게 만들면서 합의에 이르는 데 오랜 시간이 걸리도록 하는 말이다. 양쪽 모두에게 도움이 되지 않는 말이며, 사람들을 현혹시키는 사설邪說일 뿐이다.

반면 공자는 정도를 추구하였다. 공자는 군자의 자질로 인仁·지智·용勇을 말하면서, 사람을 사랑하는 마음이 있어야 근심이 없고, 사리를 분별하는 능력을 갖추어야 미혹되지 않으며, 용기가 있어야 두려움이 없다고 하였다. 그러면서 법과 예라는 규범을 중시하였고, 이에 맞는 행동을 하도록 가르쳤다. 이러한 가치관은 공자가 중도재中都宰가 되었을 때 이루어낸 다스림의 결과에서도 엿볼 수 있다.

"노나라에서는 양고기를 파는 심유씨라는 자가 양에게 아침마다 물을

---

6  『여씨춘추 팔람』, 정여호 해역, 자유문고, 2006, 300~301쪽.

먹여 크게 보이게 한 뒤 시장 사람들을 속였으며, 공신씨라는 자는 자기 아내의 음탕한 짓을 제지하지 못하였으며, 신궤씨는 사치를 부리는 정도가 도를 넘었으며, 육축을 파는 자는 말을 꾸며서 값을 제멋대로 받기도 하였다.[7] 그러나 공자가 정치에 참여하여 다스리자 이러한 폐단들이 사라졌다. 심유씨는 감히 양에게 물을 먹이지 못하였고, 공신씨는 그 음탕한 아내를 축출하였으며, 신궤씨는 국경을 넘어 이사를 갔다."[8]

공자는 중도를 다스릴 때 법과 예에 의거하여 정도에 따라 다스렸기에 좋은 결과를 얻을 수 있었다. 그래서 공자는 "사람이 사는 바탕은 정직함이다. 속이는 사람들이 사는 것은 요행히 죽음을 면하고 있을 따름이다"(6-17)라고 하였다. 혼란스러운 세상에서는 정직하지 못한 자가 간혹 잘 사는 경우도 있다. 그러나 그것은 요행히 죽음을 면하는 것이지 잘 나서가 아니다. 정직하지 못한 것은 단명한다. 한때 부와 권력을 자랑하지만 불법을 저지른 기업인이나 부정을 행한 정치인이 결국은 감옥에 간다. 정직함이 정도正道이며, 속이는 것은 사도邪道이다. 정도로 살아가는 것이 올바른 것이지만 사도로 살아가는 사람이 죽지 않는 것은 요행일 뿐이다. 따라서 가르치는 사람은 배우는 사람들에게 올바른 길, 곧 정도正道를 가르쳐야 한다. 공자는 바로 정도를 가르친 스승이었다.

---

**7**  심유씨(沈猶氏), 공신씨(公愼氏), 신궤씨(愼潰氏)는 노나라에서 지탄받던 씨족들이었다.

**8**  『공자가어』, 왕숙 찬, 임동석 역주, 동서문화사, 2009, 94~95쪽.

## 등석과 비교되는 공자의 삶

등석은 소송에서 이기고자 하면 이기고, 사람에게 죄를 얻게 하고자 하면 죄를 얻게 했다. 이로 인해 정나라는 큰 혼란에 빠졌고, 백성들의 여론은 아주 시끄러웠다. 이를 근심하던 자산은 등석을 죽이고, 그 시체를 다시 목을 베었다.[9] 이때가 노나라 정공 9년으로 공자 나이 51세가 되던 해이다. 등석은 주살되었지만, 공자는 그 해에 중도재라는 벼슬에 나가서 탁월한 성과를 이루었다. 공자는 사공을 거쳐 55세 때는 대사구大司寇에 이르렀다.

공자가 사구가 되어 재상의 일을 집행하자 조정에 나간 지 7일 만에 정치를 어지럽히는 대부 소정묘少正卯를 처형하였다. 자공이 이를 염려하여 말했다. "소정묘는 노나라에서 널리 알려진 사람인데, 지금 선생님께서 정사에 나오셔서 그를 표적 삼아 죽였으니, 혹시 잘못한 것은 아닌지요?" 이에 공자가 이렇게 대답하였다.

"거기 앉아라. 내가 그 까닭을 알려주겠다. 천하에 큰 죄악이 다섯 가지가 있다. 도둑질은 여기에 해당도 되지 않는다. 첫째 마음이 역하고 음험한 것, 둘째 행실이 편벽하고 고집만 있는 것, 셋째 거짓말을 일삼으면서 변명을 하는 것, 넷째 아는 것이 추잡하면서 광범위한 것, 다섯째 그릇된

---

9 『순자』, 『여씨춘추』, 『회남자』, 『열자』 등에는 등석이 나라를 어지럽혀서 정나라 자산에게 주살된 것으로 기록되어 있다. 그러나 『춘추좌씨전』 노나라 정공 9년의 기록에는 정나라의 사천(駟歂)에게 죽임을 당한 것으로 되어 있다. 정나라의 재상이었던 자산은 이미 기원전 522년에 사망하였으므로 『춘추좌씨전』의 기록이 맞을 것으로 생각된다.

일을 일삼으면서 윤택한 것이다. 사람으로서 이 다섯 가지 중에서 하나만
범한 것이 있어도 죽음을 면하지 못할 것인데, 소정묘는 이 다섯 가지 죄
악을 모두 범하고 있다. 그가 사는 곳에는 따르는 자들이 모여서 무리를
이루었고, 그의 말솜씨는 사악함을 꾸며 여러 사람들의 눈을 속일 수가
있었으며, 그의 완강함은 사나워서 족히 옳은 것을 반대하며 홀로 설 수
있는 정도였다. 이런 자는 사람 중의 간웅이니, 제거해버리지 않을 수 없
었다.[10]

공자는 정나라 자산이 등석을 처형한 것과 동일한 이유와 방법으로
소정묘를 처형하였다. 소정묘의 죄는 사설邪說과 그릇됨으로 사회를
어지럽힌다는 것이었다. 공자는 도둑질 같은 개별적인 죄보다도 사회
를 혼란시키는 것을 더 큰 죄로 보았다. 당시는 혼란된 세상이었지만
공자는 오히려 현실과 타협하지 않고 원칙을 중시하며 정도를 걸었
다. 대사구를 물러나서 주유열국에 나선 것은 혼란된 세상을 바꾸어
보겠다는 바람이었다. 주유열국의 과정에서 온갖 고난과 고통을 겪으
면서도 공자는 정도를 벗어나지 않았다. 만년에 공자는 국로로 대우
받았으며, 또한 배움과 가르침도 게을리하지 않았다. 공자는 원칙과
정도를 지키는 삶을 살았기에 위대한 업적을 이룰 수 있었고, 사후에
만세사표로 칭송받을 수 있었다.

---

**10** 『공자가어』, 왕숙 찬, 임동석 역주, 동서문화사, 2009, 98~100쪽.
　　『순자』, 순자 저, 김학주 역, 을유문화사, 2012, 950~952쪽.

제28강

# 군자의 나라를
# 만들다

 

교육은 인간의 능력을 계발시키고 나아가 세상을 바꾸는 원동력이다. 따라서 교육의 목적은 인간에게 자신의 삶 또는 조화로운 공동체를 만드는 데 필요한 지혜와 덕성을 가르치는 데 있다. 독일 철학자 칸트는 교육이란 인간을 인간답게 만드는 과정이며, 교육을 통해서 인간이 될 수 있다고 하였다. 인간은 만물 중에서 유일하게 교육을 받는 동물이다. 교육은 인간이 갖고 있는 동물적 본성을 인간성으로 변화시키는 역할을 한다. 그러므로 인간은 교육에 의해 계속적으로 개선될 수 있으며, 완전성을 향해 전진할 수 있다. 이에 칸트는 교육의 목표를 인격을 지닌 사람을 길러내는 데 있다고 보고, 도덕교육을 중시했다.[11]

공자는 2,500년 전에 이미 교육의 목표를 인격의 완성에 두고, 가르침을 실천했다. 공자는 인류 최초로 사립학교를 설립했으며, 당시 귀족계층의 전유물이었던 교육을 평민계층에까지 확대하여 배우고자

---

11 『칸트의 교육학 강의』, 임마누엘 칸트 저, 조관성 역, 철학과현실사, 2007.

하는 사람은 누구에게나 신분의 귀천이나 지위의 고하를 막론하고 가르침을 준 교육자였다. 공자에게 가르침을 받은 제자가 3,000여 명이었다고 하니 지금의 기준으로 보아도 엄청난 인원이었다.[12] 또한 공자의 교육시스템은 교육의 목표와 방법 그리고 교육의 내용과 과목이 매우 체계적이었다. 공자가 살던 춘추 시대는 도덕이 상실되고 예가 무너진 사회였다. 신하가 나라를 어지럽히고 자식이 부모의 뜻을 거역하는, 이른바 난신적자亂臣賊子가 날뛰던 세상이었다. 공자가 교육에서 이루고자 한 목적은 이러한 혼란스런 세상을 바꾸어서 정치와 사회질서를 바로 잡는 것이었다.

공자의 바람은 소강사회를 만드는 것이었다. 소강사회는 그런대로 편안한 세상이다. 인위적인 노력으로 더 나은 삶을 위해 개선이 가능한 사회이다. 소강사회는 가족 중심의 사회이며, 예와 의를 기강으로 삼아 군주와 신하의 관계를 바르게 하고, 부모와 자식 사이를 돈독하게 하며, 형제를 화목하게 하고, 부부 사이의 화합을 도모하는 사회다. 공자는 교육을 통해 이것이 가능하다고 생각했다. 그래서 공자가 윤리사상으로 제시한 극기복례克己復禮와 수기안인修己安人은 교육의 목표와도 부합된다. 극기복례는 외부로 표출되는 감정을 다스려서 다른 사람과의 예를 회복하는 것이고, 수기안인은 인간 내면의 덕성을 연마하여 이를 밖으로 밝혀서 다른 사람을 편안하게 하는 것이다.

---

**12** 사마천은 『사기』 「공자세가」에서 "공자는 시, 서, 예, 악을 교재로 하여 가르쳤는데, 제자가 대략 삼천 명이나 되었고, 그 중 육예(육경을 말함)를 통달한 자도 일흔두 명이나 되었다"고 하였다.

## 인정을 다스려 인의를 실천하다

공자의 교육에 대한 첫 번째 화두는 극기복례克己復禮이다. 극기克己
란 자기의 욕심이나 감정을 극복하는 것이다. 구체적으로는 『예기』에
서 말하는 인정人情을 다스리는 것이다. 『예기』에 "무엇을 일러 인정人
情이라 하는가? 그것은 기뻐하고, 성내며, 슬퍼하고, 두려워하며, 사랑
하고, 미워하며, 욕심을 내는 것으로써 이들 일곱 가지는 사람이 배우지
않아도 할 수 있는 것이다"[13]라는 말이 있다. 이른바 희喜, 노怒, 애哀,
구懼, 애愛, 오惡, 욕欲의 감정이다. 공자는 이처럼 인간이 태어나면서
갖고 있는 감정을 일곱 가지로 나누어서 이를 인정人情 또는 심정心情
이라고 하였다. 극기란 바로 이와 같은 일곱 가지의 인정을 다스리는
것이다.

다음으로, 복례復禮란 예를 회복하는 것이다. 인간이 갖고 있는 일
곱 가지의 심정을 다스리는 일은 예의 확립을 통해서 이룰 수 있다. 여
기서 예란 인의人義가 겉으로 표현된 것을 말한다. 공자는 인간이 살
면서 반드시 따라야 할 올바른 것을 인의라고 했다. 『예기』에 보면,
"무엇을 일러 인의人義라고 하는가? 어버이는 자애하고 자식은 효도
하며, 형은 어질고 아우는 공경하며, 남편은 의롭고 아내는 순종하며,
어른은 은혜롭고 어린이는 유순하며, 임금은 어질고 신하는 충성스러
워야 하는데, 이 열 가지를 일러 인의라고 한다"[14]라는 말이 있다. 즉,

---

13 『예기』「예운 편」, "何謂人情 喜怒哀懼愛惡欲 七者弗學而能"
14 『예기』「예운 편」, "何謂人義 父慈 子孝 兄良 弟弟 夫義 婦聽 長惠 幼順 君仁 臣忠 十
   者謂之人義"

자애[慈]와 효도[孝], 어짊[良]과 공경[弟], 의리[義]와 순종[聽], 은혜[惠]와 유순[順], 그리고 인애[仁]와 충심[忠]을 인의라고 했다. 인의는 인간이 내면에 갖고 있는 덕성이며, 이러한 인의가 외부로 드러난 것이 예다. 인의가 인간 덕성의 속 모양이라면, 예는 인의의 겉모양이다. 예와 인의는 표리관계에 있으므로, 예가 없는 인의는 의미가 없듯이 인의가 뒷받침되지 아니한 예 또한 의미가 없다. 가르치고 훈화訓化하여 풍속을 바르게 하는 일은 예 없이는 이루어질 수 없다. 극기와 복례는 저절로 되는 것이 아니라 가르침과 배움을 통해서 이룰 수 있다. 그래서 공자는 극기복례克己復禮를 교육의 화두로 제시하였다.

## 인의를 밝혀서 지극한 선에 이르다

공자의 교육에 대한 두 번째 화두는 수기안인修己安人이다. 수기修己란 자신의 내면적 덕성을 닦는 것으로, 앞에서 언급한 인의人義를 함양하는 것이다. 공자는 "배우는 자는 들어와서는 효도하고[孝], 나가서는 공경하고[弟], 삼가고 신의를 지키며[信], 널리 사람을 사랑하되[愛], 어진 이를 가까이 해야 한다[仁]. 이를 행하고서도 여력이 있으면 글을 배운다[文]"(1-6)라고 하여, 수신을 함에 있어서 덕을 행하는 것을 글을 배우는 것보다 우선시 했다. 또한 『중용』에서는 수기의 태도로써 "널리 배우고, 자세히 물으며, 신중히 생각하고, 밝게 분별하며, 독실하게 행한다"[15]고 하였다.

---

15 『중용』「제20장」, "博學之 審問之 愼思之 明辨之 篤行之"

한편 안인安人이란 백성을 편안하게 하여 세상을 선한 상태로 유지하는 것이다. 『대학』에서 말하는 학문의 목적과 통하는 말이다. 『대학』에 보면, "큰 학문을 하는 길은 밝은 덕을 밝히는 데 있고[明明德], 백성과 친해지는 데 있으며[親民], 지극히 좋은 상태에 머무는 데 있다[至於至善]"¹⁶고 하였다. 명명덕은 덕을 실천하는 것이고, 친민은 백성을 사랑하여 백성과 하나가 되는 것이다.¹⁷ 지선至善이란 명명덕과 친민이 모두 이루어진 상태이다. 『대학』에서 말하는 이러한 학문의 목적은 공자가 제시한 교육의 화두와 서로 같다.


## 그래서 공자는 무엇을 가르쳤는가?

공자는 교육의 화두로 극기복례와 수기안인을 제시하였으며, 이에 따라 교육의 내용과 교육과정은 이러한 점에 초점이 맞추어졌다. 『논어』에 "공자께서는 네 가지로 가르쳤으니, 문행충신文行忠信이다"(7-24)라는 말이 있다. 문文이란 인간의 사상이나 감정 또는 삶의 지혜에 관한 학문이며, 나아가 예의범절 등 인간의 행동규범까지 포괄하는 개념이다. 행行이란 품행 또는 행실이며, 아는 것을 행하는 지행일치知行一致

---

**16** 『대학』「경1장」, "大學之道 在明明德 在親民 在止於至"

**17** 송나라 때 정호(程顥)와 정이(程頤), 그리고 주희(朱熹)는 경문에 나오는 친민(親民)은 신민(新民)이라고 보았다. 『대학』「전2장」에 나오는 "탕임금의 세숫대야에 새겨진 명문에는 '진실로 날로 새롭게 하고 새롭게 하여 또 날로 새롭게 하라'고 하였고, 『서경』「강고」에 '백성을 진작시켜 새롭게 한다'고 하였다"라는 전문(傳文)의 내용을 근거로 삼았다. 교육의 의미로 본다면 백성에게 덕성과 지혜를 가르쳐서 날로 새롭게 한다는 신민이 오히려 부합된다.

또는 말한 것을 행하는 언행일치言行一致를 의미한다. 공자는 아는 것보다 먼저 올바르게 행하는 것이 우선이라 생각했다. 충忠이란 진실한 마음을 다하는 것이며, 학문을 하거나 어떤 일을 처리함에서 성심으로 수행하는 태도이다. 신信은 믿음을 주는 것이며, 말이나 교우관계에서 신뢰를 주는 것이다. 결국 공자가 교육의 주안점으로 삼은 문행충신은 이론적인 학문과 실천적인 행동, 그리고 진실하고 신뢰 있는 태도를 말한다고 볼 수 있다.

공자는 교육과정에 우선 실용적이며 실천적인 예능교육을 포함하였다. 공자는 "도道에 뜻을 두고, 덕德에 의거하며, 인仁에 의지하고, 예藝에 노닐다"(7-6)라고 했듯이 예藝를 중시하였다. 그래서 주나라에서 가르치던 육예六藝를 교과목으로 가르쳤다.[18] 육예란 예禮, 악樂, 사射, 어御, 서書, 수數이다. 예란 실습을 통해 예의 방법과 절차를 익히는 것이다. 악이란 노래를 부르고 악기를 연주하는 법을 배우는 것이다. 사는 활쏘기이고, 어는 마차를 모는 것이며, 서는 서예이고, 수는 산수 또는 수학이다. 이러한 예능교육의 목적은 장차 관리로 임용되어 공무 수행에 필요한 기예技藝를 연마시키는 데 있었다.

또한 공자는 인격의 완성을 위한 교육과목으로 육경六經[19]을 가르

---

18  주나라에서 교육을 담당하는 관리는 사씨(師氏)와 보씨(保氏)였다. 사씨는 인격을 양성하는 교육을 하였으며, 보씨는 주로 실용적인 교육을 담당하였다. 보씨가 담당하던 교과목이 바로 육예였다. 『주례』. 지재희/이준녕 해역, 자유문고, 2002, 164~166쪽 참조.

19  유교의 경전은 한나라 때 경학 연구가 활발해지면서 정비되었다. 따라서 『시경』과 『서경』 등의 명칭은 공자 시대에는 없었고, 그냥 '시'와 '서'라고 불렸다. 다만, 『순자』「권학」편에 시, 서, 예, 악, 춘추를 오경이라고 한 것을 보면, 순자 이전에 경(經)이라는 명칭이 사용되었음을 추정할 수 있다. 흔히 육경을 육예라고도 불렀다.

쳤다. 『논어』에 "공자께서 늘 말씀하시는 것은 시와 서와 예의 실천이었다"(7-17)라고 했듯이, 특히 공자는 시詩와 서書와 예禮를 중시하였다. 공자는 『예기』에서 육경의 교육에 대하여 이렇게 말했다. "그 나라에 들어가게 되면 그 나라 사람의 가르침을 알게 된다. 그 사람됨이 온유하고 돈후한 것은 시詩의 가르침이고, 소통이 잘되고 먼 일을 아는 것은 서書의 가르침이며, 널리 해박하고 평온하며 선량함은 음악의 가르침이요, 심성이 맑고 고요하며 정밀하고 은미함은 주역의 가르침이며, 공손하고 검소하고 용모가 단정하고 경건한 것은 예의 가르침이고, 말을 열거하고 사실을 비교하여 판단하는 것은 춘추의 가르침이다."[20] 결국 공자는 시詩, 서書, 예禮, 악樂, 역易 및 춘추春秋의 육경을 과목으로 하여 백성들에게 덕성과 삶의 지혜를 가르쳤다. 시詩는 백성들의 정서를 순화시켜주는 역할을 하며, 서書는 고대문화에 대한 이해와 정치의 근본을 인식하도록 하며, 예禮는 사람과 사람 간의 인륜관계를 정립시켜 사회구성원이 모두 조화로운 삶을 살도록 하는 역할을 한다. 또한 악樂은 마음속의 근심과 번민을 불식시키고 백성을 교화시키는 역할을 하며, 역易은 천지만물의 변화와 인간사의 길흉화복吉凶禍福을 알게 하여 올바른 삶을 살도록 한다. 그리고 춘추春秋는 역사를 이해하고 법통을 바로잡아 대의가 행해지도록 하는 역할을 한다.

결국 공자의 교육 목표는 인격의 완성자인 군자君子를 양성하고, 이러한 군자를 중심으로 하여 세상을 소강사회로 바꾸는 데 있었다. 공

---

20  『예기』「경해」, "入其國 其敎可知也 其爲人也 溫柔敦厚 詩敎也 疏通知遠 書敎也 廣博易良 樂敎也 絜靜精微 易敎也 恭儉莊敬 禮敎也 屬辭比事 春秋敎也"

자는 인간에 대한 믿음을 강조하였다. 따라서 혁명의 방법이 아니라 교육을 통해 당시의 무도하고 혼란한 세상을 바꾸려고 노력한 교육자였다.

제29강

# 가르침의 원칙

교육은 인간에게 행복하고 보람된 삶을 살게 하고, 나아가 사회를 개조시키는 역할을 한다. 교육은 모든 사람에게 공정하게 제공되는 것이 중요하며, 이를 위해서는 두 가지의 원칙이 준수되어야 한다. 하나는 기회균등의 원칙이고, 또 하나는 중립성의 원칙이다. 교육에서 기회균등의 원칙은 헌법에도 규정된 것으로, "모든 사람은 능력에 따라 균등하게 교육을 받을 권리를 갖는다"는 원칙이다. 그러므로 사람은 누구나 성별, 종교, 신념, 인종, 사회적 신분, 경제적 지위 또는 신체적 조건 등을 이유로 교육에서 차별받지 않아야 한다. 다만, 기회균등이 모든 사람에 대하여 똑같은 수준의 교육을 보장해야 한다는 평등의 의미는 아니다. 능력에 따라 누구에게나 동등한 교육의 기회가 주어져야 하고, 또한 교육을 받은 결과에 대해 차별이 있어서는 아니 된다는 것이다. 중립성의 원칙은 교육이 정치적 파당이나 종교적 파벌 또는 사상적 노선 등 특정한 가치관 혹은 이데올로기의 실현을 위한 수단이 되어서는 아니 되며, 이러한 것으로부터 중립을 유지해야 한다는 원칙이다. 물론 교육은 가치지향적인 활동이므로 위정자 또는 교육을 주관하는 사람의 가치관이 반영되지 않을 수 없지만, 그렇다고 하더라도 교육이 특정 정파나 이데올로기를 지지하는 데 이용되어서는 아니 될 것이다.

공자가 살던 시대는 정치적으로는 전제군주제 국가였으며, 사회적으로는 신분제 사회였다. 당시에는 교육을 귀족계층이 독점하고 있어서 평민들에게는 교육의 기회가 주어지지 않았다. 이러한 시대적 상황에도 불구하고 공자는 가르침을 제공하면서 기회균등의 원칙을 실천하였다. 교육의 기회균등을 실천한 사람은 아마 공자가 역사상 최초일 것이다.[21] 나아가 공자는 가르침에서 독특한 방법과 원칙을 적용하였는데, 공자가 적용한 대표적인 가르침의 원칙으로는 다음 다섯 가지를 들 수 있다.


### 유교무류의 원칙

공자는 신분제 사회에서 살고 있었지만 사람을 차별하지 않았으며, 특히 교육에서 평등과 기회균등을 중시하였다. 『논어』에 "가르침에 있어서 구별하지 않았다[有教無類]"(15-38)라는 말이 있듯이 공자는 신분

---

**21** 물론 공자의 가르침은 교육의 대상에서 여성이 제외되었으므로 완전한 기회균등이라고 말할 수는 없다. 다만, 동서양을 막론하고 여성이 공적인 교육을 받기 시작한 것은 중·근세 이후이며, 따라서 공자 시대에는 생활의 방식으로 보았을 때 여성이 공적인 교육을 받을 수 있는 사회적 여건이 형성되지 않았다. 우리나라의 경우 1886년 감리교 선교사 스크랜튼 부인이 여학생 한 명을 대상으로 교육을 실시했는데, 이것이 근대 여성교육의 시발점인 이화학당이다.

의 귀천을 구별하지 않고 누구에게나 가르침을 제공했다.

『논어』에 보면 공자가 호향[22]에서 온 동자 하나를 만나니 문인들이 이상하게 생각하므로 공자가 이렇게 말했다. "나아가려고 하면 도와주고 물러나면 도와주지 않는 것이다. 도대체 무엇이 지나친가? 사람이 자신의 처신을 깨끗이 하고서 나아가려고 하면 그 깨끗한 점을 인정하고 지나간 일에 집착하지 않아야 한다"(7-28). 이는 과거의 잘못이나 신분의 귀천을 구별하지 않고 가르침을 제공한 공자의 생각을 엿볼 수 있는 말이다. 다만 공자는 "스스로 속수束脩 이상의 예禮를 행하면 일찍이 가르쳐주지 않은 적이 없었다"(7-7)라고 하였듯이, 가르침을 청함에는 최소한의 예가 있어야 한다고 보았다. 속수束脩란 말린 고기 열 개로, 처음 인사드릴 때 예물로써 가장 약소한 것을 말한다. 결국 공자는 사람의 부류를 구분하지 않고 일정한 예禮를 갖추고 배우고자 하면 상하귀천의 차별 없이 누구에게나 가르침을 주었다.

## 불분불계의 원칙

스승이 일방적으로 제자에게 가르침을 전달하려고 하면 효과가 없다. 물을 주는 것이 목마른 사람에게는 효과가 있지만 목마르지 않은 사람에게는 효과가 없듯이, 가르침 또한 스스로 분발하여 의욕을 보이는 제자에게 주어야 효과가 있다. 이에 공자는 "분발하지 아니하면

---

**22**  호향은 아마 지명이나 촌락인 듯하며, 문장의 내용으로 보아 죄를 지은 사람들이 모여 살던 곳으로 추정된다.

이끌어주지 아니하고[不憤不啓], 애태우지 아니하면 말해주지 아니하며[不悱不發], 한 모퉁이를 들 때 세 모퉁이로써 반응해 오지 아니하면 다시 일러주지 않았다"(7-8)고 하였다. 분憤이란 몸과 마음을 다하여 분발하는 것이며, 따라서 불분불계不憤不啓란 분발하여 의욕을 보이지 않으면 일깨워주지 않는다는 뜻이다. 비悱란 표현하려고 애쓰는 모습이며, 따라서 불비불발不悱不發은 알고 싶어 애태우지 아니하면 열어주지 않는다는 의미이다. 결국 공자는 분발하여 열심히 하는 제자에게 그 다음 단계를 알려주고, 알고 싶어서 애태우는 제자에게 더 전진하도록 했으며, 따라서 한 모퉁이를 알려주었으나 스스로 나머지 세 모퉁이를 깨닫지 못하는 제자에게는 깨달을 때까지 가르침을 주지 않았다.

한편 불분불계와 비슷한 의미로 줄탁동시啐啄同時라는 말이 있다.[23] 줄啐이란 알 속에서 자란 병아리가 알을 깨고 세상 밖으로 나오려고 부리로 껍질 안쪽을 쪼는 것이다. 탁啄은 어미닭이 품고 있는 알 속의 병아리가 부리로 쪼는 소리를 듣고 새끼가 나오도록 도와주기 위해 밖에서 알을 쪼는 것이다. 병아리는 배움을 위해 앞으로 나아가려는 제자이며, 어미닭은 제자에게 깨우침을 주는 스승이라고 할 수 있다. 그런데 병아리와 어미닭이 동시에 알을 쪼기는 하지만 어미닭이 병아리를 세상 밖으로 나오게 하는 것은 아니며, 병아리가 알을 깨고 나오도록 도움을 줄 뿐이다. 공자가 말하는 불분불계와 불비불발은 바로 줄탁동시와 같이 제자가 스스로 의욕을 갖고 분발해야 도움을 주겠다

---

23  줄탁동시는 줄탁동기(啐啄同機)라고도 하며, 원래 중국의 민간에서 쓰던 말인데, 선종의 대표적인 불서인 송나라 때의 『벽암록』에 공안으로 등장하면서 불가의 중요한 공안이 되었다. 공안은 화두라고도 하며 깨우침을 위한 물음의 요체이다.

는 가르침의 원칙이다.

## 언행일치의 원칙

공자는 가르침에 있어 배운 것을 몸소 실천하는 언행일치言行一致
나 지행일치知行一致를 강조했다. 그래서 공자는 말만 앞세우고 실천
이 따르지 않는 재여의 언행불일치를 책망하면서 "처음에 나는 사람
에 대하여 그의 말을 듣고 그의 행실도 믿었으나 지금은 사람에 대하
여 그 말을 듣고 그 행실을 살피게 되었다"(5-9)라고 하였다.

공자는 제자들에게 자주 언행일치를 강조하였다. 예를 들어, "말하
고자 하는 바를 먼저 행하고 그 뒤에 말해야 한다"(2-13)라고 하였고,
또 "옛사람들이 말을 함부로 하지 않았던 것은 몸소 실천하지 못할까
부끄러워했기 때문이다"(4-22)라고 하였다. 또한 "군자는 자신이 말하
는 것이 행하는 것보다 지나친 것을 부끄러워한다"(14-29)고 하여 배
워서 아는 것이나 말하는 것보다 이를 실천에 옮기는 것을 중요하게
생각했다.

## 개별계도의 원칙

공자는 제자들의 개별적인 성격과 능력을 고려하여 가르침을 주었
다. 『논어』에 나오는 공자와 제자들의 대화를 보면 이러한 가르침을
엿볼 수 있다. 일례로 자로와 염구에 관한 일화는 개별계도個別啓導의

대표적인 사례이다. 어느 날 자로가 "들으면 곧 행해야 합니까?"라고 물으니, 공자가 "부형父兄이 계신데 어떻게 듣고 곧 행하겠느냐?"고 하였다. 이에 염유冉有가 똑같이 "들으면 행해야 합니까?"라고 물으니, 공자가 "들으면 곧 행해야 한다"고 말했다. 그러면서 공자는 "구求는 뒤로 물러나는 성격이므로 나아가게 한 것이고, 유由는 남보다 앞서 가는 성격이므로 물러나게 한 것이다"라고 하였다(11-21). 즉, 공자는 자로가 급하고 앞서가는 성격이므로 천천히 실천하라고 가르치고, 염 구는 뒤로 물러나는 성격이므로 앞으로 나아가도록 가르쳤다.

　또한 자공은 외교적 능력과 사업능력이 뛰어난 제자였다. 사마천 은 『사기』 「중니제자열전」과 「화식열전」에서 자공의 능력을 높이 평 가하면서, 특히 외교적 능력과 재력이 뛰어났다고 칭찬했다. 『논어』 에 보면 자공이 스승에게 인정받고 싶은 마음에 "저는 무엇과 같사옵 니까?"라고 물으니, 공자가 답하기를, "너는 그릇이다"라고 했다(5-3). "군자는 그릇이 되서는 아니 된다[君子不器]"는 것이 평소 공자의 가르 침이었는데, 자공에게 그릇이라고 했으니 아직 군자가 아니라는 의미 이다. 이는 능력이 뛰어난 자공이 자만할 것을 염려하여 '너는 아직 고 정된 그릇이니 뽐내지 말고 열심히 노력하여 군자가 되라'는 의미가 담긴 가르침이다. 자공이 다소 낙담하여 "무슨 그릇입니까?"라고 물으 니, 공자는 "호련瑚璉이다"라고 했다. 호련은 제기祭器 중에서 가장 귀 중한 것으로 오곡을 담아 신께 바치던 그릇이다. 결국 공자는 자공의 뽐냄을 염려하면서도 실망하지 않도록 '너는 그릇이지만 고귀한 그릇 이다'라는 뜻으로 격려함으로써, 자공이 혹여 능력을 믿고 자만에 빠 지지 않을까 우려하면서도 동시에 격려가 담긴 가르침을 주었다고 볼 수 있다.

## 하학상달의 원칙

공자에게 가르침은 인간을 현재 상태에 머무르지 않고 끊임없이 발전하도록 하는 과정이었다. 그래서 공자는 낮은 데서 배워서 위에 도달할 수 있도록 가르쳤다(14-37). 하학상달下學上達이란 학문적으로는 쉬운 것부터 배워 깊고 어려운 것을 깨닫는 것이며, 인간의 발전으로 보면 밑에서부터 배워서 높은 지위까지 도달하는 것이다. 인간의 끊임없는 배움과 실천을 강조한 말이다. 공자의 가르침은 인간을 군자에 이르게 하는 가르침이었다. 빈부귀천이나 지위고하를 막론하고 누구나 배우고 덕행을 실천하면 군자에 이른다고 보았다. 학문은 이상을 목표로 하며, 그 이상에 도달하기 위해 인간은 노력하게 된다. 사람을 차별함이 없이 누구나 배워서 사람다운 사람이 되도록 하는 것이 공자의 가르침이었다.

교육은 나라의 미래를 이끌어갈 인재를 길러내는 중요한 수단이다. 따라서 무엇을 어떻게 교육시켜야 할지는 매우 중요하다. 근·현대에 이르러서 많은 학자들이 바람직한 교육을 위해 다양한 교육 사상을 주장하였지만 시대에 따라 또는 가치관에 따라 수시로 변했다. 그러나 공자가 제시한 다섯 가지의 원칙은 세월의 간극을 넘어 지금도 여전히 공감을 주고 있다. 즉, 교육에서의 기회균등, 자발적인 가르침의 방법, 실천을 중시하는 교육, 개개인의 특성에 맞는 가르침, 그리고 교육의 이상에 도달하고자 하는 노력과 의지 등은 지금의 교육현실에서도 귀감으로 삼아야 할 가치가 있는 가르침의 원칙이다.

제30강

# 배움에 이르는 길

교학상장敎學相長이라는 말이 있다. 가르침과 배움은 서로를 성장시킨다는 뜻이다. 『예기』에 보면,[24] "비록 맛있는 안주가 있어도 먹어보지 않으면 그 맛을 알지 못하고, 비록 지극한 도道가 있어도 배우지 않으면 그 좋음을 알지 못한다. 이런 까닭에 배운 다음에야 지혜가 부족함을 알고, 가르친 다음에야 그 어려움을 안다. 부족함을 안 연후에 스스로 반성하게 되고, 어려움을 안 연후에 스스로 열심히 노력하게 된다. 그래서 가르치는 것과 배우는 것은 서로 성장하게 한다"[25]라는 구절이 있는데, 이로부터 교학상장이라는 말이 유래되었다.

공자는 교학상장을 실천한 교육자였다. 혼란된 사회를 바로잡기 위

---

**24** 구체적으로는 『예기』「학기(學記)」 편이다. 「학기」 편에는 교육의 목적과 인재 양성의 방법, 스승의 역할과 제자가 갖추어야 할 예에 관한 내용 등 교육의 실천적 이론이 제시되어 있다.

**25** 『예기』「학기」, "雖有嘉肴 弗食不知其旨也 雖有至道 弗學不知其善也 是故學然後知不足 教然後知困 知不足 然後能自反也 知困 然後能自强也 故曰敎學相長也"

하여 가르침을 실천하였고, 또 학문을 좋아하여 평생을 배우려고 노력하였다. 공자는 스스로 "묵묵히 알고, 배우면서 싫증내지 않으며, 남을 가르치기를 게을리 하지 않았다"(7-2)고 하였듯이 배움을 즐거워하고, 또 가르침에 최선을 다했다. 공자는 특히 배움을 좋아하여 "내가 만약 몇년 더 살아서 오십에 주역을 배울 수 있다면 큰 잘못을 저지르지 않을 수 있을 것이다"(7-16)라고 하여 반백半百의 나이에 주역을 배우겠다는 계획을 세울 정도로 배움에 대한 의지와 열정이 컸다. 또한 공자는 "열 집쯤 되는 조그만 읍에도 반드시 나와 같은 진실 되고 믿을 만한 자가 있겠으나. 나처럼 배움을 좋아하는 사람은 없을 것이다"(5-27)라고 하면서, 스스로 배움을 좋아하고 열심히 노력하는 사람임을 자처하였다.

공자는 배움을 수기안인修己安人의 과정으로 보았다. 자기의 덕성과 지혜를 함양하고, 이를 바탕으로 다른 사람을 편안하게 하는 것이라고 생각했다. 따라서 공자는 배움이 완성되지 않고서 벼슬에 나가는 것을 경계했다. 『논어』에 보면 이에 관한 얘기가 하나 있는데, 자로가 『서경』을 배우지 않은 자고를 비의 읍재로 삼자, 공자가 말했다. "남의 아들을 해치는구나!" 이에 자로가 "백성이 있고 사직이 있는데 하필 서경을 읽어야 배움을 행하겠습니까?"라고 하자, 공자가 "이 때문에 말만 번드레한 자를 미워하는 것이다"라고 하였다(11-24).

『서경』은 정치의 방법을 기술한 책이다. 『서경』을 배우지 않으면 백성을 다스리는 방법을 모르기 때문에 권력을 남용하고, 또 세속적인 부귀를 추구할 우려가 있다. 따라서 학문이 완성되지 않은 자고가 읍재가 되면 자칫 자만에 빠져 불행하게 되지 않을까 걱정하여 공자가 이를 경계한 말이다.

공자는 특히 배움에 있어서 배우는 자의 마음가짐과 자세가 중요하다고 보았다. 공자가 제시한 배움의 자세를 살펴보면 다음 다섯 가지로 나누어 볼 수 있다.

## 즐거운 마음으로 배우다

배우는 데는 마음가짐이 중요하다. 따라서 공자는 배우는 자의 마음가짐으로 즐거움[說]을 들었다. 『논어』의 첫 장에 "배우고 제때에 익히면 또한 기쁘지 아니한가?"라고 하였는데, 이는 인간이 무언가를 배우고 그것을 자신의 것으로 익히는 과정에서 우러나오는 즐거운 감정의 표현이다. 인간은 몸과 마음, 또는 육체와 정신이라는 두 가지 요소로 구성되어 있다. 몸과 마음의 안락이나 편안함을 느끼는 상태가 즐거움이다. 어찌 보면 학문을 한다는 것은 몸과 마음의 즐거움을 얻기 위한 노력이라고 볼 수 있다. 그러나 몸의 만족에 필요한 물질이나 명예, 권력 등을 얻기 위해서 배우는 일은 결코 즐거울 수가 없다. 이를 얻기 위해서는 다른 사람과 경쟁해야 하며, 따라서 다른 사람을 이기기 위해 긴장과 스트레스의 연속일 것이기 때문이다.

반면 마음이 필요로 하는 덕성과 지혜를 쌓기 위해 배우는 것은 즐거움이다. 배움을 통해 삶의 이치를 깨닫게 되므로 물질이나 죽음 등 모든 고통에서 벗어날 수 있다. 따라서 배움 그 자체가 즐거움이 될 수 있다. 공자가 "배우고 제때에 익히면 또한 기쁘지 아니한가!"라고 말한 것은 배움에서 우러나오는 즐거운 감정의 표현이며, 동시에 배움은 평생에 걸쳐 실천해야 하는 것이기에 즐거운 마음으로 임해야 한다는 의미를 내포하고 있다.


## 가난하지만 학문을 좋아하다

    대부분의 사람들은 경제적 뒷받침 없이는 배움의 기회가 균등하게 주어지지 않는다고 생각한다. 집안이 부유해야 공부를 잘하고 가난하면 공부할 기회를 잃어버리게 된다고 하면서, 교육의 불평등은 빈부의 차이 때문이라고 주장한다.[26] 물론 지금은 예전과는 달리 교육환경이 변했으므로 빈부의 차이가 불평등을 가져오는 하나의 요인이 될 수는 있다. 하지만 결정적인 요인은 아니다. 공자는 배움과 경제력은 무관하다고 생각했다. 오히려 공자는 "군자는 먹는 것에 배부름을 구하지 아니하고 거처하는 것에 편안함을 구하지 아니 한다"(1-14)고 하여 배우는 자는 의식주의 풍족함에 연연해서는 아니 된다고 하였다. 공자는 의식주의 풍족함에 빠지면 거기에 만족을 느끼기 때문에 배움을 소홀히 하게 되지만, 가난하면 이를 극복하기 위해서 배움에 대한 열정이 더 강하다고 생각했다. 속담에 "개천에서 용 난다"는 말이 있듯이, 공자는 배우는 것은 경제적 어려움과는 무관하며, 가난하더라도 배움을 좋아하고[貧而好學], 열심히 노력하면 입신양명할 수 있다고 보았다.

---

26  대표적인 주장이 금수저와 흙수저론이다. 개인의 능력보다는 부모로부터 받은 경제력에 따라 사회적 계급이 형성되고 교육의 기회도 불평등하게 된다는 것이다. 금수저는 부유한 가정에서 태어났으므로 좋은 학업 환경을 제공받지만, 흙수저는 부모의 능력이나 경제력의 도움을 받지 못해서 학업의 기회를 박탈당한다는 주장이다.

공자의 제자 안회는 열심히 가르침을 듣고 묵묵히 실천하는 모범생이었다. 안회는 신분도 미천하고 가난했지만 배우기를 좋아하였다. 공자는 비록 가정이 빈천하였지만 의식주의 편안함을 구하지 않고 오직 배움을 좋아한 안회를 무척 사랑하였다.


## 자기를 위한 학문을 하다

인간은 무엇을 목표로 배우는가? 공자는 "옛날의 학자들은 자기를 위하여 학문을 했으나 지금 학자들은 남을 위해 학문을 한다"(14-25)고 하여 배움의 목표를 위기지학爲己之學과 위인지학爲人之學으로 구분하였다. 그러면서 옛 사람들이 위기지학을 배움의 목표로 삼았듯이 자기를 위한 학문을 해야 한다고 하였다. 위기지학은 자기를 위한 학문, 즉 자기의 마음을 위한 학문이다. 반면 위인지학은 남에게 인정받고 남에게 보이기 위한 학문이다. 위기지학이란 깨달음을 구하고 지혜와 지식을 배우고 나아가 자신의 덕성을 함양하는 학문이다. 자기의 배움을 완성하고 나면 저절로 다른 사람에게 참다운 삶의 모습을 제시할 수 있다. 위인지학이란 다른 사람에게 잘 보이기 위해서, 재산을 늘리기 위해서 또는 명예와 벼슬을 얻기 위해서 하는 학문이다.

인간의 마음은 변하는 마음[人心]과 변하지 않는 마음[道心]으로 나눌 수 있는데, 이 중 변하지 않는 마음을 본심이라 부른다. 본심은 누구에게나 존재하며, 본심대로 살면 다른 사람을 자기처럼 생각하게 되어 갈등과 불화가 생기지 않는다. 본심은 사람이 태어날 때 누구나 갖고 태어나지만 성장하면서 또는 다른 사람과 경쟁에 몰두하면서 잃어버리게 되는데, 이러한 잃어버린 자기의 본심을 찾기 위해서 배우는 것이 위기지학이다. 그러므로 위기지학은 자신의 본심을 찾는 학문이며, 군자나 성인에 이르는 것을 배우는 학문이다.

## 식음을 잊고 배우다

배움이란 삶에 대한 호기심에서 시작된다. 그리고 열정을 갖고 배움에 전념하게 되고, 그러한 배움의 과정에서 느끼는 감정이 즐거움이다. 『논어』에 보면 섭공[27]이 자로에게 공자에 대하여 물으니 자로가 대답하지 않았다. 이를 듣고 공자가 "너는 어찌 그 사람됨에 있어서 분발하여 먹는 것도 잊고, 즐거워하여 걱정거리를 잊어버리며, 늙음이 곧 다가오는 것도 알지 못한다고 말하지 않았느냐?"(7-18)고 했다. 이는 공자 스스로 배움을 좋아하여 발분망식發憤忘食과 낙이망우樂而忘憂 그리고 부지노지不知老至의 경지에 이르렀음을 말한 것이다. 또한 자로에게 그러한 경지에 도달할 수 있도록 전념하라고 가르침을 준 것이다. 발분망식이란 학문에 열중하여 끼니를 잊고 몰두하는 것이고, 낙이망우란 배우는 즐거움에 빠져 걱정거리를 잊는 것이며, 부지노지는 배움에 전념하여 즐거움을 느끼느라 늙음이 다가오는 것도 알지

---

**27** 섭공은 춘추 시대 초나라의 섭 땅을 다스리던 대부 심저량을 일컫는다. 섭공은 용을 매우 좋아하여 자신의 모든 물건에 용을 그려 넣고 집의 벽까지 용으로 새겨 넣었다. 하늘의 용이 그 소식을 듣고 섭공 앞에 나타나니 섭공이 혼비백산하였다는 고사가 있다. 이로부터 섭공호룡(葉公好龍)이라는 사자성어가 생겼는데, 이는 겉으로는 좋은 척하지만 진정으로 좋아하는 것이 아님을 비유하는 말이다.

못한다는 뜻이다.


## 뛰어난 사람을 본받다

배움은 인간의 삶을 발전시키는 과정이며, 따라서 배움에 있어서 뛰어난 사람이 있으면 이를 본받으려고 하는 자세가 바람직하다. 사람은 자기보다 뛰어난 사람을 보면 두 가지 성향을 보이는데, 질투하거나 또는 본받으려고 한다. 질투하는 사람은 부정적인 성격의 소유자로 상대의 뛰어남을 인정하지 않는 태도이다. 반면 본받으려고 하는 것은 긍정적인 태도로 이를 통해 자기의 부족한 점을 보완하려고 한다. 사람은 자기보다 뛰어난 사람을 통해서 자기의 발전을 도모하려고 노력하는 것이 중요하다. 그래서 공자는 "어진이의 행동을 보고는 그와 같아지려고 생각하고, 어질지 못한 사람의 행동을 보고서는 안으로 스스로 반성한다"(4-17)고 하였다. 그래서 공자는 배움을 위해서라면 아랫사람에게 묻는 것을 부끄러워하지 않아야 한다고 하였다. 이른바 불치하문不恥下問이다. 결국 자기보다 뛰어난 사람을 본받는 견현사제見賢思齊, 아랫사람에게 묻는 것을 부끄러워하지 않는 불치하문不恥下問의 마음가짐은 배우는 자가 가져야 할 중요한 자세이다.

공자가 살던 시대에는 인격 완성을 배움의 으뜸으로 생각했다. 아무리 높은 지식을 갖고 있고 아무리 좋은 기술을 갖고 있다 하더라도 인격이 갖추어지지 않았다면 의미가 없다고 보았다. 그러나 교육에 서 실용주의가 강조되고 능력이 우선시되면서 인격을 완성하는 것은 교육과정에서 멀어진 지 오래다. 지금의 교육은 지식이나 기술을 배우는 것이며, 그리고 그러한 지식과 기술이 인간의 경제적 삶을 풍요롭게 한다고 믿고 있다. 그래서인지 인간다워야 할 교육이 인간답지 못하고, 즐거워야 할 배움이 즐겁지가 않다. 가정이 가난하더라도 입신양명할 수 있었지만, 지금은 빈부의 격차가 교육의 기회를 불공정하게 하는 주범이 되었다. 그래서 대부분의 사람들은 외부적인 환경이 배움의 성과를 좌우한다고 생각한다. 그러나 아무리 교육환경이 예전과 다르다 하더라도 배움에 이르는 길은 외부에 있는 것이 아니라 배우는 사람의 마음가짐에 달려있다. 따라서 공자가 제시한 배우는 자가 가져야 할 다섯 가지의 마음가짐은 여전히 배움에 이르는 올바른 길일 것이다.

제31 강

─────────────

# 자연을 넘어
# 문명을 추구하다

공자의 사상은 종종 노자의 사상과 대비된다. 그래서 공자를 추종하는 유가儒家와 노자를 추종하는 도가道家에서는 서로를 비판하고 배척했다. 사마천도 『사기』에서 공자와 노자의 사상이 서로 다름을 기술하면서, "세상에서 노자의 학문을 배우는 이들은 유가의 학문을 내치고, 유가의 학문을 배우는 이들은 노자의 학문을 내쳤다"고 하였다. 공자와 노자의 사상은 그 출발점부터 서로 다르다. 노자의 사상이 무위無爲를 바탕으로 한다면, 공자의 사상은 유위有爲를 바탕으로 한다.[28] 노자는 자연의 일이든 인간의 일이든 세상의 모든 일은 자연의 도道에 맡겨야 한다고 했다. 즉, 바람이 불고 물이 흐르며 새가 날듯이

───────────────────────────

**28** 무위(無爲)란 아무 것도 하지 않는 것이며, 따라서 자연에 따르면서 인위를 가하지 않는 것이다. 노자가 주장하는 철학의 화두이다. 노자는 인간의 지식이나 인위적인 것이 오히려 세상을 혼란시키므로 자연 그대로가 최고의 선이라고 하였다. 반면 유위(有爲)는 인위(人爲)라고도 하며, 자연의 도에 맡기는 것이 아니라 인간의 의지나 힘으로 무엇을 하거나 만들어 내는 일체의 행위를 말한다.

인간의 삶도 자연에 따라야 즐겁고 선善하다는 것이다. 자연의 도는 곧 무위의 도이다. 노자는 무위의 도야말로 선한 것이고 다툼이 없는 것이며, 따라서 인간 세상의 삶도 무위의 도에 따라야지 인위人爲를 가할 필요가 없다고 했다.

　하지만 공자는 노자의 자연주의를 그대로 수긍하지는 않았다. 노자가 말하는 자연에 내재된 선은 공자가 추구하는 정치적·사회적 맥락의 선과는 달랐다. 설사 자연이 무위에 의하여 다스려진다고 하더라도 인간 세상의 삶은 무위로 다스려질 수 없다고 보았다. 공자에게 인간이 살고 있는 사회는 항상 선과 악이 공존하는 세상이었다. 공자는 인간이 사는 세상을 자연의 도에 맡기면 오히려 혼란에 빠지며 발전하지 못한다고 생각했다. 이러한 세상에서는 무엇인가 인위적이 것이 필요하다고 보았다. 따라서 공자는 배움과 가르침, 덕의 함양과 예의 실천 등 인위적인 노력을 강조하였다. 공자는 인간의 인위적인 노력이 사회를 조화롭게 유지하고 문명을 발전시킨다고 했다.


## 무위를 거부하고 인위를 주장하다

　사마천이 쓴 『사기』「노자한비열전」을 보면, 노자는 춘추 시대 초나라 고현 사람으로, 성은 이씨李氏이고, 이름은 이耳, 시호는 담聃이다. 노자는 숨어사는 군자였기에 그의 일생이나 또는 어떤 인물인지에 대하여서는 여러 가지 설이 전해진다. 그는 주周나라의 장서를 관리하는 사관이었다. 노자는 도와 덕을 닦고 학문을 숨겨 헛된 이름을 없애는 데 힘썼으며, 오랫동안 주나라에서 살다가 주나라가 쇠락해 가는 것을 보면서 그곳을 떠났다고 하였다. 사마천은 노자가 160살 또는 200살을 살았다고 하면서, 노자를 숨어사는 군자 또는 전설적인 인물로 기록하고 있다. 노자는 주나라를 떠나면서 『도덕경』을 남겼다.[29]

노자의 사상을 계승한 사람은 전국 시대 말기 송나라의 장자이다. 장자 또한 세상의 현달顯達을 부정하는 전설적인 사상가였고, 특히 해학과 풍자가 매우 뛰어난 문장가였다. 장자가 쓴 『장자莊子』를 보면 여러 곳에서 노자의 가르침을 높이고 공자를 비판하며 조롱하는 이야기를 볼 수 있다. 그 중 「천운」편에 나오는 이야기에서 장자는 노자의 입을 빌려 공자를 비판하고 있다.

공자가 노자를 찾아보고 인의仁義에 관한 이야기를 하자 노자가 다음과 같이 말했다. "쌀겨가 눈에 들어가면 천지 사방을 분간하기 어려운 법입니다. 모기가 살을 쪼면 밤새 잠을 이루지 못합니다. 무릇 인의仁義라는 것도 역시 우리의 마음을 어지럽히는 것 중에서 이보다 더 혼란스럽게 하는 것은 없습니다. 부디 당신은 천하의 사람들로 하여금 그 소박한 본성을 잃지 않도록 하시기 바랍니다. 당신 또한 바람을 타고 움직이며 덕을 지킬 것이지, 어찌 인의라는 것을 기치로 내걸고 마치 북을 치고 다니면서 잃어버린 자식을 찾는 사람처럼 하는 것입니까? 원래 백조는 날마다 목욕을 하지 않아도 스스로 희고, 까마귀는 날마다 검은 물을 들이지 않아

---

**29** 『도덕경』의 저작에 대한 사마천의 기록에 의하면, 노자가 주나라를 떠나기 위해 국경에 당도하였는데, 국경을 지키던 윤회라는 사람이 그를 알아보고 "정말 떠나신다면 가시기 전에 저에게 선생님의 생각을 남겨주십시오" 하고 간청하자, 노자가 그 자리에서 5,000여 자를 써주고 이후 종적을 감추었다고 한다. 이렇게 남겨진 것이 노자의 『도덕경』이다.

도 스스로 검은 것입니다. 흑백의 본바탕은 거론할 만한 것이 못되며, 명예라는 것도 드러내어 널리 뽐낼 것이 못됩니다."[30]

장자는 위와 같이 노자의 입을 통해 공자의 인의仁義를 비판하였다. 천하의 사람들로 하여금 그 소박한 본성을 잃지 않도록 하라는 말은 인위적으로 세상을 바꾸려 하지 말고 무위에 맡기라는 의미다. 백조가 희고 까마귀가 검은 것은 자연히 그런 것이며 인위적으로 만든 것이 아니듯이 괜히 흑백의 논리를 갖고 인위적으로 선악을 판단하여 억지로 바꾸려 하지 말라는 뜻이다. 그러므로 인의仁義라는 것을 명분으로 삼아 북을 치면서 백성들을 몰아서 인위人爲의 세계에 가두지 말고 무위無爲의 자연에 맡기라고 주장하였다.

그러나 공자가 살던 세상은 신하가 군주의 정치를 가로막고 자식이 부모를 거역하는 이른바 불충과 불효가 난무하는 세상이었다. 공자는 이러한 혼란한 세상을 자연의 질서에 맡긴다면 이는 무책임한 것이며 더 큰 혼란에 빠질 수 있다고 보았다. 즉, 인간은 자연의 질서에 따라 저절로 선해질 수 없다는 것이다. 그래서 공자는 이러한 세상을 바로잡기 위해서는 교육을 통해 문명을 발전시키고, 예와 악을 통해 천지의 질서와 조화를 이루고, 나아가 덕을 실천하여 편안한 세상을 만들어야 한다고 생각했다, 이른바 소강사회다. 따라서 소강사회는 인위의 사회이고, 사람 간의 화목과 질서를 위해 제도를 만들어 다스리는 사회였으며, 자연을 넘어 문명을 추구한 사회였다.

공자가 "조수와 더불어 살 수 없다"고 한 것은 자연의 길이 아닌 문

---

**30** 『장자』,「천운」, 장주 찬, 임동석 역주, 동서문화사, 2009, 320~322쪽.

명의 길을 가겠다는 의지의 표명이다. 공자는 문명적인 삶을 중시했다. 따라서 앞서 살펴보았듯이 자공이 공자에게 관중은 어진 사람이 아니라고 비판하자, 공자는 "그러나 관중이 없었다면 우리는 머리를 풀어헤치고 옷깃을 왼쪽으로 했을 것이다"(14-18)라고 하였다. 비록 관중이 제나라의 왕위쟁탈 과정에서 공자公子 규를 지지했음에도 공자 규를 죽인 환공의 재상이 되어 그를 도운 행동은 어진 것이 아닐지 모르지만, 그로 인해서 인간은 야만의 상태가 아닌 문명의 혜택을 받고 있다고 한 것이다. 문명을 중시한 공자의 생각을 엿볼 수 있다.


## 교육을 통해 문명의 발전을 꾀하다

인류의 문명은 오랜 세월을 두고 개선되고 발전되어 왔다. 문명을 개선시키고 발전시켜온 원동력은 바로 교육이다. 인간은 조수와 달리 지적 능력과 언어가 있다. 교육은 인간의 지적 능력을 계발하여 지식과 지혜의 축적을 가능하게 하였으며, 언어를 통해 지식과 지혜를 자유롭게 교환하면서 그 과정에서 문명의 발전을 이루어냈다. 공자는 배움과 가르침의 중요성을 강조하였고, 스스로 평생 배움과 가르침을 실천하였다. 공자는 자신을 나면서부터 알았던 사람이 아니라, 부지런히 배움을 구한 사람이라고 하였고, 또 배우면서 싫증내지 아니하며 남을 가르치기를 게을리 하지 않았다고 하였다. 결국 공자는 배움과 가르침에 열정을 다하였으며, 이를 통해 사회를 바꿔보려는 희망을 갖고 있었다.

## 바탕과 꾸밈의 조화를 말하다

인간은 사회적 동물이기에 남과 더불어 사회를 만들고 나라를 만들어 함께 살아간다. 그래서 남과의 관계를 원만하게 유지하기 위해서는 예禮를 갖추는 것이 중요하다. 인간은 예가 있기에 조수와 구별된다. 예를 실천하는 데는 바탕도 중요하고 외관도 중요하다. 그래서 공자는 "바탕이 외관보다 앞서면 촌스럽고, 외관이 바탕보다 앞서면 호화롭다. 바탕과 꾸밈이 조화를 이룬 후에야 군자다"(6-16)라고 했다. 바탕을 질質이라 하고, 꾸밈을 문文이라고 한다. 질은 인간이 본래부터 갖고 있는 본성이나 속성을 말하고, 문이란 인위적으로 꾸민 겉모양이나 배워서 터득한 학식 등으로 문채 또는 문식이라고도 한다. 예를 실천함에 있어서는 바탕과 꾸밈이 조화를 이루어야 하는데, 이에 대한 재미있는 일화가 유향이 쓴 『설원』「수문 편」에 전한다[31].

공자가 자상백자子桑伯子[32]를 만나러 갔는데, 자상백자는 의관도 갖추지 않고 있었다. 공자의 제자가 "선생님께서는 어찌 저런 사람을 만나십니까?"라고 불평을 하였다. 이에 공자가 답하였다. "그는 바탕은 아름다우나 겉을 꾸미지 않은 사람이다. 나는 그에게 겉을 좀 꾸미라고 말하고 싶었다." 공자가 떠나자, 자상백자의 문인들도 불쾌히 여겨 물었다. "어찌하여 공자 같은 사람을 만나십니까?" 그러자 자상백자가 말했다. "그는

---

**31** 『설원 下』, 유향 찬집, 임동석 역주, 동문선, 1997, 871~872쪽.
**32** 자상백자는 공자와 동시대의 사람이며, 『장자』「대종사」에 나오는 자상호(子桑戶)와 동일인물로 추정된다. 공자는 자상호에 대해 세상 밖에서 노니는 사람, 즉 속세를 떠나 사는 사람이라고 하였다

바탕이 아름다우면서 겉을 꾸미기를 좋아한다. 나는 그에게 그 꾸밈을 버리라고 말하고 싶었다." 이에 대해 유향이 평하기를, "문과 질을 모두 갖춘 자를 군자라 하고, 바탕만 있고 겉을 다스리지 못하는 것을 '이야易野'라 한다. 자상백자는 이야한 사람으로 예절과 꾸밈이 없으니 사람의 도리를 우마牛馬와 같이 하였으며, 어찌 군자라 할 수 있겠는가"라고 하였다.

결국 사람은 바탕도 중요하지만 꾸밈이 있어야 한다. 사람을 만날 때 꾸밈이 없다면 우마牛馬와 구별되지 않는 야만의 행동일 뿐 예를 갖춘 군자의 태도는 아니다.

## 고기 맛을 잊고 음악에 몰두하다

공자는 음악이 풍속을 교화시켜 조화를 이루는 수단이라고 보고, 음악을 매우 중시했다. 음악은 인간의 심성을 표현하는 것이며, 따라서 인간에게 감동을 주고 감흥을 일으킨다. 공자는 음악을 좋아하였고 음악적 경지도 대단히 높았다. 『사기』「공자세가」에는 공자가 노나라 악관인 사양자에게 거문고 타는 법을 배우는 이야기가 나온다.

공자가 거문고를 배우면서 열흘 동안 같은 곡을 반복해서 연습했다. 그래서 사양자가 말했다. "이제는 다른 곡을 배워도 되겠습니다." 이에 공자가 말했다. "나는 이미 그 곡조를 익혔으나 연주법을 아직 터득하지 못했습니다." 얼마 후 사양자가 다시 말했다. "이제는 연주법을 다 익혔으니 다른 곡을 배워도 되겠습니다." 이에 공자가 말했다. "나는 아직 그 곡의 뜻을 터득하지 못했습니다." 며칠 후에 사양자가 다시 말했다. "이제는 그 뜻을 터득하였을 테니 다른 곡을 배워도 되겠습니다." 이에 공자가 말했다. "나는 아직 그 곡을 지은 사람이 어떤 사람인지를 터득하지 못했습니다." 이런 일이 있은 후에 공자는 조용하고 경건하게 깊은 생각에 잠겼고, 그리고 멀리 높은 곳을 바라보면서 이렇게 말했다. "이제야 나는 이 곡을 쓴 사람의 됨됨이를 알았습니다. 피부는 검고, 키는 크며, 눈은 큰 바다를 바라보는 것 같고, 사방제후국에 왕 노릇하는 것 같으니, 이는 문왕이 아니면 그 누구겠습니까?" 사양자가 자리에서 일어나 공자에게 두 번 절하고 말했다. "저의 스승님께서도 이 곡이 문왕조文王操라고 말했습니다."[33]

무릇 거문고를 배우면서도 단순히 곡을 알고 타는 기법을 배우는 것을 넘어서 곡을 지은 사람의 됨됨이까지 터득하려고 한 공자의 열정을 엿볼 수 있는 이야기다. 공자가 음악을 좋아했음은 『논어』에도 나타나 있다. 공자는 "다른 사람이 노래를 부를 때 노래를 잘하면 반드시 다시 부르게 하고 그 뒤에 답가를 불렀다"(7-31)고 하였고, 또 "제나라에 있을 때 순임금의 음악인 소韶를 들으시고 3개월 동안 고기 맛을 몰랐다"(7-13)고 하였다. 고기 맛을 잊을 정도로 음악을 좋아하고 몰두했음을 알 수 있다.

공자는 학문을 하든 예를 실천하든, 또는 음악을 배우든 모든 일에 최선을 다했다. 그리고 밥 먹는 것을 잊고 고기 맛을 잊을 정도로 몰두하면서 거기에서 즐거움을 찾았다. 공자의 배움에 대한 열정은 대단

---

**33** 『사기』, 「공자세가」, 사마천 저, 김원중 역, 민음사, 2010, 674~675쪽.

하였다. 혼란한 세상을 바꾸어보려는 열망 때문이었을 것이다. 세상의 모든 일은 인간의 의지와 노력, 즉 인위에 의하여 바뀌고 발전한다. 정치와 학문이 그렇고, 역사와 문화가 그러하며, 예와 악이 그렇다. 인간의 의지와 노력을 통해 세상이 변화되고 문명과 기술이 발전한다. 문명은 인간을 인간답게 하며 인간의 삶을 편리하고 품격 있게 한다. 그러나 문명과 기술이 인간의 생명을 위협하는 핵무기를 개발하는 데 쓰인다면 인간의 미래의 삶은 불안할 수밖에 없다. 공자가 추구한 문명은 인간을 위한 문명이었다. 따라서 문명이 자연을 초월하는 것은 용인한다 하더라도 인간을 초월하는 지경에 이르지는 않았으면 하는 것이 공자의 희망이었을 것이다.

위대한 스승에게는
훌륭한 제자가 있다

제32강

# 공자의 제자들

인류 역사상 위대한 성현들의 가르침은 그 제자들에 의해서 후세에 전해졌다. 석가의 가르침은 그 제자인 사리불, 가섭, 수보리 등을 통해 전해졌고, 소크라테스의 가르침은 그 제자인 플라톤과 에우클레이데스 등을 통해 전해졌다. 또 예수의 가르침은 그 제자인 요한, 베드로, 야고보 등을 통해 전해졌다. 그리고 공자의 가르침도 그 제자인 증삼, 자하, 유약 등을 통해 후세에 전해졌다. 위대한 스승에게는 훌륭한 제자가 있었다. 주요 제자들에 대한 공자의 생각과 가르침을 살펴보는 것은 공자 사상을 이해하는 데 큰 도움이 될 것이다.

## 공문십철

공자는 역사상 최초로 사립학교를 설립했다. 『사기』에 보면 공자에게 한 번이라도 가르침을 받은 제자의 수가 3천 명에 이르렀다는 기록이 있다. 또 공자와 제자들의 언행이 기록된 『논어』나 『공자가어』 또는 『사기』 「중니제자열전」 등에 이름이 나오는 제자만도 70여 명에 이른다. 이들 70여 명은 공자의 학문인 육예六藝를 모두 통달한 제자들이다. 특히 공자의 제자 중에서 각 방면에서 능력이 뛰어났던 열 명의 제자를 공문십철孔門十哲이라고 부르는데, 그 유래는 이렇다.

공자가 주유열국의 중반을 넘어 8년째 접어들었을 즈음 진陳나라에 머물고 있었다. 그때 진나라는 강대국인 오나라와 초나라 사이에서 괴롭힘을 당하고 있었다. 이런 상황에서 오나라가 진나라를 공격했고 초나라가 진나라를 지원하고 나섰다. 전쟁이 나자 공자는 진陳나라를 떠나 채蔡나라로 피신하려고 나섰다. 공자가 진나라와 채나라 사이에 있다는 소식을 듣고 초나라에서 사람을 보내 공자를 초빙했다. 그러나 진나라와 채나라 대부들은 공자가 초나라에 등용되면 위험해질 것을 염려하여 노역자들을 보내 공자를 들판에서 포위했다. 일행은 식량이 떨어져서 굶주리고 병까지 걸려 괴로움이 극심했다. 공자는 자공을 파견하여 초나라 군대와 교섭을 해서 다행히 풀려났다. 이후 공자는 진나라와 채나라 사이의 들판에서 식량이 떨어졌던 때(이른바 진채절량陳蔡絶糧)에 함께 고난을 겪었던 제자들을 각별히 생각했다. 하지만 진채절량의 고난을 겪으면서 공자와 제자들은 갈등을 겪게 되고, 이후 제자들은 하나둘씩 공자 곁을 떠나 정치로 나갔다. 오랫동안 공자를 따랐지만 정치적 이상을 이루지 못했기 때문에 나름대로의 살 길을 찾아 나섰던 것이다. 공자는 실망이 컸지만, 자신의 이상을 포기하지 않고 남은 제자들과 함께 주유열국을 계속했다.

그러나 공자는 13년의 주유열국에서도 자신의 정치적 이상을 받아주는 군주를 찾지 못하고 68세가 되던 해에 고향 노나라로 돌아왔다. 그리고 고향에서 제자들을 가르치던 어느 날 공자는 문득 옛날 진채절량의 고난을 함께 겪었던 제자들을 회상하며, 또 그들이 자신과 고난을 함께 했지만 대부분 정치로 나아가 지금은 곁에 없음을 아쉬워하면서, 각자가 갖고 있던 능력을 생각하며 열 명의 제자를 꼽았다. "덕행德行에는 안연, 민자건, 염백우와 중궁이 있었고, 언어言語에는 재아와 자공이 있었고, 정사政事에는 염유와 계로가 있었고, 문학文學에는 자유子游와 자하가 있었다"(11-2)고 되뇌었다. 『논어』「선진 편」에 나오는 이 10명의 제자를 후세 사람들은 공문십철이라고 불렀다.

공문십철 중에서 미우나 고우나 공자가 가장 큰 애정과 애증을 가졌던 제자는 자로였다. 공자는 가르침에서 차별을 두지 않았다. 배우고자 하면 누구나 상하귀천의 차별 없이 제자로 받아들였다. 이러한 원칙에 따라 제자가 된 사람이 자로子路였다.


## 성급하지만 용감한 자로

자로는 이름이 중유仲由이고, 자로는 자字이다. 계로季路라고도 한다. 노나라 변卞 지역 출신으로 공자보다는 아홉 살이 적었다. 『사기』「중니제자열전」을 보면, 자로는 학문과는 거리가 먼 무뢰한이었다. 본래 성격이 거칠고 용맹했으며 뜻이 곧았다. 수탉의 깃으로 만든 관을 쓰고 수퇘지의 가죽으로 만든 주머니를 허리에 차고 다니며 위세를 뽐냈다. 자로는 한때 공자를 업신여겨 난폭한 짓을 하였지만, 공자가 예의를 다해 천천히 올바른 길로 이끌어 주었다. 그러자 자로는 유자儒者들이 입는 의복을 입고 예물을 올려 제자가 되기를 요청하였고,

이렇게 하여 공자의 제자가 되었다. 자로子路가 공자의 제자가 된 이후로 노나라에서는 공자를 비난하는 소리가 없었다고 한다. 공자가 자로와 같은 무뢰한도 가르쳐서 훌륭한 선비로 만들 수 있다는 것을 보여주었기 때문이다.

### 자로의 성격

자로는 자신의 결단력과 용맹함을 장점으로 생각했지만, 이러한 성격 때문에 스승의 학문을 배우고 실천하는 데 방해가 되지 않을까 걱정했다. 자로는 가르침을 들으면 실천하려고 노력했다. 『논어』에 "자로는 가르침을 듣고 아직 다 실천하지 못했을 때는 또 다시 가르침을 듣게 되는 것을 몹시 두려워하였다"(5-13)라고 한 데서 알 수 있듯이, 자로는 이미 들은 것을 실천하지 못했을 때 새로운 가르침을 들으면 실천이 지체될까봐 걱정하는 성격이었다.

### 자로에 대한 공자의 가르침과 칭찬

공자는 자로의 성급한 성격을 경계하여 함부로 덤비지 말고 신중하게 행동하라고 가르쳤다. 『논어』에 나오는 일화에서 이러한 가르침을 엿볼 수 있다. 어느 날 자로가 "들으면 곧 행해야 합니까?"라고 물으니, 공자가 "부형이 계신데 어떻게 듣고 곧 행하겠느냐?"고 말하였다 (11-21). 이는 자로가 급하고 나서기 좋아하는 성격이므로 이를 고려하여 공자가 서두르지 말고 천천히 실천하라고 한 것이다.

한편 공자는 자로의 꾸밈없고 소박하며 용기 있는 성격을 좋게 보았다. 예를 들어, 공자는 "여우나 담비의 가죽으로 만든 호사스러운 옷을 입은 사람 곁에서 다 떨어진 솜옷을 입고 있으면서도 부끄럽게 여기지 않는 사람은 자로뿐이다. 남을 해치지 않으며, 남의 것을 탐하지 아니하니 어찌 좋지 아니한가?"(9-26)라고 하면서, 자로의 소박함을 칭찬하였다.

또한 『공자가어』에는 위나라 장군 문자文子의 물음에 대해 자공이 답한 내용이 실려 있는데,[1] 여기에서 공자는 자로의 용맹함에 대하여 "작은 법도와 큰 법도를 받들어서 아랫나라를 보호해주니 천자의 총애를 얻으리라. 놀라움도 두려움도 없으니 오직 용맹대로 행하리라. 강함과 용맹을 갖추었으니 문채가 그 바탕을 앞서지는 못하도다"[2]라고 평했다.

### 자로의 죽음을 예견한 공자

공자는 자로가 급하고 나서기 좋아하고 강직한 성격을 잘 조절할 줄 모르기 때문에 제명에 죽지 못할 것이라 예견했다. 그리고 공자의 이러한 예견은 불행하게도 들어맞았다. 자로는 춘추 시대 위衛나라 대부인 공회의 가신으로 있던 중, 태자 괴외蒯聵와 그의 아들 첩輒이 권좌를 다투는 사건에 휩쓸려 목숨을 잃었다. 『사기』「중니제자열전」에는 자로의 죽음을 다음과 같이 상세하게 기록하고 있다.

---

1   『공자가어』「제자행」 편에 보면, 위나라 장군 문자(文子)가 자공에게 공자의 70여 제자 중에 누가 가장 어진 사람이냐고 물으니, 자공이 이에 대한 답변으로 제자들에 대한 공자의 평을 전해주는 내용이 실려 있다.

2   이 내용은 공자가 『시경』「상송(商頌)」에 나오는 「장발(長發)」이라는 시의 한 구절(受小共大共 爲下國駿厖 何天之龍 敷奏其勇 不震不動 不戁不竦 百祿是總)을 인용하여 자로를 평한 것이다.

"위나라 영공靈公은 남자南子라는 부인을 사랑했다. 그런데 태자 괴외가 남자에게 죄를 짓고 처벌이 두려워 이웃나라로 도망쳤다. 영공이 죽은 후 태자 괴외의 아들 첩輒이 왕위에 오르니, 그가 출공出公이다. 출공이 즉위한 지 12년째 되던 당시, 자로는 위나라 대부인 공회의 가신으로 있었다. 공자의 제자인 자고子羔도 위나라에서 벼슬을 하고 있었다. 그때 괴외는 공회와 반란을 모의하고, 출공을 습격했다. 이 사건으로 출공은 노나라로 도망치고 괴외가 임금이 되니, 그가 바로 장공莊公이다. 공회가 반란을 일으켰을 때 자로는 외출했다가 반란이 있다는 소식을 듣고 즉시 달려왔다. 자로는 마침 위나라 성문을 나오는 자고와 마주쳤다. 자고가 자로에게 "출공은 도망쳤고, 성문이 닫혔으니, 그냥 돌아가라"고 했다. 그러나 자로는 "출공의 녹봉을 먹고사는 자로서 임금의 환란을 모르는 척할 수 없다"고 하였다. 자고는 떠났지만 자로는 성 안으로 들어갔다. 마침 괴외가 공회와 함께 누대에 오르고 있었다. 그래서 자로는 괴외를 향해 "임금께서는 어찌 공회를 쓰시려고 합니까? 내려 보내면 제가 죽이겠습니다"라고 소리쳤다. 자로는 괴외가 자신의 요청을 들어주지 않자 누대에 불을 지르려고 하였다. 괴외는 두려워서 석기와 호염이라는 병사를 보내 자로를 공격하게 했다. 그들이 칼로 관끈을 끊자, 자로는 '군자는 죽어서도 관을 벗지 않는다'라고 하면서 관을 고쳐 매고 죽었다."[3]

공자는 위나라에서 반란이 일어났다는 소식을 듣고, "아아, 자로가 죽겠구나" 하고 탄식했다고 한다. 자로는 63세에 사망했다. 공자보다 아홉 살이 적었지만, 공자보다 1년 먼저 사망했다. 자로가 죽자 공자

---

3 「사기열전」, 사마천 저, 김원중 역, 민음사, 2011, 155~156쪽.

는 "하늘이 나를 끊어버리는구나!" 하고 탄식했다. 자로가 죽고 다음 해에 공자도 사망하였다. 자로는 공자에게 가장 많이 꾸중을 들은 제 자였지만, 한편으로는 공자가 가장 아끼고 애정을 가졌던 제자였다.

제33강

# 덕행이 뛰어난 제자

공자는 인류 역사상 가장 위대한 교육자이며, 스승의 한 사람이다.
사마천은 『사기』 「공자세가」[4]에서 공자를 위로는 제왕으로부터 아래
로는 일반 백성에 이르기까지 모든 사람이 떠받드는 최고의 성인聖人
이라고 극찬했다. 또한 청나라 황제 강희제는 산동성山東省 곡부曲阜
에 있는 공자 사당을 방문하여 '만세사표萬世師表'라는 편액을 헌정하
고 공자를 인류의 영원한 스승으로 칭송했다.

공자가 뛰어나다고 거명한 공문십철孔門十哲 중에서도 특히 칭찬한
제자는 안회顏回와 염옹冉雍이었다. 공자는 안회를 배우기를 좋아하

---

**4** 사마천이 쓴 『사기』는 기전체 서술형식에 바탕을 둔 역사서로 중국 등 동아시아 역사
인식에 큰 영향을 미쳤다. 『사기』는 총 백삼십 편으로 구성되어 있는데, 그 중 「본기」
는 제왕의 역사를, 「세가」는 제후의 역사를, 그리고 「열전」은 제왕이나 제후를 보좌한
개인의 역사를 기술하고 있다. 그러나 제후가 아님에도 「세가」에 배치한 사람이 공자
와 진섭이다. 두 사람은 사실 「열전」에 들어가야 하지만 사마천은 영향력을 고려하여
「세가」에 수록하여 공자와 진섭에 대한 재평가를 유도하였다. 진섭은 이름이 진승으
로 진(秦)의 멸망을 촉발시킨 '진승과 오광'의 난을 이끈 인물이다.

여 자신의 학문과 덕행을 후세에 온전히 전할 수 있는 사람이라고 생각했고, 염옹은 임금이 될 만한 자질이 있다고 칭찬했다.


## 배움을 좋아한 안회

안회顔回는 노나라 곡부曲阜 사람으로, 자는 안연顔淵이다. 보통 안회 또는 안연으로 부른다. 안회는 공자가 가장 아끼던 제자였고, 공자보다 30세 아래였다. 『논어』를 보면 안회라는 이름이 곳곳에 등장하지만 대부분 공자가 칭찬하는 내용이고 안회가 직접 말한 내용은 아주적다. 따라서 안회는 나서는 성격은 아니었고 열심히 가르침을 듣고묵묵히 실천하는 모범생이었다고 생각된다. 안회는 신분도 미천하고가난했지만 배우기를 좋아하여 공자로부터 많은 칭찬을 받았다. 일설에 공자가 안회를 아끼고 사랑한 것은 안회顔回가 공자의 어머니인 안징재顔徵在와 동성同姓인 것으로 보아 친척이었기 때문이라는 얘기가있다.

### 안회와 공자의 일화

안회가 공자의 충실한 제자가 된 배경에 대하여 민간에 전해오는다음과 같은 재미있는 일화가 있다.

안회가 어느 날 공자의 심부름으로 시장에 들렀는데, 한 포목점 앞에많은 사람들이 모여 있는 것을 보았다. 가까이 가보니 손님과 상점 주인이 다투고 있었다. 사연인 즉 포목을 사러온 손님이 3×8은 23인데 상점 주인이 24전을 요구한다는 것이었다. 안회는 사정을 듣고 손님에게 정중히 24가 맞는다고 했다. 그러자 포목을 사러온 손님은 안회에게 삿대질을 하면서 "누가 너더러 나서라 했느냐? 옳고 그름을 평가하는 것은 오직 공자님만이 제대로 할 수 있다"고 했다. 이에 안회가 "좋습니다. 공자님께 갑시다. 만약 당신이 틀리다면 어떻게 할 거요?"라고 물었다. 그러자 손님이 "좋소. 난 내 목을 내놓겠소. 당신은 뭘 내놓을 거요?"라고 했다. 안회는 "제가 틀리면 관冠을 내놓겠습니다"라고 다짐하고 둘이서 공자를 찾아갔다. 자초지종을 들은 공자는 안회에게 "네가 졌으니 이 사람에게 관을 벗어 주라"고 했다. 안회는 공자의 판정을 도저히 이해할 수 없어 더 이상 공자에게 배울 필요가 없다고 보고, 다음 날 집안일을 핑계로 잠시 고향에 다녀오겠다고 했다. 공자는 고개를 끄떡이며 허락하고, 바로 돌아오라고 하면서 안회에게 두 가지 충고를 하였다. 하나는 "천년 된 나무 밑에 몸을 숨기지 마라[千年古樹莫存身]"이고, 또 하나는 "사람을 죽이는 일은 명확하지 않으면 함부로 손을 놀리지 마라[殺人不明勿動手]"였다.

안회가 집을 향해 가는 도중에 갑자기 천둥번개를 동반한 소나기를 만나 잠시 비를 피하려고 길옆 고목나무에 앉아 있는데 문득 스승님이 말씀하신 '천년고수막존신'이 떠올라 급히 그곳을 뛰쳐나왔다. 바로 그 순간 벼락이 쳐서 고목나무가 산산조각 났다. 안회는 놀라움을 금치 못하고 발걸음을 재촉하여 늦은 밤에야 집에 도착했다. 조용히 집안에 들어가서 아내가 깰까봐 불을 켜지 못하고 캄캄한 방 안에서 천천히 침대를 더듬는데 침대 위에 두 사람이 자고 있었다. 순간 화가 치밀어 칼을 뽑으려는데 스승님의 두 번째 충고인 '살인불명물동수'가 떠올랐다. 곧바로 불을 켜고 보니 한쪽은 자기 아내이고 다른 한쪽은 자기 누이동생이었다. 안회는 다음날 날이 밝기가 무섭게 공자에게 되돌아가서 무릎을 꿇고 "스승님 덕분에 세 사람이 살았습니다"라고 하면서 감사의 인사를 드렸다. 공자는 안회를 일으키면서 "내가 지난번 판정한 것에 불만이 있어 집에 간 걸 다 알고 있다. 그러나 생각해 보아라. 내가 24가 맞는다고 했으면 그 사람은 목숨을 내놓아야 하는데, 사람의 목숨이 소중하냐? 네 관이 소중하냐?"라고 했다.

이에 안회는 그 이치를 깨닫고, 대의大義를 중요시하고 작은 시비를 무시하는 공자에게 감복하여 평생 스승으로 모시기로 다짐했다.

### 안회에 대한 공자의 칭찬

『논어』를 보면 공자가 안회를 칭찬하는 장면을 여러 곳에서 볼 수 있다. 공자는 안회가 말없이 듣기만 하는 모습을 보고, "안회는 나와 더불어 이야기하는데 온종일 아무런 의문도 없이 묵묵히 듣고만 있기에 나는 그를 우둔하다고 생각했다. 그러나 물러나서 생활을 하는 것을 보니 가르침을 충실하게 수행하고 있었다, 안회는 결코 우둔하지 않다"(2-9)고 하였다. 또 가난했지만 배움을 즐거워하는 안회를 보고 공자는 "어질도다, 안회여. 한 소쿠리의 밥을 먹고 한 표주박의 물을 마시며 누추한 곳에서 살면 남들은 그 근심을 견디지 못하지만, 안회는 그 즐거움을 고치지 않으니 안회는 어질도다"(6-9)라고 칭찬하였다. 그리고 안회가 죽자, 공자는 "애석하다. 나는 그가 나아가는 것은 보았지만, 그가 배움을 멈추는 것은 보지 못했다. 싹이 났으나 자라지 못하는 것도 있으며, 자라기는 하나 열매를 맺지 못하는 것도 있구나"(9-20~21)라고 하면서, 안회의 요절에 아쉬움을 토로하기도 했다.

## 안회의 죽음

안회는 31세에 요절하였다고 한다. 안회가 죽었을 때 공자가 얼마나 슬퍼했는지는 『논어』에 잘 묘사되어 있다. 공자는 "하늘이 나를 버리는구나, 하늘이 나를 버리는구나"(11-8) 하면서 슬퍼하였다. 또 공자가 안회를 잃은 슬픔에 통곡하자, 한 제자가 선생님의 애통함이 지나치다는 듯이 말했다. 이에 공자는 "저 사람을 위해 통곡하지 않고 누구를 위해 통곡하겠느냐?"(11-9)고 하였다. 공자는 안회를 자식처럼 아끼면서 자신의 학문과 덕행을 후세에 전할 수제자로 생각했다. 그런데 요절하였으니 하늘이 무너지듯이 그 슬픔이 컸음을 보여주는 대목이다. 특히 아들 공리가 죽은 지 2년도 안 되어 안회가 죽으니 공자의 슬픔은 매우 컸다.

안회가 몇 세에 사망했는지에 대하여는 다소의 의문이 제기된다. 『공자가어』에 보면 안회는 29세에 머리가 하얗게 되는 병에 걸려 31세로 요절하였다고 되어있다.[5] 그런데 기록에 의하면 안회는 공자보다 30세가 적으므로, 그렇다면 공자 나이 61세에 사망한 것이 된다. 한편 『사기』 「공자세가」를 보면, 노나라 애공 14년이 되던 해, 즉 공자의 나이 71세에 안회가 사망한 것으로 되어 있다. 그렇다면 안회는 41세에 사망한 것이 되는데, 31세로 요절했다고 한 것은 기록의 오류이거나 또는 안회의 죽음을 아쉬워하는 데서 나온 얘기가 아닌가 생각된다.

---

5 『공자가어』 「칠십이제자해전」, "年二十九而髮白 三十一早死"

## 임금의 자질을 갖춘 염옹

염옹冉雍은 노나라 도陶 지방 사람으로, 자字는 중궁仲弓이다. 염씨의 가계기록인『염씨가보』에 따르면, 염옹의 부친 염리冉離는 안씨顔氏를 아내로 맞아, 맏아들 염경冉耕과 둘째아들 염옹冉雍을 낳았다. 안씨가 죽은 후 공서씨公西氏를 맞아 염구冉求를 낳았다. 공서씨는 삼형제를 공자에게 맡겨 공부를 시켰는데, 집안은 가난했지만 학문적으로 성공하여 일문삼현一門三賢으로 일컬어졌고, 삼형제가 모두 공문십철孔門十哲에 이름을 올렸다.

### 염옹에 대한 공자의 칭찬

염옹은 안회와 함께 공자에게 칭찬을 많이 받은 제자다. 공자는 "염옹은 임금 자리에 올라 백성을 다스릴 자질이 있다[可使南面]"(6-1)고 염옹을 칭찬했다. 임금 노릇하는 것을 남면南面이라고 하는데, 이는 임금은 북쪽을 뒤로하고 남쪽을 바라보고 있는 데서 유래된 말이다.

공자가 임금감이라고 얘기한 제자는 염옹이 유일한데, 말주변은 부족했지만 인품과 덕행이 뛰어났던 것으로 생각된다. 물론 공자가 염옹이 왜 임금감인지에 대하여 직접 언급한 내용은 없지만, 공자와 그 제자들이 염옹에 대해 평가한 말을 종합하여 보면 짐작해볼 수 있다. 『공자가어』「제자행 편」을 보면 위나라 장군 문자文子의 질문에 자공子貢이 답하면서, 공자가 염옹의 재주에 대하여 "땅을 가지고 다스릴 군자로다. 무리가 있으면 부릴 것이요, 형벌이 있으면 쓸 것이며, 그런 연후에 위세를 드러낼 것이다"라고 칭찬했다고 하였다. 또 공자는 염옹을 소에 비유하면서 "얼룩소 새끼가 색이 붉고 또 뿔이 좋으면 비록 쓰지 않고자 하나 산천의 신이 그것을 놓아두겠는가?"(6-4)라고 하였다. 비록 염옹이 가난한 서민의 아들이지만 훌륭한 인품과 덕을 갖추었으니 그를 필요로 하는 사람들이 가만히 두지 않을 것이라는 의미이다.

### 공자 사후의 염옹

공자가 세상을 떠난 이후 염옹은 스승의 도道가 후세에 전해지지 않을까 걱정되어 공자의 말씀을 찬집했다고 한다. 언제 사망했는지는 명확하지 않다.

제34강

# 출세지향적인 제자

공자는 위대한 스승이다. 그러나 위대한 스승에게 가르침을 받았다고 하여 반드시 훌륭한 제가가 되는 것은 아니다. 스승이 아무리 위대하고 잘 가르친다고 해도 배우는 제자가 이를 실천하지 못한다면 그것은 스승의 책임이라기보다는 배우는 제자의 자질과 품성 때문이라고 보아야 한다.

사람의 품성이나 성격은 그 기질에 따라 다양한 유형으로 구분된다. 우선 이분법으로 나누어 보면, 적극적인 성격과 소극적인 성격, 긍정적 성격과 부정적인 성격, 느긋한 성격과 조급한 성격, 과감한 성격과 소심한 성격 등 다양하다. 사람이 어떤 성격을 갖느냐에 따라 일을 하거나 학문을 연구하고 실천하는 데 있어서 그 성과와 결과는 크게 달라질 수 있다.

공자의 주요 제자들은 그 성격이 다양했던 것으로 보인다. 안회顔回가 착하고 성실하고 부지런한 성격이었다면, 염옹冉雍은 착하고 긍정적이고 호의적인 성격이었다. 또 자로子路는 적극적이고 조급하고 용감한 성격이었다면, 재여宰予는 부정적이고 비판적이고 게으른 성격이었고, 염구冉求는 소극적이고 부정적인 성격이었던 듯하다. 그래서 공자는 안회와 염옹에 대해서는 칭찬을 하였지만, 재여와 염구에 대하여는 자주 꾸중을 하였다. 공자의 이러한 교육방법은 재여와 염구의 소극적이고, 부정적이고, 소심한 성격을 개선할 수 있도록 하기 위하여 가편加鞭의 심정에서 나온 가르침이라고 생각된다. 그렇다면 재여와 염구는 공자에게 어떤 제자였을까?

## 불성실한 재여

재여는 노나라 사람으로 자는 자아子我이며, 보통 재아宰我라고 불렀다. 공문십철의 한 사람으로 공자보다 29세가 어렸다. 재여는 좋은 가르침을 들어도 스스로 실천하지 않는 게으른 제자였다. 공자의 제자 중에 안회가 스스로 노력하는 성실한 제자였다면, 재여는 말만 앞서고 실천하지 않는 불성실한 제자였다.

### 재여에 대한 공자의 걱정

공자는 재여가 언변이 뛰어나다고 인정하면서도 번드레한 말과 논리를 늘 경계하였다. 그래서 공자는 종종 재여를 책망하기도 하고, 또 걱정스런 마음을 갖기도 했다. 『논어』에 보면 공자가 재여를 꾸짖는 장면이 나온다. 재여가 어느 날 수업에 늦자, 공자는 "썩은 나무에는 조각을 할 수 없고 거름흙으로 쌓은 담장은 흙손질을 할 수가 없다. 재여에게 무엇을 책망하겠는가?"(5-9)라고 하였다. 또 공자와 재여가 부모의 삼년상에 대해 나누는 대화에서도 공자는 재여를 못마땅하게 생각하는 것을 볼 수 있다.

재여가 묻기를, "삼년상은 너무 깁니다. 군자가 3년 동안 예를 행하지 않으면 예가 반드시 무너지고, 3년 동안 음악을 익히지 않으면 음악이 반드시 무너질 것입니다. 묵은 곡식은 다 없어지고 새 곡식이 익어가며, 부싯돌을 갈아 불을 바꾸어야 하니, 1년이면 가할 것입니다"라고 하였다. 이에 공자가 "그렇게 해도 쌀밥을 먹고 비단 옷을 입는 것이 너에게 편안하겠느냐?"라고 물었다. 재아가 편안하다고 하자, 공자가 "네가 편안하다면 그렇게 해라. 대저 군자는 상을 당했을 때 기름진 것을 먹어도 맛을 느끼지 못하며 음악을 들어도 즐겁지 아니하며, 처소에 있어도 편안하지 않다. 그러기에 그렇게 하지 않는 것이다. 그러나 지금 네가 편안하다면 그렇게 해라"라고 하였다. 잠시 후 재여가 밖으로 나가자, 공자가 말하기를, "재여는 어질지 못하구나! 자식은 태어나서 3년이 지난 후에 부모의 품에서 벗어난다. 대저 3년 상은 천하에 공통적인 상례이거늘. 재여도 부모에게서 3년 동안은 사랑을 받았을 텐데"라고 하였다(17-21).

이처럼 재여는 말솜씨는 뛰어났지만 실천이 따르지 못하고 비판적인 말투 때문에 공자가 가르치고 꾸짖어도 좀처럼 자신의 잘못을 고치지 못했다.

### 재여의 출세와 죽음

사람의 인품과 공직에 오르는 것은 별개이듯이, 공자가 재여의 인성人性을 문제삼아 꾸짖은 것과는 달리 재여는 일찍 벼슬길에 올랐다. 『사기』「중니제자열전」에 보면, 재여는 일찍이 제나라에서 벼슬을 하였으며 제나라의 수도 임치의 대부가 되었다. 하지만 제나라 대부인 전상田常과 난을 일으켜 그 일족이 모두 죽임을 당하였는데, 공자는 이를 매우 부끄럽게 여겼다. 재여는 언변이 뛰어나 공문십철에 오르긴 했어도, 벼슬하면서 보여준 그의 행동은 아무리 가르쳐도 스스로 실천하지 않으면 소용이 없다는 것을 보여준 제자였다.

## 소극적인 염구

염구冉求는 노나라 도陶 지방 사람으로, 자字는 자유子有이며, 보통 염유冉有라고 불렀다. 공자보다 29세 아래였다. 문둥병에 걸렸던 염경冉耕과 임금의 자질이 있다고 한 염옹冉雍의 이복동생이다. 염구는 집안은 가난했지만 형들과 함께 공자에게서 가르침을 받았다. 공자가 주유열국을 할 때 안연·자로·자공과 함께 공자를 수행한 제자이다.

### 염구에 대한 공자의 가르침

염구가 공자에게 배우는 목적은 벼슬길에 오르기 위해서였다. 벼슬길에 오르려면 시詩·서書·예禮·악樂에 통달해야 하는데, 그 분야에서 가장 뛰어난 스승이 공자였기 때문이다. 그러나 염구는 공자에게서 가르침을 받을수록 자신감이 없어지고 벼슬길에 오르는 것이 요원하다고 느껴졌다. 어느 날 염구는 자신의 심정을 공자에게 털어놓으며, "저는 선생님의 가르침을 기뻐하지 않는 것은 아니지만 힘이 부족합니다"라고 하였다. 이에 공자가 말하기를, "힘이 부족한 사람은 중도에서 그만두는데 지금 너는 금을 긋고 있구나"(6-10)라고 하면서 할 수 있는 가능성이 있음에도 불구하고 자신의 능력에 한계를 그어 스스로 포기하려는 염구를 꾸짖었다.

그래서 공자는 소극적인 염구를 앞으로 나아가게 하려고 보다 적극적인 가르침을 주었다. 어느 날 염구가 "들으면 행해야 합니까?"라고 물었을 때, 공자는 "들으면 곧 행해야 한다"고 하였다(11-21). 이는 염구가 뒤로 물러나는 성격이므로 앞으로 나아가도록 하기 위한 가르침이었다.

### 염구에 대한 공자의 평가

염구는 소극적인 성격이었지만 서서히 공자의 가르침에 따라 학문에 정진했던 것으로 보인다. 『공자가어』에서 공자가 염구에 대해 "학문을 좋아하니 지혜롭고, 어린이를 구휼하니 은혜롭고, 늙은이를 공경하니 예에 가깝도다. 부지런히 힘쓰니 그침이 없으리라. 요순堯舜이 공경을 다하여 천하의 왕이 되었듯이 그를 일컬어 마땅히 국로國老라 할 수 있으리라"[6]고 칭찬하는 대목을 보면 이를 짐작할 수 있다. 그래서 노나라 실권자인 계강자季康子가 "염구에게 정치를 맡겨도 되겠는가?"라고 물었을 때, 공자는 주저하지 않고 정치를 맡길만한 인물이라고 말했다.

그러나 염구는 계씨季氏의 가신이 된 이후로 공자의 가르침을 저버리는 행동을 하였다. 출세에 눈이 멀어 계씨의 입맛에 맞는 행동을 서슴없이 했다. 『논어』에서 공자가 염구에 대해 말하기를, "이른바 대신

---

6 『공자가어』 「제자행」, "好學則智 卹孤則惠 恭則近禮 勤則有繼 堯舜篤恭以王天下 其稱之也 曰宜爲國老"

이란 도道로써 군주를 섬기다가 뜻대로 아니 되면 그만두는 것임에
도, 지금 염구는 자리만 채우는 신하다"(11-23)라고 비난하였다. 공자
가 보기에 염구는 자신의 부모와 임금을 죽이는 것을 제외하고는 계
씨가 내리는 명령을 따르는 주구走狗였다. 염구가 계씨의 권력에 빌붙
어 백성들에게 가혹한 세금을 거두자 공자의 분노는 극에 달했다. 계
씨는 주공周公보다도 부유하였는데, 염구가 그를 위해 세금을 모으고
거두어서 더 늘려주었다. 이에 공자가 말하기를, "그는 우리의 무리가
아니다. 제자들아, 북을 울려 그를 성토함이 옳다"(11-16)라고 하여 염
구를 비난하며 파문하기도 하였다.

　염구는 비록 소극적이었지만 공자의 가르침을 잘 따라서 정사政事
에 뛰어나다고 칭찬을 받았고 벼슬길에도 올랐다. 그러나 벼슬을 하
면서 염구가 보여준 행동은 스승의 가르침을 저버리는 것이었다. 결
국 염구는 재여와 더불어 자질과 품성이 갖추어져 있지 않으면 비록
벼슬을 하더라도 가르침을 실천하지 못한다는 것을 보여준 제자였다.
염구가 언제 사망했는지는 알려지지 않았다.

# 능력이나 외모를
# 갖춘 제자

인간은 욕망의 동물이다. 세상을 살아가면서 남보다 우월하고, 남보다 풍족하고 편안하며, 남보다 멋지고, 남을 지배하고 싶은 것이 인간이다. 그래서 인간은 이러한 욕망을 충족시킬 수 있는 수단을 쟁취하려고 열심히 노력한다. 인간이 욕망의 충족을 위한 수단으로 생각하는 것으로는 이른바 권력權力, 재력財力, 학력學力 등을 들 수 있다. 또한 인간이 갖고 있는 아름다움이나 품성 또는 재능 등 사람을 끌어들이는 힘인 매력魅力도 욕망을 충족시키는 수단이 될 수 있다. 인간은 권력이나 재력에서 남보다 우월한 지위에 있으면 이를 자랑하거나 교만해지기 쉬우며, 그렇지 못하면 비굴하게 아첨하거나 또는 원망하기 쉽다.

공자의 제자 중에서 외교에 능하고 재력이 뛰어난 사람은 자공子貢이었다. 또 외모가 가장 출중하고 성격이 너그럽고 외향적인 사람은 자장子張이었다. 자공이 교만하지 않고 겸손하였다면 자장은 잘 생긴 외모와 적극적인 성격에 맞는 출세와 명성을 얻고 싶어 했다.

## 겸손을 실천한 자공

자공子貢은 춘추 시대 위나라 사람으로, 성은 단목端木이고, 이름은 사賜이며, 자공은 자字다. 공자보다 31세가 적었다. 공문십철의 한 사람으로 언변과 외교력이 뛰어났다. 상업에도 능하여 공자의 제자 중 가장 부유했지만, 교만하지 않고 겸손했다. 자공은 외교무대에서도 크게 활약하였으며, 노나라와 위나라에서 재상을 지냈다. 자공의 재력은 공문孔門을 번영시키는 데 크게 기여하였으며, 공자 사후에는 그를 공문의 후계자로 생각할 정도였다.

### 자공에 대한 사마천의 평가

사마천은 『사기』에서 공자의 제자 중 자공을 가장 높게 평가했다. 자공의 외교활동에 대한 기록이 「중니제자열전」의 4분의 1을 차지할 정도로 분량이 많은데, 그 내용을 요약하면 이렇다.

제나라 대부 전상田常이 명문 대족들과 합세하여 노나라를 공격하려고 했다. 이에 공자가 제자들에게 "누가 노나라를 위태로움에서 구하겠느냐?"고 묻자, 자로와 자장이 나섰지만 허락하지 않고 자공이 나서자 허락하였다. 자공은 여러 나라를 돌면서 화려한 언변으로 군주들을 설득하여 제나라가 노나라를 공격하는 것을 단념시켰다.

이처럼 자공이 한 번 나서자 노나라가 존속하고, 제나라가 혼란에 빠졌으며, 오나라가 망하고, 진나라가 강국이 되었으며, 월나라가 패자가 되었다. 즉 자공이 한 번 뛰어다니니 각국의 정세에 균열이 생겨 10년 사이

에 다섯 나라에서 큰 변화가 있었다.[7]

사마천은 이상과 같이 자공의 외교력을 극찬했다. 또 사마천은 역대 부자들에 대한 기록인 『사기』 「화식열전」에서도 "자공은 조나라와 노나라 사이에서 상업을 하여 재산을 모았으며, 공자의 70여 제자 중에서 가장 부유했다. 자공이 사두마차를 타고 기마행렬을 거느리며 제후들을 찾아가니 가는 곳마다 왕들이 몸소 뜰까지 내려와 예로서 맞이하였다. 대체로 공자의 이름이 천하에 널리 알려지게 된 것도 자공이 공자를 모시고 다니며 도왔기 때문이다"라고 하여 자공의 능력을 높게 평가하였다.

### 자공에 대한 공자의 가르침

공자가 자공에 대하여 갖고 있는 속마음은 믿음이었다. 부유하면서도 교만하지 아니하고, 언변과 외교력이 뛰어나면서도 겸손을 잃지 않는 자공을 공자는 매우 신뢰하였다. 앞서 보았듯이 제나라가 노나라를 공격하려 할 때 공자가 제자들에게 "누가 노나라를 위태로움에서 구하겠느냐?"고 묻자, 자로와 자장이 나섰지만 허락하지 않고, 자공이 나서자 허락한 것을 보면 공자가 자공을 얼마나 신뢰했는지를 짐작할 수 있다.

『논어』에는 공자와 자공의 대화가 많이 나오는데, 그 내용을 보면 공자가 자공을 꾸중하거나 또는 칭찬하는 내용은 거의 볼 수 없다. 칭찬을 해주면 자공의 교만함이나 자만심을 부추기게 될까봐 이를 억누

---

7 「사기열전」, 사마천 저, 김원중 역, 민음사, 2011, 160~169쪽.

르기 위해 늘 은유적인 방법으로 경계시켰다.

예를 들어, 『논어』에서 자공이 공자에게 "저는 남이 저에게 가하는 것을 원하지 않으며, 저 또한 남이 저에게 가하는 일이 없기를 바랍니다"라고 하였다. 이에 공자가 "사(자공)야, 네가 도달할 수 있는 바가 아니다"라고 말했다(5-11). 자공은 스승에게 칭찬받고 싶은 마음에 공자가 "자기가 하기 싫은 일은 남에게 시키지 마라"고 한 가르침을 자신이 잘 실천하고 있음을 말한 것이다. 그러나 공자는 자공이 자랑하고 싶어 하는 마음이 있다고 생각하고 이를 억누르기 위해 '너는 아직 인을 실천하는 단계에 이르지 못했으니 자랑하지 말고 좀 더 노력하라'는 가르침을 주었다.

또 자공이 남을 비교하니 공자가 말하기를, "사賜는 훌륭하도다. 나는 남을 비교할 만큼 한가할 겨를이 없는데…"(14-31)라고 말했다. 이는 비유적으로 자공에게 '너는 남을 비교하는 여유가 있는 걸 보니 학문이 완성되었나 보다. 나는 학문에 바빠서 남을 비교할 겨를이 없는데…'라는 속뜻이 담긴 말로 자공에게 학문에 열중하라는 가르침을 준 것이다.

공자는 자공의 교만하지 않음과 겸손함을 높이 평가하였지만, 혹여 자만심이나 자랑하는 마음이 생기지 않을까 염려하여 늘 비유적인 방법으로 이를 경계시켰다.

### 공자에 대한 자공의 존경심

자공은 공자에 대한 애정과 존경심이 남다른 제자였다. 한마디로 공자가 자공을 신뢰로 대했다면 자공은 공자를 존경으로 대했다. 자공은 재물과 권세에서 스승 공자를 능가했다. 탁월한 사업 수완과 뛰어난 외교술에다 겸손까지 갖추니 노나라 조정의 대신들은 공자보다 자공을 더 높게 평가했다. 대개의 사람들은 스승보다 낫다고 하면 우쭐해지겠지만 자공은 겸손하게 자신을 낮추었다. 『논어』를 보면, 노나라 숙손무숙叔孫武叔이 다른 대부들에게 "자공이 중니(공자)보다 낫다"고 했다는 말을 듣고, 자공은 "궁실의 담장에 비유하면 나의 담장은 어깨에 미치므로 집안의 좋은 것들을 볼 수 있지만, 선생님의 담장은 여러 길이므로 그 문을 열고 들어가지 못하면 종묘의 아름다움과 백관의 풍부함을 볼 수 없는 것과 같다. 그러나 그 문을 찾아 들어가서 그 모습을 본 사람은 매우 드물다"고 하여 스승 공자를 높이고 자신을 스스로 낮추었다(19-23).

자공은 평소 공자에 대해 "그분이 살아계시면 영광이고 돌아가시면 슬퍼할 것이다"(19-25)라고 했는데, 공자가 세상을 떠나자 다른 제자들은 3년간 시묘살이를 하고 떠났지만 자공은 6년간 공자의 묘를 지켰다.

자공은 노나라와 위나라에서 재상을 지냈으며, 삶의 마지막은 제나라에서 보냈다. 그리고 공자 사후 23년이 지난 기원전 456년 64세로 사망했다.


## 외모가 출중한 자장

자장子張은 진陳나라 사람으로, 이름은 전손사顓孫師이며, 자장은 자字이다. 공자보다 48세 아래였으며, 따라서 공자가 진나라와 채나라 사이의 들판에서 식량이 떨어져 고생하던 진채절량陳蔡絶糧의 시기에 자장은 대략 15세의 어린 나이었으므로 공문십철에는 들지 못했다. 자장은 공자의 제자 중에서 외모가 가장 뛰어났으며, 성격이 너그럽고 적극적이었다. 따라서 잘 생긴 외모와 적극적인 성격에 맞는 출세와 명성을 얻고자 했다.

### 자장에 대한 평가

공자는 자장이 다른 사람에게 과시할 수 있는 외모나 명성, 출세 등에 관심을 집중한다고 보았다. 『논어』를 보면, 자장이 녹祿을 구하는 방법을 배우려 하자, 공자가 말하기를, "많이 듣고 의심스러운 부분은 빼놓고 그 나머지를 조심스럽게 말하면 허물이 적으며, 많이 보고 위태로운 것을 빼놓고 그 나머지를 조심스럽게 행하면 후회하는 것이 적을 것이다. 말에 허물이 적고 행실에 후회함이 적으면 녹은 그 가운데 있는 것이다"(2-18)라고 하여 자장이 알고 싶어 하는 내용을 알려주지 않고 언행을 삼가는 법에 대해 설명하였다.

공자는 자장이 출세에 너무 관심을 두는 것을 우려했고 또 편벽하다고 생각했다. 자장과 동문수학하는 문인門人들도 자장이 어질지 못하다고 하면서 좋은 평가를 하지 않았다. 자유子游는 "나의 벗 자장은 하기 어려운 것을 할 수 있지만, 아직 인仁을 이루지는 못했다"(19-15)고 하였고, 증삼曾參은 "당당하구나, 자장이여! 그러나 함께 인仁을 행하기는 어렵구나!"(19-16)라고 하였다.

그러나 자장은 공자에게 가르침을 받을수록 자신의 단점과 잘못을 깨닫고, 이를 극복하여 공자의 문인으로서 가져야 할 삶의 태도를 갖추려고 열심히 노력하였다. 공자에게 묻는 질문도 점차 명성을 얻는 방법보다는 덕을 높이는 방법 등으로 바뀌었다. 이처럼 자장은 자신의 단점을 극복하려고 노력하였기에, 훗날 자공은『공자가어』에서 자장에 대해 "아름다운 공로가 있어도 자랑하지 아니하고, 귀한 지위를 가졌어도 잘한다고 여기지 아니하며, 남을 업신여기거나 안일에 빠지지 아니하고, 홀아비·과부·고아·독거자 등의 고할 데 없는 이들에게 거만하게 굴지 않는 것은 전손사(자장)의 행동이다"[8]라고 평가하였다.

### 공자 사후의 자장

공자 사후에 제자들은 여러 문파로 나뉘었다. 자장은 자하子夏, 자유子游, 유약有若 등과 함께 예禮를 중시하는 숭례파를 형성하여 문인門人들을 가르쳤다. 자장은 기원전 447년 56세로 사망했다.

---

8  『공자가어』「제자행」, "美功不伐 貴位不善 不侮不佚 鰥寡孤獨此四者天民之窮而無告者也 不傲此四者 是顓孫師之行也"

# 배움에 전념한 제자

 사람이 학문을 하는 목적은 무엇일까? 사람마다 가치관에 따라 다르겠지만 크게 두 가지를 생각해볼 수 있다. 하나는 인간답게 살기 위해서 또는 학문 자체가 즐거워서 배우는 것이다. 학문을 통해 자신의 인격을 닦고 새로운 지식을 배우는 데서 즐거움을 느낄 수 있기 때문이다. 또 하나는 자신의 성공이나 출세를 위해서 배우는 것이다. 배움을 권력이나 재물 또는 명예를 얻기 위한 수단으로 삼을 수 있기 때문이다.

 학문의 사회적 효과로만 본다면 사회에 기여할 수 있는 후자가 더 현실적일 수 있다. 그러나 일반적으로 학문의 목적을 이야기할 때는 전자를 긍정한다. 네덜란드의 철학자 스피노자Baruch De Spinoza는 "학문의 목적은 인간으로서의 최고의 완전성에 도달하기 위해서 노력하는 것이다"라고 하였고, 일본의 소설가 나쓰메 소세키는 『태풍』에서 "학문은 진정한 인간이 되는 게 목적이다. 크고 작은 것을 구별하고, 가벼움과 무거움의 차이를 인식하고, 좋고 그름을 판별하고, 선과 악의 경계를 이해하며, 현명함과 어리석음, 참과 거짓, 바름과 사악함을 제대로 판별해 내는 것이 바로 학문의 목적이다"[9]라고 하였다. 『대학』에서는 학문의 목적으로 "세상에 밝은 덕을 밝히고, 백성과 하나가 되며, 지극한 선의 상태에 머무는 것이다"[10]라고 하여 학문의 궁극적인 목적이 이 세상에 선善을 이루는 것이라고 하였다. 한편 공자는 "배우고 제때에 익히면 또한 기쁘지 아니한가!"라고 하여 학문에서 즐거움을 찾았다.

공문십철 중에는 배우는 목적을 출세에 둔 제자도 있었고, 배움 그자체에서 즐거움을 찾은 제자도 있었다. 출세를 목표로 삼았던 대부분의 제자들은 진채절량의 고난을 겪으면서 살길을 찾아 하나둘씩 공자 곁을 떠나 정치 일선으로 나갔다. 염옹은 노나라 계씨의 가재家宰가 되었고, 재여는 제나라 임치의 대부가 되었으며, 자공은 노나라의 재상이 되었고, 염구는 노나라 계씨의 가신家臣이 되었으며, 자로는 위나라 대부인 공회의 가신이 되었고, 자유는 노나라 무성을 다스리는 읍재邑宰가 되었다. 염백우는 문둥병에 걸려 중도에서 학문을 그만두었다. 공문십철 중에서 벼슬을 거부하고 공자 곁을 지킨 제자는 안회, 민자건 및 자하였다. 특히 민자건은 벼슬에 나서기를 거부하고 오직 학문에만 전념하였으며, 자하는 배움을 좋아하여 학문에 전념한 제자였다.

---

9  『태풍』, 나쓰메 소세키 저, 노재명 역, 현암사, 2013, 23쪽.
10  『대학』「경1장」, "大學之道 在明明德 在新民 在止於至善"

## 효성이 지극한 민자건

민자건閔子騫은 노나라 무당읍 사람으로, 이름은 민손閔損이고, 자 건은 자字이다. 공자보다 15세가 적었으며, 공문십철의 한 사람으로 덕행과 효행이 뛰어났다. 어려서 계모로부터 모진 학대를 받았는데, 효도를 극진히 하여 부모를 감동시켰다는 일화가 있다. 민자건은 권 력 앞에서도 굽히지 않는 의기를 지녔었는데, 그 당시 노나라 실권자 인 계강자가 민자건의 덕행이 뛰어나다는 말을 듣고 자신의 도성인 비費를 다스릴 읍재邑宰로 삼으려 했지만 일언지하에 거절하였다. 민 자건은 벼슬과 권력의 길을 과감히 거부하였다. 그 당시는 혼란의 시 기였기 때문에 권력에 빌붙어 사는 것은 이름을 수치스럽게 하는 일이 라 여기고, 오직 학문을 익히는 데 전념했다.

### 민자건의 효행

민자건은 증삼과 함께 효자로 알려졌으며, 효행을 실천하는 데 최 선을 다했다. 민자건의 효행에 대한 이야기는 당나라 때 구양순이 편 찬한『예문유취』[11]「제21권」에 기록되어 다음과 같이 전해지고 있다.

민자건의 아버지는 어머니가 죽자 다른 여인을 재취로 들여, 또 두 아 들을 낳았다. 어느 날 민자건의 아버지가 외출해야 하는데 마부가 없었 다. 그래서 아들 민자건을 불러 수레를 몰도록 했다. 추운 한겨울이었는

---

**11** 당나라 때 고조의 칙령으로 구양순이 배구, 진숙달 등과 함께 편찬한 책으로, 100권 으로 되어 있다. 일종의 백과사전이다.

데, 추위에 떨고 있던 민자건이 수레를 몰자 수레가 저절로 떨렸다. 이상히 여긴 아버지가 "너 어디 아픈 거냐?"라고 물었지만, 민자건은 아니라고 했다. 그러나 이번에는 말고삐를 놓쳤다. 아버지가 자건의 팔을 잡아주다가 문득 아들의 옷이 매우 얇다는 것을 느꼈다. 아버지는 집으로 돌아와서 계모가 낳은 아이들을 불러 팔을 만져보니 매우 두툼했다. 아버지는 계모를 불러 꾸짖었다. "내가 당신에게 장가든 것은 무엇보다도 어미를 잃은 두 자식 때문이었소. 그런데 당신은 나를 속이고 있으니 당장 집을 나가시오." 계모는 집에서 쫓겨나게 되었다. 민자건은 이를 막아 세우며 무릎을 꿇고 말했다. "어머니가 계시면 한 아들의 옷이 얇지만 어머니가 떠나시면 네 아들이 모두 헐벗게 됩니다." 민자건의 말을 들은 아버지는 차마 말을 못하고 계모를 불러 들였으며, 계모도 더 이상 차별하지 않고 화평했다고 한다.

### 민자건에 대한 공자의 칭찬

민자건은 효행이 뛰어났다. 공자는 "민자건은 효성스럽다. 그의 부모형제가 민자건을 칭찬해도 아무도 흠잡을 수가 없다"(11-4)고 하였다. 또한 공자는 민자건이 평소에는 말이 없지만 말을 하면 반드시 옳은 말만 한다고 칭찬하였다.

민자건의 사망연도는 정확하지 않으나, 한국인물고전연구소가 제공하는 네이버의 『중국인물사전』을 보면, 민자건이 사망한 해는 기원전 487년으로 되어 있다. 이는 공자가 주유열국을 마치고 노나라로 돌아오기 3년 전이다. 따라서 민자건은 주유열국이 끝나갈 무렵 사망한 것으로 추정된다.

## 진심으로 배움을 좋아한 자하

자하子夏는 진晉나라 온溫 사람으로(위나라 사람이라는 설도 있음), 이름은 복상卜商이고, 자하는 자字이다. 공문십철의 한 사람이며, 공자보다 44세 아래였다. 자하는 공자가 세상을 떠나는 날까지 곁에서 진실한 마음으로 학문을 배웠으며, 공자의 가르침을 후세에 전하는 데 크게 기여했다.

### 자하에 대한 공자의 칭찬

자하는 문학에 뛰어난 재주와 능력을 갖고 있어서 공자는 자하를 함께 시詩를 논할 수 있는 제자라고 생각하였다. 『논어』에 보면, 자하가 공자에게 "예쁜 미소에 팬 보조개여, 아름다운 눈매에 또렷한 눈동자여, 소박함으로 화려한 무늬를 만들었구나! 이는 무엇을 말한 것입니까?"라고 물었다. 공자가 "그림 그리는 일은 흰 바탕이 있은 후에 하는 것이라는 의미다"라고 답했다. 이에 자하가 "그렇다면 예禮는 나중이군요"라고 하자, 공자가 "나를 일으키는 자는 상(商: 자하의 이름)이로다. 비로소 함께 시를 말할 수 있게 되었구나!" 하고 칭찬하였다(3-8). 아무리 아름다운 보조개와 눈동자를 가졌다 해도 바탕인 얼굴이 따라줘야 아름답고, 그림을 그리는 일도 바탕이 있어야 그릴 수 있듯이[繪事後素], 사람도 바탕인 품성이 먼저이고 그것을 꾸미는 예는 나중이라는 의미이다.

또 『공자가어』에 언급된 자공의 말을 보면, 공자는 시를 인용하여 자하를 평하기를, "잘못을 삼가고 몸가짐을 삼가니 소인들이 감히 위태롭게 하지 못하리! 상(자하)과 같은 자는 위험에 처할 수가 없으리라"[12]고 하였다.

## 공자 사후의 자하

공자가 사망한 후 자하는 서하(西河, 황하의 서쪽 지역)에 살면서 후학들을 가르치고 제후들을 깨우치면서 스승 공자의 가르침을 전파하였다. 전자방田子方, 단간목段干木 등 뛰어난 제자들을 배출하였고, 위衛나라 제후인 문후文侯의 스승이자 국정 자문 역할을 하였다. 공자의 말씀을 모은 『논어』의 편찬도 자하와 그 문인들이 했다는 설이 있다. 남송 때 홍매洪邁는 『용재수필』이라는 책을 썼는데,[13] 그 중 「자하경학子夏經學」이라는 글에서 공자의 제자 중 자하만이 경전을 직접 저술했고, 적어도 그는 다른 제자와 달랐으며, 『논어』도 자하가 편찬했다고 했다. 또한 후한의 서방이 올린 상소문에 의하면, 『시詩』, 『서書』, 『예禮』, 『악樂』은 공자가 편정하였으나 그 장구章句의 뜻을 밝히는 일은 자하에서 시작되었다고 하였다.[14] 이처럼 대부분의 경전의 근원이 자하에게 있다는 것은 그가 공자의 제자 중에서 가장 성실하고 학문을 좋아한 제자였음을 말해주는 것이다. 그리고 『논어』「자장 편」을 보면 "자하왈"이라고 하여 자하가 남긴 말이 많이 보이는데, 이는 자하와 그 제자들이 『논어』의 편찬에 관여했다는 것을 보여주는 일례라고 할 수 있다.

---

12 『공자가어』「제자행」, "式夷式己 無小人殆 若商也 其可謂不險矣"

13 『용재수필(容齋隨筆)』은 남송 때 홍매가 독서하면서 얻은 지식을 그때마다 정리해서 쓴 것으로, 40여 년에 걸쳐 『용재수필』 16권, 『속필』 16권, 『삼필』 16권, 『사필』 16권, 『오필』 16권을 썼으며, 역사, 문학, 철학, 정치 등에 관한 고증과 평론을 엮었다.

14 『용재수필 2』, 홍매 저, 홍승직 외2인 역, 학고방, 2016, 438~440쪽.

## 자하가 남긴 말

자하는 학문을 하는 사람에게 가장 중요한 것은 마음가짐이라고 보았다. 자하는 평생 진실하고 정성스러운 마음의 바탕 위에서 학문에 정진하였다. 『논어』에 수록되어 있는 자하가 남긴 말 중에서 몇 구절을 살펴보면, "날마다 모르는 것을 알고자 노력하고, 달마다 할 수 있는 것을 잊지 않는다면 마땅히 학문을 좋아한다고 말할 수 있다"(19-5)고 하였다. 또 "벼슬을 하면서 여유가 있으면 학문을 하고, 학문을 하면서 여유가 있으면 벼슬을 한다"(19-13)고 하여 자하에게 있어서 학문은 죽는 날까지 평생 놓아서는 안 되는 것이었다. 또한 자하는 "널리 배우고 뜻을 돈독히 하며, 간절히 묻고 가까운 곳에서 생각하면 인仁은 그 가운데 있다"(19-6)고 하여 널리 배우고 간절히 묻고 가까이 생각한다면 인을 실천할 수 있다고 하였다.

## 자하의 만년

자하는 평생 후학의 양성과 학문에 정진하였다. 또한 자하는 스승 공자의 사상을 후세에 전하는 데 크게 기여하였다. 자하는 만년에 아들을 잃고 지나치게 애통해 한 나머지 장님이 되었다고 한다(공자의 사망을 슬퍼하여 장님이 되었다는 설도 있음). 자하가 언제 사망했는지는 정확하지 않으나 기록에는 80세를 넘게 산 것으로 전해지고 있다.

# 스승의 가르침을
# 전한 제자

공자의 가르침이 2,500여 년이 지난 지금까지도 우리에게 전해지는 것은 그 제자들의 역할이 매우 크다고 할 수 있다. 베이징대학의 리링李零 교수는 공자의 제자들을 크게 3기로 나누었다.[15] 1기는 공자 나이 35세 이전의 제자로 안무요(안회의 아버지), 염경(염백우), 중유(자로), 민손(민자건) 등이고, 2기는 54세 이전의 제자로 염옹(중궁), 염구(염유), 재여(재아), 안회(안연), 고시(자고), 단목사(자공) 등이며, 그리고 3기는 55세 이후 주유열국을 할 때 받아들인 제자로 담대멸명(자우), 공서적(공서화), 유약(자유,子有), 복상(자하), 언언(자유,子游), 증삼(자여), 전손사(자장) 등이다.

그렇다면 공자의 제자 중에서 그 가르침을 후세에 전한 제자는 누구일까? 우선 공문십철 중에서 공자의 가르침을 후세에 전하는 데 중요한 역할을 한 제자는 자하와 자유(子游, 언언)이다. 그리고 공자의 문

---

15 『논어, 세 번 찢다』, 리링 저, 황종원 역, 글항아리, 2015, 142~152쪽 참조.

하에 늦게 들어왔으므로 공문십철에는 들지 못하였지만 증삼曾參과 유약有若이 공자의 가르침을 후세에 전하는 데 기여했다.

공자가 세상을 떠난 후에 제자들은 크게 두 파로 나뉘었다. 하나는 증삼(후에 曾子로 높여 부름)을 중심으로 한 내성파이고, 또 하나는 유약(후에 有子로 높여 부름)과 자하를 중심으로 한 숭례파이다. 증자曾子는 공자의 인仁 사상에 근거한 유심주의唯心主義 측면을 발전시켜 도덕 규범으로서 효孝를 강조하였다. 후에 증자의 사상을 이어받은 사람이 공자의 손자인 자사子思이며, 또 자사의 학통을 계승한 사상가가 맹자孟子이다. 반면 유자有子는 대체로 예禮라는 외적 규범을 중시하였으며, 이러한 유자의 계통을 이어받은 사상가가 순자荀子이다. 그러면 공자의 사상을 후세에 전한 제자인 증삼과 유약은 어떤 제자였는가?

## 공자의 도를 전한 증삼

증삼曾參은 노나라 남무성南武城 사람으로, 이름은 삼參이고, 자字는 자여子輿이다. 공자의 초기제자인 증점曾點의 아들이다. 효심이 두텁고 내성궁행(內省躬行: 스스로 자신의 언행을 살피고 몸소 실천함)에 힘썼으며, 공자 사후에 제자들의 교육에 주력했다. 그의 효성이 지극하다고 여겨 공자가 『효경』을 짓게 했다는 설이 있다.

### 증삼에 대한 평가

사마천은 『사기』「중니제자열전」에서 증삼은 아둔하다고 평하고 있다. 하지만 증삼은 진실하고 성실한 마음으로 아둔함을 극복하고 자신이 목표한 것을 스스로 이룰 수 있다는 것을 보여준 제자이다.

공자는 증삼의 효와 충성을 높게 평가했다. 그래서 공자는 증삼에 대해 『공자가어』 「제자행」 편에서 "효도는 덕德의 시작이며, 공경함은 덕의 단서이며, 믿음은 덕의 두터움이며, 충성은 덕의 올바름이다. 증삼아, 너는 이 네 가지 덕을 알맞게 가졌도다"라고 칭찬했다. 이어서 자공도 증삼에 대하여 "가득 채우고도 다 차지 않은 듯하고, 실하면서도 허한 듯하며, 지나쳐도 아직 미치지 못한 듯하니, 선왕도 어렵게 여겼다. 그러나 널리 배우지 않은 것이 없으며, 그 모습은 공손하고, 그 덕행은 돈독하며, 그의 말은 믿어주지 않는 자가 없을 정도며, 그가 어쩌다 교만을 부려도 항상 넓고 넓어 이 때문에 눈썹이 희도록 천수를 누렸으니 이는 바로 증삼이다"라고 하였다.

### 증삼이 남긴 말

증삼은 제자들을 가르치면서 공자의 사상인 충忠과 서恕를 핵심으로 하였다. 충忠은 마음을 중심에 두고 진실하고 성실하게 최선을 다한다는 의미이다. 서恕는 다른 사람의 마음과 내 마음이 같다는 생각, 즉 내 생각을 미루어서 다른 사람의 처지를 생각하고 이해해서 동정한다는 의미이다.

증삼은 제자들로부터 존경을 받아 스승을 높여 부르는 자子로 칭하여 불렀다. 『논어』에 보면 여러 곳에서 "증자왈曾子曰"이라고 한 증자의 말이 보인다. 증자가 말하기를, "나는 날마다 세 가지로 내 몸을 살피나니, 남을 위해 일을 꾀하면서 진실되지 않았는가? 벗과 사귀면서 믿음이 없지는 않았는가? 스승으로부터 전수받은 것을 익히지는 않았는가?"(1-4)라고 하였다. 또한 "군자君子는 문文을 하기 위해 벗을 모으고 벗으로써 인仁을 행하는데 도움이 되게 한다"(12-24)라고 하여 학문을 위해 모인 벗이 인을 실천하는 데 유익한 벗이라고 하였다.

### 증삼의 업적

증삼은 공자의 가르침을 온전하게 후세에 전한 제자이다.『논어』도 증자와 그 제자들의 작품이라는 설이 있고,『대학』과『효경』도 증자가 지었다는 설이 유력하다.

# 공자의 외모를 닮은 유약

유약有若은 노나라 사람으로, 자字는 자유子有이며, 제자들에 의해 유자라고 불렸다.『사기』「중니제자열전」에 의하면 유약은 공자보다 43세가 어린 것으로 기록되어 있지만,『공자가어』「72제자해」에는 36세가 적은 것으로 되어 있다. 유약이 공자의 3기 제자인 것으로 보면 공자보다 43세 어린 것이 맞을 듯하다.

### 공자 사후의 유약

유약은 공자의 모습을 가장 많이 닮은 제자였다. 그래서 공자가 사망한 후에 공자를 잊지 못한 여러 제자들이 공자를 닮은 유약을 스승으로 모시기로 했다. 그러나 이에 대하여 제자들 간에는 이견이 있었던 것으로 보인다. 예를 들어,『사기』「중니제자열전」에는 다음과 같은 일화가 기록되어 있다.

공자가 세상을 떠나자 유약의 얼굴이 공자와 닮았다고 하여 그를 스승으로 추대하고 공자를 모시듯 섬겼다. 어느 날 한 제자가 나서서 유약에게 물었다. "예전에 공자께서는 밖에 나갈 때 제게 우산을 준비시켰는데 얼마 지나지 않아 정말 비가 왔습니다. 또 상구商瞿가 나이가 많도록 자식이 없자 그 어머니가 아내를 얻게 하려고 했습니다. 그때 마침 공자가 상구를 제나라로 심부름 보내려고 했습니다. 그러나 상구 어머니는 아내를 맞아야 하니 심부름을 뒤로 미루어 달라고 했습니다. 이에 공자께서 '걱정 마십시오. 상구는 마흔이 넘으면 반드시 다섯 아들을 두게 될 것입니다' 하였는데, 그 뒤 정말로 그렇게 되었습니다. 공자께서는 어떻게 이를 알았을까요?" 하고 제자가 물었다. 유약이 대답을 못하고 묵묵히 있자, 다른 제자가 일어나 "유자는 그 자리에서 물러나 주시오. 거기는 당신이 앉아 있을 자리가 아닙니다"라고 했다.[16]

유약이 외모뿐만 아니라 학문적 능력까지 공자를 닮아주기를 바랐던 제자들의 열망을 엿볼 수 있는 일화이다.

또 『맹자』「등문공 상」편을 보면, "어느 날 공자의 제자인 자하, 자장, 자유가 유약이 성인과 같은 인물이라면서 스승으로 섬기자고 증삼(증자)에게 요청했다. 그러나 증삼은 '절대로 안 된다. 공자의 큰 덕은 마치 장강과 한수의 물로 깨끗이 씻고 가을 햇볕에 말린 것처럼 순수하고도 순수하다. 유약과는 비교조차 할 수 없다'고 하면서 반대했다"고 하였다. 증삼은 유약을 스승으로 섬기자는 주장에 강하게 반대했는데, 증삼이 이처럼 반대한 것은 학문과 덕이 아니라 외모를 가지

---

16 「사기열전」, 사마천 저, 김원중 역, 민음사, 2011, 184~186쪽.

고 공자처럼 모시는 것은 스승에 대한 모욕이라고 본 것이다. 또한 증삼을 중심으로 한 학파와 유약을 중심으로 한 학파 간의 주도권 다툼이 있었던 것으로 볼 수 있다.

### 유약이 남긴 말

유약은 제자들로부터 존경을 받아 스승을 높여 부르는 자子로 칭하여 불렸는데, 『논어』에 보면 여러 곳에서 "유자왈有子曰"이라고 한 유자의 말이 보인다. 유자가 말하기를, "그 사람됨이 효성스럽고 공경스러우면서 윗사람을 해치기를 좋아하는 자는 드물며, 또 윗사람을 해치기를 좋아하지 않으면서 난을 일으키기를 좋아하는 자는 없다. 군자는 근본에 힘쓰니, 근본에 힘쓰면 방법이 생기는 것이다. 효孝와 제弟는 인을 행하는 근본일 것이다"(1-2)라고 하여 효(효도)와 제(공경)를 중시하였다. 또 계속하여 "신信이 의義에 가까우면 말이 번복되지 않고, 공손함이 예禮에 가까우면 치욕을 멀리 할 수 있고, 인因이 그 친함을 잃지 아니하면 가히 받들어 모실 수 있을 것이다"(1-13)라고 하여 인간관계에서 신(信: 믿음), 공(恭: 공경), 인(因: 인연)의 중요성을 강조하였다.

### 유약의 만년

유약은 강직하고 박학다식하여 공자 사후에 가장 존경받는 제자 중의 한 명이었다. 공자의 학문을 후세에 전하려고 노력하였고 많은 제자들을 가르쳤다. 공자 사후 21년인 기원전 458년에서 기원전 429년 사이에 사망한 것으로 추정된다.

제
6
장

공자, 살아서 군자
죽어서 성인이 되다

## 제38강

# 공자의 자서전

자서전이란 사람이 자신의 삶의 과정과 생각을 기록한 책이다. 참회록 또는 고백록이라고도 부른다. 자서전은 형식에 구애됨이 없이 자유롭게 쓸 수 있다. 그렇지만 삶에 대한 솔직하고 진솔한 서술은 자서전이 갖추어야 할 가장 중요한 요소이다. 대표적인 자서전으로는 장자크 루소의 『고백록』을 들 수 있는데, 그가 서두에서 기술한 내용은 자서전이 갖추어야 할 조건을 잘 표현하고 있다.

루소는 서두에서 "내가 하려고 하는 일은 일찍이 전례가 없는 일이며 앞으로도 흉내 내는 사람이 없을 것이다. 그것은 사람 하나를 발가벗겨 세상 사람들에게 전시하는 것이다. 그리고 그 사람이 바로 나 자신이다"라고 하면서, 이어서 "언젠가 최후 심판의 나팔소리가 울려나오더라도 나는 이 책 한 권을 가지고 심판관인 신 앞에 나가서 큰 소리로 말하려고 한다. 나는 이렇게 행했노라. 나는 이렇게 생각했노라. 나는 이렇게 살았노라. 선악을 가리지 않고 모두 말하고 싶다. 어떠한 잘못도 감추지 않고 어떠한 선행도 과장하지 않겠다"고 하였다. 이처럼 루소는 자신의 삶과 행동에 대해 거짓이나 과장 없이 진솔하게 서술하겠다는 다짐을 하고서 자서전을 썼다.

공자는 자신의 삶에 대하여 자서전을 남기지는 않았다. 공자는 일흔 살이 넘어 자신의 삶을 회고하면서 다음과 같이 간단한 자술서 한 편을 남겼을 뿐이다.

"나는 열다섯에 배움에 뜻을 두었고, 서른에 섰으며, 마흔에 미혹되지 아니하였고, 쉰에 천명을 알았으며, 예순에 귀에 거슬림이 없었으며, 일흔 에는 마음이 하고자 하는 대로 행해도 법도에 어긋남이 없었다"(2-4).

그리고 『논어』에는 공자가 자신의 삶에 대한 생각과 심경을 술회한 몇 조각의 고백들이 남겨져 있다. 공자의 진솔한 마음이 담긴 말들이다. 따라서 공자의 자술서와 삶의 고백들을 모아 맞춰보면 공자의 자서전적인 삶을 간략히 유추해볼 수 있을 것이다.


## 열다섯에 배움에 뜻을 두었다

공자는 몰락한 가문의 후손이었다. 더욱이 부모는 정식 혼인관계가 아닌 상태에서 공자를 낳았다. 부모의 나이 차이는 무려 오십 살이 넘었다. 아버지는 공자가 세 살 때 사망하고, 어머니도 열일곱에 사망하였다. 집안의 경제를 이끌어갈 부모가 일찍 사망하였으니, 공자의 어린 시절은 가난하고 빈천하였다. 집안이 가난하였기 때문에 교육도 제대로 받지 못하였고, 어려서부터 먹고 살기 위해 온갖 잡다한 일을 많이 했다. 그래서 당시 노나라의 태재[1]가 자공에게 "공자가 성인인가? 어찌 그리 능한 것이 많은가?"라고 물었다는 말을 전해 듣고 공자가 말했다. "태재가 나를 아는구나. 내가 젊었을 때 미천하였기 때문에 비천한 일을 잘하는 것이 많다. 군자가 잘하는 것이 많은가? 많지 아니하다"(9-6). 태재의 말은 적어도 성인이 되려면 귀족이거나 좋은 가문에서 태어나야 하는데, 공자처럼 가난한 가정에서 태어나 잡다한 것을 잘하는 사람이 어찌 성인이 될 수 있느냐고 하면서 빈정대는 말이었다. 이에 공자는 태재의 의도를 간파하고 자신을 낮추면서, 자신이 비천한 일을 잘하는 것은 젊었을 때 가난하고 미천하였기 때문이라며 자신의 과거를 솔직하게 고백하였다.

공자는 어려서 빈천한 생활을 했기에 이를 극복하려고 배움에 뜻을 두고 열심히 노력했다. 열다섯에 배움에 뜻을 두었다는 것은 배움을 시작했다는 말이 아니며, 장차 무엇을 할 것인지에 대한 뜻을 세우고 무엇을 배울 것인지를 정했다는 의미이다. 그래서 공자는 "자신은 태어나면서부터 알았던 사람이 아니라, 옛것을 좋아하여 부지런히 그것을 구한 사람"(7-19)이라고 하였다. 또한 공자는 "열 집쯤 되는 조그만 읍에도 반드시 충성스러움과 신실함이 나와 같은 자가 있으나, 나만큼 학문을 좋아하지는 못할 것이다"(5-27)라고 얘기할 만큼 배움을 좋아하고 즐거워했다. 어려서 가난하게 살았던 공자에게 배움은 빈천한 생활을 극복할 수 있는 수단이었다.

---

1  태재(太宰)는 지금의 총리에 해당하는 벼슬이다. 태사(太師)라고도 부르며 육경(六卿)의 우두머리로 태부(太傅) 및 태보(太保)와 더불어 삼공(三公)의 하나이다.

## 서른에 자신을 확립하였다

공자는 서른 살에 이미 예 전문가로 명성을 얻었다. 배우고자 하는 문하생들이 모여들었고, 그래서 공자는 학교를 세웠다. 공자는 가르치면서 사람을 차별하지 않았다. 스스로 빈천한 가정에서 자랐기 때문에 배우고자 하는 사람은 누구나 배워서 높은 자리에 도달하기를 희망했다. 이 시기에 공자는 자신의 학문을 더욱 분명하게 확립하기 위해 노자를 만나 예에 관한 배움을 청하기도 했다. 또한 공자는 "천하에 도가 있으면 예악과 정벌은 천자에게서 나오고, 천하에 도가 없으면 예악과 정벌이 제후에게서 나온다"(16-2)는 말을 통해 당시의 혼란된 사회를 비판하기도 하였다. 이처럼 공자는 서른에 자신의 삶과 학문에 대하여 분명한 견해와 가치관을 확립했다.

## 마흔에 미혹되지 않았다

사람이 미혹되지 않는다는 말은 호오好惡나 시비是非 또는 선악善惡 등에 대하여 올바른 판단력을 갖췄다는 의미이다. 『논어』 「술이 편」에 "스승님은 기괴한 것, 폭력적인 것, 어지러운 것, 귀신에 대해서는 말씀하지 않았다"(7-20)고 했듯이 공자는 사람의 마음을 혼란시키는 것을 금기시하였다.

공자는 시와 음악을 좋아했다. 시와 음악이 인간의 감정을 표현한 것이라고 하여 이를 즐기며 또한 좋아했다. "자는 다른 사람이 노래를 부를 때 잘하면 반드시 다시 부르게 하고 그 뒤에 답가를 불렀다"

(7-31). 공자는 제자들에게 왜 시를 배우지 않느냐고 하면서 "시는 감흥을 일으키게 하고, 사람을 살필 수 있게 하며, 사람과 한마음이 되게 하고, 원망하는 마음을 드러낼 수도 있게 한다"(17-9)고 하였다.

공자가 당시에 제자들을 가르치는 광경을 장자는 『장자』 「어부 편」에서 이렇게 묘사하였다.[2] "공자는 초목이 무성한 숲 사이를 거닐다가 살구나무 아랫단에 앉아 쉬었다. 제자들은 책을 읽고 공자는 노래를 부르며 거문고를 타고 있었다." 제자들과 학문을 하면서 풍류를 즐기는 멋스러운 공자의 모습을 엿볼 수 있다. 혼란의 시기에도 이에 미혹되지 않고 살구나무 아래서 도를 이야기하는 불혹不惑의 공자 모습을 그려볼 수 있는 대목이다.


### 쉰에 천명을 알았다

공자는 천명天命을 모르면 군자가 될 수 없다고 하였다. 천명이란 하늘의 명령 또는 사람의 타고난 운명 등을 지칭하는 말이다. 공자는 "나에게 몇 년을 더해서 오십까지 주역을 배운다면 큰 허물이 없을 것이다"(7-16)라고 하였듯이 주역을 배우고 천명을 깨달았다. 그래서 공자는 주유열국을 하면서 광 땅에서 어려움에 처했을 때도 두려워하지 않고 제자들에게 이렇게 말했다. "문왕이 돌아가신 뒤 문화가 지금 나에게 있지 않느냐? 하늘이 장차 이 문화를 없애려고 한다면 이후에 죽을 나는 이 문화에 참여하지 못할 것이다. 따라서 하늘이 이 문화를 없

---

2 『장자』, 장주 찬, 임동석 역주, 동서문화사, 2009, 766쪽.

애려고 하지 않는다면 광 땅의 사람들이 나를 어찌 하겠는가?"(9-5) 공자가 이처럼 위급한 순간에도 당당하였던 것은 문화를 계승하여 다음세대에 전달하는 것을 자신의 천명으로 알았기 때문이었다.

한편 공자는 "지혜로운 사람은 물을 좋아하고, 어진 사람은 산을 좋아한다"(6-21)고 하여 자연을 사람의 덕에 비유했다. 그리고 현실의 답답한 심정을 달랠 수 있는 것은 자연을 벗 삼아 즐기는 풍류가 으뜸이라 생각했다. 『논어』에 보면 자로, 증석, 염유, 공서화가 공자와 함께 앉아 있는데 공자가 말했다. "나를 너희들보다 다소 나이가 많다고 생각하지만, 그렇게 생각하지 말고 너희들의 생각을 말해 보거라." 이에 자로, 염유 및 공서화가 각자의 정치적인 희망을 말했다. 마지막으로 공자는 증석에게 "증점아 너는 어떠냐?" 하고 물었다. 이에 증석이 드문드문 타던 비파를 내려놓으며 말했다. "저는 세 제자와는 다릅니다." 이에 공자가 "다르면 어떠하겠느냐? 각자 자기의 포부를 말한 것이다"라고 했다. 이에 증석이 "늦봄에 봄옷이 만들어지면 관을 쓴 사람 5~6명과 동자 6~7명을 데리고 기수에서 목욕하고 무우에서 바람 쐬고 노래하면서 돌아오겠습니다"[3]라고 하였다.  공자가 아! 하고 감탄하면서 "나는 증점과 같이 하겠다"고 했다(11-25). 이는 물론 풍류를 좋아하는 공자의 감성을 표출한 것이겠지만, 한편으로는 지천명知天命의 나이에도 어지러운 세상을 바꾸지 못하는 무력감을 잊으려는 공자의 답답한 마음의 표현이었을 것이다.

---

3  기수는 곡부 남쪽에 있는 강이며, 무우는 하늘에 기우제를 지내는 제단이 있는 곳이다. "기수에서 목욕하고 무우에서 바람 쐰다"는 말은 세속의 풍진을 씻고 깨끗한 마음으로 하늘에 빈다는 의미이다.

## 예순에 귀에 거슬리지 않았다

공자는 세상을 혼란에서 구해보겠다는 희망을 갖고 있었다. 주유열국은 그러한 희망에서 시작되었다. 공자는 주유열국의 과정에서 온갖 고난을 겪으면서 비방과 조롱을 받았지만 오히려 정신적으로 편안한 경지에 이르렀다. 아무리 나쁘거나 조롱하는 말을 들어도 귀에 거슬리는 것이 없었다. 예를 들어, 『사기』 「공자세가」에 보면, 공자가 정나라에 갔을 때 제자들과 길이 엇갈려 동문에서 제자들이 오기를 기다리고 있었다. 어떤 이가 스승을 찾아다니는 자공에게 "동문에 어떤 사람이 있는데, 이마는 요임금 같고, 목은 순임금 때 재상이었던 고요와 같으며, 어깨는 정나라 재상이었던 자산과 같았소이다. 그러나 허리 밑으로는 우임금보다 세 치나 짧았고, 그 초췌한 모습은 마치 상갓집 개와 같았소이다"라고 말해주었다. 자공은 스승임을 알아차리고 달려가서 자신이 들은 이야기를 공자에게 들려주었다. 공자는 웃으면서 "외모가 그런 훌륭한 사람들에게 미치지는 못하지만 상갓집 개와 같다는 말은 맞는 거 같다"고 하였다.[4] 공자는 자신의 외모를 요임금이나 고요 또는 정자산과 같이 훌륭한 사람들과 비교할 수는 없지만, 상갓집 개와 같다고 한 말은 어울린다고 하였다. 상갓집 개란 초상집에서 주인이 돌보지 않으므로 굶주려 수척해진 개를 이른다. 자신을 상갓집 개라고 천박하게 비유한 것에 대해 화를 내지 않은 공자의 태도에서 이순耳順의 모습을 엿볼 수 있다.

---

4  『사기』 「공자세가」, 사마천 저, 김원중 역, 민음사, 2010, 670쪽.

## 일흔에 마음대로 행해도 법도에 어긋남이 없었다

공자는 열다섯에 배움에 뜻을 둔 이후로 평생을 배우면서 또 가르치면서 보냈다. 혼란한 사회를 바꾸어 보려고 노력도 하였고, 그런 과정에서 온갖 고난을 겪었다. 물론 공자는 자신의 꿈을 실현시킬 수 있는 군주도 만나지 못했고, 세상을 바꾸지도 못했다. 세상은 그저 도도하게 흘러갈 뿐이었다. 그러나 공자는 3,000여 명의 소중한 제자를 길러냈다. 그들이 사회에 나가 많은 업적을 남겼고, 공자의 가르침은 오랜 세월이 흐르는 동안 동아시아의 문화에 많은 영향을 미쳤으며 지금도 큰 공감을 준다. 그래서 공자는 일흔에 이르러 삶을 되돌아보면서 '마음이 원하는 대로 해도 법도에 어긋남이 없었다'고 회고할 수 있었을 것이다.

# 제자들이 공자를
# 말하다

어떤 사람에 대해서 알려면 그 친구를 보라는 말이 있다. 비슷한 성품과 수준의 사람들끼리 서로를 믿고 의지하며 마음을 털어놓는 사이가 친구이기 때문이다. 친구는 붕우朋友라고도 한다. 굳이 구분한다면 붕朋이란 동문수학同門修學한 동창을 말하고, 우友란 뜻이나 취미 등이 서로 같은 동지상교同志相交의 벗을 말한다. 또 친구 중에 뜻과 기질이 서로 같은 막역한 벗을 집우執友라고 하고, 학식과 덕성이 뛰어나 존경하는 벗을 외우畏友라고 하며, 잘못을 지적하여 바른말로 충고해주는 벗을 쟁우諍友라고 한다. 공자는 친구를 이익이 되는 익자삼우益者三友와 손해가 되는 손자삼우損者三友로 구분하였는데, 정직한 사람, 친구의 도리를 지키는 사람, 견문이 넓은 사람을 익자삼우라 하고, 편벽된 사람, 남에게 아첨하는 사람, 입에 발린 말뿐이고 성의가 없는 사람을 손자삼우라고 하였다(16-4).

공자는 벗을 매우 중시하였다. 벗이 멀리서 찾아오는 것을 인생의 즐거움이라 생각했다(1-1). 또한 붕우가 죽어서 안치할 곳이 없으면

"내 집에 빈소를 차리라"(10-15)고도 하였다. 공자가 이처럼 벗을 중시했음에도 불구하고 공자의 이야기가 전해지는 『논어』나 『사기』 및 『공자가어』에는 어디에서도 공자의 친구 이름이나 그 친구와 나눈 대화를 찾아볼 수가 없다. 그 이유는 무엇일까? 두 가지를 생각해 볼 수 있다. 하나는 공자가 일정한 스승 밑에서 교육을 받지 못했기 때문에 동문수학한 벗이 없다는 것이고, 또 하나는 공자의 친구 중에는 함께 학문을 얘기하거나 높은 벼슬에 오른 친구가 없었다는 것이다. 그래서 아쉽게도 친구의 말을 통해 공자를 알려고 하는 것은 불가능하다.

다행히 공자에게는 서로 믿고 대화할 수 있는 많은 제자들이 있었다. 공자에게 있어서 제자들은 곧 학문을 함께 이야기하면서 뜻을 같이할 수 있는 친구이자 제자였다. 특히, 자로나 안회, 민자건과 자공 등 공문십철과 초기의 제자였던 증석(증삼의 아버지)이나 안무요(안회의 아버지) 등이 서로 뜻이 통하고 말이 통하는 친구 같은 제자였을 것이다. 다만, 기록상으로는 공자에 대하여 학문적인 물음 이외에 개인적인 평가나 심경을 이야기한 제자는 안회와 자공에 불과하다.


## 스승에 대한 안회의 경외심

안회는 배움이 성실하고 덕행이 뛰어난 제자였다. 말이 없으면서도 묵묵히 가르침을 실천했다. 안회는 학문에 뜻을 두고서 스승과 같은 인물이 되기를 바라면서 배움에 전념했다. 안회는 공자를 스승에 대한 존경과 경외의 마음으로 대했다. 안회가 스승을 얼마나 공경했는지는 『논어』「자한 편」에서 엿볼 수 있다.

안연(안회)이 후우! 하고 탄식하며 말했다. "우러러 볼수록 더욱 높아지고, 뚫을수록 더욱 여물어지며, 처다보면 앞에 있었는데, 어느덧 뒤에 있도다. 선생님께서는 순조롭게 남을 잘 이끌어주신다. 나를 넓혀주시기를 문文으로써 하시고, 나를 집약시켜주시기를 예禮로써 하셨다. 그만두고자 해도 그만둘 수가 없어서 이미 내 재주를 다하였으나, 세워놓은 바가 우뚝한 언덕 같아서 비록 좇아가려 해도 방도가 없다"(9-10).

안회는 이처럼 자신의 재주를 다해서 스승을 좇아가려 해도 스승의 경지가 너무 높아서 좇아갈 수 없다는 심경을 토로하고, 스승을 우뚝한 언덕 같다고 하면서 경외심으로 바라보았다.

## 자공의 존경심

자공은 공자의 제자 중에서 다방면으로 능력이 뛰어났다. 그러나 자공은 늘 겸손했다. 그래서 공자는 자공을 매우 신뢰하였고, 자공도 공자를 무한히 존경했다. 세상 사람들이 자주 자공에게 공자와 비교하여 스승보다 낫다고 했지만 자공은 늘 겸손한 마음으로 자기를 낮추고 스승을 높였다. 이에 대한 몇 가지 일화를 살펴보면 아래와 같다.

노나라 대부였던 숙손무숙은 조정에서 드러내놓고 공자를 비판하고 자공이 스승보다 낫다고 칭찬했다. 어느 날 숙손무숙이 공자를 헐뜯었다는 말을 전해 듣고 자공이 이렇게 말했다. "상관없다. 공자는 헐뜯을 수 없다. 다른 사람 중에서 어진 자는 구릉이어서 그런대로 넘을 수 있지만, 공자는 해와 달이어서 넘을 수 없다. 사람들이 비록 절단하려고 하나 어찌 해와 달에 손상이 있겠는가? 다만 자기의 분수를 알지 못하는 것만 드러낼 뿐이다"(19-24).

진자금[5]이 자공에게 말했다. "당신이 겸손해서 그렇지 어찌 공자가 당신보다 낫겠습니까?" 이에 자공이 말했다. "군자는 한마디의 말로 지혜로울 수도 있고, 지혜롭지 않을 수도 있으니, 말은 조심하지 않을 수 없다. 선생님에게 미치지 못하는 것은 하늘에 다리를 놓아서 올라갈 수 없는 것과 같다. 선생님께서 나라를 얻으셔서, 이른바 세우려고 하면 모두 서고, 인도하면 모두 행해지며, 편안하게 해주면 모두 몰려오고, 감동시키면 모두 화평하게 될 것이다. 그가 살아있음은 영광이고, 그가 죽으면 슬퍼할 것이니, 어떻게 미칠 수 있겠는가?"(19-25)

또한 『한시외전』을 보면, 제나라 경공이 자공에게 공자가 어진 사람이냐고 물었다. 이에 자공이 "성인이십니다. 어찌 어진 정도에 그치겠습니까?"라고 답했다. 그러자 다시 경공이 "그의 성스러움이란 어떤 것입니까?"라고 물었다. 이에 자공이 모른다고 하자, 경공이 얼굴색을 바꾸면서 "성인이라 해놓고 이제 모른다고 하면 어찌된 것이냐?"고 하였다. 이에 자공이 이렇게 설명했다. "저는 종신토록 하늘을 이고 살지만 하늘이 얼마나 높은지 알지 못합니다. 제가 공자를 모시는 것은 비유컨대 마치 목마를 때 작은 주전자나 국자를 들고 강과 바다에 가서 이를 떠 마시되 배

---

5   진자금은 이름이 진항이고, 춘추 시대 말기 공자의 제자이다. 귀족 출신으로 진나라 대부를 지낸 진자거의 동생이다

가 차면 떠나는 것과 같으니 어찌 그 강과 바다의 깊이를 알 수 있겠습니까?" 그러나 경공은 "선생의 자랑이 너무 심한 것이 아니냐?"고 빈정댔다. 이에 자공이 다시 이렇게 설명했다. "제가 어찌 심한 말을 할 수 있겠습니까? 오히려 그에 미치지 못할까봐 염려할 뿐입니다. 제가 공자를 자랑하는 것은 비유컨대 두 손으로 흙을 파서 태산에 보탠다고 해서 태산이 더 높아지지 않는 것과 같습니다. 또 저로 하여금 공자를 칭찬하지 말라고 하는 것은 역시 비유컨대 두 손으로 태산의 흙을 퍼낸다고 해서 그 태산이 낮아지지 않는 것과 같습니다." 그제야 경공은 "훌륭하오. 어찌 그럴 수가!" 하고 감탄했다.[6]

앞의 일화에서 알 수 있듯이 자공은 공자를 해와 달에 비유하고 또 태산에 비유하면서 아무리 헐뜯으려 해도 손상시킬 수 없으며, 헐뜯는 자만이 오히려 자신의 어리석음을 드러낸다고 하였다. 자공은 세상 사람들이 스승을 비방하는 것을 적극 변호하면서 공자에 대한 존경심을 드러냈다. 그래서 사마천은 『사기』「화식열전」에서 "대체로 공자의 이름이 천하에 널리 알려지게 된 것은 자공이 공자를 모시고 다니며 도왔기 때문이다"라고 하였다.

## 공자의 태도와 몸가짐

제자들이 본 공자의 생활태도와 몸가짐은 과연 어떠했을까? 『논어』

---

6 『한시외전』, 한영 찬, 임동석 역주, 동서문화사, 909~912쪽.

「향당 편」은 공자의 생활태도나 행동거지에 대해 제자들이 보고 느낀 점을 기록한 것이다. 거기에는 공자의 궁궐에서의 몸가짐, 임금을 대하는 태도, 연향이나 사적인 자리에서의 모습 등이 자세하게 기록되어 있는데, 몇 구절을 인용하면 아래와 같다.

"공자께서는 궁궐의 문에 들어가실 때는 몸을 굽히시어 넉넉하지 못한 것처럼 하셨다. 서 있을 때는 문 가운데 서지 아니하고 다니실 때는 문지방을 밟지 않으셨다. 임금 곁을 지나실 때는 낯빛을 엄하게 하고 발걸음을 신중히 하며 말을 잘하지 못하는 사람 같으셨다. 옷자락을 잡고 당뜰에 오르실 때는 몸을 굽히시어, 숨소리를 죽여 마치 숨을 쉬지 않는 사람 같으셨다. 나오셔서 층계를 내려와서는 낯빛을 펴서 화평하게 하시며, 층계를 다 내려와서는 빨리 걸으시는 모습이 새가 날개를 편 듯하였고, 자기 자리로 돌아와서는 공손하셨다"(10-4).

"공자께서 향당에 계실 때는 두려워하는 듯해서 말을 못하는 사람 같았다.[7] 종묘와 조정에 계실 때는 또박또박 말씀하시되 오직 신중하게 하였다"(10-1). 또 "연향하는 자리에서는 온화한 낯빛을 하셨다. 사적으로 만나보실 때는 화평하게 하셨다"(10-5).

이상과 같이 공자는 때와 장소에 따라서 예와 원칙에 맞는 몸가짐을 했음을 알 수 있다. 대개 공적인 자리에서는 엄숙하고 신중하였으

---

7  맹자는 향당에서는 나이가 제일이고, 조정에서는 작위가 제일이며, 백성을 기르는 데는 덕이 제일이라고 했다. 그래서 공자는 향당에서는 연세 드신 분들을 존중하여 말을 삼갔고, 조정에서는 자신의 직분을 완수하기 위해 또박또박 말했다고 볼 수 있다.

며, 사적인 자리에서는 온화하면서 편안하였다. 이러한 공자의 몸가짐을 한마디로 표현한다면 "마치 온화하면서도 엄숙하고 위엄이 있으면서도 사납지 않으며 공손하면서 편안하였다"(7-37)고 할 수 있다.


## 공자의 생활습관

「향당 편」에는 공자의 의식주에 대한 생활습관과 일상생활의 태도에 대하여도 자세히 기록되어 있는데, 이에 대하여 제자들의 기록을 살펴보면 아래와 같다.

"밥은 정精한 것을 싫어하지 않으시며,[8] 회는 가늘게 썬 것을 싫어하지 않으셨다. 밥이 상하여 쉬었거나 생선이 상하여 고기가 부패하였으면 먹지 않으셨으며, 빛깔이 나쁜 것을 먹지 않으시고, 냄새가 나쁜 것을 먹지 않으셨으며, 요리가 잘못된 것은 먹지 않으시고, 제철이 아닌 것은 먹지 않으셨다. 자른 것이 바르지 않으면 먹지 않으시고, 제격에 맞는 장醬을 얻지 못하면 먹지 않으셨다. 고기가 비록 많더라도 밥 기운을 이기게 하지 않으시며, 오직 술은 양을 정해 두지는 않았으나, 어지러운 지경에 이르지는 않으셨다. 사가지고 온 술과 시장에서 만든 포를 먹지 않으셨다. 생강 먹는 것을 그만두지 않으셨고, 많이 먹지 않으셨다. 나라에서 제사 지내고 받은 고기는 밤을 재우지 않으셨고, 집에서 제사 지낸 고기는 3일을 넘기지 않으셨으며, 3일이 지난 것은 먹지 않으셨다. 음식을 먹을 때는

---

8    정(精)은 정미한 것, 즉 도정한 쌀을 말한다.

말씀하지 않으시고, 잠자리에 누웠을 때도 말씀하지 않으셨다. 비록 거친 밥과 나물국이라도 제祭를 올리고, 반드시 재계하는 듯이 했다"(10-8).

"잠잘 때는 죽은 사람처럼 하지 않으시며, 집에 거처하실 때는 모양을 내지 않으셨다. 상복 입은 자를 보시면 비록 막역한 사이라도 낯빛을 변하시며, 면류관을 쓴 자와 장님을 보시면 비록 일상적인 자리에서도 반드시 예모를 다하셨다"(10-16). "자리가 바르지 않으면 앉지 않으셨고"(10-9), "낚시질을 하되 그물질은 하지 않으시고 잠자는 새를 쏘아 맞히지 않으셨다"(7-26). 또한 "공자는 네 가지를 단절하였으니 사사로운 의견이 없었고[毋意], 반드시 해야 한다는 것이 없었으며[毋必], 고집함이 없으셨고[毋固], 내가 아니면 안 된다는 것도 없으셨다[毋我]"(9-4).

이상의 내용처럼 공자의 생활습관은 다소 까다로운 편이었고, 잠잘 때는 죽은 듯이 자지 않았으며, 일상의 삶에서는 가능한 원칙을 지키려고 노력했음을 알 수 있다. 특히 잠자는 새를 쏘아맞히지 않았다는 것은 생명을 빼앗는 것에 대한 미안함과 사랑하는 마음이 만물에까지 미쳤음을 엿볼 수 있는 대목이다.

제자들은 스승 공자를 가장 가까이서 보아왔다. 궁궐에서 벼슬하는 모습도 보고, 세상에 불만을 품고 비판하는 행동도 보았다. 화를 내는 모습도 보았고, 슬퍼서 애통해 하는 것도 보았다. 주유열국의 시기에는 죽을 고비를 넘기면서 지치고 초라해진 모습도 보았다. 일상생활의 모습과 제자들을 가르치는 모습도 보았다. 그러한 공자의 모습을 보면서 제자들이 생각한 공자의 모습은 위엄이 있으면서도 온화하

342

고, 까다로우면서도 원칙주의자였으며, 지극히 인간다우면서도 군자
의 풍모를 지닌 스승의 모습이었다.

제40강
_____

# 세상 사람들이
# 공자를 평하다

사람을 평가할 때 좋은 점만 보는 사람이 있는가 하면 나쁜 점만 보
는 사람이 있다. 그 사람이 지닌 품성이나 성격 또는 가치관의 차이 때
문일 것이다. 하지만 대개 자신이 남보다 낫다는 우월의식을 갖고 있
거나 또는 자신에게 없는 능력을 남이 가지고 있을 때 시기하는 마음
에서 남을 비방하는 경우가 많다. 공자는 인격이 완성된 사람이어서
살아서도 죽어서도 많은 사람들의 칭송을 받았지만, 한편으로는 비방
하고 비판하는 사람도 적지 않았다.

공자를 비판한 사람으로는 노나라 대부 숙손무숙을 들 수 있다. 그
는 공자와 동시대 사람이었는데, "자공이 중니보다 낫다"(19-23)고 하
거나 또는 공자를 헐뜯는 등 노나라 조정에서 대놓고 공자를 비판했
다(19-24). 제나라 재상 안영도 공자를 비방했다. 경공이 공자에게 벼
슬을 내려 봉지를 주려하자, 안영은 공자를 비방하면서 반대했다. 공
자 사후에는 묵자나 장자가 공자를 폄하하였다.

반면 공자를 칭송한 사람으로는 노나라의 대부였던 맹희자를 들 수

있다. 『춘추좌씨전』 소공 7년에 보면, 맹희자가 임종을 앞두고[9] 가문의 중신들에게 "공구(공자)는 옛 성인의 후손이다"라고 말하면서 "이제 앞으로 공구가 세상에 어진 사람으로 존재할 것이다. 내가 만약 이대로 죽게 된다면 꼭 열說과 하기何忌를 그 분에게 부탁해서 그 분을 섬기며 예의를 배우게 하여 그 지위를 안정되게 하라"고 하였다. 이러한 맹희자의 유언에 따라 그 아들인 맹의자(하기)와 남궁경숙(열)은 공구(공자)를 스승으로 삼았다. 또한 제나라 태사였던 자여는 공자를 만나고 나서 문덕이 뛰어나다고 칭송하였다. 공자 사후에는 맹자, 순자 및 한비자 등이 공자를 성인이라고 하였다.

## 자여는 공자를 칭송했다

『공자가어』에 보면, 제나라 태사[10] 자여가 노나라에 갔다가 공자를 뵙고 나와 남궁경숙에게 이렇게 말했다.

"지금 공자는 성인의 후예로서 불보하弗父河[11] 이래로 대대로 덕망과 겸양하는 도량이 있었기 때문에 하늘이 그에게 복을 주신 것입니다. 성

---

9 노나라 소공 7년은 기원전 535년으로 공자 나이 17세 때이다. 그러나 맹희자가 사망한 것은 소공 24년이므로 공자 나이 34세 때이다. 맹희자의 유언은 『춘추좌씨전』 소공 7년조에 실려 있지만, 실제 사망한 것은 소공 24년이므로 임종하면서 남긴 유언으로 보아야 할 것이다.

10 태사(太師)는 태재(太宰)라고도 불리며, 군주를 가까이서 보필하는 벼슬이다. 대체로 지위가 높은 벼슬아치에게 더해지는 직함이었다.

11 춘추 시대 송나라의 상경이며, 공자는 그의 10대손(孫)이다

탕成湯은 무력으로 천하의 임금이 되었지만, 죽어서 문덕文德과 함께 배향되었으나 은나라 고종 이하에 와서는 이러한 문덕이 나타나지 않았습니다. 공자는 쇠퇴한 주나라에서 나서, 선왕의 전적典籍이 착란하여 단서가 없자, 이에 백가의 기록을 바탕으로 그 뜻을 상고하여 바로잡아 요순을 조술하고, 문왕과 무왕을 법으로 삼아 『시』를 산삭하고, 『서』를 지었으며, 『예』를 확정하고, 『악』을 정리하였으며, 『춘추』를 짓고, 『역』을 편찬하여 밝혀 후세 사람들에게 교훈으로 남겨 이로써 법칙을 삼도록 하였으니 그의 문장과 도덕이 드러나게 된 것입니다. 그래서 그에게 가르침을 받은 자는 속수 이상이 3천이니[12] 혹 하늘이 장차 공자에게 소왕素王[13]의 자리를 주려 한 것이겠지요? 어찌 이렇게도 그 덕이 풍성하신지요?"

이 말을 들은 남궁경숙이 이렇게 대답했다. "거의 모두가 그대의 말과 같습니다. 무릇 물건이란 두 가지가 똑같이 클 수는 없는 것입니다. 제가 듣기로 성인의 후예로서 그 계세지통[14]은 아닐지라도 반드시 세상에 나타나 덕을 흥성하게 베푸는 자는 있을 것입니다. 지금 공자의 도는 지극하여 장차 세상 사람들에게 끊임없이 베풀어질 것이니 하늘의 복을 사양하고자 하여도 그렇게 될 수는 없을 것입니다."[15]

이처럼 자여와 남궁경숙은 공자가 성인의 후예이며, 문장과 덕망이

---

12  가르침을 받기 위해 속수의 예를 올린 사람이 3천 명이란 의미다.

13  소왕이란 아무런 직위를 갖지 않았지만 왕의 자질과 덕성을 갖춘 사람이다. 바로 공자를 지칭한다.

14  계세지통(繼世之統)이란 적장자의 계통으로 가문이 이어지는 것으로, 즉 장자가 계속 가문의 전통을 잇는 것이다.

15  『공자가어』, 왕숙 찬, 임동석 역주, 동서문화사, 2009, 1030~1034쪽.

뛰어나 장차 세상 사람들에게 덕을 흥성하게 베풀 것이라고 칭송했다.


## 안영은 공자를 비방했다

안영은 제나라 재상이자 정치가이며 외교가였다. 공자는 안영에 대해 "남과 잘 사귀어 오래도록 존경을 받았다"고 하였지만, 안영은 공자를 못마땅하게 생각했다. 『안자춘추』를 보면 공자가 제나라로 가서 경공을 만났다. 경공이 기뻐서 이계의 땅을 공자에게 봉해주려고 하자, 안자가 이렇게 말했다.

"안 됩니다. 유자儒子란 오만하면서 자신만이 옳다고 하는 자들로, 아랫사람을 교화시킬 수가 없습니다. 음악을 좋아하여 백성들을 느슨하게 하므로 백성들을 친히 다스릴 수 없습니다. 천명을 내세워 할 일을 태만히 하니 직책을 맡길 수 없습니다. 장례를 후하게 하여 백성을 망치고 나라를 가난하게 합니다. 상喪을 너무 오래 끌어 슬퍼하느라 세월을 허비하니 백성들을 사랑하게 할 수가 없습니다."
그러면서 "지금 공구는 명성과 풍류를 성대히 하여 세상을 사치스럽게 하며, 음악으로 꾸미고 춤으로 부추겨서 무리를 모으고, 등강登降의 예[16]를 복잡하게 하여 의儀儀를 드러내며, 추상趨翔의 절도[17]에 힘써 무리에게 뽐내고 있습니다. 많이 배운다고 하지만 세상의 법도가 될 수는 없고, 많

---

16  등강의 예는 신분의 높음과 낮음을 구별하는 예를 말한다.
17  추상은 빠른 걸음으로 새가 날개를 펴는 듯한 몸짓을 말한다.

이 생각한다고 하지만 백성들에게 도움이 될 수는 없습니다. 수명을 두 배로 늘린다 해도 그 가르침을 다 배울 수 없고, 살아있는 동안에는 그 예를 다 헤아릴 수도 없습니다. 아무리 재물이 쌓여있다 하더라도 그 즐거움을 다 채울 수 없습니다. 사악한 술법을 화려하게 꾸미어 세상의 임금들을 미혹시키고, 명성을 풍부히 하여 백성들을 우매하게 만들고 있습니다. 그의 도는 세상에 모범이 될 수 없는 것이며, 그의 학문은 백성들을 이끌어 줄 수가 없습니다. 지금 임금께서는 그에게 땅을 봉해 주어 제나라의 풍속을 교화하려 하지만, 그것은 백성을 평안하게 하는 바가 못 됩니다."[18]

결국 안영은 공자가 명성과 풍류로 세상을 사치스럽게 하고 예를 복잡하게 하여 그의 가르침이 제나라의 백성들을 편안하게 하는 데 도움이 되지 못한다고 비난하면서 봉지를 주는 것을 반대했다. 앞의 문장은 내용이 매우 과장되어 있어서 실제 안영의 말인지는 알 수 없으나, 이와 비슷한 내용이 『묵자』에도 실려 있다.[19] 또한 그 내용 중에 묵자가 주장하는 사상이 들어 있는 것으로 보아 묵자가 안영의 입을 빌려 말한 것인데, 후에 『안자춘추』를 편찬하는 자들이 『묵자』에 실려 있는 것을 그대로 인용한 것이 아닌가 하는 의문이 든다. 아무튼 경공은 안영의 말을 듣고 공자에게 예우는 하되 토지를 분봉하지는 않았고, 공자는 제나라를 떠났다.

---

18 『안자춘추』, 임동석 역주, 동서문화사, 2009, 728~730쪽.
19 『묵자』 「권39 비유 편」, 김학주 역저, 명문당, 2003, 444~446쪽.

## 묵자와 장자는 공자를 폄하했다

묵자는 이름이 묵적이며 맹자보다 앞선 전국 시대 초기의 사상가다. 묵자는 모든 사람을 차별 없이 사랑하자는 겸애兼愛, 전쟁을 금지하자는 비공非攻, 백성의 이익에 반하는 재화의 소비를 금지하자는 절용節用, 장례를 간소화 하자는 절장節葬, 사치의 상징인 음악을 금지하자는 비악非樂 등의 사상을 주장하여 유가와 대립하였다. 묵자의 사상이 담긴『묵자』를 보면 공자를 얕보는 내용이 나온다.

공맹자公孟子가 묵자에게 물었다. "옛날 성왕들의 서열은 최고의 성인이 천자의 자리에 오르고 그 다음이 경대부의 자리에 앉았었습니다. 지금 공자는「시경」과「서경」을 널리 알고 예의와 음악에 밝으며 만물에 대하여 자세합니다. 만약 공자가 성왕의 시대를 맞이한다면 꼭 어찌 공자께서 천자가 되시지 않겠습니까?" 이에 묵자가 말하였다. "지혜가 있다는 것은 반드시 하늘을 존경하고, 귀신을 섬기며, 사람들을 사랑하고, 쓰는 것을 절약해야 하는 것이니, 이것들이 합쳐져야 지혜가 있게 되는 것이오. 지금 그대는 말하기를 공자는「시경」과「서경」을 널리 알고 예의와 음악에 밝고 만물에 대하여 자세하다고 하면서 천자가 될 수 있는 분이라 하셨소. 이것은 남의 장부를 계산하면서 부자가 되었다고 생각하는 것과 같은 짓이오."[20]

공맹자는 공자가 성왕聖王의 자질이 있으므로 성왕의 시대가 되면

---

**20** 『묵자』「권48 공맹 편」, 김학주 역저, 명문당, 2003, 673~674쪽.

천자가 되지 않겠느냐고 물었는데, 묵자는 공자가 천자가 될 수 있다고 말하는 것은 남의 장부를 보고 부자라고 하는 것과 같다고 하면서 공자를 폄하하였다.

한편 장자는 맹자와 동시대의 사상가였다. 『장자』에서 우화의 형식을 빌려 탁월한 문장으로 공자를 조롱하였다. 『장자』를 보면 장자는 밭가는 노인의 입을 통해 "공자는 박학함을 가지고 성인을 흉내 내며, 과장된 모습으로 사람들의 눈을 가리고, 홀로 거문고를 뜯으며 슬픈 노래를 함으로써 천하의 명성을 팔아먹는 자가 아니오?"라고 하여[21] 공자를 깎아내렸다. 또한 장자는 어부의 입을 빌려 공자에게 "그대가 하는 것은 사람의 일이오. 천자·제후·대부·서인, 이 네 부류의 인간이 스스로 자신의 자리에 바르게 서는 것은 세상이 잘 다스려지고 있기 때문이오. 이 네 부류의 인간이 제자리를 벗어나게 되면 그보다 큰 혼란이 없을 것이오"라고 말하면서, "그런데 지금 그대는 위로는 임금이나 재상의 권력도 없고, 아래로는 대신이나 관리와 같은 벼슬을 하는 것도 아닌데 멋대로 예악을 꾸미고, 인륜을 정하여 여러 백성들을 교화한다고 떠벌리고 있으니 너무 쓸데없는 일을 하고 있는 것이 아니겠소?"[22]라고 하였다.

결국 장자는 공자를 박학함으로 성인을 흉내 내며, 임금이나 재상의 권력도 없으면서 멋대로 인륜을 정해 백성을 교화한다고 떠벌리며 쓸데없는 일을 하는 사람이라고 폄하하였다.

---

**21** 『장자』「천지」, 장주 찬, 임동석 역주, 동서문화사, 2009, 259~262쪽.
**22** 『장자』「어부」, 장주 찬, 임동석 역주, 동서문화사, 2009, 766~771쪽.

## 맹자, 순자 및 한비자는 공자를 성인이라 했다

맹자는 공자의 사상을 계승하려고 하였고, 유가를 비판하는 양주와 묵적으로부터 유가를 지키려고 노력하였다. 제자인 공손추가 맹자에게 공자에 대하여 묻자, "벼슬해야 할 때 벼슬하고, 그만두어야 할 때 그만두며, 오래 머물러야 할 때는 오래 머무르고, 빨리 떠나야 할 때는 빨리 떠나는 것이 공자다. 성인이시니 나는 아직 그런 것을 행할 수 없지만 원하는 것은 공자를 배우는 것이다"[23]라고 하여 공자를 성인이라 하였다. 그러면서 "생민이 있고부터 그 이래로 공자 같은 분은 있지 않다"[24]고 칭송하였다.

순자는 전국 시대 말기 유학자이며, 맹자보다 대략 70년 후에 태어났다. 순자는『순자』에서 "공자는 어질고 지혜로우며 또한 마음이 가려지지 않았다. 그러므로 다스리는 술법을 배워서 족히 옛 임금들과 같게 될 만한 분이었다. 한 학파를 이루어 주나라를 다스리는 도를 터득하였으니, 드러내어 그것을 쓴다면 도를 실행함에 막힘이 없을 것이다. 그러므로 덕은 주공과 같은 명성을 얻었고, 이름이 우·탕·문왕의 세 임금과 나란히 하게 되었다"[25]고 하여 공자를 우·탕·문왕과 같은 성인으로 보았다.

또한 한비자는 법가사상을 집대성한 전국 시대 말기의 학자이다.

---

23  『맹자』「공손추 상2」, "可以仕則仕 可以止則止 可以久則久 可以速則速 孔子也 皆古
    聖人也 吾未能有行焉 乃所願則學孔子也"
24  『맹자』「공손추 상2」, "自有生民而來 未有孔子也"
25  『순자』「21편 해폐」, 순자 저, 김학주 역, 을유문화사, 2012, 713~715쪽.

그는 『한비자』 「오두」[26] 편에서 공자에 대해 이렇게 말했다.

"백성이란 진실로 권세에 복종하지만 의義에 감화될 수 있는 자는 적다. 공자는 천하의 성인으로 몸을 닦고 도를 밝혀 천하를 돌아다녔다. 천하 사람들은 그의 인仁에 기뻐하고 그 의를 찬미했지만, 복종한 자는 70명이었으니, 대체로 인을 귀하게 여기는 자는 적고 의를 실행하기는 어려웠기 때문이다. 노나라 애공은 하급의 군주였으나 그가 남면하여 나라의 군주 노릇을 하자 나라 안의 백성들 중 감히 신하가 되지 않는 자가 없었다. 백성이란 진실로 권세에 복종하고, 권세는 진실로 사람들을 쉽게 복종시킨다. 그래서 공자는 오히려 신하가 되고 애공은 도리어 군주가 된 것이니, 공자는 애공의 의에 감화된 것이 아니라 그의 권세에 복종한 것이다. 때문에 의에 기초하면 공자는 애공에게 복종하지 않았을 것이지만 권세에 의지해서 애공이 공자를 신하로 삼은 것이다."[27]

이처럼 한비자는 공자를 성인이라고 하면서도, 세상의 백성들은 인의보다는 권세에 복종한다고 했다. 즉, 공자의 인의보다도 애공의 권세를 높게 평가했다.

---

**26** 오두(五蠹)는 다섯 종류의 좀벌레란 뜻으로 나라를 갉아먹는 사람을 일컫는다. 한비자는 인의도덕 정치를 주장하는 유가(儒家), 이 나라 저 나라를 돌아다니며 입을 놀리는 세객(說客), 사사로운 무력으로 나라의 질서를 어지럽히는 유협(遊俠), 공권력에 의지해 병역이나 조세로부터 벗어나는 권문귀족, 농민의 이익을 빼앗는 상공인을 오두라고 하였다.,

**27** 『한비자』 「오두」, 한비자 저, 김원중 역, 휴머니스트, 876쪽.

공자는 세상 사람들로부터 칭송과 비난을 함께 받은 사람이다. 공자가 도덕정치를 구현하기 위해 주유열국을 할 때, '상갓집 개'라는 소리도 듣고, '안 되는 줄 알면서도 하려고 하는 자[知其不可而爲之者]'(14-41)라는 소리도 들었다. 그렇지만 공자는 이에 좌절하지 않고 세상을 바꾸겠다는 희망을 품고서 온갖 어려움을 감수하면서 예의 회복과 인의의 실천을 외쳤다. 바로 여기에 공자의 위대함이 있다.

# 포의에서
# 성인에 이르다

공자는 요임금과 순임금을 성인의 전범으로 생각하고 그러한 성인이 되려고 노력하였다. 이에 제자들은 공자를 성인聖人으로 생각했지만 공자는 자신을 성인이라고 생각하지는 않았다. 배움을 매우 좋아하고 즐거워하는 군자君子 정도로 생각했다. 그래서 태재가 "공자는 성인인가? 어찌 그리 능한 것이 많은가?"라고 물었다는 말을 전해들은 공자는 "내가 젊었을 때 미천했기 때문에 비천한 일을 잘하는 것이 많다. 군자가 잘하는 것이 많은가? 많지 아니하다"(9-6)라고 하였다. 군자도 잘하는 게 많지 않은데 하물며 능한 것이 많은 자기가 어찌 성인이 되겠느냐는 의미다.

그렇다면 공자가 생각하는 성인은 어떤 사람이었을까? 자공이 공자에게 "만약 백성들에게 널리 은혜를 베풀어 대중을 구제할 수 있다면 어떻습니까? 인仁하다고 할 수 있습니까?"라고 묻자, 공자가 대답했다. "어찌 인仁에만 그치겠느냐? 틀림없이 성인聖人일 것이다. 요임금과 순임금도 그렇게 하지 못하는 것을 병통으로 여겼다"(6-28). 공자는 이처럼 백성에게 널리 은혜를 베풀어 구제할 수 있는 사람을 성인이라고 생각했다. 공자의 기준대로라면 성인이 되기 위해서는 백성을 다스리는 지위에 있어야 한다. 그러나 공자는 중도재와 대사구의 벼슬에 잠시 있었을 뿐 생애의 대부분은 벼슬이 없는 포의布衣의 신분이었다. 그래서 공자는 살아있을 때 성인으로 불리기를 거부하였다.


## 공자는 성인의 후손인가?

『춘추좌씨전』에는 공자가 춘추 시대 송나라 제후의 후손이라고 기록되어 있다.[28] 노나라 소공 7년 조에 실려 있는 맹희자孟僖子의 유언을 좀 더 살펴보면 그 내용은 이렇다.

 "내 들었거니와 앞으로 모든 일에 통달한 어진 이가 있게 될 것인데, 그는 공구孔丘라는 분이다. 그 분은 옛 성인聖人의 후손으로, 가문은 송나라에서 망했다. 그 분의 조상인 불보하弗父何는 송나라 군주가 될 입장이었는데, 군주 자리를 여공에게 넘겨주었다. 또 불보하의 증손인 정고보正考甫는 송나라의 대공, 무공, 선공의 세 군주를 보좌하는 상경上卿이었으나 날

---

28  한편 『공자가어』에는 공자의 가계에 대하여 이렇게 기록하고 있다. 송나라 양공인 희(熙)는 불보하(弗父何)와 여공(厲公)을 낳았고, 불보하는 송보주(宋父周)를 낳았으며, 송보주는 세자 승(勝)을 낳았다. 승은 정고보(正考甫)를 낳았고, 정고보는 공보가(孔父嘉)를 낳았다. 공보가는 다시 목금보(木金父)를 낳았고, 목금보는 역이(睪夷)를 낳았으며, 역이는 공방숙(孔防叔)을 낳았다. 또 공방숙은 백하(伯夏)를 낳았고, 백하는 숙량흘(叔梁紇)을 낳았다. 숙량흘은 공자의 아버지다.

로 더욱 공경스러운 태도를 취하였다. 그는 솥을 만들어 경계하는 말을 새기어 이르기를, '처음 상경에 임명되었을 때는 고개를 숙이고, 다시 임명되었을 때는 등을 구부리며, 세 번째 임명되었을 때는 몸을 구부렸다. 길을 갈 때는 담을 끼고 빨리 걸으니 남이 나를 업신여기지 않았다. 나는 이 솥에 된 죽을 끓여서 먹고, 묽은 죽을 끓여서 입에 풀칠을 하리라'고 하였다. 그래서 장손흘이 정고보에 대해 말하기를, '그는 성인이요 밝은 덕이 있는 이어서, 그의 세대가 아니면, 그의 후손에 반드시 모든 일에 통달한 사람이 날 것이다'라고 하였다. 이제 장차 공구가 어진 사람으로 존재할 것이다."[29]

또한 『동주열국지』[30]에는 정고보의 아들 공보가孔父嘉의 이야기가 나온다. 공보가는 송나라 상공殤公 때 대사마大司馬의 자리에 있었다. 상공이 군사를 일으켜 정나라를 공격하자 태재 화독華督은 속으로 반대하는 입장이었으며, 따라서 당시 공보가가 병력을 주관하는 대사마였으므로 화독의 미움을 받았다. 화독은 뒤에서 "송나라 군주가 자기 백성을 사랑하지 않고 경솔하게 군사를 일으켜 전쟁하기를 좋아한다. 여러 차례의 거병은 모두가 공 사마의 생각에서 나온 것이다"라는 유

---

**29** 『춘추좌씨전』, 문선규 역저, 명문당, 2009, 159~160쪽.

**30** 『동주열국지』는 춘추전국 시대 550년의 역사를 기록한 책이다. 명나라 여소어가 쓴 『열국지전』을 명나라 말기 풍몽룡이 『신열국지』로 개편하여 간행하였고, 청나라 때 채원방이 『동주열국지』로 최종 정리했다. 『동주열국지』는 나관중의 『삼국지연의』와 같은 역사소설이지만 『삼국지연의』와는 전혀 다르다. 『삼국지연의』는 꾸며낸 이야기가 3할 이상인데 비하여 『열국지』는 꾸며낸 이야기가 1할도 안 된다. 『열국지』의 최종 정리자인 채원방이 "『열국지』는 완전히 정사(正史)로 간주하고 읽어야지 꾸며낸 소설로 읽어서는 아니 된다"고 말했듯이, 『열국지』의 내용은 대부분 사실(史實)에 근거한다.

언비어를 퍼트렸다. 더욱 화독은 공보가의 아내인 위씨가 세상에 둘도 없는 미인이라는 소문을 들었는데, 어느 날 위씨의 모습을 본 화독은 그 아름다움에 반해 날마다 그 여인을 생각하느라 혼백을 놓을 지경이었다. 화독은 공보가를 죽여서 그 여인을 차지하려는 음모를 꾸미고, 군사들을 부추겨서 결국 공보가를 살해했다. 그리고 위씨를 자기 집으로 데려가기 위해 수레에 실었지만, 위씨는 상황을 짐작하고 몰래 허리띠를 풀어 목을 맸다. 공보가에게는 하나뿐인 아들 목금보가 있었는데, 그 집 가신이 그를 안고 노나라로 도망쳤다.[31] 공보가의 6세손이 공자의 아버지인 숙량흘이다.

따라서 공자는 송나라의 군주 자리를 양보한 불보하의 11세손이고, 성인이라고 칭송받은 정고보의 8세손이다. 또 송나라 대사마를 지낸 공보가의 7세손이다. 공자의 선조는 공보가 때 가문이 멸망하면서 그 아들 목금보를 노나라로 피신시켜 대를 이을 수 있었다. 결국 공자의 선조는 송나라의 제후였지만 목금보부터는 노나라에서 선비[士]로 살았다. 그래서 공자의 아버지 숙량흘은 노나라 양공 때 선비에 해당하는 추읍의 대부로 있었다. 『동주열국지』에 보면 숙량흘은 양공 10년 진나라의 주도하에 제후 연합군이 핍양을 공격했을 때 현문이 갑자기 닫혀 갇히게 될 위기에서 이 성문을 떠받쳐 병사들을 탈출하게 할 만큼 힘이 장사인 무사였다고 한다.[32]

---

**31** 『동주열국지』, 풍몽룡 저, 채원방 정리, 김영문 역, 글항아리, 2015, 제1권 223~227쪽.

**32** 공자의 이러한 가계의 기록에 대하여 미국의 크릴(H. G. Creel)이나 일본의 시라카와 시즈카는 상당 부분이 사실과 다른 허구라고 주장하고 있다. 시라카와 시즈카가 지은 『공자전』, 정원철 외 1인 역, 펄북스, 2016, 22~33쪽 참조.

## 성인에 이르기까지의 삶

공자는 죽어서 성인이 되었다. 그렇다면 공자를 성인에 이르도록 한 삶은 무엇일까? 다음 몇 가지의 삶을 생각해 볼 수 있다.

첫째, 어린 시절의 비천하고 비루한 삶을 들 수 있다. 공자는 드라마틱한 삶을 살았다. 출생부터가 드라마틱했다. 예순이 넘는 노인과 열여섯의 처녀 사이에 정식 혼인관계가 아닌 상태에서 태어났으니 그 삶이 순탄할 수는 없었다. 특히 공자가 세 살 때 아버지가 사망하였으니 그 어머니가 받는 경제적·정신적 고통은 매우 컸을 것이다. 농토도 없고 봉록도 없으니 생활은 힘들었고, 그래서 공자는 먹고살기 위해 온갖 잡일을 하였다. 어린 시절의 미천한 삶은 공자에게 인내하는 마음과 배움에 대한 집념을 갖게 했다.

둘째, 배움에 대한 열정이 가득한 삶을 들 수 있다. 공자는 비천하였기에 배움에 매진하였다. 배움을 즐거워했으며 옛것을 익혀서 새로운 것을 알려고 노력하였다. 특히 "주나라는 하·은 이대二代를 거울 삼았으니 문화가 찬란하도다. 나는 주나라를 따르겠다"(3-14)고 하여, 주나라의 예악과 문화 그리고 문물을 배우려고 힘썼다. 배움에 몰두하느라 식음을 잊을 정도였다. 배움에 전념하여 삼십대에 이미 예 전문가로 이름이 알려졌고, 지혜와 덕이 뛰어났으며 그래서 마흔이 되어서는 근심하지 않고 미혹되지 않았다.

셋째, 나아감과 물러남을 아는 삶을 들 수 있다. 곧 지천명의 삶이다. 공자는 51세에 중도재로 벼슬을 시작하였지만 55세에 대사구직을 내던졌다. 『사기』「공자세가」에서는 이 이유를 다음과 같이 설명하고 있다. "공자가 정치에 참여하고 나서 노나라의 정치가 잘 돌아가자 제나라에서는 이 소문을 듣고 두려워했다. 이에 제나라에서는 미인 80명을 선발하여 강락무康樂舞[33]를 추게 하여 말 120필과 함께 노나라 군주에게 보냈다. 미인과 악대와 말들을 노나라 도성 남쪽의 높은 문에 늘어놓았다. 계환자가 평상복 차림으로 거듭 구경하러 갔다가 받아들일 마음이 들어 노나라 군주와 함께 각 지역을 순시한다는 말을 하고 그곳에 가서 온종일 구경하며 정사를 소홀히 했다." 이에 공자는 군주와 계환자가 정사를 소홀히 생각한다고 하여 벼슬을 떠났다. 이후 공자는 13년의 주유열국의 과정에서도 머물 곳과 머물지 말아야 할 곳을 알고, 물러날 때는 미련 없이 떠나는 삶을 살았다.

넷째, 주유열국에서 겪은 고난의 삶을 들 수 있다. 공자는 정공 13년인 55세에 노나라를 떠났다. 노나라에서는 자신의 정치적 이상을 달성할 수 없다고 생각하고 당시의 혼란스러운 사회를 바로잡을 수 있는 군주를 찾아 열국을 돌아다니는 긴 여정을 시작했다. 그러나 주유열국의 삶은 고난의 연속이었다. 송나라 환퇴에게 살해 위협을 당하기도 하고, 진나라와 채나라 사이에서 억류되어 식량이 떨어지는 고통도 겪었다. 위나라 영공의 부인인 남자南子와의 추문에 시달리기도 했다. 세상 사람들로부터 조롱과 멸시도 받았다. 주유열국은 공자가 정치적 이상을 펼치기 위한 여정이었지만 결국 삶의 고통과 세상의 이치를 깨달은 고행의 길이었다.

다섯째, 미래를 준비한 만년의 삶이다. 공자는 주유열국에서 돌아와 경전을 정리하고 강학에 전념하였다. 다음 세대에 전하기 위해

---

**33**  강락무란 몸의 편안함과 마음의 즐거움을 느끼도록 미녀가 아름다운 옷을 입고 음란한 음악에 맞추어서 추는 춤이다.

「시」, 「서」, 「예」, 「악」, 「주역」 등을 정리하고, 미래 세대를 이끌어나갈 제자들을 길러냈다. 이러한 공자의 노력에 의해 그 제자들은 사회로 나가 큰 활약을 펼쳤고, 유교의 경전은 지금도 전해지고 있다.


## 공자는 어떻게 성인이 되었나

공자를 처음 성인의 후예라고 말한 사람은 맹희자이다. 그는 공자가 장차 세상에 어진 사람으로 존재할 것이라고 했다. 공자 나이 서른네 살 때의 이야기다. 제자들도 공자를 성인으로 보았다. 『맹자』에는 자공과 유약의 말이 실려 있는데, 자공이 말하기를, "그 예를 보면 그 정치 수준을 알 수 있고, 그 음악을 들으면 그 덕을 알 수 있는 것이니, 백세가 지난 뒤에 백세의 왕들을 평가해보아도 그 어긋남이 없을 것이다. 생민이 있고부터 그 이래로 선생님 같은 분은 있지 않았다"고 하였다.[34] 또한 유약이 말하기를, "어찌 오직 백성에 있어서 뿐이겠는가? 기린은 달리는 짐승이고, 봉황은 나는 새이며, 태산도 언덕이며, 하해도 고인 물이듯이 성인도 역시 사람이지만, 사람의 무리에서 빼어난 정도를 보면 공자보다 더 나은 사람은 없다"고 하였다.[35]

공자 사후에는 맹자와 순자 등이 공자를 성인이라고 하였다. 맹자는 "공자는 성인이며, 원하는 것은 공자를 배우는 것이다"라고 하였

---

**34** 『맹자』 「공손추 상2」, "見其禮而知其政 聞其樂而知其德 由百世之後 等百世之王 莫之能違也 自生民以來 未有夫子也"

**35** 『맹자』 「공손추 상2」, "豈惟民哉 麒麟之於走獸 鳳凰之於飛鳥 泰山之於邱垤 河海之於行潦 類也 聖人之於民 亦類也 出於其類 拔乎其萃 自生民以來 未有盛乎孔子也

다. 또 순자는 "공자의 덕은 주공과 같은 명성을 얻었고, 이름이 우·탕·문왕의 세 임금과 나란히 하게 되었다"[36]고 하였다. 그러나 성인에 대한 논란에 종지부를 찍은 사람은 사마천이었다. 사마천은 『사기』「공자세가」의 말미에서 이렇게 기록하고 있다.

"나는 공씨의 책을 읽어 보았는데 생각이 그 사람됨까지 미쳤다. 노나라에 갔을 때 중니의 묘당, 수레, 의복, 예기禮器를 참관하던 중 여러 유생들이 때때로 거기에서 예를 익히는 것을 보고 존경하고 사모하는 마음이 우러나와 머뭇거리며 그곳을 떠날 수가 없었다. 천하에는 군왕에서 어진 사람에 이르기까지 많은 사람들이 있지만 모두 살아 있을 때는 영예로웠으나 죽으면 끝이었다. 그러나 공자는 포의布衣의 신분이었지만 십여 세대를 지나오면서도 학자들이 그를 받들었다. 천자와 왕후로부터 중원의 각 나라 중에 육예를 말하는 자는 모두 공자에게서 그 절충점을 찾았다. 가히 공자는 지극한 성인이라고 할 수 있다."[37]

## 황제들의 찬사

중국에서 공자에 대한 평가는 지금까지 계속되고 있으며 앞으로도 계속될 것이다. 여러 왕조를 거치는 동안 공자에게는 많은 시호가 내

---

**36** 『순자』「21편 해폐」, 순자 저, 김학주 역, 을유문화사, 2012, 713~715쪽.
**37** 『사기』「공자세가」, "余読孔氏書 想見其為人 適魯 観仲尼廟堂車服礼器 諸生以時習礼其家 余祇廻留之不能去云 天下君王至于賢人衆矣 當時則栄 没則已焉 孔子布衣 傳十余世 学者宗之 自天子王侯 中国言六藝者折中於夫子 可謂至聖矣"

려졌는데, 그 중 당 태종 11년(628년)에는 선성先聖, 당 현종 27년(739년)에는 문선왕文宣王, 원나라 성종 11년(1307년)에는 대성지성문선왕大成至聖文宣王이라는 시호가 내려졌다. 대성大成이란 크게 이루었다는 뜻이고, 지성至聖은 지극한 덕을 갖춘 성인이라는 의미이며, 문선왕文宣王이란 문화를 널리 펼친 임금이란 뜻이다. 또한 산동성 곡부에 있는 공묘孔廟의 입구에는 금성옥진金聲玉振[38]이 석각되어 있는 패방牌坊[39]이 있고, 사당에는 청나라 황제들이 방문하여 공자를 칭송한 편액이 헌정되어있다. 4대 황제인 강희제는 '만세사표萬世師表'라는 편액을 헌정하여 공자를 만세토록 모범이 될 스승이라고 칭송하였고, 5대 황제인 옹정제는 '생민미유生民未有'라는 편액을 헌정하여 사람이 생긴 이래 그와 같은 성인은 없었다고 하였다. 6대 황제인 건륭제는 '여천지참與天之參'이라는 편액을 헌정하여 천지의 운행에 참여하는 분이라 하였고, 7대 황제인 가경제는 '성집대성聖集大成'이라는 편액을 헌정하여 성스러운 것을 모아서 크게 완성하였다고 칭송했다. 또 9대 황제인 함풍제는 '덕제주재德齊幬載'라는 편액을 헌정하여 공자의 덕이 만물을 두루 덮어주고 떠받치는 천지의 덕과 같다고 했고, 11대 황제 광서제는 '사문재자斯文在玆'라는 편액을 내려 천하의 모든 문화가 여기에 있다고 칭송했다.

---

**38** 금성옥진에서 금성은 종소리이고, 옥진은 경(磬)소리이다. 팔음(八音)을 연주할 때 맨 처음에 종을 쳐서 그 소리를 헤치고, 마지막에 경을 쳐서 그 음을 거두어들여 음악을 끝낸다. 따라서 금성옥진이란 처음과 끝을 온전히 하여 지혜와 덕을 겸비하고 있음을 이르는 말이다. 곧 공자의 완성된 인격을 일컫는 말이다.

**39** 패방이란 중국의 전통적인 건축양식으로, 위에는 지붕이나 망루가 있고 문짝이 없는 문(門)의 일종이다.

비록 공자의 선조는 제후였지만 공자는 가난한 무사의 아들로 태어났다. 출생부터가 불우하여 비천한 삶을 살았으나 배움을 좋아하였고, 당시의 혼란된 사회를 바꾸고자 하였다. 온갖 고난을 겪으면서 도덕정치를 펼치려고 하였지만 그 꿈은 실현되지 않았다. 그러나 공자가 집대성한 유가의 경전과 가르침은 지금도 인간의 삶에 큰 영향을 미치고 있다. 의儀 땅의 국경을 지키는 관리인이 공자를 뵙고 나와서 "천하의 도가 없어진 지 오래되었으니, 하늘이 장차 선생님을 목탁으로 삼으실 것이다"(3-24)라고 하였듯이, 공자는 지금도 여전히 인간의 삶을 인도하는 목탁이라 할 것이다.

제
7
장

맺는 말
인간의 미래를 위하여

제42강

# 공자가 살아야
# 인간이 산다


유교가 한반도에 도입된 것은 삼국 시대 이전이다. 고구려 소수림 왕 2년(서기 372년)에 태학이라는 교육기관을 세워 오경五經을 가르쳤 다는 기록이 있는 것을 볼 때 이미 그 이전에 유교가 도입되었음을 알 수 있다. 고려 시대에는 불교를 숭상하는 정책을 실시했지만, 교육기 관인 국자감에서는 유교를 주요 과목으로 가르쳤다. 조선왕조의 성립 과 함께 배불숭유정책을 실시하면서 유교를 통치원리로 삼아 백성을 다스렸으며, 또한 성균관과 향교에서 이를 가르치면서 유교는 백성들 의 삶에 큰 영향을 미쳤다.[1] 오늘날까지 유교사상은 한국인의 의식 속

---

1  조선 시대의 유교(儒教)는 성리학이 중심이었다. 유교(儒教) 또는 유학(儒學)은 학문적 발전과정에 따라 진(秦) 이전의 유학을 본원유학(本源儒學), 한당(漢唐) 시대의 유학을 훈고학(訓詁學), 송명(宋明) 시대의 유학을 성리학(性理學), 청대의 유학을 고증학(考證 學)이라 부른다. 공자의 유교사상은 중국 송대에 들어와서 성리(性理)와 이기(理氣) 등 형이상학적 체계로 해석하였는데, 이를 성리학, 주자학 또는 신유학이라고 불렀다. 성리학은 가족을 중심으로 하는 혈연공동체와 국가를 중심으로 하는 사회공동체의 윤리규범을 제시하였다. 성리학은 고려 말 주자학이라는 이름으로 도입되었으며, 조

에 깊게 뿌리박혀 있으며, 이에 일부 학자들은 한국인이 갖고 있는 유교 중심의 의식과 생활 관습을 한국병이라고 비판하기도 한다. 심지어 IMF 사태 이후에 어떤 학자는 『공자가 죽어야 나라가 산다』는 책을 써서 유교사상을 비판하기도 하였다. 그의 주장은 한국병의 원인은 유교에 있고, 유교의 핵심인물은 공자이므로 공자가 죽어야 나라가 산다는 것이다. 그러나 그 책에는 유교에 대한 잘못된 내용이 많아서 잘 모르는 사람들이 유교를 오해할 소지가 있으므로 이를 바로잡을 필요가 있어 몇 가지 오류를 지적한다.

첫째, 그는 지금의 잣대로 과거를 재단하는 우를 범하였다. 유교는 2,500년 전 사회적으로는 신분제 사회, 정치적으로는 전제군주제, 그리고 경제적으로는 봉건제도 하에서 성립된 사상이다. 이를 지금의 민주주의나 자본주의 또는 자유와 평등의 사고를 갖고 비판하는 것은 시대의 흐름을 무시한 어리석은 행동이다.

둘째, 그는 서양의 것이 우수하다는 사고를 전제로 하고 있다. 조선은 1876년 강화도조약에 따라 외국에게 개항이 시작되었고, 그 과정에서 동도서기론東道西器論[2]을 주장하여 동양의 전통적인 가치관과 인문정신을 지키면서 서양의 기술과 기기를 수용하려고 하였다. 나름대

---

선왕조에서는 이를 나라를 다스리는 통치원리로 삼았다.

**2**  동도서기론은 1880년 정치가이자 학자였던 김윤식이 주창한 이론으로, 유교적 질서를 지키면서 서양의 우수한 과학기술을 수용함으로써 국가체제를 유지하자는 것이다. 19세기 후반 서세동점(西勢東漸)의 국제정세 속에서 대내적으로 체제변혁의 요구에 직면해 있던 조선과 일본 및 청나라는 이를 타개하기 위해 서구문명의 수용논리를 내세웠는데, 동양의 사상과 문화의 우월성을 전제로 하여 동도(東道)를 지키면서 서양의 기기(器機)를 받아들이자는 것이다. 이에 따라 조선에서는 동도서기론, 일본에서는 화혼양재론(和魂洋才論), 청나라에서는 중체서용론(中體西用論)이 제기되었다.

로 동양정신에 대한 자존심과 자부심이 남아 있었다. 그러나 서양의 민주주의, 자본주의, 실용주의, 합리주의 등의 사고를 수용하면서 마치 그것을 인간사회의 가장 우수한 제도로 생각하고 우리의 전통적인 유교문화와 관습을 비판하고 있는데, 이는 자조적이고 자기비하적인 행동일 뿐이다.

셋째, 그는 남존여비가 유교의 가치관인 것처럼 오해하고 있다. 동서양을 막론하고 여성의 사회 참여가 시작된 것은 근대 이후에 와서다. 그 이전의 사회는 농업 위주의 사회이고 성읍국가체제였기 때문에 농업생산력과 전투력이 앞서는 남성 위주로 사회가 유지되었다. 따라서 여성은 가정생활의 중심이었다. 기독교에서도 여성은 남성의 부속물로 간주되었고,[3] 인구조사에서 여성은 제외되었다.[4] 여성들의 참정권을 의미하는 투표참여는 1893년 뉴질랜드에서 처음 실시되었고, 영국에서는 1928년에 이르러 여성들에게 투표권이 주어졌다. 더욱 사우디아라비아에서는 2015년에 처음으로 여성들에게 투표권이 부여되었다. 여성들에게 공교육이 실시된 것도 근대 이후이다. 따라서 유교가 남성과 여성을 차별했다고 하는 것은 유교에 대한 이해 부족과 역사적 흐름을 간과한 주장이다. 공자는 여성에 대하여 "여자와 소인은 다스리기 어려우니, 가까이하면 불손해지고 멀리하면 원망한다"(17-25)고 하였지만, 이는 여성을 비하한 말이라기보다는 여성의 특성을 이해하고 거기에 맞게 상대해야 한다는 의미이다.

---

**3** 『구약성서』「창세기」에서는 "아담을 돕도록 하기 위해서 그의 갈비뼈로 여자를 만들었다"고 하였으며(2장 20~25절), 또한 『신약성서』「고린도전서」에서는 "남자의 머리는 그리스도이며, 여자의 머리는 남자다"라고 하였다(11장 3절).

**4** 『구약성서』「민수기」 참조.

넷째, 그는 한민족이 겪은 한일합방과 한국전쟁, 그리고 IMF 사태가 유교문화 때문이라고 하였는데, 이는 자가당착의 논리다. 이들 사건은 유교문화 때문이 아니라 오히려 유교의 가르침을 지키지 않아서 발생한 사건이다. 한일합방은 일부 대신들의 사욕에 기인된 것이고, 한국전쟁은 해방 이후의 일부 정치인들의 욕심과 이데올로기의 갈등 때문에 발생한 것이며, IMF 사태는 정치인들의 무능과 기업인들의 방만한 경영에 기인된 것이다.

다섯째, 그는 본질과 현상을 구분하지 못하는 오류를 범하였다. 공자의 사상이 본질이라면 현실적인 문제점은 제도를 운용한 결과이며 현상이다. 현상은 이를 운용하는 사람과 제도의 문제지 공자사상의 본질과는 별개의 문제다. 따라서 현상의 문제점을 본질의 탓으로 돌리는 것은 본질과 현상을 제대로 이해하지 못한 무지의 소치라 하겠다.

이상과 같이 그의 주장은 진단도 잘못되었고 처방도 잘못되었다. 유교에 대한 학문적 탐구나 인간의 삶에 대한 깊은 통찰 없이 단지 피상적인 지식과 현상만을 갖고 자기의 주장을 단정적으로 표현하였다.


## 인간은 지금 어디로 가고 있는가


지금의 우리 사회는 경제적으로는 풍요롭지만 상대적 빈곤감은 오히려 커졌다. 과학기술과 문명은 발전하였지만 삶은 불확실하고 불안하다. 정치는 국민에게 희망을 주지 못하고 불만과 불평만 쌓이게 한다. 우리 사회는 한마디로 말한다면 혼란의 사회다. 정치, 경제, 사회,

교육 등 모든 분야에서 자기의 주장만 내세울 뿐 조화를 이루지 못하고, 자기의 욕심과 이기심만 채우려 할 뿐 타인에 대한 배려는 인색하다. 인간은 지금 어디에 있으며 어디로 가고 있는가? 우리 사회의 현상을 설명할 수 있는 일곱 개의 주제어를 선정하여 그 문제점을 진단해 본다.

첫째, 갈등葛藤이다. 갈등이란 인간생활에서 개인이나 집단이 가지고 있는 두 가지 이상의 이해관계가 충돌하는 현상이다. 갈등은 좁게는 가족 간의 갈등에서 넓게는 노사갈등, 도농갈등, 지역갈등, 빈부갈등, 세대갈등, 여야갈등 등에 이르기까지 다양하다. 갈등의 대부분은 정치적 산물이다. 과거의 지역갈등이나 최근의 이념갈등 및 세대갈등은 정치인들에게 그 책임이 크다. 물론 자연스럽고 적절한 갈등은 발전의 동력이 될 수 있다는 견해도 있지만, 개인이나 특정집단의 이익만을 챙기고 양보와 타협이 없는 갈등은 사회를 병들게 한다. 옳고 그름을 따지지 않고 무조건 같은 의견끼리 한패가 되고 다른 의견을 배척하는 당동벌이黨同伐異의 태도나 님비현상Not In My Back Yard Syndrome 또는 핌피현상Please In My Front Yard으로 나타나는 집단이기주의는 공동체나 나라의 발전을 저해하는 심각한 갈등이다. 이해관계가 다양할수록 이러한 갈등이 점점 첨예하다는 것이 문제다.

둘째, 불신不信이다. 불신이란 사람과 사람 사이에 믿음을 상실한 상태이며, 우리 사회가 직면한 가장 심각한 문제다. 공자는 "백성의 믿음을 잃으면 나라가 존립할 수 없다"(12-7)고 하였는데, 지금의 문제는 바로 정부가 국민의 신뢰를 잃었다는 것이다. 의심암귀疑心暗鬼라는 말처럼 의심이 생기면 없는 귀신도 생겨나듯이, 믿음이 없으면 무서운 망상이 일어나서 불안해하고 피해망상에까지 이를 수 있다.

보통 불신은 이해와 관련되는데, 자신의 이해와 관련이 없으면 무관심하지만 이해가 얽히면 편견과 선입견이 생겨 먼저 의심부터 한다. 불신이 클수록 유언비어가 난무하고 정치적 선동에 이용당하기 쉽다.

셋째, 무법無法이다. 무법이란 법Law이 없다는 것이 아니라 법을 집행하는 원칙과 잣대Rule가 없다는 의미이다. 법치주의라고 하지만 법보다는 집단적 실력행사가 우선한다. 집단의 이익을 위해서라면 공공의 질서도 무시되고 타인에 대한 배려도 없다. 그런데도 공권력은 아무런 힘을 발휘하지 못한다. 소수자의 이익을 보호한다는 미명 하에 각종 불법행위가 용인되고, 공공질서를 어지럽히는 행위도 허용된다. 질서를 유지해야 할 경찰력은 있는데 무용지물이다. 합법과 준법이 무시되는 무법천지의 사회다.

넷째, 참월僭越이다. 참월이란 자기의 차례나 순서를 지키지 않는 것 또는 자기의 직분이나 주제를 넘어서서 참견하는 것이다. 공자는 "임금은 임금다워야 하고 신하는 신하다워야 하며 아버지는 아버지다워야 하고 자식은 자식다워야 한다"(12-11)고 하였는데, 이는 사회 각각의 구성원이 자기의 직분에 맞게 책임과 의무를 다하고 그에 맞는 권리를 주장해야 한다는 의미이다. 지금 우리 사회는 각각의 구성원이 자기의 직분을 넘어 참월하는 경우가 많고, 또한 자기의 직분에 대한 책임과 의무를 다하지 못하고 있다. 정치인은 정치인으로서의 책임과 의무를 다하지 못하고, 교사는 교사의 직분에 맞게 책임과 의무를 다하지 못하며, 언론은 언론의 직분에 맞게 책임과 의무를 다하지 못한다. 또 사장과 근로자는 각자의 직분에 맞게 책임과 의무를 다하지 못한다. 사회 각각의 구성원이 자기의 직분에 맞는 책임과 의무는 다하지 못하면서 권리만 주장하고, 타인의 직분을 참월할수록 사회적 혼란은 증대된다.

다섯째, 부정부패不正腐敗다. 부정부패란 사회구성원이 권한과 영향력을 부당하게 사용하여 사회질서에 반하는 사적 이익을 취하는 것이다. 부정한 방법으로 사회를 타락시키는 행위다. 부정부패는 보통 권한을 가진 사람과 그로부터 이익을 취하려는 사람과의 사이에서 발생한다. 인허가권, 인사권, 사업권 등 각종 권한을 행사하는 공무원이나 정치인이 부정한 방법으로 권한을 행사하고 이익을 취하는 행위다. 따라서 공자가 "정치는 바르게 하는 것이니, 통솔하는 자가 바르면 누가 감히 바르지 않겠는가?"(12-17)라고 하였듯이 권한을 가진 사람의 도덕성이 중요하다. 각국의 공무원이나 정치인이 얼마나 부패를 조장하는지를 측정하는 부패인식지수가 우리나라의 경우 2016년 세계 176개국 중에서 52위를 기록했고, OECD 35개국 중에서 29위로 거의 최저 수준에 있다. 부정부패의 심각성이 매우 우려되는 상황이다.

여섯째, 인륜상실人倫喪失이다. 인륜이란 공동체에서 사람과 사람 간에 지켜야 할 도리이다. 유교에서는 특히 부자父子, 군신君臣, 부부夫婦, 장유長幼, 붕우朋友 간의 지켜야 할 인륜을 중요시하였다. 그러나 지금 우리 사회는 배금주의拜金主義, 실용주의實用主義, 능력주의能力主義, 편의주의便宜主義, 이기주의利己主義 등으로 인해 이러한 인륜이 상실되었다. 자식이 늙은 부모를 유기하는가 하면, 부부간의 약속을 쉽게 파기하여 이혼이 증가하고 가족의 해체가 가속화되고 있으며, 노인은 혐오의 대상이 되었고, 친구 간에도 이해관계에 따라 쉽게 신뢰를 져버린다. 인륜의 상실은 곧 인간관계의 상실로 이어지고 있다.

일곱째, 문명역습文明逆襲이다. 문명은 인간에게 자연의 제약을 극복하고 물질적·정신적인 풍요를 가져다주었다, 그러나 지나친 과학기술의 발전과 문명의 추구는 점차 인간사회를 황폐화시키고 있다. 레이첼 카슨이 『침묵의 봄』[5]에서 살충제 DDT로 인해 생태계가 파괴된다고 경고하였듯이 자연이 훼손되고 있다. 냉장고의 냉매로 사용되던 프레온가스는 오존층의 파괴를 가져왔으며,[6] 또한 화석연료의 사용으로 인한 지구의 온난화로 기후변화가 발생하고 있다.[7] 난개발로 인하여 환경이 파괴되고 있으며, 또한 스마트 폰의 출현은 인간에게 대화를 단절시키고, 인공지능의 개발은 인간의 지위를 넘보고 있다. 인간의 미래의 삶을 불안하게 하는 문명의 역습이다.


## 나침반이 필요하다

옛날 어두운 밤길을 가는 사람이나 바다를 항해하는 사람들에게 방향을 가리켜주는 것은 북극성이었다. 북극성은 제자리를 지키면서 밤길을 여행하는 사람들에게 방향을 알려주는 역할을 했다. 나침반이

---

5   1962년 미국의 생태학자 레이첼 카슨이 쓴 책이다. 살충제로 인한 야생동물의 피해 사례를 다루었으며, 생태계의 파괴로 인간에게 미칠 잠재적 위험을 경고했다. 이 책을 계기로 1970년 지구의 날을 제정하기에 이르렀고, 1992년 리우선언을 이끌어 내는 계기가 되었다. 또한 『침묵의 봄』은 세계의 석학 100인이 선정한 '20세기를 움직인 10권의 책' 중 4위를 차지했다.

6   1930년대에 미국의 가정용 냉장고의 냉매로 사용되어 각광을 받았으나, 오존층을 파괴하는 것으로 밝혀지면서 1987년 몬트리올 의정서에 의거 제조와 수입이 금지되었다.

7   지구온난화의 영향으로 나타나는 기후변화로는 동태평양에서 발생하는 엘리뇨와 나니냐 현상을 들 수 있다. 엘리뇨는 해수면 온도가 높아지는 고수온 현상이고, 나니냐는 저수온 현상이다.

발견되면서 인간은 새로운 세계를 찾았다. 15세기부터 시작된 대항해 시대에 지리상의 발견을 가능하게 한 것은 바로 나침반이다. 지리상의 발견에 따라 유럽의 여러 나라들은 식민지 건설에 나섰고, 식민지에서 확보한 원료를 기반으로 산업혁명과 무역을 발전시켰다.

인생이란 현실을 여행하는 여행자의 삶이다. 밤길을 여행하는 사람이 길을 잃으면 북극성을 찾고 바다를 여행하는 사람이 길을 잃으면 나침반을 보면서 바른 길을 찾듯이 삶에서도 방향을 잃으면 잠시 멈추고 방향을 먼저 찾아야 한다. 새로운 인생은 방향을 찾음으로써 시작된다. 인생의 목표와 방향이 없는 삶은 다람쥐 쳇바퀴 도는 신세가 될 수도 있다. 지금 우리 사회는 혼란된 사회이며, 불확실성의 사회다. 어디로 가야 올바른 길인지 방향을 잃어버린 사회다. 인간의 욕심에서 기인된 갈등과 불신, 무법과 참월, 부정부패와 인륜의 상실, 그리고 문명의 역습이 인간이 가야 할 방향을 혼란스럽게 하고 있다. 자동차의 내비게이션처럼 인간에게 삶의 방향을 이끌어줄 나침반이 필요하다. 그것은 예수의 가르침이 될 수도 있고, 석가모니의 가르침이 될 수도 있고, 공자의 가르침이 될 수도 있다.


## 공자라도 살려보자

공자는 2,500년 전의 사람이다. 그때와 비교하면 지금은 문명이 엄청 발전하였고, 경제생활도 풍요로워졌다. 새로운 지식과 기술이 생기고 인간의 지혜도 발전하였다. 그러나 변하지 않은 것이 있으니 바로 인간이라는 사실이다. 혼자서는 살 수 없는 인간. 그래서 사회를 만들고 국가를 만들어서 남과 더불어 살아가는 인간이라는 사실은 공자 시대나 지금이나 변함이 없다. 인간은 조수처럼 자연의 법칙에 따라 살 수도 없고, 로빈슨 크루소처럼 외딴섬에 혼자 살 수도 없기에 남과 더불어 살아가는 존재다.

공자는 인간이 어떻게 살아야 하는가의 문제에 관심이 있던 사람이다. 사회적 혼란을 바로잡아보기 위해서 이상국가도 꿈꾸었고, 극기복례와 수기안인을 주장하였다. 모든 인간이 도덕적으로 인격이 완성된 군자가 되기를 희망했다. 하지만 현실에서는 이익과 권력이 중요한데 인간으로서의 윤리를 지키면서 살라고 한 공자의 말은 오히려 거추장스러운 것이었다. 그래서 당시의 군주들은 공자의 말을 외면했다. 도달할 수 없는 이상으로 여겼다, 그러나 북극성에 도달할 수 없다고 하여 길을 가는 사람이 이를 무시할 수는 없다.

공자는 이미 오래 전에 죽었다. 다시 살릴 수는 없다. 그러나 그가 남긴 가르침은 세월의 흐름을 넘어 우리에게 전해졌다. 다만, 인간이 이를 실천하지 않기에 그의 가르침은 죽어 있는 거나 마찬가지다. 공자를 살린다는 것은 그의 가르침을 배우고 실천하는 것이다. 지금은 방향을 잃은 혼란스러운 시대다. 그렇다고 인간을 이끌어줄 이정표도 없다. 비록 종교가 민중을 구제하는 역할을 하지만 사찰과 교회 안의 신神 앞에서만 독실篤實할 뿐이다. 이제는 신의 계율이 아닌 인간의 의지로 혼란된 사회를 바로잡아야 한다. 인간의 본성과 실천적 윤리를 중시했던 공자라도 살려보아야 할 때다.

# 공자에게
# 인간의 길을 묻다

언제나 읽을 때마다 잔잔한 느낌을 주는 한 편의 시가 있다. 미국의 시인 로버트 프로스트가 지은 「가지 않는 길」이다. 인생의 갈림길에 있을 때마다 읽어보면 무언가 힘이 되는 시, 삶에 대한 고통과 시련이 있을 때마다 읊어보면 위안을 주는 시다.

〈가지 않는 길〉

노란 숲속에 두 갈래 길이 있었다.
안타깝게도 두 길을 모두 갈 수 없는
나그네 신세이기에, 오랫동안 서서
한쪽 길이 덤불 속으로 구부러지는 데까지
눈길 닿는 데까지 멀리 바라보았다.

그리고 다른 길을 택했다, 똑같이 아름답고,

아마 더 걸어가야 할 필요가 있는 길을
풀이 무성하고 발길을 부르는 듯했기에
그 길도 걷다 보면 지나간 발자취가
두 길을 거의 같도록 하겠지만

그날 아침 두 길은 똑같이 놓여 있었고
낙엽 위로는 아무런 발자국도 없었다.
아! 나는 다른 한쪽 길을 훗날을 위해 남겨두었다.
길은 계속 길로 이어지는 것을 알기에
다시 여기 돌아올 수 있을지 의심하면서도

오랜 세월이 지난 후 어디에선가
나는 한숨지으며 이야기할 것이다.
숲속에 두 갈래 길이 있었고,
나는 사람들이 적게 간 길을 택했다고
그리고 그것이 내 모든 것을 바꾸어 놓았다고

인간은 누구에게나 가야할 길이 있다. 인생의 길이다. 인간이 어떤 길을 선택하느냐에 따라 그 삶은 달라진다. 그렇지만 모든 인간이 같은 길은 갈 수는 없다. 삶의 목표가 다르고, 살아가는 환경이 다르고, 능력과 가치관이 다르기 때문이다. 인간은 각자 자기의 목표를 갖고 서로 다른 삶을 산다. 그러나 인간은 혼자 사는 것이 아니라 사회라는 공동체를 형성하여 남과 더불어 살아가는 존재다. 따라서 개개인의 삶의 길은 달라도 공동체의 구성원으로서 가야 하는 길은 같을 수 있다. 공동체의 선善을 지향하는 삶의 길이다. 그것은 인간이라면 누구나 마땅히 가야 할 길, 인간답게 살아가는 길, 바로 인간의 길이다. 지금 우리는 과연 인간의 길을 가고 있는가? 혼란과 무질서, 욕심과 갈등, 불신과 불만 등으로 얼룩진 현실은 인간의 길과는 너무 멀다는 생각이 든다. 바로 이러한 현실이 공자에게 인간의 길이 무엇인지를 묻게 하는 이유다. 공자는 인간의 길로서 문명의 길, 소통과 조화의 길, 도덕의 길을 말했다.

## 문명의 길

공자는 인간을 문명적 존재로 보았다. 공자가 "조수와 더불어 살 수 없다"(18-6)고 한 것은 동물처럼 자연의 상태대로 자연의 법칙에 순응하여 사는 것이 아니라 인위적인 노력을 통해 동물적인 야만성에서 벗어나 문명적인 삶을 살겠다는 의지의 표명이다.[8] 그래서 공자는 자공이 제나라 관중을 어질지 못하다고 비난하자, 오히려 "관중이 없었다면 인간은 머리를 풀어헤치고 옷깃을 왼쪽으로 여미는 야만적인 삶에서 벗어나지 못했을 것이다"(14-18)라고 하면서 인간에게 문명적인 삶을 가져다준 관중을 높게 평가하였다. 또한 공자는 자신을 주나라

---

**8**  프랑스의 철학자 몽테스키외(Montesquieu)는 사회 발전의 단계를 진화론적 관점에서 수렵의 야만단계, 목축의 미개단계, 그리고 문명단계라는 세 단계로 나누었다. 여기서 야만은 야생적인 후진성에 바탕에 두고 의식주의 물질적인 생활에서나 도덕이나 종교 등 정신생활에서 일정 수준에 이르지 못한 단계를 지칭한다. 따라서 인간 사회는 수렵생활을 하던 야만사회에서 목축을 하던 미개사회를 거쳐 농경생활을 시작하면서 점차 문명사회로 발전하였다고 할 수 있다.

문화의 계승자이자 다음 세대에 문화를 전해주는 전달자라고 자처하였으며, 문명과 문화야말로 인간을 조수와 구별해주는 중요한 요소라고 생각했다.

그렇다면 인간은 동물에 비해서 얼마나 우월한 존재일까? 진화생물학자 재레드 다이아몬드[9]가 쓴 『제3의 침팬지』를 보면, 인간의 유전자는 침팬지의 유전자와 98.4%가 같고, 차이는 단지 1.6%에 불과하다고 한다. 결국 1.6%의 차이가 진정한 인간을 만드는 셈이다.

그러면 이 1.6%의 차이는 무엇인가? 장구한 인류의 역사에서 진화의 결과인 이 1.6%의 차이로 인류는 다른 종이 지니지 못한 고유한 문화를 가지게 된 것이다. 인간은 직립보행을 하고, 고도로 발달된 언어를 사용할 수 있으며, 도구를 만들고, 추상적인 사유를 하며, 의식과 의례를 치르고, 끊임없이 학습하고 생산하며, 새로운 것을 창조한다. 이러한 인간의 보편적 특성과 능력의 총체를 문화라고 할 수 있으며, 인류의 문화능력으로 만들어진 모든 유산을 문명이라고 한다.[10]

인간이 지구상에서 살기 시작한 것은 장구한 세월이지만, 문명생활을 영위한 기간은 그리 길지 않다. 그럼에도 불구하고 오늘날 인간의

---

**9** 재레드 다이아몬드(Jared Diamond)는 미국의 진화생물학자이다. 문명의 발전과 쇠퇴의 원인을 분석한 『총, 균, 쇠』로 1998년 퓰리처상을 받았다. 『총, 균, 쇠』는 인류문명의 발달과정에서 지역에 따라 문명의 발달과 쇠퇴의 차이를 가져온 가장 중요한 요소는 총으로 대변되는 군사력, 균으로 대변되는 전염병, 쇠로 대변되는 철기문화라고 하면서, 문명의 발달이 인종에 따른 지(知)의 차이가 아니라 그들이 처한 지역적 조건의 차이에 기인한다고 분석했다. 또한 1996년에 발표한 『제3의 침팬지』에서는 침팬지의 유전자와 비교하여 1.6%의 차이밖에 없는 인간이 문명을 창조한 과정을 설명하고, 그러나 이러한 문명발전의 이면에 도사리고 있는 환경파괴와 대량살상무기, 핵무기 등은 오히려 인류를 위기에 빠뜨릴 수 있다고 경고하였다.

**10** 『문명과 야만을 넘어서 문화읽기』, 이태주 저, 웅진싱크빅, 2006, 24쪽.

문명은 비약적으로 발전하여 눈부신 성과를 이루었다. 그러나 문명의 발전 이면에는 적잖은 문제점이 내포되어 있다. 우선 자연환경을 파괴하는 난개발과 화학제품의 사용, 그리고 엄청난 생활쓰레기의 배출 등으로 지구환경과 생태계가 훼손되고 있으며, 각종 대량살상무기와 핵무기 등은 인간의 생명을 위협하고 있다. 더욱 과학기술의 발달은 멀지 않은 미래에 인공지능과 인조인간이 인간의 지위를 넘보지 않을까 하는 우려까지 낳고 있다. 따라서 공자의 입장에서 보면 지금의 문명은 인간이 가야 할 길이 아니다. 공자가 말하는 문명은 인간을 근본으로 하는 인간을 위한 문명이어야 한다.

## 소통과 조화의 길

공자는 인간을 사회적 존재로 보았다. 따라서 인간은 사회라는 공동체를 만들어 남과 더불어 살아가는 존재이다. 인간이 남과 더불어 살아가기 위해서는 두 가지의 조건이 충족되어야 한다. 하나는 소통이고 또 하나는 조화이다. 소통은 서로의 뜻이 통하여 오해가 없는 것이고, 조화는 서로의 다름을 인정하면서 잘 어울리는 것이다. 소통의 수단은 말(言)이다. 공자는 "말은 신중해야 한다"(1-14), "말보다는 행동을 먼저 한다"(2-13), "말에는 반드시 신뢰가 있어야 한다"(13-20), "함께 말해야 할 때 함께 말하지 않으면 사람을 잃는다"(15-7), "말을 알지 못하면 사람을 알 수 없다"(20-3)고 하면서, 사람 간의 소통에서 말의 신중함과 신뢰를 중시하였다. 한편 조화는 다른 사람을 인정하는 마음이 있어야 한다. 공자가 "군자는 조화를 이루지만 같지 아니하고, 소인은 같지만 조화를 이루지 못한다[君子和而不同 小人同而不和]"(13-23)고 하였듯이 조화를 이루기 위해서는 군자와 같이 남을 인정하고 포용하는 마음이 갖추어져야 한다.

그러나 현실적으로 소통과 조화를 이루는 것은 쉽지 않다. 인간의 내면에 소통과 조화를 방해하는 마음이 도사리고 있기 때문이다. 그러한 마음은 첫째, 욕심 즉 이기심이다. 이기심은 남을 배려하지 않고 자기의 이익만을 생각하는 마음으로 남과의 소통과 조화를 방해한다. 둘째, 다름을 인정하지 않는 마음이다. 남은 나와 다를 수 있다. 생각이 다르고 가치관이 다르고 지향하는 목표도 다를 수 있다. 그러므로 남의 다름을 인정하지 않는 것은 소통과 조화를 방해한다. 셋째, 불신이다. 사람 간의 관계에서 믿음은 매우 중요하다. 믿음을 잃으면 의심이 생기고 정상적인 인간관계를 유지할 수 없다. 넷째, 무례이다. 예란 상대방에 대한 배려이며, 존중하는 마음에서 나온다, 예가 없으며 교만하고 남을 무시하게 되므로 소통과 조화를 이룰 수 없다. 다섯째, 피해의식이다. 피해의식은 사람을 원망하고 불평하고 시기하도록 한다. 피해의식에서 나오는 비판과 주장은 균형감이 없고, 용기도 없고, 의로움도 없다. 따라서 피해의식이 있으면 남과 소통하고 조화를 이루는 것이 어렵다. 결국 공자가 말하는 소통과 조화의 길이란 남을 인정하고, 배려하며, 신뢰하고, 이해하려는 마음을 갖는 것이다.


## 도덕의 길

인간이 사는 사회에서 법과 도덕은 질서를 유지하는 중요한 수단이다. 공자는 법보다는 도덕을 강조하였으며, 인간을 도덕적 존재로 파악했다. 인간은 혈연적, 사회적, 정치적 관계에서 단지 개인적인 자유만을 주장할 수 없는 공동체적 존재다. 이러한 인간관계는 가족을 토대로 하여 사회로 확장되어 나간다. 『대학』에 "한 집안이 어질면 한 나라에 어진 마음이 일어나고, 한 집안이 사양하면 한 나라에 사양하는 마음이 일어나며, 한 사람이 자기 이익만을 탐하면 한 나라에 혼란이 일어난다"[11]고 하였듯이, 개인의 도덕과 공동체의 선善은 불가분의 관계에 있다. 공자에게 있어서 도덕이란 내적으로는 인격의 수양과 자기 규율을 실천하는 수단인 동시에 외적으로는 공동체의 선을 실현하는 수단이다. 부모와 자식 간에 자애와 효가 넘치고, 부부간에는 서로 존경하고, 젊은이는 어른을 공경하고, 친구 간에는 신의를 지키고, 신하는 임금에게 진실함을 다하는 것이 유가의 근본 도덕윤리다. 도덕은 인간사회를 지탱하는 힘이다. 그러므로 도덕이 무너지면 질서가 무너지고 사회는 혼란스럽게 된다.

그런데 서양에서 유입된 물질문명과 합리주의, 실용주의, 그리고 개인주의적 가치관은 우리의 전통적인 유교 가치관에 혼란을 가져왔다. 사회질서가 무너지고, 인간관계에서 불신이 만연하고, 이혼이 증가하면서 가정이 해체되고, 부모를 때리고 살해하는 패륜행위가 늘어나고, 어린 자식을 학대하는 부모가 있는가 하면, 부모를 봉양하기 싫어서 유기하는 사태가 벌어지고 있다. 타인에 대한 배려는 전혀 없이 자기의 이익만 챙기고, 이해관계에 따라 인간관계의 신의를 저버리는 경우도 빈번히 발생한다. 심지어 정권의 승자에 의해서 자행되는 무자비한

---

11 『대학』, 「전9장」, "一家仁一國興仁 一家讓一國興讓 一人貪戾一國作亂"

정치보복, 반사회적인 시위와 테러행위, 불특정 다수인을 상대로 벌이는 끔찍한 범죄행위, 다수의 학생이 힘없는 학생에게 가하는 학교폭력 등 야만적이거나 불법적인 행동까지 발생되고 있다. 이처럼 우리 사회는 심각한 도덕의 실종 상태에 있다. 도덕의 실종은 나라를 멸망의 길로 몰고 갈 수 있다. 역사에서 나라가 멸망한 것은 대부분 군주나 위정자 또는 국민의 타락에서 온 도덕의 실종 때문이었다. 최근 도덕의 실종을 걱정하면서 중국에서는 공자의 열풍이 불고,[12] 미국에서는 도덕의 회복[13]을 주장하고 있다.

공자의 도덕론은 몇 가지 실천적 특징을 지니고 있다. 첫째, 위정자의 도덕에 의한 통치가 백성의 자발적 실천을 이끌어 낼 수 있다고 보았다. 둘째, 공자는 일상의 삶에서 도덕을 실천하는 것을 중히 여겼다. 『논어』 곳곳에 언급된 공자의 말씀을 보면, 사람이 집에 거처할 때, 일을 처리할 때, 다른 사람을 대할 때, 친구를 사귈 때 등 일상의 삶에서 진실한 마음과 신의 있는 태도를 중시하였다. 셋째, 공자는 인간의 의지와 능동적인 자세를 강조하였다. 인간 스스로 인격의 함양을 위하

---

**12** 중국 정부는 봉건사회의 잔재라고 매도했던 공자를 최근 복원하여 공자를 기리는 다양한 행사를 통해 도덕 회복에 열을 올리고 있다. 2004년 9월에는 공자 탄신 2,555년을 맞이하여 베이징의 한 호텔에서 180쌍의 부부가 공자의 초상 앞에서 혼인의 순결성을 유지한다는 서약을 했다. 도덕의 회복은 가정에서부터 시작되어야 한다고 생각했기 때문이다.

**13** 최근 자유가 최선이라고 생각했던 미국에서 공동체의 선이 부족하다고 여겨 도덕의 회복을 말하고 있다. 『정의란 무엇인가?』라는 책으로 유명한 마이클 샌델은 『왜 도덕인가?』라는 책을 통해 도덕의 문제를 다루었는데, 거기에서 그는 경제, 사회, 교육, 종교, 정치와 도덕의 관계를 설명하면서, 복권과 도박, 소수집단 우대정책, 교육의 상업성, 존엄사, 낙태, 정치인의 거짓말 등 다양한 사례를 통해 도덕의 문제를 다루었다. 또한 도덕적 가치의 중요성과 자유와 공동체의 문제를 논하였다.

여, 타인과의 원만한 조화를 위하여, 또는 공동체의 선을 달성하기 위하여, 적극적인 의지를 갖고 능동적으로 실천할 것을 요구하고 있다. 결국 자기를 극복하고 예를 회복하여 사람을 사랑해야 한다는 극기복례克己復禮와 스스로의 덕을 함양하여 남을 편안하게 해야 한다는 수기안인修己安人이 공자가 말하는 도덕의 길이라 할 수 있다.

오늘날 지구촌에서 도덕이 실종되고 사회 질서가 무너진 것은 부인할 수 없는 사실이다. 대부분의 사람들이 이를 걱정하지만 개선하려는 노력은 부족하다. 인간은 마치 영원히 살 것처럼 욕심을 부리고, 권력과 이익을 탐하며, 남을 배려함이 없이 자기주장만 하면서 갈등을 일으킨다. 이러한 이유에서 많은 사람들이 공자의 가르침을 공감하며 그리워한다. 공자의 가르침은 북극성과 같다. 북극성이 바다를 항해하는 사람에게 또는 밤길을 가는 사람에게 어디로 가야 할지 길을 가리켜주듯이, 공자의 가르침은 인간이 가야 할 방향을 가르쳐주는 하나의 이정표다. 바로 인간의 길이다.

부록

# 연표

| 연 도 | 나이 | 노왕조 | 내 용 |
|---|---|---|---|
| BC 551년 | 1세 | 양공 22년 | • 음력 9월 28일 노나라 창평향 추읍(지금 산동 성 곡부)에서 출생하다. |
| BC 549년 | 3세 | 양공 24년 | • 부친 숙량흘 사망하다. |
| BC 535년 | 17세 | 소공 7년 | • 모친 안징재 사망하다. 부친의 묘를 찾아서 부모를 합장하다.<br>• 상복을 입고 노나라의 대부 계손씨의 연회 에 참석하려다가 양호에 의해 제지당하다. |
| BC 533년 | 19세 | 소공 9년 | • 복상을 마친 후에 송나라로 가서 올관씨(혹 은 기관씨)를 부인으로 맞이하다. |
| BC 532년 | 20세 | 소공 10년 | • 아들 공리(孔鯉)가 태어나다.<br>• 계손씨 집안의 위리직을 맡아 창고를 관리 하다. |
| BC 531년 | 21세 | 소공 11년 | • 계손씨 집안의 승전리를 맡아 가축을 관리 하다. |
| BC 525년 | 27세 | 소송 17년 | • 담나라에서 온 담자에게 고대 관제를 배우다. |
| BC 522년 | 30세 | 소공 20년 | • 계씨 집안의 가신을 그만두고, 사학을 열다. 제나라에서 온 경공과 안영을 만나다. |
| BC 518년 | 34세 | 소공 24년 | • 주 왕조의 수도인 낙읍을 방문하여 노자에 게 예에 대하여 묻다.<br>• 노나라의 대부 맹희자가 유언을 남겨 아들 맹의자와 남궁경숙에게 공자를 스승으로 삼 아 예를 배우라고 하다. |
| BC 517년 | 35세 | 소공 25년 | • 노나라 소공이 삼환과의 싸움에서 패하여 제나라로 망명하다. 이에 공자도 노나라를 떠나 제나라로 가다. |

| BC 516년 | 36세 | 소공 26년 | • 제나라 경공이 공자에게 정치에 대해 묻다. |
|---|---|---|---|
| BC 515년 | 37세 | 소공 27년 | • 노나라로 돌아와서 사학에 전념하다. |
| BC 504년 | 48세 | 정공 6년 | • 계손씨의 가신 양호가 난을 일으켜 정권을 장악하고 공자를 벼슬에 나오라고 불렀으나 나아가지 않다. |
| BC 501년 | 51세 | 정공 9년 | • 공산불요가 난을 일으켜 정권을 잡고 공자를 부르니 이에 응하려고 하니 자로가 말리다. |
| BC 501년 | 51세 | 정공 9년 | • 관직에 나가서 중도재가 되었는데 1년 만에 탁월한 성과를 거두다. |
| BC 500년 | 52세 | 정공 10년 | • 노나라 정공과 제 경공의 협곡 회맹시 의례를 맡아 큰 공을 세우다. |
| BC 499년 | 53세 | 정공 11년 | • 사공을 거쳐 대사구에 이르다. |
| BC 498년 | 54세 | 정공 12년 | • 계씨에게 건의하여 삼환씨의 성벽을 허물기로 하고 계손씨의 비읍과 숙손씨의 후읍의 성벽은 허물었으나 맹손씨의 성읍은 허물지 못했다. |
| BC 497년 | 55세 | 정공 13년 | • 제나라에서 말과 미녀를 보내자 노나라 정공이 정사를 소홀히 하니, 관직을 사직하고 주유열국에 나서다. |
| BC 496년 | 56세 | 정공 14년 | • 위나라에서 관직을 맡고, 곡식 6만두를 봉록으로 받다.<br>• 위나라 영공의 부인 남자(南子)를 만나다. |
| BC 492년 | 60세 | 애공 3년 | • 송나라를 지날 때 사마환퇴에게 살해 위협을 받다.<br>• 정나라 도성 동문에 서 있는 공자를 보고 어떤 사람이 자공에게 상갓집 개와 같다고 하다. |
| BC 490년 | 62세 | 애공 5년 | • 채나라로 돌아가는 도중 자로에게 시켜 은자인 장저와 걸닉에게 나루터 가는 길을 묻게 하다. |

| BC 489년 | 63세 | 애공 6년 | • 초나라로 가는 도중 진나라와 채나라 사이에서 식량이 떨어져 7일간 굶다. |
|---|---|---|---|
| BC 484년 | 68세 | 애공 11년 | • 계강자가 예를 갖추어 부르니 주유열국을 멈추고 노나라로 돌아오다.<br>• 노나라로 돌아오기 1년 전에 부인이 사망하다. |
| BC 482년 | 70세 | 애공 13년 | • 아들 공리가 세상을 떠나다. |
| BC 481년 | 71세 | 애공 14년 | • 제자 안회가 병으로 죽다.<br>• 『춘추』의 집필을 끝내다. |
| BC 480년 | 72세 | 애공 15년 | • 제자 자로가 위나라에서 전사하다. |
| BC 479년 | 73세 | 애공 16년 | • 음력 4월에 공자 사망하다. 노나라 도성 북쪽 사수(泗水)강 언덕에 묻히다.<br>• 제자들이 3년을 복상하고, 이후 자공은 홀로 3년간 더 시묘살이 하다. |

# 『논어』원문

## 1 學而篇

1 子曰 學而時習之 不亦說乎 有朋自遠方來 不亦樂乎 人不知而不慍 不亦君子乎

2 有子曰 其爲人也孝弟 而好犯上者 鮮矣 不好犯上 而好作亂者 未之有也 君子務本 本立而道生 孝弟也者 其爲仁之本與

3 子曰 巧言令色 鮮矣仁

4 曾子曰 吾日三省吾身 爲人謀而不忠乎 與朋友交而不信乎 傳不習乎

5 子曰 道千乘之國 敬事而信 節用而愛人 使民以時

6 子曰 弟子入則孝 出則弟 謹而信 汎愛衆而親仁 行有餘力 則以學文

7 子夏曰 賢賢易色 事父母 能竭其力 事君 能致其身 與朋友交 言而有信 雖曰未學 吾必謂之學矣

8 子曰 君子不重則不威 學則不固 主忠信 無友不如己者 過則勿憚改

9 曾子曰 愼終追遠 民德歸厚矣

10 子禽問於子貢曰 夫子至於是邦也 必聞其政 求之與 抑與之與 子貢曰 夫子溫良恭儉讓以得之 夫子之求之也 其諸異乎人之求之與

11 子曰 父在觀其志 父沒觀其行 三年無改於父之道 可謂孝矣

12 有子曰 禮之用 和爲貴 先王之道 斯爲美 小大由之 有所不行 知和而和 不以禮節之 亦不可行也

13 有子曰 信近於義 言可復也 恭近於禮 遠恥辱也 因不失其親 亦可宗也

14 子曰 君子食無求飽 居無求安 敏於事而愼於言 就有道而正焉 可謂好學也已

15 子貢曰 貧而無諂 富而無驕 何如 子曰 可也 未若貧而樂 富而好禮者也 子貢曰 詩云 如切如磋 如琢如磨 其斯之謂與 子曰 賜也 始可與言詩已矣 告諸往而知來者

16 子曰 不患人之不己知 患不知人也

## 2 爲政篇

1 子曰 爲政以德 譬如北辰 居其所而衆星共之

2 子曰 詩三百 一言以蔽之 曰思無邪

3 子曰 道之以政 齊之以刑 民免而無恥 道之以德 齊之以禮 有恥且格

4 子曰 吾十有五而志于學 三十而立 四十而不惑 五十而知天命 六十而耳順 七十而從心所欲不踰矩

5 孟懿子問孝 子曰 無違 樊遲御 子告之曰 孟孫問孝於我 我對曰 無違 樊遲曰 何謂也 子曰 生事之以禮 死葬之以禮 祭之以禮

6 孟無伯問孝 子曰 父母唯其疾之憂

7 子游問孝 子曰 今之孝者 是謂能養 至於犬馬 皆能有養 不敬 何以別乎

8 子夏問孝 子曰 色難 有事 弟子服其勞 有酒食 先生饌 曾是以爲孝乎

9 子曰 吾與回言終日 不違如愚 退而省其私 亦足以發 回也 不愚

10 子曰 視其所以 觀其所由 察其所安 人焉廋哉 人焉廋哉

11 子曰 溫故而知新 可以爲師矣

12 子曰 君子不器

13 子貢問君子 子曰 先行其言 而後從之

14 子曰 君子周而不比 小人比而不周

15 子曰 學而不思則罔 思而不學則殆

16 子曰 攻乎異端 斯害也已

17 子曰 由 誨女知之乎 知之爲知之 不知爲不知 是知也

18 子張學干祿 子曰 多聞闕疑 愼言其餘 則寡尤 多見闕殆 愼行 其餘 則寡悔 言寡尤 行寡悔 祿在其中矣

19 哀公問曰 何爲則民服 孔子對曰 擧直錯諸枉 則民服 擧枉錯諸直 則民不服

20 季康子問 使民敬忠以勸 如之何 子曰 臨之以莊則敬 孝慈則忠 擧善而教 不能則勸

21 或謂孔子曰 子奚不爲政 子曰 書云 孝乎 惟孝 友于兄弟 施於有政 是亦
　爲政 奚其爲爲政

22 子曰 人而無信 不知其可也 大車無輗 小車無軏 其何以行之哉

23 子張問 十世可知也 子曰 殷因於夏禮 所損益可知也 周因於殷禮 所損益
　可知也 其或繼周者 雖百世可知也

24 子曰 非其鬼而祭之 諂也 見義不爲 無勇也


## 3　八佾篇

1 孔子謂季氏 八佾舞於庭 是可忍也 孰不可忍也

2 三家者 以雍徹 子曰 相維辟公 天子穆穆 奚取於三家之堂

3 子曰 人而不仁 如禮何 人而不仁 如樂何

4 林放問禮之本 子曰 大哉問 禮 與其奢也 寧儉 喪 與其易也 寧戚

5 子曰 夷狄之有君 不如諸夏之亡也

6 季氏旅於泰山 子謂冉有曰 女不能救與 對曰 不能 子曰 嗚呼 曾謂泰山 不
　如林放乎

7 子曰 君子無所爭 必也射乎 揖讓而升 下而飮 其爭也君子

8 子夏問曰 巧笑倩兮 美目盼兮 素以爲絢兮 何謂也 子曰 繪事後素 曰 禮後
　乎 子曰 起予者商也 始可與言詩已矣

9 子曰 夏禮吾能言之 杞不足徵也 殷禮吾能言之 宋不足徵也 文獻不足故也
　足則吾能徵之矣

10 子曰 禘自既灌而往者 吾不欲觀之矣

11 或問禘之說 子曰 不知也 知其說者之於天下也 其如示諸斯乎 指其掌

12 祭如在 祭神如神在 子曰 吾不與祭 如不祭

13 王孫賈問曰 與其媚於奧 寧媚於竈 何謂也 子曰 不然 獲罪於天 無所禱也

14 子曰 周監於二代 郁郁乎文哉 吾從周

15 子入大廟 每事問 或曰 孰謂鄹人之子 知禮乎 入大廟 每事問 子聞之曰
　是禮也

16 子曰 射不主皮 爲力不同科 古之道也

17 子貢 欲去告朔之餼羊 子曰 賜也 爾愛其羊 我愛其禮

18 子曰 事君盡禮 人以爲諂也

19 定公問 君使臣 臣使君 如之何 孔子對曰 君使臣以禮 臣事君以忠

20 子曰 關雎樂而不淫 哀而不傷

21 哀公 問使於宰我 宰我對曰 夏后氏以松 殷人以栢 周人以栗 曰 使民戰栗 子聞之曰 成事不說 遂事不諫 旣往不咎

22 子曰 管仲之器小哉 或曰 管仲儉乎 曰 管氏有三歸 官事不攝 焉得儉 然則管仲知禮乎 曰 邦君樹塞門 管氏亦樹塞門 邦君爲兩君之好 有反坫 管氏亦有反坫 管氏而知禮 孰不知禮

23 子語魯大師樂曰 樂其可知也 始作 翕如也 從之 純如也 皦如也 繹如也 以成

24 儀封人請見曰 君子之至於斯也 吾未嘗不得見也 從者見之 出曰 二三子 何患於喪乎 天下之無道也久矣 天將以夫子爲木鐸

25 子謂韶 盡美矣 又盡善也 謂武 盡美矣 未盡善也

26 子曰 居上不寬 爲禮不敬 臨喪不哀 吾何以觀之哉


## 4 里仁篇

1 子曰 里仁爲美 擇不處仁 焉得知

2 子曰 不仁者 不可以久處約 不可以長處樂 仁者安仁 知者利仁

3 子曰 惟仁者 能好人 能惡人

4 子曰 苟志於仁矣 無惡也

5 子曰 富與貴 是人之所欲也 不以其道得之 不處也 貧與賤 是人之所惡也 不以其道得之 不去也 君子去仁 惡乎成名 君子無終食之間違仁 造次必於是 顚沛必於是

6 子曰 我未見好仁者 惡不仁者 好仁者 無以尙之 惡不仁者 其爲仁矣 不使不仁者加乎其身 有能一日用其力於仁矣乎 我未見力不足者 蓋有之矣 我未之見也

7 子曰 人之過也 各於其黨 觀過 斯知仁矣

8 子曰 朝聞道 夕死可矣

9 子曰 士志於道 而恥惡衣惡食者 未足與議也

10 子曰 君子之於天下也 無適也 無莫也 義之與比

11 子曰 君子懷德 小人懷土 君子懷刑 小人懷惠

12 子曰 放於利而行 多怨

13 子曰 能以禮讓爲國乎 何有 不能以禮讓爲國 如禮何

14 子曰 不患無位 患所以立 不患莫己知 求爲可知也
15 子曰 參乎 吾道一以貫之 曾子曰 唯 子出 門人問曰 何謂也 曾子曰 夫子
之道 忠恕而已矣
16 子曰 君子喻於義 小人喻於利
17 子曰 見賢思齊焉 見不賢而內自省也
18 子曰 事父母幾諫 見志不從 又敬不違 勞而不怨
19 子曰 父母在 不遠遊 遊必有方
20 子曰 三年無改於父之道 可謂孝矣
21 子曰 父母之年 不可不知也 一則以喜 一則以懼
22 子曰 古者言之不出 恥躬之不逮也
23 子曰 以約失之者 鮮矣
24 子曰 君子欲訥於言而敏於行
25 子曰 德不孤 必有鄰
26 子游曰 事君數 斯辱矣 朋友數 斯疏矣

## 5  公冶長篇

1 子謂公冶長 可妻也 雖在縲絏之中 非其罪也 以其子妻之, 子謂南容 邦有
道 不廢 邦無道 免於刑戮 以其兄之子妻之
2 子謂子賤 君子哉若人 魯無君子者 斯焉取斯
3 子貢問曰 賜也何如 子曰 女器也 曰 何器也 曰 瑚璉也
4 或曰 雍也仁而不佞 子曰 焉用佞 禦人以口給 屢憎於人 不知其仁 焉用佞
5 子使漆雕開仕 對曰 吾斯之未能信 子說
6 子曰 道不行 乘桴浮于海 從我者 其由與 子路聞之喜 子曰 由也 好勇過我
無所取材
7 孟武伯問 子路仁乎 子曰 不知也 又問 子曰 由也 千乘之國 可使治其賦也
不知其仁也 求也何如 子曰 求也 千室之邑 百乘之家 可使爲之宰也 不知
其仁也 赤也何如 子曰 赤也 束帶立於朝 可使與賓客言也 不知其仁也
8 子謂子貢曰 女與回也 孰愈 對曰 賜也 何敢望回 回也聞一以知十 賜也聞
一以知二 子曰 弗如也 吾與女弗如也
9 宰予晝寢 子曰 朽木不可雕也 糞土之墻 不可杇也 於予與 何誅 子曰 始吾
於人也 聽其言而信其行 今吾於人也 聽其言而觀其行 於予與改是

10 子曰 吾未見剛者 或對曰 申棖 子曰 棖也慾 焉得剛

11 子貢曰 我不欲人之加諸我也 吾亦欲無加諸人 子曰 賜也非爾所及也

12 子貢曰 夫子之文章 可得而聞也 夫子之言性與天道 不可得而聞也

13 子路有聞 未之能行 唯恐有聞

14 子貢問曰 孔文子 何以謂之文也 子曰 敏而好學 不恥下問 是以謂之文也

15 子謂子産 有君子之道四焉 其行己也恭 其事上也敬 其養民也惠 其使民也義

16 子曰 晏平仲 善與人交 久而敬之

17 子曰 臧文仲居蔡 山節藻梲 何如其知也

18 子張問曰 令尹子文 三仕爲令尹 無喜色 三已之 無慍色 舊令尹之政 必以告新令尹 何如 子曰 忠矣 曰 仁矣乎 曰 未知 焉得仁 崔子弑齊君 陳文子有馬十乘 棄而違之 至於他邦 則曰 猶吾大夫崔子也 違之 之一邦 則又曰 猶吾大夫崔子也 違之 何如 子曰 清矣 曰 仁矣乎 曰 未知 焉得仁

19 季文子 三思而後行 子聞之 曰 再思可矣

20 子曰 甯武子 邦有道則知 邦無道則愚 其知可及也 其愚不可及也

21 子在陳 曰 歸與 歸與 吾黨之小子狂簡 斐然成章 不知所以裁之

22 子曰 伯夷叔齊 不念舊惡 怨是用希

23 子曰 孰謂微生高直 或乞醯焉 乞諸其鄰而與之

24 子曰 巧言令色足恭 左丘明恥之 丘亦恥之 匿怨而友其人 左丘明恥之 丘亦恥之

25 顏淵季路侍 子曰 盍各言爾志 子路曰 願車馬衣輕裘 與朋友共 敝之而無憾 顏淵曰 願無伐善 無施勞 子路曰 願聞子之志 子曰 老者安之 朋友信之 少者懷之

26 子曰 已矣乎 吾未見能見其過而內自訟者也

27 子曰 十室之邑 必有忠信如丘者焉 不如丘之好學也


## 6 雍也篇

1 子曰 雍也 可使南面 仲弓問子桑伯子 子曰 可也 簡 仲弓曰 居敬而行簡 以臨其民 不亦可乎 居簡而行簡 無乃大簡乎 子曰 雍之言 然

2 哀公問 弟子孰爲好學 孔子對曰 有顏回者好學 不遷怒 不貳過 不幸短命死矣 今也則亡 未聞好學者也

3 子華使於齊 冉子爲其母請粟 子曰 與之釜 請益 曰 與之庾 冉子與之粟五
秉 子曰 赤之適齊也 乘肥馬 衣輕裘 吾聞之也 君子周急 不繼富 原思爲之
宰 與之粟九百 辭 子曰 毋 以與爾隣里鄉黨乎

4 子謂仲弓曰 犁牛之子騂且角 雖欲勿用 山川其舍諸

5 子曰 回也 其心三月不違仁 其餘則日月至焉而已

6 季康子問 仲由可使從政也與 子曰 由也果 於從政何有 曰 賜也可使從政也
與 曰 賜也達 於從政何有 曰 求也可使從政也與 曰 求也藝 於從政乎何有

7 季氏使閔子騫爲費宰 閔子騫曰 善爲我辭焉 如有復我者 則吾必在汶上矣

8 伯牛有疾 子問之 自牖執其手曰 亡之 命矣夫 斯人也 而有斯疾也 斯人也
而有斯疾也

9 子曰 賢哉回也 一簞食 一瓢飲 在陋巷 人不堪其憂 回也不改其樂 賢哉回
也

10 冉求曰 非不說子之道 力不足也 子曰 力不足者 中道而廢 今女劃

11 子謂子夏曰 女爲君子儒 無爲小人儒

12 子遊爲武城宰 子曰 女得人焉爾乎 曰 有澹臺滅明者 行不由徑 非公事未
嘗至偃之室也

13 子曰 孟之反不伐 奔而殿 將入門 策其馬曰 非敢後也 馬不進也

14 子曰 不有祝鮀之佞 而有宋朝之美 難乎免於今之世矣

15 子曰 誰能出不由戶 何莫由斯道也

16 子曰 質勝文則野 文勝質則史 文質彬彬然後君子

17 子曰 人之生也直 罔之生也 幸而免

18 子曰 知之者 不如好之者 好之者 不如樂之者

19 子曰 中人以上 可以語上也 中人以下 不可以語上也

20 樊遲問知 子曰 務民之義 敬鬼神而遠之 可謂知矣 問仁 曰 仁者先難而後
獲 可謂仁矣

21 子曰 知者樂水 仁者樂山 知者動 仁者靜 知者樂 仁者壽

22 子曰 齊一變 至於魯 魯一變 至於道

23 子曰 觚不觚 觚哉 觚哉

24 宰我問曰 仁者雖告之曰 井有仁焉 其從之也 子曰 何爲其然也 君子可逝
也 不可陷也 可欺也 不可罔也

25 子曰 君子博學於文 約之以禮 亦可以弗畔矣夫

26 子見南子 子路不說 夫子矢之曰 予所否者 天厭之 天厭之

27 子曰 中庸之爲德也 其至矣乎 民鮮久矣

28 子貢曰 如有博施於民 而能濟衆 何如 可謂仁乎 子曰 何事於仁 必也聖乎
　堯舜其猶病諸, 夫仁者 己欲立而立人 己欲達而達人 能近取譬 可謂仁之
　方也已


## 7 述而篇

1 子曰 述而不作 信而好古 竊比於我老彭
2 子曰 黙而識之 學而不厭 誨人不倦 何有於我哉
3 子曰 德之不修 學之不講 聞義不能徙 不善不能改 是吾憂也
4 子之燕居 申申如也 夭夭如也
5 子曰 甚矣 吾衰也 久矣 吾不復夢見周公
6 子曰 志於道 據於德 依於仁 遊於藝
7 子曰 自行束脩以上 吾未嘗無誨焉
8 子曰 不憤不啓 不悱不發 擧一隅 不以三隅反 則不復也
9 子食於有喪者之側 未嘗飽也 子於是日哭 則不歌
10 子謂顏淵曰 用之則行 舍之則藏 惟我與爾有是夫 子路曰 子行三軍 則誰
　與 子曰 暴虎憑河 死而無悔者 吾不與也 必也臨事而懼 好謀而成者也
11 子曰 富而可求也 雖執鞭之士 吾亦爲之 如不可求 從吾所好
12 子之所愼 齊戰疾
13 子在齊聞韶 三月不知肉味 曰 不圖爲樂之至於斯也
14 舟有曰 夫子爲衛君乎 子貢曰 諾 吾將問之 入曰 伯夷叔齊 何人也 曰 古
　之賢人也 曰 怨乎 曰 求仁而得仁 又何怨 出曰 夫子不爲也
15 子曰 飯疏食飲水 曲肱而枕之 樂亦在其中矣 不義而富且貴 於我如浮雲
16 子曰 加我數年 五十以學易 可以無大過矣
17 子所雅言 詩書執禮 皆雅言也
18 葉公問孔子於子路 子路不對 子曰 女奚不曰 其爲人也 發憤忘食 樂以忘
　憂 不知老之將至云爾
19 子曰 我非生而知之者 好古敏以求之者也
20 子不語怪力亂神
21 子曰 三人行 必有我師焉 擇其善者而從之 其不善者而改之
22 子曰 天生德於予 桓魋其如予何
23 子曰 二三者以我爲隱乎 吾無隱乎爾 吾無行而不與二三子者 是丘也

24 子以四教 文行忠信

25 子曰 聖人 吾不得而見之矣 得見君子者 斯可矣 子曰 善人 吾不得而見之
矣 得見有恒者 斯可矣 亡而爲有 虛而爲盈 約而爲泰 難乎有恒矣

26 子釣而不綱 弋不射宿

27 子曰 蓋有不知而作之者 我無是也 多聞 擇其善者而從之 多見而識之 知
之次也

28 互鄉難與言 童子見 門人惑 子曰 與其進也 不與其退也 唯何甚 人潔己以
進 與其潔也 不保其往也

29 子曰 仁乎遠哉 我欲仁 斯仁至矣

30 陳司敗問 昭公知禮乎 孔子曰 知禮 孔子退 揖巫馬期而進之 曰 吾聞君子
不黨 君子亦黨乎 君取於吳 爲同姓 謂之吳孟子 君而知禮 孰不知禮 巫馬
期以告 子曰 丘也幸 苟有過 人必知之

31 子與人歌而善 必使反之 而後和之

32 子曰 文莫吾猶人也 躬行君子 則吾未之有得

33 子曰 若聖與仁 則吾豈敢 抑爲之不厭 誨人不倦 則可謂云爾已矣 公西華
曰 正唯弟子不能學也

34 子疾病 子路請禱 子曰 有諸 子路對曰 有之 誄曰 禱爾于上下神祇 子曰
丘之禱久矣

35 子曰 奢則不孫 儉則固 與其不孫也 寧固

36 子曰 君子坦蕩蕩 小人長戚戚

37 子溫而厲 威而不猛 恭而安


## 8 泰伯篇

1 子曰 泰伯 其可謂至德也已矣 三以天下讓 民無得而稱焉

2 子曰 恭而無禮則勞 愼而無禮則葸 勇而無禮則亂 直而無禮則絞 君子篤於
親 則民興於仁 故舊不遺 則民不偸

3 曾子有疾 召門弟子曰 啓予足 啓予手 詩云 戰戰兢兢 如臨深淵 如履薄氷
而今而後 吾知免夫 小子

4 曾子有疾 孟敬子問之 曾子言曰 鳥之將死 其鳴也哀 人之將死 其言也善
君子所貴乎道者三 動容貌 斯遠暴慢矣 正顏色 斯近信矣 出辭氣 斯遠鄙
倍矣 籩豆之事則有司存

5 曾子曰 以能問於不能 以多問於寡 有若無 實若虛 犯而不校 昔者吾友 嘗
　從事於斯矣

6 曾子曰 可以託六尺之孤 可以寄百里之命 臨大節而不可奪也 君子人與 君
　子人也

7 曾子曰 士不可以不弘毅 任重而道遠 仁以爲己任 不亦重乎 死而後已 不
　亦遠乎

8 子曰 興於詩 立於禮, 成於樂

9 子曰 民可使由之 不可使知之

10 子曰 好勇疾貧 亂也 人而不仁 疾之已甚 亂也

11 子曰 如有周公之才之美 使驕且吝 其餘不足觀也已

12 子曰 三年學 不至於穀 不易得也

13 子曰 篤信好學 守死善道 危邦不入 亂邦不居 天下有道則見 無道則隱 邦
　有道 貧且賤焉 恥也 邦無道 富且貴焉 恥也

14 子曰 不在其位 不謀其政

15 子曰 師摯之始 關雎之亂 洋洋乎盈耳哉

16 子曰 狂而不直 侗而不愿 悾悾而不信 吾不知之矣

17 子曰 學如不及 猶恐失之

18 子曰 巍巍乎 舜禹之有天下也 而不與焉

19 子曰 大哉 堯之爲君也 巍巍乎 唯天爲大 唯堯則之 蕩蕩乎 民無能名焉
　巍巍乎 其有成功也 煥乎 其有文章

20 舜有臣五人 而天下治 武王曰 予有亂臣十人 孔子曰 才難 不其然乎 唐虞
　之際 於斯爲盛 有婦人焉 九人而已 三分天下有其二 以服事殷 周之德 其
　可謂至德也已矣

21 子曰 禹吾無間然矣 菲飮食 而致孝乎鬼神 惡衣服 而致美乎黻冕 卑宮室
　而盡力乎溝洫 禹吾無間然矣


# 9 子罕篇

1 子罕言利與命與仁

2 達巷黨人曰 大哉 孔子 博學而無所成名 子聞之謂門弟子曰 吾何執 執御
　乎 執射乎 吾執御矣

3 子曰 麻冕禮也 今也純 儉 吾從衆 拜下禮也 今拜乎上 泰也 雖違衆 吾從下

4 子絕四 毋意 毋必 毋固 毋我

5 子畏於匡 曰 文王既沒 文不在茲乎 天之將喪斯文也 後死者 不得與於斯
文也 天之未喪斯文也 匡人其如予何

6 大宰問於子貢曰 夫子聖者與 何其多能也 子貢曰 固天縱之將聖 又多能也
子聞之曰 大宰知我乎 吾少也賤 故多能鄙事 君子多乎哉 不多也 牢曰 子
云 吾不試故藝

7 子曰 吾有知乎哉 無知也 有鄙夫問於我 空空如也 我叩其兩端而竭焉

8 子曰 鳳鳥不至 河不出圖 吾已矣夫

9 子見齊衰者 冕衣裳者 與瞽者 見之 雖少必作 過之必趨

10 顏淵喟然歎曰 仰之彌高 鑽之彌堅 瞻之在前 忽焉在後 夫子 循循然善誘
人 博我以文 約我以禮 欲罷不能 既竭吾才 如有所立卓爾 雖欲從之 末由
也已

11 子疾病 子路使門人爲臣 病間曰 久矣哉 由之行詐也 無臣而爲有臣 吾誰
欺 欺天乎 且予與其死於臣之手也 無寧死於二三子之手乎 且予縱不得
大葬 予死於道路乎

12 子貢曰 有美玉於斯 韞匵而藏諸 求善賈而沽諸 子曰 沽之哉 沽之哉 我待
賈者也

13 子欲居九夷 或曰 陋如之何 子曰 君子居之 何陋之有

14 子曰 吾自衛反魯 然後樂正 雅頌各得其所

15 子曰 出則事公卿 入則事父兄 喪事不敢不勉 不爲酒困 何有於我哉

16 子在川上曰 逝者如斯夫 不舍晝夜

17 子曰 吾未見好德如好色者也

18 子曰 譬如爲山 未成一簣 止 吾止也 譬如平地 雖覆一簣 進 吾往也

19 子曰 語之而不惰者 其回也與

20 子謂顏淵曰 惜乎 吾見其進也 未見其止也

21 子曰 苗而不秀者 有矣夫 秀而不實者 有矣夫

22 子曰 後生可畏 焉知來者之不如今也 四十五十而無聞焉 斯亦不足畏也
已

23 子曰 法語之言 能無從乎 改之爲貴 巽與之言 能無說乎 繹之爲貴 說而不
繹 從而不改 吾末如之何也已矣

24 子曰 主忠信 毋友不如己者 過則勿憚改

25 子曰 三軍可奪帥也 匹夫不可奪志也

26 子曰 衣敝縕袍 與衣狐貉者立而不恥者 其由也與 不忮不求 何用不臧 子

路 終身誦之 子曰 是道也 何足以臧
27 子曰 歲寒然後 知松栢之後彫也
28 子曰 知者不惑 仁者不憂 勇者不懼
29 子曰 可與共學 未可與適道 可與適道 未可與立 可與立 未可與權
30 唐棣之華 偏其反而 豈不爾思 室是遠而 子曰 未之思也 夫何遠之有


## 10 鄉黨篇

1 孔子於鄉黨 恂恂如也 似不能言者 其在宗廟朝廷 便便言 唯謹爾
2 朝與下大夫言 侃侃如也 與上大夫言 誾誾如也 君在 踧踖如也 與與如也
3 君召使擯 色勃如也 足躩如也 揖所與立 左右手 衣前後 襜如也 趨進 翼如
也 賓退 必復命曰 賓不顧矣
4 入公門 鞠躬如也 如不容 立不中門 行不履閾 過位 色勃如也 足躩如也 其
言似不足者 攝齊升堂 鞠躬如也 屏氣似不息者 出降一等 逞顏色 怡怡如
也 沒階趨進 翼如也 復其位 踧踖如也
5 執圭 鞠躬如也 如不勝 上如揖 下如授 勃如戰色 足蹜蹜如有循 享禮有容
色 私覿 愉愉如也
6 君子不以紺緅飾 紅紫不以爲褻服 當暑袗絺綌 必表而出之 緇衣羔裘 素衣
麑裘 黃衣狐裘 褻裘長 短右袂 必有寢衣 長一身有半 狐貉之厚以居 去喪
無所不佩 非帷裳必殺之 羔裘玄冠 不以吊 吉月必朝服而朝
7 齊必有明衣 布 齊必變食 居必遷坐
8 食不厭精 膾不厭細 食饐而餲 魚餒而肉敗 不食 色惡不食 臭惡不食 失飪
不食 不時不食 割不正不食 不得其醬不食 肉雖多 不使勝食氣 惟酒無量
不及亂 沽酒市脯不食 不撤薑食 不多食 祭於公 不宿肉 祭肉 不出三日 出
三日 不食之矣 食不語 寢不言 雖疏食菜羹 瓜祭 必齊如也
9 席不正 不坐
10 鄉人飮酒 杖者出 斯出矣 鄉人儺 朝服而立於阼階
11 問人於他邦 再拜而送之 康子饋藥 拜而受之 曰 丘未達 不敢嘗
12 廐焚 子退朝 曰 傷人乎 不問馬
13 君賜食 必正席先嘗之 君賜腥 必熟而薦之 君賜生 必畜之 侍食於君 君祭
先飯 疾 君視之 東首 加朝服拖紳 君命召 不俟駕行矣
14 入大廟 每事問(八佾 제15 장과 중복)

15 朋友死 無所歸 曰 於我殯 朋友之饋 雖車馬 非祭肉 不拜

16 寢不尸 居不容 見齊衰者 雖狎必變 見冕者與瞽者 雖褻必以貌 凶服者式之 式負版者 有盛饌 必變色而作 迅雷風烈 必變

17 升車 必正立 執綏 車中不內顧 不疾言 不親指

18 色斯舉矣 翔而後集 曰 山梁雌雉 時哉時哉 子路共之 三嗅而作


## 11  先進篇

1 子曰 先進於禮樂 野人也 後進於禮樂 君子也 如用之 則吾從先進

2 子曰 從我於陳蔡者 皆不及門也 德行 顏淵 閔子騫 冉伯牛 仲弓 言語 宰我 子貢 政事 冉有 季路 文學 子游 子夏

3 子曰 回也 非助我者也 於吾言 無所不說

4 子曰 孝哉閔子騫 人不間於其父母昆弟之言

5 南容三復白圭 孔子以其兄之子妻之

6 季康子問 弟子孰爲好學 孔子對曰 有顏回者好學 不幸短命死矣 今也則亡

7 顏淵死 顏路請子之車以爲之槨 子曰 才不才 亦各言其子也 鯉也死 有棺而無槨 吾不徒行以爲之槨 以吾從大夫之後 不可徒行也

8 顏淵死子曰 噫 天喪予 天喪予

9 顏淵死 子哭之慟 從者曰 子慟矣 曰 有慟乎 非夫人之爲慟而誰爲

10 顏淵死 門人欲厚葬之 子曰 不可 門人厚葬之 子曰 回也 視予猶父也 予不得視猶子也 非我也 夫二三子也

11 季路問事鬼神 子曰 未能事人 焉能事鬼 曰 敢問死 曰 未知生 焉知死

12 閔子侍側 誾誾如也 子路 行行如也 冉有 子貢 侃侃如也 子樂 若由也 不得其死然

13 魯人爲長府 閔子騫曰 仍舊貫 如之何 何必改作 子曰 夫人不言 言必有中

14 子曰 由之瑟 奚爲於丘之門 門人不敬子路 子曰 由也升堂矣 未入於室也

15 子貢問 師與商也 孰賢 子曰 師也過 商也不及 曰 然則師愈與 子曰 過猶不及

16 季氏富於周公 而求也爲之聚斂而附益之 子曰 非吾徒也 小子鳴鼓而攻之可也

17 柴也愚 參也魯 師也辟 由也喭

18 子曰 回也其庶乎 屢空 賜不受命 而貨殖焉 億則屢中

404

19 子張問善人之道 子曰 不踐迹 亦不入於室

20 子曰 論篤是與 君子者乎 色莊者乎

21 子路問 聞斯行諸 子曰 有父兄在 如之何其聞斯行之 冉有問聞斯行諸 子
日 聞斯行之 公西華曰 由也問聞斯行諸 子曰有父兄在 求也問聞斯行諸
子曰聞斯行之 赤也惑 敢問 子曰 求也退 故進之 由也兼人 故退之

22 子畏於匡 顏淵後 子曰 吾以女爲死矣 曰 子在 回何敢死

23 季子然問 仲由 冉求 可謂大臣與 子曰 吾以子爲異之問 曾由與求之問 所
謂大臣者 以道事君 不可則止 今由與求也 可謂具臣矣 曰 然則從之者與
子曰 弑父與君 亦不從也

24 子路使子羔爲費宰 子曰 賊夫人之子 子路曰 有民人焉 有社稷焉 何必讀
書然後爲學 子曰 是故惡夫佞者

25 子路 曾晳 冉有 公西華侍坐 子曰 以吾一日長乎爾 毋吾以也 居則曰 不
吾知也 如或知爾 則何以哉 子路率爾而對曰 千乘之國 攝乎大國之間 加
之以師旅 因之以饑饉 由也爲之 比及三年 可使有勇 且知方也 夫子哂之
求 爾何如 對曰 方六七十 如五六十 求也爲之 比及三年 可使足民 如其
禮樂 以俟君子 赤 爾何如 對曰 非曰能之 願學焉 宗廟之事 如會同 端章
甫 願爲小相焉 點 爾何如 鼓瑟希 鏗爾 舍瑟而作 對曰 異乎三子者之撰
子曰 何傷乎 亦各言其志也 曰 莫春者 春服旣成 冠者五六人 童子六七人
浴乎沂 風乎舞雩 詠而歸 夫子喟然嘆曰 吾與點也 三子者出 曾晳後 曾晳
曰 夫三子者之言何如 子曰 亦各言其志已矣 曰 夫子何哂由也 曰 爲國以
禮 其言不讓 是故哂之 唯求則非邦也與 安見方六七十 如五六十而非邦
也者 唯赤則非邦也與 宗廟會同 非諸侯而何 赤也爲之小 孰能爲之大

## 12 顏淵篇

1 顏淵問仁 子曰 克己復禮爲仁 一日克己復禮 天下歸仁焉 爲仁由己 而由人
乎哉 顏淵曰 請問其目 子曰 非禮勿視 非禮勿聽 非禮勿言 非禮勿動 顏淵
曰 回雖不敏 請事斯語矣

2 仲弓問仁 子曰 出門如見大賓 使民如承大祭 己所不欲 勿施於人 在邦無
怨 在家無怨 仲弓曰 雍雖不敏 請事斯語矣

3 司馬牛問仁 子曰 仁者 其言也訒 曰 其言也訒 斯謂之仁矣乎 子曰 爲之難
言之得無訒乎

4 司馬牛問君子 子曰 君子不憂不懼 曰 不憂不懼 斯謂之君子矣乎 子曰 內
　省不疚 夫何憂何懼

5 司馬牛憂曰 人皆有兄弟 我獨亡 子夏曰 商聞之矣 死生有命 富貴在天 君
　子敬而無失 與人恭而有禮 四海之內 皆兄弟也 君子何患乎無兄弟也

6 子張問明 子曰 浸潤之譖 膚受之愬 不行焉 可謂明也已矣 浸潤之譖 膚受
　之愬 不行焉 可謂遠也已矣

7 子貢問政 子曰 足食 足兵 民信之矣 子貢曰 必不得已而去 於斯三者何先
　曰 去兵 子貢曰 必不得已而去 於斯二者何先 曰 去食 自古皆有死 民無信
　不立

8 棘子成曰 君子質而已矣 何以文爲 子貢曰 惜乎 夫子之說君子也 駟不及
　舌 文猶質也 質猶文也 虎豹之鞟 猶犬羊之鞟

9 哀公問於有若曰 年饑 用不足 如之何 有若對曰 盍徹乎 曰二吾猶不足 如
　之何其徹也 對曰 百姓足 君孰與不足 百姓不足 君孰與足

10 子張問崇德辨惑 子曰 主忠信 徙義 崇德也 愛之欲其生 惡之欲其死 旣欲
　其生 又欲其死 是惑也 誠不以富 亦祇以異

11 齊景公問政於孔子 孔子對曰 君君 臣臣 父父 子子 公曰 善哉 信如君不
　君 臣不臣 父不父 子不子 雖有粟 吾得而食諸

12 子曰 片言可以折獄者 其由也與 子路無宿諾

13 子曰 聽訟 吾猶人也 必也使無訟乎

14 子張問政 子曰 居之無倦 行之以忠

15 子曰 博學於文 約之以禮 亦可以弗畔矣夫

16 子曰 君子成人之美 不成人之惡 小人反是

17 季康子問政於孔子 孔子對曰 政者 正也 子帥以正 孰敢不正

18 季康子患盜 問於孔子 孔子對曰 苟子之不欲 雖賞之 不竊

19 季康子問政於孔子曰 如殺無道 以就有道 何如 孔子對曰 子爲政 焉用殺
　子欲善而民善矣 君子之德風 小人之德草 草上之風 必偃

20 子張問 士何如斯可謂之達矣 子曰 何哉 爾所謂達者 子張對曰 在邦必聞
　在家必聞 子曰 是聞也 非達也 夫達也者 質直而好義 察言而觀色 慮以下
　人 在邦必達 在家必達 夫聞也者 色取仁而行違 居之不疑 在邦必聞 在家
　必聞

21 樊遲從遊於舞雩之下 曰 敢問崇德 脩慝 辨惑 子曰 善哉問 先事後得 非
　崇德與 攻其惡 無攻人之惡 非脩慝與 一朝之忿 忘其身 以及其親 非惑與

22 樊遲問仁 子曰 愛人 問知 子曰 知人 樊遲未達 子曰 舉直錯諸枉 能使枉

者直 樊遲退 見子夏曰 鄉也吾見於夫子而問知 子曰擧直錯諸枉 能使枉
者直 何謂也 子夏曰 富哉 言乎 舜有天下 選於衆 擧皐陶 不仁者遠矣 湯
有天下 選於衆 擧伊尹 不仁者遠矣

23 子貢問友 子曰 忠告而善道之 不可則止 無自辱焉

24 曾子曰 君子 以文會友 以友輔仁


## 13 子路篇

1 子路問政 子曰 先之勞之 請益 曰無倦

2 仲弓爲季氏宰 問政 子曰 先有司 赦小過 擧賢才 曰 焉知賢才而擧之 曰 擧
爾所知 爾所不知 人其舍諸

3 子路曰 衛君待子而爲政 子將奚先 子曰 必也正名乎 子路曰 有是哉 子之
迂也 奚其正 子曰 野哉 由也 君子於其所不知 蓋闕如也 名不正 則言不順
言不順 則事不成 事不成 則禮樂不興 禮樂不興 則刑罰不中 刑罰不中 則
民無所措手足 故君子名之必可言也 言之必可行也 君子於其言 無所苟而
已矣

4 樊遲請學稼 子曰 吾不如老農 請學爲圃 曰吾不如老圃 樊遲出 子曰 小人
哉 樊須也 上好禮 則民莫敢不敬 上好義 則民莫敢不服 上好信 則民莫敢
不用情 夫如是 則四方之民 襁負其子而至矣 焉用稼

5 子曰 誦詩三百 授之以政 不達 使於四方 不能專對 雖多 亦奚以爲

6 子曰 其身正 不令而行 其身不正 雖令不從

7 子曰 魯衛之政 兄弟也

8 子謂衛公子荊 善居室 始有 曰 苟合矣 少有 曰 苟完矣 富有 曰 苟美矣

9 子適衛 冉有僕 子曰 庶矣哉 冉有曰 旣庶矣 又何加焉 曰 富之 曰 旣富矣
又何加焉 曰 敎之

10 子曰 苟有用我者 朞月而已可也 三年有成

11 子曰 善人爲邦百年 亦可以勝殘去殺矣 誠哉 是言也

12 子曰 如有王者 必世而後仁

13 子曰 苟正其身矣 於從政乎何有 不能正其身 如正人何

14 冉子退朝 子曰 何晏也 對曰 有政 子曰 其事也 如有政 雖不吾以 吾其與
聞之

15 定公問 一言而可以興邦 有諸 孔子對曰 言不可以若是其幾也 人之言曰

爲君難 爲臣不易 如知爲君之難也 不幾乎一言而興邦乎 曰 一言而喪邦
有諸 孔子對曰 言不可以若是其幾也 人之言曰 予無樂乎爲君 唯其言而
莫予違也 如其善而莫之違也 不亦善乎 如不善而莫之違也 不幾乎一言
而喪邦乎

16 葉公問政 子曰 近者說 遠者來

17 子夏爲莒父宰 問政 子曰 無欲速 無見小利 欲速則不達 見小利則大事不
成

18 葉公語孔子曰 吾黨有直躬者 其父攘羊 而子證之 孔子曰 吾黨之直者 異
於是 父爲子隱 子爲父隱 直在其中矣

19 樊遲問仁 子曰 居處恭 執事敬 與人忠 雖之夷狄 不可棄也

20 子貢問曰 何如斯可謂之士矣 子曰 行己有恥 使於四方 不辱君命 可謂士
矣 曰 敢問其次 曰 宗族稱孝焉 鄉黨稱弟焉 曰 敢問其次 曰 言必信 行必
果 硜硜然小人哉 抑亦可以爲次矣 曰 今之從政者何如 子曰 噫 斗筲之人
何足算也

21 子曰 不得中行而與之 必也狂狷乎 狂者進取 狷者有所不爲也

22 子曰 南人有言曰 人而無恒 不可以作巫醫 善夫 不恒其德 或承之羞 子曰
不占而已矣

23 子曰 君子和而不同 小人同而不和

24 子貢問曰 鄉人皆好之 何如 子曰 未可也 鄉人皆惡之 何如 子曰 未可也
不如鄉人之善者好之 其不善者惡之

25 子曰 君子易事而難說也 說之不以道 不說也 及其使人也 器之 小人難事
而易說也 說之雖不以道 說也 及其使人也 求備焉

26 子曰 君子泰而不驕 小人驕而不泰

27 子曰 剛毅木訥 近仁

28 子路問曰 何如斯可謂之士矣 子曰 切切偲偲 怡怡如也 可謂士矣 朋友切
切偲偲 兄弟怡怡

29 子曰 善人教民七年 亦可以卽戎矣

30 子曰 以不教民戰 是謂棄之


## 14 憲問篇

1 憲問恥 子曰 邦有道穀 邦無道穀 恥也

2 克伐怨欲 不行焉 可以爲仁矣 子曰 可以爲難矣 仁則吾不知也

3 子曰 士而懷居 不足以爲士矣

4 子曰 邦有道 危言危行 邦無道 危行言孫

5 子曰 有德者必有言 有言者不必有德 仁者必有勇 勇者不必有仁

6 南宮适問於孔子曰 羿善射 奡盪舟 俱不得其死然 禹稷躬稼而有天下 夫子
不答 南宮适出 子曰 君子哉若人 尚德哉若人

7 子曰 君子而不仁者有矣夫 未有小人而仁者也

8 子曰 愛之 能勿勞乎 忠焉 能勿誨乎

9 子曰 爲命 裨諶草創之 世叔討論之 行人子羽修飾之 東里子産潤色之

10 或問子産 子曰 惠人也 問子西曰 彼哉 彼哉 問管仲曰 人也 奪伯氏駢邑
三百 飯疏食 沒齒無怨言

11 子曰 貧而無怨難 富而無驕易

12 子曰 孟公綽爲趙魏老則優 不可以爲滕薛大夫

13 子路問成人 子曰 若臧武仲之知 公綽之不欲 卞莊子之勇 冉求之藝 文之
以禮樂 亦可以爲成人矣 曰 今之成人者 何必然 見利思義 見危授命 久要
不忘平生之言 亦可以爲成人矣

14 子問公叔文子於公明賈曰 信乎 夫子不言 不笑 不取乎 公明賈對曰 以告
者過也 夫子時然後言 人不厭其言 樂然後笑 人不厭其笑 義然後取 人不
厭其取 子曰 其然 豈其然乎

15 子曰 臧武仲以防求爲後於魯 雖曰不要君 吾不信也

16 子曰 晋文公譎而不正 齊桓公正而不譎

17 子路曰 桓公殺公子糾 召忽死之 管仲不死 曰未仁乎 子曰 桓公九合諸侯
不以兵車 管仲之力也 如其仁 如其仁

18 子貢曰 管仲非仁者與 桓公殺公子糾 不能死 又相之 子曰 管仲相桓公 霸
諸侯 一匡天下 民到于今受其賜 微管仲 吾其被髮左衽矣 豈若匹夫匹婦
之爲諒也 自經於溝瀆而莫之知也

19 公叔文子之臣大夫僎 與文子同升諸公 子聞之曰 可以爲文矣

20 子言衛靈公之無道也 康子曰 夫如是 奚而不喪 孔子曰 仲叔圉治賓客 祝
鮀治宗廟 王孫賈治軍旅 夫如是 奚其喪

21 子曰 其言之不怍 則爲之也難

22 陳成子弑簡公 孔子沐浴而朝 告於哀公曰 陳恒弑其君 請討之 公曰 告夫
三子 孔子曰 以吾從大夫之後 不敢不告也 君曰 告夫三子者 之三子告 不
可 孔子曰 以吾從大夫之後 不敢不告也

23 子路問事君 子曰 勿欺也 而犯之

24 子曰 君子上達 小人下達

25 子曰 古之學者爲己 今之學者爲人

26 蘧伯玉使人於孔子 孔子與之坐而問焉曰 夫子何爲 對曰 夫子欲寡其過
而未能也 使者出 子曰 使乎 使乎

27 子曰 不在其位 不謀其政

28 曾子曰 君子思不出其位

29 子曰 君子恥其言而過其行

30 子曰 君子道者三 我無能焉 仁者不憂 知者不惑 勇者不懼 子貢曰 夫子自
道也

31 子貢方人 子曰 賜也賢乎哉 夫我則不暇

32 子曰 不患人之不己知 患其不能也

33 子曰 不逆詐 不億不信 抑亦先覺者 是賢乎

34 微生畝謂孔子曰 丘何爲是栖栖者與 無乃爲佞乎 孔子曰 非敢爲佞也 疾
固也

35 子曰 驥不稱其力 稱其德也

36 或曰 以德報怨 何如 子曰 何以報德 以直報怨 以德報德

37 子曰 莫我知也夫 子貢曰 何爲其莫知子也 子曰 不怨天 不尤人 下學而上
達 知我者其天乎

38 公伯寮愬子路於季孫 子服景伯以告曰 夫子固有惑志於公伯寮 吾力猶能
肆諸市朝 子曰 道之將行也與 命也 道之將廢也與 命也 公伯寮其如命何

39 子曰 賢者辟世 其次辟地 其次辟色 其次辟言

40 子曰 作者七人矣

41 子路宿於石門 晨門曰 奚自 子路曰 自孔氏 曰 是知其不可而爲之者與

42 子擊磬於衛 有荷蕢而過孔氏之門者 曰 有心哉 擊磬乎 旣而曰鄙哉 硜硜
乎 莫己知也 斯已而已矣 深則厲 淺則揭 子曰 果哉 末之難矣

43 子張曰 書云 高宗諒陰 三年不言 何謂也 子曰 何必高宗 古之人皆然 君
薨 百官總己 以聽於冢宰三年

44 子曰 上好禮 則民易使也

45 子路問君子 子曰 修己以敬 曰 如斯而已乎 曰 修己以安人 曰 如斯而已
乎 曰 修己以安百姓 修己以安百姓 堯舜其猶病諸

46 原壤夷俟 子曰 幼而不孫弟 長而無述焉 老而不死 是爲賊 以杖叩其脛

47 闕黨童子將命 或問之曰 益者與 子曰 吾見其居於位也 見其與先生竝行

也 非求益者也 欲速成者也

## 15 衛靈公篇

1 衛靈公問陳於孔子 孔子對曰 俎豆之事 則嘗聞之矣 軍旅之事 未之學也
明日遂行 在陳絕糧 從者病 莫能興 子路慍見曰 君子亦有窮乎 子曰 君子
固窮 小人窮斯濫矣

2 子曰 賜也 女以予爲多學而識之者與 對曰 然 非與 曰 非也 予一以貫之

3 子曰 由 知德者鮮矣

4 子曰 無爲而治者 其舜也與 夫何爲哉 恭己正南面而已矣

5 子張問行 子曰 言忠信 行篤敬 雖蠻貊之邦行矣 言不忠信 行不篤敬 雖州
里行乎哉 立則見其參於前也 在輿則見其倚於衡也 夫然後行 子張書諸紳

6 子曰 直哉史魚 邦有道 如矢 邦無道 如矢 君子哉蘧伯玉 邦有道則仕 邦無
道 則可卷而懷之

7 子曰 可與言而不與之言 失人 不可與言而與之言 失言 知者不失人 亦不
失言

8 子曰 志士仁人 無求生以害仁 有殺身以成仁

9 子貢問爲仁 子曰 工欲善其事 必先利其器 居是邦也 事其大夫之賢者 友
其士之仁者

10 顏淵問爲邦 子曰 行夏之時 乘殷之輅 服周之冕 樂則韶舞 放鄭聲 遠佞人
鄭聲淫 佞人殆

11 子曰 人無遠慮 必有近憂

12 子曰 已矣乎 吾未見好德 如好色者也

13 子曰 臧文仲其竊位者與 知柳下惠之賢而不與立也

14 子曰 躬自厚 而薄責於人 則遠怨矣

15 子曰 不曰如之何 如之何者 吾未如之何也已矣

16 子曰 羣居終日 言不及義 好行小慧 難矣哉

17 子曰 君子義以爲質 禮以行之 孫以出之 信以成之 君子哉

18 子曰 君子病無能焉 不病人之不己知也

19 子曰 君子疾沒世而名不稱焉

20 子曰 君子求諸己 小人求諸人

21 子曰 君子矜而不爭 羣而不黨

22 子曰 君子不以言舉人 不以人廢言

23 子貢問曰 有一言而可以終身行之者乎 子曰 其恕乎 己所不欲 勿施於人

24 子曰 吾之於人也 誰毀誰譽 如有所譽者 其有所試矣 斯民也 三代之所以
直道而行也

25 子曰 吾猶及史之闕文也 有馬者借人乘之 今亡矣夫

26 子曰 巧言亂德 小不忍則亂大謀

27 子曰 眾惡之 必察焉 眾好之 必察焉

28 子曰 人能弘道 非道弘人

29 子曰 過而不改 是謂過矣

30 子曰 吾嘗終日不食 終夜不寢 以思 無益 不如學也

31 子曰 君子謀道 不謀食 耕也 餒在其中矣 學也 祿在其中矣 君子憂道不憂
貧

32 子曰 知及之 仁不能守之 雖得之 必失之 知及之 仁能守之 不莊以涖之
則民不敬 知及之 仁能守之 莊以涖之 動之不以禮 未善也

33 子曰 君子不可小知 而可大受也 小人不可大受 而可小知也

34 子曰 民之於仁也 甚於水火 水火 吾見蹈而死者矣 未見蹈仁而死者也

35 子曰 當仁 不讓於師

36 子曰 君子貞而不諒

37 子曰 事君 敬其事 而後其食

38 子曰 有教無類

39 子曰 道不同 不相為謀

40 子曰 辭達而已矣

41 師冕見 及階 子曰 階也 及席 子曰 席也 皆坐 子告之曰 某在斯 某在斯 師
冕出 子張問曰 與師言之道與 子曰 然 固相師之道也


## 16 季氏篇

1 季氏將伐顓臾 冉有季路見於孔子曰 季氏將有使於顓臾 孔子曰 求 無乃爾
是過與 夫顓臾 昔者先王以為東蒙主 且在邦域之中矣 是社稷之臣也 何以
伐為 冉有曰 夫子欲之 吾二臣者 皆不欲也 孔子曰 求 周任有言曰 陳力就
列 不能者止 危而不持 顛而不扶 則將焉用彼相矣 且爾言過矣 虎兕出於
柙 龜玉毀於櫝中 是誰之過與 冉有曰 今夫顓臾固而近於費 今不取 後世

必爲子孫憂 孔子曰 求 君子疾夫舍曰欲之 而必爲之辭 丘也聞 有國有家
者 不患寡而患不均 不患貧而患不安 蓋均無貧 和無寡 安無傾 夫如是 故
遠人不服 則修文德以來之 旣來之 則安之 今由與求也 相夫子 遠人不服
而不能來也 邦分崩離析 而不能守也 而謀動干戈於邦內 吾恐季孫之憂 不
在顓臾 而在蕭牆之內也

2 孔子曰 天下有道 則禮樂征伐自天子出 天下無道 則禮樂征伐自諸侯出 自
諸侯出 蓋十世希不失矣 自大夫出 五世希不失矣 陪臣執國命 三世希不失
矣 天下有道 則政不在大夫 天下有道 則庶人不議

3 孔子曰 祿之去公室五世矣 政逮於大夫四世矣 故夫三桓之子孫微矣

4 孔子曰 益者三友 損者三友 友直 友諒 友多聞 益矣 友便辟 友善柔 友便佞
損矣

5 孔子曰 益者三樂 損者三樂 樂節禮樂 樂道人之善 樂多賢友 益矣 樂驕樂
樂佚遊 樂宴樂 損矣

6 孔子曰 侍於君子有三愆 言未及之而言 謂之躁 言及之而不言 謂之隱 未
見顏色而言 謂之瞽

7 孔子曰 君子有三戒 少之時 血氣未定 戒之在色 及其壯也 血氣方剛 戒之
在鬪 及其老也 血氣旣衰 戒之在得

8 孔子曰 君子有三畏 畏天命 畏大人 畏聖人之言 小人 不知天命而不畏也
狎大人 侮聖人之言

9 孔子曰 生而知之者 上也 學而知之者 次也 困而學之 又其次也 困而不學
民斯爲下矣

10 孔子曰 君子有九思 視思明 聽思聰 色思溫 貌思恭 言思忠 事思敬 疑思
問 忿思難 見得思義

11 孔子曰 見善如不及 見不善如探湯 吾見其人矣 吾聞其語矣 隱居以求其
志 行義以達其道 吾聞其語矣 未見其人也

12 齊景公有馬千駟 死之日 民無德而稱焉 伯夷叔齊餓于首陽之下 民到于
今稱之 其斯之謂與

13 陳亢問於伯魚曰 子亦有異聞乎 對曰 未也 嘗獨立 鯉趨而過庭 曰 學詩乎
對曰 未也 不學詩 無以言 鯉退而學詩 他日 又獨立 鯉趨而過庭 曰 學禮
乎 對曰 未也 不學禮 無以立 鯉退而學禮 聞斯二者 陳亢退而喜曰 問一
得三 聞詩 聞禮 又聞君子之遠其子也

14 邦君之妻 君稱之曰夫人 夫人自稱曰小童 邦人稱之曰君夫人 稱諸異邦
曰寡小君 異邦人稱之亦曰君夫人

1 陽貨欲見孔子 孔子不見 歸孔子豚 孔子時其亡 而往拜之 遇諸塗 謂孔子
曰 來 予與爾言 曰 懷其寶而迷其邦 可謂仁乎 曰 不可 好從事而亟失時 可
謂知乎 曰 不可 日月逝矣 歲不我與 孔子曰 諾 吾將仕矣

2 子曰 性相近也 習相遠也

3 子曰 唯上知與下愚不移

4 子之武城 聞弦歌之聲 夫子莞爾而笑曰 割鷄焉用牛刀 子游 對曰 昔者 偃
也聞諸夫子曰 君子學道則愛人 小人學道則易使也 子曰 二三者 偃之言
是也 前言戲之耳

5 公山弗擾以費畔 召 子欲往 子路不說曰 末之也已 何必公山氏之之也 子
曰 夫召我者 而豈徒哉 如有用我者 吾其爲東周乎

6 子張問仁於孔子 孔子曰 能行五者於天下 爲仁矣 請問之 曰 恭寬信敏惠
恭則不侮 寬則得衆 信則人任焉 敏則有功 惠則足以使人

7 佛肸召 子欲往 子路曰 昔者 由也聞諸夫子曰 親於其身爲不善者 君子不
入也 佛肸以中牟畔 子之往也 如之何 子曰然 有是言也 不曰堅乎 磨而不
磷 不曰白乎 涅而不緇 吾豈匏瓜也哉 焉能繫而不食

8 子曰 由也 女聞六言六蔽矣乎 對曰 未也 居 吾語女 好仁不好學 其蔽也愚
好知不好學 其蔽也蕩 好信不好學 其蔽也賊 好直不好學 其蔽也絞 好勇
不好學 其蔽也亂 好剛不好學 其蔽也狂

9 子曰 小子何莫學夫詩 詩可以興 可以觀 可以羣 可以怨 邇之事父 遠之事
君 多識於鳥獸草木之名

10 子謂伯魚曰 女爲周南召南矣乎 人而不爲周南召南 其猶正牆面而立也與

11 子曰 禮云禮云 玉帛云乎哉 樂云樂云 鐘鼓云乎哉

12 子曰 色厲而內荏 譬諸小人 其猶穿窬之盜也與

13 子曰 鄉原 德之賊也

14 子曰 道聽而塗說 德之棄也

15 子曰 鄙夫可與事君也與哉 其未得之也 患得之 旣得之 患失之 苟患失之
無所不至矣

16 子曰 古者民有三疾 今也或是之亡也 古之狂也肆 今之狂也蕩 古之矜也
廉 今之矜也忿戾 古之愚也直 今之愚也詐而已矣

17 子曰 巧言令色 鮮矣仁

18 子曰 惡紫之奪朱也 惡鄭聲之亂雅樂也 惡利口之覆邦家者

19 子曰 予欲無言 子貢曰 子如不言 則小子何述焉 子曰 天何言哉 四時行焉
百物生焉 天何言哉

20 孺悲欲見孔子 孔子辭以疾 將命者出戶 取瑟而歌 使之聞之

21 宰我問 三年之喪 期已久矣 君子三年不爲禮 禮必壞 三年不爲樂 樂必崩
舊穀旣沒 新穀旣升 鑽燧改火 期可已矣 子曰 食夫稻 衣夫錦 於女安乎
曰 安 女安則爲之 夫君子之居喪 食旨不甘 聞樂不樂 居處不安 故不爲也
今女安則爲之 宰我出 子曰 予之不仁也 子生三年 然後免於父母之懷 夫
三年之喪 天下之通喪也 予也有三年之愛於其父母乎

22 子曰 飽食終日 無所用心 難矣哉 不有博奕者乎 爲之猶賢乎已

23 子路曰 君子尚勇乎 子曰 君子義以爲上 君子有勇而無義 爲亂 小人有勇
而無義 爲盜

24 子貢曰 君子亦有惡乎 子曰 有惡 惡稱人之惡者 惡居下流而訕上者 惡勇
而無禮者 惡果敢而窒者 曰 賜也 亦有惡乎 惡徼以爲知者 惡不孫以爲勇
者 惡訐以爲直者

25 子曰 唯女子與小人 爲難養也 近之則不孫 遠之則怨

26 子曰 年四十而見惡焉 其終也已


## 18 微子篇

1 微子去之 箕子爲之奴 比干諫而死 孔子曰 殷有三仁焉

2 柳下惠爲士師 三黜 人曰 子未可以去乎 曰 直道而事人 焉往而不三黜 枉
道而事人 何必去父母之邦

3 齊景公待孔子曰 若季氏則吾不能 以季孟之間待之 曰 吾老矣 不能用也
孔子行

4 齊人歸女樂 季桓子受之 三日不朝 孔子行

5 楚狂接輿歌而過孔子曰 鳳兮鳳兮 何德之衰 往者不可諫 來者猶可追 已而
已而 今之從政者殆而 孔子下 欲與之言 趨而辟之 不得與之言

6 長沮 桀溺 耦而耕 孔子過之 使子路問津焉 長沮曰 夫執輿者爲誰 子路曰
爲孔丘 曰 是魯孔丘與 曰 是也 曰 是知津矣 問於桀溺 桀溺曰 子爲誰 曰
爲仲由 曰 是魯孔丘之徒與 對曰 然 曰 滔滔者天下皆是也 而誰以易之 且而
與其從辟人之士也 豈若從辟世之士哉 耰而不輟 子路行以告 夫子憮然曰
鳥獸不可與同羣 吾非斯人之徒與而誰與 天下有道 丘不與易也

7 子路從而後 遇丈人以杖荷蓧 子路問曰 子見夫子乎 丈人曰 四體不勤 五穀不分 孰爲夫子 植其杖而芸 子路拱而立 止子路宿 殺鷄爲黍而食之 見其二子焉 明日子路行以告 子曰 隱者也 使子路反見之 至則行矣 子路曰 不仕無義 長幼之節 不可廢也 君臣之義 如之何其廢之 欲潔其身 而亂大倫 君子之仕也 行其義也 道之不行 已知之矣

8 逸民 伯夷 叔齊 虞仲 夷逸 朱張 柳下惠 少連 子曰 不降其志 不辱其身 伯夷叔齊與 謂柳下惠 少連 降志辱身矣 言中倫 行中慮 其斯而已矣 謂虞仲夷逸 隱居放言 身中清 廢中權 我則異於是 無可無不可

9 大師摯適齊 亞飯干適楚 三飯繚適蔡 四飯缺適秦 鼓方叔入於河 播鼗武入於漢 小師陽 擊磬襄 入於海

10 周公謂魯公曰 君子不施其親 不使大臣怨乎不以 故舊無大故則不棄也 無求備於一人

11 周有八士 伯達 伯适 仲突 仲忽 叔夜 叔夏 季隨 季騧

## 19 子張篇

1 子張曰 士見危致命 見得思義 祭思敬 喪思哀 其可已矣

2 子張曰 執德不弘 信道不篤 焉能爲有 焉能爲亡

3 子夏之門人 問交於子張 子張曰 子夏云何 對曰 子夏曰 可者與之 其不可者拒之 子張曰 異乎吾所聞 君子 尊賢而容衆 嘉善而矜不能 我之大賢與 於人何所不容 我之不賢與 人將拒我 如之何其拒人也

4 子夏曰 雖小道 必有可觀者焉 致遠恐泥 是以君子不爲也

5 子夏曰 日知其所亡 月無忘其所能 可謂好學也已矣

6 子夏曰 博學而篤志 切問而近思 仁在其中矣

7 子夏曰 百工居肆 以成其事 君子學以致其道

8 子夏曰 小人之過也 必文

9 子夏曰 君子有三變 望之儼然 卽之也溫 聽其言也厲

10 子夏曰 君子信而後勞其民 未信則以爲厲己也 信而後諫 未信則以爲謗己也

11 子夏曰 大德不踰閑 小德出入可也

12 子游曰 子夏之門人小子 當灑掃應對進退則可矣 抑末也 本之則無 如之何 子夏聞之曰 噫 言游過矣 君子之道 孰先傳焉 孰後倦焉 譬諸草木 區

以別矣 君子之道 焉可誣也 有始有卒者 其惟聖人乎

13 子夏曰 仕而優則學 學而優則仕

14 子游曰 喪致乎哀而止

15 子游曰 吾友張也 爲難能也 然而未仁

16 曾子曰 堂堂乎張也 難與並爲仁矣

17 曾子曰 吾聞諸夫子 人未有自致者也 必也親喪乎

18 曾子曰 吾聞諸夫子 孟莊子之孝也 其他可能也 其不改父之臣與父之政 是難能也

19 孟氏使陽膚 爲士師 問於曾子 曾子曰 上失其道 民散久矣 如得其情 則哀 矜而勿喜

20 子貢曰 紂之不善 不如是之甚也 是以君子惡居下流 天下之惡皆歸焉

21 子貢曰 君子之過也 如日月之食焉 過也 人皆見之 更也 人皆仰之

22 衛公孫朝問於子貢曰 仲尼焉學 子貢曰 文武之道 未墜於地 在人 賢者識 其大者 不賢者識其小者 莫不有文武之道焉 夫子焉不學 而亦何常師之 有

23 叔孫武叔語大夫於朝曰 子貢賢於仲尼 子服景伯以告子貢 子貢曰 譬之 宮牆 賜之牆也及肩 窺見室家之好 夫子之牆數仞 不得其門而入 不見宗 廟之美 百官之富 得其門者或寡矣 夫子之云 不亦宜乎

24 叔孫武叔毀仲尼 子貢曰 無以爲也 仲尼不可毀也 他人之賢者 丘陵也 猶 可踰也 仲尼 日月也 無得而踰焉 人雖欲自絶 其何傷於日月乎 多見其不 知量也

25 陳子禽謂子貢曰 子爲恭也 仲尼豈賢於子乎 子貢曰 君子一言以爲知 一 言以爲不知 言不可不愼也 夫子之不可及也 猶天之不可階而升也 夫子 之得邦家者 所謂立之斯立 道之斯行 綏之斯來 動之斯和 其生也榮 其死 也哀 如之何其可及也


## 20 堯曰篇

1 堯曰 咨爾舜 天之曆數在爾躬 允執其中 四海困窮 天祿永終 舜亦以命禹 曰 予小子履 敢用玄牡 敢昭告于皇皇后帝 有罪不敢赦 帝臣不蔽 簡在帝 心 朕躬有罪 無以萬方 萬方有罪 罪在朕躬 周有大賚 善人是富 雖有周親 不如仁人 百姓有過 在予一人 謹權量 審法度 修廢官 四方之政行焉 興滅

國 繼絶世 擧逸民 天下之民歸心焉 所重民食喪祭 寬則得衆 信則民任焉
敏則有功 公則說

2 子張問於孔子曰 何如斯可以從政矣 子曰 尊五美 屏四惡 斯可以從政矣
子張曰 何謂五美 子曰 君子惠而不費 勞而不怨 欲而不貪 泰而不驕 威而
不猛 子張曰 何謂惠而不費 子曰 因民之所利而利之 斯不亦惠而不費乎
擇可勞而勞之 又誰怨 欲仁而得仁 又焉貪 君子無衆寡 無小大 無敢慢 斯
不亦泰而不驕乎 君子正其衣冠 尊其瞻視 儼然人望而畏之 斯不亦威而不
猛乎 子張曰 何謂四惡 子曰 不教而殺謂之虐 不戒視成謂之暴 慢令致期
謂之賊 猶之與人也 出納之吝 謂之有司

3 子曰 不知命 無以爲君子也 不知禮 無以立也 不知言 無以知人也.

418

지은이 **전용주**

충남 홍성에서 태어나 성균관대학교 경영대학을 졸업했다. 대학 4학년 때 공인회계사 시험에 합격한 후 40여 년을 공인회계사로 활동하면서 목원대학교, 순천향대학교 등에서 강의했다. 2011년 최인호의 장편소설 『유림』을 읽고 큰 감동을 받아 성균관대학교 대학원 유학과 박사과정에 입학하여 유교철학을 전공하였고, 2014년 「주돈이의 태극도설 연구」로 철학박사 학위를 취득하였다. 현재 (주)제트애로우, (주)신산디앤아이, 재단법인 경영기술개발원 등을 경영하고 있으며, 성균관대학교 경영대학 총동문회장을 맡고 있다. 공자를 마음속의 스승으로 삼고 그 말씀을 실천하려고 노력하고 있다.

## 공자를 찾아가는 인문학 여행

1판 1쇄 발행  2018년 3월 30일
1판 3쇄 발행  2018년 5월 25일

지은이  전용주
**펴낸곳**  (주)문예출판사  |  **펴낸이**  전준배
**출판등록**  1966. 12. 2. 제 1-134호
**주소**  03992 서울시 마포구 월드컵북로 6길 30
**전화**  393-5681  |  **팩스**  393-5685
**홈페이지** www.moonye.com  |  **블로그** blog.naver.com/imoonye
**페이스북** www.facebook.com/moonyepublishing  |  **이메일** info@moonye.com

ISBN  978-89-310-1081-7  03100